पाश्चात्य काव्यशास्त्र के सिद्धान्त

पाश्चात्य काव्यशास्त्र के सिद्धान्त

डॉ. ब्रह्मदत्त शर्मा

एम.ए. (अंग्रेजी), एम.ए. (हिन्दी), पी-एच.डी., डी.लिट.

पूर्व आचार्य एवं अध्यक्ष

अंग्रेज़ी विभाग

कुमायूँ विश्वविद्यालय, नैनीताल (उत्तराखण्ड)

लोकभारती प्रकाशन

लोकभारती प्रकाशन
पहली मंजिल, दरबारी बिल्डिंग, महात्मा गाँधी मार्ग
प्रयागराज-211 001

वेबसाइट : www.lokbhartiprakashan.com
ईमेल : info@lokbhartiprakashan.com

शाखाएँ : 1-बी, नेताजी सुभाष मार्ग, दरियागंज
नयी दिल्ली-110 002
अशोक राजपथ, साइन्स कॉलेज के सामने
पटना-800 006 (बिहार)
36-ए, शेक्सपियर सरणी
कोलकाता-700 017

मूल्य : ₹ 195

प्रथम संस्करण : 2019

जे.के. आर्ट प्रेस
प्रयागराज द्वारा मुद्रित

PASHCHATYA KAVYASHASTRA KE SIDDHANT
by Dr. Brahma Dutta Sharma

ISBN : 978-81-942729-7-7

श्री रमेश ग्रोवर
एवं
श्री दिनेश ग्रोवर
को
उनकी हिन्दी-सेवा निष्ठा
एवं
हिन्दी लेखकों में
विश्वास के लिए

अनुक्रम

प्राक्कथन

पर्वत शृंगों से निकल कर सागर की ओर प्रवाहित होती हुई सरिता में स्थान-स्थान पर विभिन्न प्रकार की जल धाराएँ मिलती चली जाती हैं और सरिता के जल को अपने-अपने ढंग से प्रभावित करके नदी की काया को बढ़ाती जाती हैं। ऐसा ही विचारधाराओं के साथ भी होता है, चाहें वे साहित्यिक विचारधाराएँ हों अथवा राजनीतिक अथवा आर्थिक। भारत में साहित्यिक जगत में वैदिक युग से आरम्भ हुई समीक्षा-धारा जो आज तक प्रवाहित हो रही है उसमें कई अन्य देशों की साहित्य विचार-धाराएँ भी आकर मिलीं हैं और उन्होंने इसे प्रभावित किया है। उदाहरणार्थ, वह अरबी विचारधारा से प्रभावित हुई है और फारसी विचारधारा से भी प्रभावित हुई है और योरोपियन विचारधाराओं से भी प्रभावित हुई हैं। इन प्रभावों में कौन-कौन से प्रभाव बांछनीय हैं और कौन से अवांछनीय – यह अलग प्रश्न है जिस पर मैं यहाँ कुछ नहीं कहना चाहता। किन्तु वर्तमान भारतीय साहित्यों को समझने के लिए इन प्रभावों को भी समझना आवश्यक है तथा उन प्रभावों को समझने के लिए अरबी, फारसी और योरोपियन समीक्षा-धाराओं का अध्ययन आवश्यक है। इस कार्य हेतु उपयुक्त पुस्तक उपलब्ध कराने के प्रयास का ही प्रतिफल यह पुस्तक है।

इस पुस्तक में मैंने यूनानी दार्शनिक प्लेटो, जिसे भारत में अफलातून के नाम से जाना जाता है, के साहित्य सम्बन्धी विचारों से लेकर बीसवीं शताब्दी के ब्रिटिश समीक्षकों के साहित्य सम्बन्धी विचारों को समेटने का प्रयास किया है और एक अपेक्षाकृत दुरूह समझे जाने वाले विषय को बोधगम्य बनाने का प्रयत्न किया है। इस पुस्तक के आकार को ध्यान में रखते हुए मैंने अत्यन्त प्रसिद्ध समीक्षकों के विचारों को ही यहाँ सम्मलित किया है और कई समीक्षक छोड़ देने पड़े हैं। मुझे आशा है इस पुस्तक को पढ़कर पाठकों को पाश्चात्य समीक्षा के मूल ग्रंथों को पढ़ने की भी प्रेरणा मिलेगी। सुधी पाठकों के सुझावों की मुझे प्रतीक्षा रहेगी और उनके आलोक में मैं इस पुस्तक का संशोधित और परिवर्द्धित संस्करण तैयार करने का प्रयत्न करूँगा।

अन्त में मैं लोकभारती प्रकाशन के आमोद माहेश्वरी जी तथा रमेश ग्रोवर जी का धन्यवाद ज्ञापित करना चाहूँगा जिन्होंने इस पुस्तक को रिकोर्ड समय में आप तक पहुँचाया है।

–ब्रह्मदत्त शर्मा

विश्रुत, 5 एम. आई. जी.
गोविंदपुर, प्रयागराज- 211004 (उ. प्र.)
14 जुलाई 2019

अध्याय-1

समीक्षा का अर्थ एवं उपयोगिता

मानव एक संवेदनशील प्राणी है। उसके हृदय-सागर में असंख्य भाव-वीचियाँ उद्वेलित होती रहती हैं। हर्ष, शोक, क्रोध, भय, क्षोभ आदि को जाग्रत करनेवाला प्रत्येक अवसर इस सागर में तरंगें उत्पन्न करता है, तभी हृदय से भाव शब्द बनकर छलक पड़ते हैं और साहित्य की सृष्टि होती है। कृति में स्रष्टा के भावों, विचारों तथा अनुभूतियों की अभिव्यक्ति इस प्रकार होती है कि उनका सम्प्रेषण पाठक तक हो जाता है और उसके हृदय-सागर में भी साहित्य का अध्ययन करते समय उसी प्रकार लहरियाँ उठने लगती हैं जैसे स्रष्टा के हृदय में उठी थीं। यदि सम्प्रेषण की यह क्रिया सम्पन्न नहीं हो पाती तो उसके दो कारण हो सकते हैं– या तो स्रष्टा अपनी अनुभूति को अभिव्यक्ति न कर पाये या पाठक सहृदय न हो क्योंकि मानव मात्र के मन में होकर जानेवाला रागात्मक तार समस्त मानवों को एक सूत्र में जोड़नेवाला है और इस तार पर भाव की प्रतिक्रिया जैसी एक देश अथवा काल में होती है वैसी ही अन्य देशों तथा कालों में। आदि मनु के काल से लेकर आज तक इसमें किसी प्रकार का अन्तर नहीं आया है। जैसे हमारे पूर्वज प्रेम करते थे, द्वेष रखते थे, करुणार्द्र होते थे- उसी प्रकार हम होते हैं और आगे आनेवाली पीढ़ियाँ होती रहेंगी। इन भावों के हेतु बदलते रहते हैं और अभिव्यक्ति के रूप भी किन्तु ये स्वयं देश और काल की सीमा लाँघकर सार्वलौकिक, सार्वजनीन, सार्वदेशिक और शाश्वत होते हैं। पुष्पवत् प्रफुल्लित शिशु को देखकर सभी का हृदय स्नेह से भर जाता है और भोजन तथा कपड़े के अभाव में भूख से पीड़ित तथा जाड़े से ठिठुरते हुए जूठी पत्तल चाटते हुए भिक्षुक को देखकर किसके कलेजे के दो-टूक नहीं हो जायेंगे?

साधारणतः साहित्य के अन्तर्गत कविता, नाटक, उपन्यास, निबन्ध, कहानी, एकांकी, संस्मरण, रेखाचित्र तथा गद्यगीत आदि विधाओं की गणना की जाती है किन्तु आलोचना (अथवा समीक्षा) भी जो कि अँग्रेजी शब्द 'क्रिटिसिज़्म' का हिन्दी

पर्याय है, साहित्य का आविभाज्य अंग है। व्यवहार में 'आलोचना' शब्द का अर्थ 'दोषदर्शन' समझा जाता है और समीक्षा का अर्थ 'गुण-दोष-दर्शन'। किन्तु यहाँ पर इन शब्दों को समानार्थी माना गया है। इनके औचित्य का विवेचन आगे किया जायेगा। इस प्रकार साहित्य की दो शाखाएँ हो जाती हैं– (1) सृजनात्मक साहित्य तथा (2) समीक्षात्मक साहित्य। सृजनात्मक साहित्य के अन्तर्गत नाटक, कविता, उपन्यासादि आते हैं और समीक्षात्मक साहित्य के अन्तर्गत व्यावहारिक आलोचना तथा आलोचना के सिद्धान्त। कटु आलोचकों के प्रहारों से आहत होकर कुछ साहित्य स्रष्टाओं ने आलोचना कार्य को हेय बताते हुए कहा कि जो व्यक्ति काव्य-रचना में सफल नहीं होते वे साहित्यलोचना करने लगते हैं। कुछ विद्वानों के मतानुसार सर्वोत्तम साहित्य स्रष्टाओं को ही आलोचना करने का अधिकार है इतर लोगों को नहीं किन्तु अब आलोचना का मूल्य स्वीकृत हो चुका है और इसे साहित्य का अभिन्न अंग मान लिया गया है।

समीक्षा का अर्थ एवं उपयोगिता

अब प्रश्न उठता है कि समीक्षा का अर्थ क्या है और हम समीक्षक से क्या आशा करते हैं। इस प्रश्न का उत्तर विभिन्न विद्वानों ने विभिन्न प्रकार से दिया है। इनमें से कुछ विद्वानों के मतों पर यहाँ विचार करना आवश्यक है क्योंकि जब तक समीक्षक के कर्त्तव्य का निर्णय नहीं हो जाता तब तक यह भी निर्णीत नहीं हो सकता कि समीक्षा का साहित्य में क्या स्थान है, उसका क्या उपयोग है और समीक्षक के मत का क्या मूल्य है।

मैथ्यू आर्नल्ड के अनुसार जगत् के सर्वोत्तम ज्ञान तथा चिन्तन को प्राप्त करने तथा निष्पक्ष होकर प्रसारित करने के प्रयत्न का नाम ही समीक्षा है।[1] इस परिभाषा में कई दोष हैं। पहला दोष तो यह है कि श्री आर्नल्ड ने समीक्षा को साहित्य तक ही सीमित न रख संसार के समस्त ज्ञान तथा चिन्तन का इस क्षेत्र के अन्तर्गत समावेश कर दिया है। दूसरे यहाँ पर समीक्षक को निर्णायक का पद दिया गया है। उससे यह आशा की गयी है कि वह सर्वोत्तम साहित्य के गुणों का निर्धारण करके एक कसौटी की रचना करे और उस पर सारे साहित्य की परख करके उत्तम साहित्य का प्रचार करे तथा शेष साहित्य की हीनता की ओर पाठक का ध्यान आकर्षित करे। किन्तु समीक्षक किस आधार पर यह निर्णय दें? क्या वह अपनी व्यक्तिगत रुचि को ही सर्व प्रमुखता दे? यह आधार स्वयं श्री आर्नल्ड को भी मान्य नहीं है। अतः यह परिभाषा निर्दोष नहीं है। किन्तु इस बात को भी नहीं भुलाया जा सकता कि आचार्य आर्नल्ड ने समीक्षा को एक मूल्यवान् कार्य माना। उनसे पहले अनेक अंग्रेज़ी

विद्वान् समीक्षा को हेय मानते थे। उनमें से अनेक इसकी स्वतन्त्र सत्ता तक स्वीकार करने को तैयार न थे। महारानी एलिजाबेथ प्रथम के समकालीन कवि श्री हैनरी वटन के अनुसार समीक्षक उन नौकरों के समान है जो रईसों के कपड़ों को झाड़ते-पोंछते रहते हैं[2] अर्थात् उनका अपना कोई स्वतन्त्र अस्तित्व नहीं होता और स्रष्टाओं द्वारा रचित साहित्य में नुकताचीनी करना ही उनका एकमात्र कार्य है।

ड्राइडन, जिन्हे डॉ. जॉनसन ने अंग्रेज़ी समीक्षा का जनक बतलाया, का कथन है कि "असफल स्रष्टा बहुधा कटुतम दोषदर्शक होते हैं क्योंकि व्यक्ति के कवि के मर जाने से ही उसके समीक्षक का जन्म होता हैं। मेरा आशय वर्तमान समय के समीक्षकों से है क्योंकि प्राचीन समय में उनका कार्य कुछ भिन्न था। उस समय वे कवियों के रक्षक और उनकी रचनाओं के व्यख्याता होते थे। वे अस्पष्ट सौन्दर्य को स्पष्ट करते थे, कुछ अवतरणों की नयी व्याख्या करते थे, कुछ को दोषपूर्ण व्याख्या की जेल से बाहर निकालकर लाते थे, अपने कवित्व का पूर्ण प्रदर्शन न करनेवाले साहित्यकारों की हिचक दूर करते थे और दोषदर्शकों के कटुप्रहारों से उनकी रक्षा करते थे।"[3]

बायरन ने भी कटु आलोचकों के प्रहारों से व्यथित होकर कहा था कि व्यक्ति अपनी रुचि के अनुसार चाहे अन्य कोई भी कार्य कर ले किन्तु आलोचना-कार्य से बचकर रहे।[4] बायरन ने स्काटलैण्ड के जिन समीक्षकों को लक्ष्य करके ऐसा कहा वे समस्त रोमाण्टिक साहित्य को घृणा करते थे और उन्होंने वर्ड्सवर्थ, शेली, कीट्स तथा बायरन आदि रोमाण्टिक कवियों पर तीक्ष्ण प्रहार करने में कोई कसर बाकी नहीं रखी थी। अतः हम बायरन के शब्दों की तीक्ष्णता को उचित रूप से समझ सकते हैं। अनेक व्यक्ति रचना को समझे बिना ही उसकी निन्दा करने लगते हैं। आधुनिक कला की प्रदर्शनी में यह बात बहुधा देखी जाती है जहाँ कि अनेक व्यक्ति चित्र के अर्थ को समझने की चेष्टा तक नहीं करते और किसी चित्र-विशेष को ही नहीं अपितु समस्त आधुनिक कला को त्याज्य घोषित कर देते हैं।

कॉलरिज तथा डिज़रेली ने भी ड्राइडन के मत को ही सत्य मानकर कहा है कि आलोचक बहुधा वे व्यक्ति होते हैं जो यदि योग्य होते, तो कवि, इतिहासकार अथवा जीवनी लेखक हो सकते थे। उन्होंने कवि आदि बनने का प्रयत्न भी किया किन्तु उनके हाथ असफलता के अतिरिक्त कुछ न लगा और इसी कारण अन्त में वे आलोचक बन गये।[5]

इस प्रकार सदा ही आलोचकों तथा अन्य साहित्यकारों के बीच में एक प्रकार की प्रतिद्वन्द्विता का सम्बन्ध (यदि इसे शत्रुता का सम्बन्ध न भी कहें तो) रहा है। किन्तु सृजनात्मक साहित्य और समीक्षात्मक साहित्य परस्पर विरोधी नहीं हैं। इनका

उचित सम्बन्ध तो नायिका और उसकी अन्तरंग सखी के सम्बन्ध के समान है। कठिनाई तो तभी आरम्भ होती है जब समीक्षक स्वयं को स्वतन्त्र तथा सर्वज्ञ मानकर रचनाओं के विषय में अटपटे निर्णय देने लगता है। तभी वह कवियों तथा अन्य स्रष्टाओं की घृणा का पात्र हो जाता है। अन्यथा बहुधा अच्छे समीक्षक अच्छे सृजक भी होते हैं। मैथ्यू आर्नल्ड ने समीक्षा को अत्यन्त मूल्यवान् बतलाया और साथ-ही -साथ वे अच्छे कवि भी थे तथा उन्होंने अपने समीक्षा के सिद्धान्तों को व्यवहार में लाने का प्रयत्न भी किया था, अंग्रेज़ी साहित्य में आर्नल्ड के समय से ही समीक्षक को निर्णायक न मानकर व्याख्याता मान लिया गया है। फ्रान्सीसी लेखक अनातोले फ्रान्स ने भी ऐसा ही मत व्यक्त किया है।[6]

आधुनिक समीक्षा-पद्धति के अनुसार समीक्षक से यह आशा की जाती है कि वह रचयिता के उद्देश्यों और ध्येयों (जिनको रचना में जान-बूझकर अथवा अनजाने प्रकट किया गया हो) का विश्लेषण करे किन्तु निर्णय देने का कार्य पाठक के ऊपर छोड़ दे। श्री रिचर्ड्स के समर्थकों का कहना है कि निर्णय देने से पहले कृति को पूर्णतः समझना परमावश्यक है। अतः उनके मतानुसार समीक्षक का यही कर्त्तव्य है कि वह कवि अथवा लेखक के आशय का यथासम्भव औचित्य और पूर्णता के साथ विश्लेषण मात्र कर दे। हैनरी जेम्स के मतानुसार स्रष्टा के कथ्य की समीक्षा नहीं करनी चाहिए अपितु उस कथ्य को प्रस्तुत करने के ढंग की ही समीक्षा की जानी चाहिए।[7] इस मत के अनुसार कथ्य मूल्यवान् नहीं अपितु शैली मूल्यवान् है। श्री हाउसमन ने भी ऐसी ही बात कही है।[8] अतः समीक्षक को कथ्य की चिन्ता छोड़कर शैलीमात्र पर ही अपना ध्यान केन्द्रित करना चाहिए।

किन्तु सत्य की प्राप्ति तभी होती है जब व्यक्ति अतिवाद, मतवाद तथा पूर्वाग्रहों के घेरों से बाहर निकलकर चिन्तन करे। जब हम 'समीक्षा' विषय पर विचार करते हैं तो हमारा तात्पर्य उस तमाम साहित्य से होता है जिसमें साहित्य विषयक विवेचन किया गया है चाहे उसका उद्देश्य विश्लेषण हो, व्याख्या हो, मूल्यांकन हो अथवा ये तीनों हों। कविता, नाटक, उपन्यास, निबन्ध, कहानी, एकांकी, संस्मरण, रेखाचित्र तथा गद्यगीत का जीवन से सीधा सम्बन्ध होता है। समीक्षा का सम्बन्ध इन सभी विधाओं से होता है। इतना ही नहीं स्वयं समीक्षा की भी समीक्षा की जाती है। अतः यदि सृजनात्मक साहित्य का अर्थ विभिन्न साहित्यिक विधाओं के माध्यम से की गयी जीवन की व्याख्या समझें तो समीक्षात्मक साहित्य को उस व्याख्या की तथा उन साहित्यिक विधाओं की व्याख्या कहा जा सकता है। किन्तु इस कथन में केवल आंशिक सत्य ही है। क्योंकि समीक्षात्मक साहित्य में केवल जीवन की व्याख्या की ही व्याख्या नहीं होती अपितु

स्वयं जीवन की भी व्याख्या होती है, क्योंकि सृजनात्मक साहित्य में जीवन की व्याख्या ही नहीं होती अपितु साहित्यकार का व्यक्तित्व भी सम्मिलित होता है जो स्वयं जीवन का अंग है। अतः समीक्षक समीक्षा करते समय साहित्यकार के व्यक्तित्व की भी व्याख्या आवश्यक रूप से करता है। या दूसरे शब्दों में कह सकते हैं कि उसे जीवन की भी व्याख्या करनी पड़ती है।

केवल सिद्धान्त रूपी आकाश में भटकने के स्थान पर हमें व्यवहार रूपी धरती पर आकर विषय की जाँच करनी चाहिए। आखिर समीक्षक का कार्य क्या है? समीक्षा की पुस्तकों का अध्ययन करने पर ज्ञात होगा कि मुख्यतः यह तीन कार्य करता है– सृजनात्मक साहित्य का विवेचन और विश्लेषण करना, उस विश्लेषण के आधार पर विशिष्ट साहित्यकारों के विषय में अपना निर्णय देना एवं समीक्षा के सिद्धान्तों के विषय में अपना निर्णय देना, तथा समीक्षा के सिद्धान्तों की रचना करना। पहले दो कार्य लगभग सभी समीक्षक करते हैं किन्तु तीसरा कार्य सब समीक्षक नहीं कर पाते या नहीं करते। पहले दो कार्यों में से किसको अधिक महत्त्व दिया जाये और किसको कम- इस विषय में विद्वान् एकमत नहीं हैं। एक तरफ तो कुछ समीक्षक निर्णय देना ही अपना साध्य मानकर चलते हैं और विश्लेषण को साधन मात्र। दूसरी ओर एक सम्प्रदाय के समर्थक स्पष्ट रूप से घोषित करते हैं कि समीक्षक का कार्य केवल विवेचन और विश्लेषण करना है, निर्णय देना नहीं। अब प्रश्न उठता है कि विवेचक की हैसियत से समीक्षक का क्या कर्त्तव्य है? इसके उत्तर में कहा जा सकता है कि उसे आलोच्य कृति के हृदय तक पहुँचना है, इसके सौन्दर्य को स्पष्ट रूप में प्रदर्शित करना है, इसके शाश्वत दृष्टि से मूल्यवान् तथा सामयिक दृष्टि से मूल्यवान् सौन्दर्य को पृथक् पृथक् दिखाना है, इसके उद्‌देश्य का निर्धारण और विश्लेषण करना है तथा प्रत्यक्ष जाँच करके यह स्पष्ट करना है कि रचनाकार ने जाने या अनजाने किन कलात्मक और नैतिक नियमों का पालन किया है। कृति में जो अप्रत्यक्ष है उस सबको उसे प्रत्यक्ष कर देना है, इसके विभिन्न अंशों का सम्पूर्ण कृति से सम्बन्ध बतलाना है तथा कृति में बिखरे हुए तत्त्वों को समेटकर कृति की विशेषताओं को सोदाहरण स्पष्ट करना है। इस प्रकार वह कृति वस्तुतः जो कुछ है और उसकी आत्मा तथा उसके कलेवर में जो भी सौन्दर्य है समीक्षक उन सबको पाठक के समक्ष प्रस्तुत करता है। इस प्रकार वह पाठक के समक्ष कृति को समग्र रूप में प्रस्तुत करता है और उसे स्वयं अपना निर्णय देने के लिए स्वतन्त्र छोड़ देता है। विवेचन करनेवाला समीक्षक स्वयं निर्णय नहीं देता।

इस प्रकार के विवेचन में संलग्न समीक्षक समीक्षा के कई मार्ग अपना सकता है। या तो वह स्वयं को केवल आलोच्य कृति तक ही सीमित रखे और उसी के

विभिन्न पक्षों के अध्ययन की ओर बद्ध-दृष्टि हो, अथवा कृतिकार की अन्य कृतियों की ओर भी विधिपूर्वक संकेत देता चले अथवा लेखकों की कृतियों की ओर संकेत करते हुए तुलनात्मक विधि का पालन करे अथवा और भी आगे बढ़कर ऐतिहासिक पृष्ठभूमि में कृति का अध्ययन करे। किन्तु मार्ग कोई भी क्यों न हो, कृति को उसकी समग्रता में समझना तथा पाठक को इस कार्य में सहायता करना ही उसका एकमात्र उद्देश्य रहता है।

'समीक्षा' का विरोध करनेवाले व्यक्तियों का प्रश्न हो सकता है कि 'समीक्षा की आवश्यकता ही क्या है?' पाठक कृति को समझना चाहता है और उससे प्राप्त होनेवाले रस का आस्वादन करना चाहता है। इसके लिए वह स्वयं कृति को पढ़े, समझे और उसका आस्वादन करे। इसमें किसी मध्यस्थ की क्या आवश्यकता? वह समीक्षक के मत पर क्यों निर्भर रहे? और उस कृति की किसी भी समीक्षा को क्यों पढ़े? ये प्रश्न पूर्णतया निस्सार नहीं हैं। समीक्षा कभी भी मौलिक ग्रन्थ का स्थान नहीं ले सकती। किसी भी कृति को उचित रूप से समझने के लिए उसे पढ़ना आवश्यक होता है। एक बार एक अध्यापक से एक विद्यार्थी ने पूछा कि 'हैमलिट' के ऊपर सर्वोत्तम समीक्षात्मक पुस्तक कौन-सी है तो उसे उत्तर मिला कि 'हैमलिट' के ऊपर सर्वोत्तम समीक्षात्मक पुस्तक स्वयं 'हैमलिट' है। इस उत्तर में पूर्ण सच्चाई है किन्तु क्या आज के व्यस्त जीवन में समस्त उपलब्ध पुस्तकों को पढ़ना सम्भव है? कदापि नहीं। तो क्या हम मोटी-मोटी पुस्तकों, जिन्हें हम स्वयं तो व्यस्तता के कारण पढ़ नहीं सकते, के विषय में बिना कुछ भी जाने इस संसार से विदा होना पसन्द करेंगे या समीक्षात्मक पुस्तकों से उनकी कहानी, पात्र आदि के विषय में थोड़ी-सी बातें जानना उचित समझेंगे? मेरे विचार से दूसरा मार्ग अधिक व्यक्तियों को रुचिकर होगा। हमारा जीवन बहुत छोटा है और उसमें भी हमारे पास अध्ययन करने के लिए बहुत कम समय है। तब संसार में उपलब्ध पाठ्य सामग्री के महान् कोष में से अत्यन्त लघ्वंश से अधिक हम पढ़ ही नहीं सकते। फिर भी बहुत-से महत्त्वपूर्ण लेखकों और रचनाओं के विषय में हमारी जिज्ञासा का जाग्रत होना पूर्णतः स्वाभाविक है। यदि वे हमारे चुने हुए क्षेत्र के अन्तर्गत नहीं आते तो हमसे यह माँग करना कि हम मौलिक पुस्तकों का अध्ययन करें, अनुचित है। हमारे लिए उस परिस्थिति में यही उचित है कि उनके विषय में समीक्षकों ने जो कुछ लिख दिया है, उसी को पढ़कर सन्तोष करें। उदाहरण के लिए वोल्टेयर को लिया जा सकता है। वे 18वीं शताब्दी के महान् साहित्यकार थे। उनके विषय में अनेक बातें जानने की इच्छा साहित्य के प्रत्येक विद्यार्थी के मन में उत्पन्न हो सकती है। उनके उद्देश्य क्या थे? वे किस विचारधारा के समर्थक थे? उनकी क्या-क्या उपलब्धियाँ हैं? उनका कितना

कार्य स्थायी महत्त्व का है और कितना केवल ऐतिहासिक महत्त्व का? आदि प्रश्नों के सामान्य उत्तर प्राप्त करने की इच्छा किसी भी व्यक्ति को हो सकती है। किन्तु उन्होंने लगभग 260 पुस्तकें लिखी हैं। क्या इन साधारण-से प्रश्नों का उत्तर पाने के लिए उन सारी पुस्तकों को पढ़ा जाये या उनके विषय में लॉर्ड मॉर्ले द्वारा लिखित पुस्तक को पढ़ लिया जाये जिसमें उनकी प्रतिभा, शक्ति, सीमाएँ तथा उपलब्धियों के विषय में उचित दिग्दर्शन कराया गया है? दूसरा मार्ग निश्चित रूप से सही है। फिर प्रत्येक पाठक इतना अच्छा समीक्षक नहीं होता कि रचनाओं का अध्ययन करके वह लेखक का सही मूल्यांकन कर सके। उसे आवश्यक रूप से समीक्षकों की सहायता लेनी पड़ती है।

यह बात मानने योग्य है कि समीक्षकों के मतों पर सदैव निर्भर रहना हानिकारक है। ऐसा करनेवाले पाठक का कोई स्वतन्त्र मत नहीं रह जाता और न स्वतन्त्र चिन्तन। वह समीक्षक के मत का चश्मा चढ़ाकर पुस्तक का अध्ययन और विश्लेषण करता है। उसे रचना में उतना ही सौन्दर्य दिखलायी पड़ेगा जितना समीक्षक को दिखायी पड़ा था और जो भूलें समीक्षक कर चुका है, पाठक भी उनकी पुनरावृत्ति करेगा। ऐसी स्थिति में समीक्षक पाठक का पथ प्रदर्शक न रहकर उसके मार्ग का एक रोड़ा बन जाता है।

इस प्रकार समीक्षा के दुरुपयोग से गम्भीर हानियाँ हैं पर इसकी उपयोगिता भी असन्दिग्ध है। यदि महान् कवि अपने जीवन दर्शन में इसको भागीदार बनाता है तो महान् समीक्षक अपने साहित्य-दर्शन में सच्चा समीक्षक हमको इस योग्य बनाता है कि हम किसी रचना की सही परख कर सकें। अपने साहित्यिक ज्ञान, अनुभव, सूक्ष्म पर्यवेक्षण शक्ति तथा सामर्थ्य के कारण वह रचना में उन गुणों और सुन्दरताओं को खोज सकता है जिन तक सामान्य पाठक की दृष्टि नहीं पहुँच पाती। अमुक शब्द का अमुक स्थान पर क्या महत्त्व है— इस बात को समझने में पाठक समीक्षक की घोर आवश्यकता का अनुभव करता है। समीक्षक अन्धकार में पड़े हुए सौन्दर्य को प्रकाशित करता है, पाठक को चिन्तन की नयी दिशा देता है, कई बार पूर्णतः मौलिक व्याख्या करता है, पाठक के धुँधले विचारों को विधिपूर्ण अभिव्यक्ति देता है और घिसे-पिटे मार्गों को छोड़कर नये मार्ग को खोज निकालता है। अतः वह हमको प्रखरतर बुद्धि तथा साहित्यिक परख शक्ति के साथ साहित्याध्ययन करने योग्य बनाता है। इतना ही नहीं, कई बार वह हमारे व्यक्तिगत मत को अस्वीकार करता है और हमारे पूर्वाग्रहों का विरोध करता है। किन्तु इस विधि से भी वह हमारी परख-शक्ति को सूक्ष्म और सामर्थ्यवान् ही बनाता है।

आदर्श समीक्षक के गुण-

ऐसा करने के लिए समीक्षक में कुछ विशेष गुणों और योग्यताओं का होना आवश्यक है। प्रतिभाशाली होना निस्सन्देह उसकी पहली योग्यता है। स्वभाव से ही उसकी दृष्टि सूक्ष्म, पर्यवेक्षण शक्ति प्रखर एवं तर्क शक्ति पैनी होनी चाहिए। साथ-ही -साथ उसका अध्ययन विशद होना चाहिए। कई व्यक्ति बिना अधिक अध्ययन किये हुए भी साहित्य के विषय में ऐसे निर्णय दे देते हैं जिन्हें सुनकर बड़े-बड़े विद्वानों को आश्चर्य होता है। ऐसे निर्णयों को आवश्यक महत्त्व अवश्य दिया जाना चाहिए क्योंकि उनमें मौलिकता तथा स्वतन्त्र चिन्तन की प्रधानता होती है किन्तु व्यावसायिक समीक्षक के लिए यह आवश्यक है कि वह संसार की सर्वोत्तम कृतियों का तो आवश्यक रूप से अध्ययन करे और किन्हीं दो समृद्ध भाषाओं के सम्पूर्ण साहित्य का अध्ययन करें। मध्यम तथा निम्न श्रेणी की रचनाओं का अध्ययन भी आवश्यक है क्योंकि केवल उच्च श्रेणी की रचनाओं का अध्ययन करके वह साधारण स्तर की रचनाओं का उचित मूल्यांकन नहीं कर पायेगा। इस विशद अध्ययन से उसका दृष्टिकोण विस्तृत और सन्तुलित होगा और साहित्य का मूल्यांकन करने के लिए उसको सही कसौटी प्राप्त हो जायेगी। विद्वत्ता के साथ-साथ समीक्षक को दीक्षा की भी आवश्यकता पड़ती है अन्यथा उसकी समीक्षा में आवश्यक गम्भीरता और सन्तुलन नहीं आ पायेगा और उसके निर्णय चिरस्थायी नहीं होंगे। बिना दीक्षा ग्रहण किये, हो सकता है, समीक्षक अपने उत्तरदायित्व को न समझ पाये, अपने व्यवसाय के महत्त्व को भुला दे और समीक्षा के दूरगामी प्रभावों को दृष्टि से ओझल करके शीघ्रतापूर्वक ऐसे निर्णय दे दे जिनके अन्दर केवल आकर्षण का गुण हो। समीक्षक की एक और विशेषता उसकी निष्पक्षता है। कभी-कभी समीक्षक किसी लेखक की इसलिए प्रशंसा करने लगता है कि वे दोनों एक ही राजनीतिक विचारधारा में विश्वास करते हैं या एक ही दार्शनिक सम्प्रदाय को श्रेष्ठ समझते हैं या दोनों का इष्टदेव एक ही है या दोनों ने एक ही विश्वविद्यालय में शिक्षा प्राप्त की है। या दोनों परस्पर मित्र हैं। इसी प्रकार धर्म, जाति, विचारधारा, लिंग, सम्प्रदाय, वर्ण आदि की विभिन्नता के कारण कुछ समीक्षक लेखकों की निन्दा भी कर देते हैं। किन्तु समीक्षक का कार्य इतना महान् है कि उसे इन सभी भेदभावों से परे रहकर केवल रचना को आधार मानकर अपना मत व्यक्त करना चाहिए। समीक्षा करते समय उसे अपने व्यक्तिगत अस्तित्व को भुलाकर पूर्णतः निष्पक्षता के साथ निर्णय देने चाहिए। कई बार समीक्षक लेखक तथा उसकी रचना दोनों को छोड़कर आत्म विज्ञापन करने लगता है और अपनी विद्वत्ता की प्रदर्शनी लगा देता है। ऐसे स्थलों पर विद्वत्ता समीक्षक को सहायता देने के स्थान पर उसका मार्ग अवरोधक बन जाती है। विद्वत्ता

प्रदर्शन का स्थल समीक्षा बिलकुल नहीं है। ऐसा करने के हेतु उसे विद्वन्मण्डली में जाना चाहिए या मौलिक रचनाएँ प्रस्तुत करनी चाहिए। समीक्षक का एक और आवश्यक गुण सहानुभूति है अर्थात् लेखक के साथ उसका रवैया सहानुभूतिपूर्ण होना चाहिए। कुछ समीक्षक लेखक को अपना विरोधी मानकर समीक्षा करते हैं और उन्हें लेखक में दोष-ही-दोष दिखलायी पड़ते हैं। वे समझते हैं कि लेखक के गले में फाँसी का फन्दा तो पड़ा ही हुआ है, उन्हें केवल इतना बतलाना है कि उसे फाँसी क्यों दी जा रही है। ऐसी प्रवृत्ति पूर्णरूपेण अनुचित है। सच्चा समीक्षक लेखक के दोषों की ओर सहनशीलता का रुख अपनाता हुआ उसके गुणों की ओर विशेष ध्यान देता है। वह रचना के अप्रकाशित सौन्दर्य को निकालकर उसकी ओर पाठकों का ध्यान आकर्षित करता है। उसका मुख्य कर्त्तव्य दर्शनीय स्थलों की सूचना पाठकों को देना है। यह सही है कि प्रतिभा-शून्य लेखकों के चंगुल से पाठक को बचाने के लिए दोषों को स्पष्टतः बतलाना आवश्यक होता है किन्तु एकपक्षीय दृष्टिकोण को कभी भी उचित नहीं कहा जा सकता।

समीक्षा के विषय में एक महत्त्वपूर्ण बात यह कहनी है कि यह स्वभावतः रूढ़िवादी होती है और पथ-प्रदर्शन के लिए भूतकाल की ओर देखती है। यहाँ पर एक अत्यन्त शक्तिशाली तर्क 'शास्त्रों में ऐसा लिखा है' या 'अमुक कवि का ऐसा मत है' यह होता है। शायद ही कभी यहाँ नवीन प्रयोगों का स्वागत किया गया हो। समीक्षा तो अपनी सारी शक्ति ही परिवर्तन को रोकने में लगाती रहती है। अतः प्रत्येक संक्रमण काल में सृजन और समीक्षा के बीच संघर्ष होते हैं। वैसे जीवन तथा चिन्तन के प्रत्येक क्षेत्र में नये और पुराने, मौलिकता और परम्परा तथा व्यक्ति की स्वतन्त्रता और उसके ऊपर लादे हुए नियमों के बीच यह संघर्ष निरन्तर चलता रहता है। साहित्य और समीक्षा के बीच चलनेवाला संघर्ष भी इसी का एक अंग होता है। इस संघर्ष में कभी एक पक्ष की विजय होती है, कभी दूसरे की। इसी कारण कभी रूढ़िवादी साहित्य का सृजन होता है, कभी स्वच्छन्दतावादी का और अंग्रेज़ी साहित्य के इतिहास में परम्परावाद और स्वच्छन्दतावाद बारी-बारी से आते रहे हैं। समीक्षा सदैव परम्परावाद का समर्थन करती है किन्तु 'विद्रोही' कवि सदैव इसको तोड़ते रहते हैं। एक युग तक इन कवियों के कार्य को विद्रोह समझा जाता है पर अगली पीढ़ी उसे भी परम्परा मानकर रूढ़ियों में परिवर्तित कर देती है और समीक्षा उसका भी समर्थन करने लगती है। इसके विरुद्ध नये कवि फिर विद्रोह करते हैं और नये मानदण्ड निर्मित होते हैं। इसी प्रकार चक्र चलता रहता है। इतिहास साक्षी है कि महानतम रचनाओं की ओर समकालीन समीक्षकों ने सदैव कटु दृष्टि से देखा था। यदि समीक्षक अपने कार्य में सफल हो जाते तो न हम शेक्सपियर के नाटकों को

प्राप्त कर पाते न उन्नीसवीं शताब्दी के प्रारम्भिक वर्षों में रचित रोमाण्टिक कविता को क्योंकि समसामयिक समीक्षकों ने इन दोनों को 'उच्छृंखल' कहा था। इतना होने पर भी समीक्षा के नियमन के कार्य की ओर से आँखें नहीं मूँदी जा सकती। शेक्सपियर तथा रोमाण्टिक कवियों ने भी यदि समीक्षकों के कथनों की ओर आवश्यक ध्यान दिया होता तो उनकी कई त्रुटियाँ दूर हो गयी होतीं।

वैसे संयमन और नियमन के अतिरिक्त समीक्षा ने साहित्य की और कोई सेवा नहीं की है। इसने साहित्य को कभी भी मौलिक आन्दोलन प्रदान नहीं किया। सृजन ने ही सदैव नेतृत्व किया है और समीक्षा ने उसका अनुसरण। जहाँ कहीं इसका उल्टा हुआ है वहीं साहित्य को हानि पहुँची है क्योंकि प्रतिभा को कभी भी जंजीरों में नहीं बांधा जा सकता। कवि स्वतन्त्र रहकर ही अपना सही रूप साहित्य में प्रस्तुत कर सकता है अन्यथा नहीं।

समीक्षा के रूप-

समीक्षा की पुस्तकों को देखने पर ज्ञात होता है कि समीक्षा के कई रूप प्रचलित हैं। उनमें भी निर्णयात्मक रूप सर्वाधिक प्रचलित है। जब एक संस्कृत कवि ने निर्णय दिया-

स्पष्टभाव रसा चित्रैः पदन्यासैः प्रवर्तिता।
नाटकेषु नटस्त्रीव भारती भवभूतिनः।।

या हिन्दी कवि ने कहा-

सार-सार सूरा कही, तुलसी कही अनूठ।
रही सही कबिरा कही, और कही सब झूठ।।

अथवा एक अंग्रेज़ी लेखक ने लिखा कि शेक्सपियर को किसी युग-विशेष की सीमाओं में नहीं बाँधा जा सकता क्योंकि वह सार्वकालिक कवि है[9], तब उन्होंने निश्चित रूप से निर्णयात्मक समीक्षा की थी। निर्णयात्मक समीक्षक कुछ निश्चित सिद्धान्तों के आधार पर एक कसौटी बना लेता है और यह देखने का प्रयत्न करता है कि कवि विशेष उस कसौटी पर कहाँ तक खरा उतरता है। उसी आधार पर वह उसे प्रथम स्तर, द्वितीय स्तर अथवा तृतीय स्तर का कवि घोषित कर देता है। यह कसौटी वह स्वयं निर्मित सिद्धान्तों के आधार पर बना सकता है अथवा परम्परा से प्राप्त सिद्धान्तों के आधार पर। ऐसे समीक्षक का मुख्य कार्य रचना तथा रचनाकार का सही मूल्य आँकना होता है। वह न्यायाधीश की भाँति पूर्णतः सुरक्षित स्थान पर विराजमान रहता है, बेचारे साहित्यकार उसके समक्ष अपने विषय में उसका निर्णय सुनने के लिए काँपते हुएं से आते हैं और वह गम्भीर मुद्रा में स्थिर रह उनको प्रशंसा अथवा निन्दा के पत्र बाँटता रहता है।

समीक्षा के दूसरे रूप विश्लेषणात्मक समीक्षा को प्रोफेसर मोल्टन ने वैज्ञानिक समीक्षा कहा है। ऐसी समीक्षा करते समय समीक्षक साहित्यकार की प्रशंसा अथवा निन्दा नहीं करता अपितु अन्वेषक की भाँति पूर्णतया निष्पक्ष होकर साहित्यकार के आशय और कृति के सौन्दर्य को समझने का प्रयत्न करता है, वह उन नियमों और सिद्धान्तों की भी खोज करता है जिनका साहित्यकार ने जाने या अनजाने पालन किया है। ऐसा समीक्षक सही अर्थों में जिज्ञासु होता है, न्यायाधीश नहीं। यह समीक्षा निर्णयात्मक समीक्षा से तीन बातों में भिन्न है। प्रथमतः, निर्णयात्मक समीक्षक की रुचि साहित्यकारों का स्थान-निर्धारण करने की ओर होती है और एक साहित्यकार को दूसरे से श्रेष्ठतर या हीनतर सिद्ध करने की ओर। किन्तु विश्लेषक के कार्य में स्थान निर्धारण की कोई गुंजाइश नहीं। शेक्सपियर के नाटकों में उसे शेक्सपियर के आशय, कलात्मक सौन्दर्य और सिद्धान्तों को खोजना है और बेन जॉनसन ने नाटकों में बेन जॉनसन के आशय, कलात्मक सौन्दर्य और सिद्धान्तों को। उसे किसी को उच्च अथवा निम्न स्थान का अधिकारी घोषित नहीं करना। दूसरे, निर्णयात्मक आलोचना इस मान्यता पर आधारित है कि साहित्य के नियम नैतिक नियमों अथवा सरकारी कानूनों की भाँति होते हैं, उनका पालन प्रत्येक साहित्यकार को आवश्यक रूप से करना ही है और उनका उल्लंघन करने पर उसे दण्ड मिलेगा ही। किन्तु वैज्ञानिक समीक्षक के लिए ऐसे कोई नियम नहीं होते। प्रत्येक साहित्यकार अपने अलग सिद्धान्तों का पालन करता है, समीक्षक उसकी रचनाओं का अध्ययन करके उनको ज्ञात करता है, अतः अन्य साहित्यकारों के लिए न यह आवश्यक है न वांछनीय कि वे उन सिद्धान्तों को स्वीकार करें। तीसरा अन्तर भी दूसरे से मिलता- जुलता है। निर्णयात्मक समीक्षा यह मानकर चलती है कि साहित्य का मूल्यांकन करने की एक निश्चित कसौटी है। इस कसौटी पर खरे उतरने वाले साहित्यकार ही अच्छे साहित्यकार हैं, शेष नहीं। विभिन्न समीक्षकों की कसौटियाँ परस्पर काफी भिन्न रही हैं और इस कारण उनके निर्णयों में भी आकाश-पाताल का अन्तर रहा है। एक तरफ जहाँ कुछ समीक्षकों ने पोप को 'कवि' भी नहीं माना वहाँ डॉ. जॉनसन ने जोरदार शब्दों में कहा कि यदि पोप कवि नहीं है तो फिर कवि कहलाने का अधिकारी है कौन?[10] उसी प्रकार केशवदास को कुछ समीक्षकों ने हृदयहीन बतलाया और कुछों ने उन्हें हिन्दी कविता में सूर और तुलसी के पश्चात् तीसरे स्थान का अधिकारी बतलाते हुए कहा—

सूर सूर तुलसी ससी उडुगन केसौदास।
अब के कवि खद्योत सम जहँ तहँ करैं प्रकास।।

विश्लेषणात्मक समीक्षा किसी निश्चित कसौटी की मान्यता को स्वीकार नहीं करती। उसके अनुसार यह सम्भावना भी नहीं है कि भविष्य में समीक्षा की कोई कसौटी बनायी जा सके। साहित्य समयानुसार परिवर्तित होता रहता है और कभी भी अपनी चरम अवस्था को प्राप्त नहीं होता। कसौटी के निर्माण के लिए यह प्रथम शर्त है कि चरम अवस्था को प्राप्त साहित्य का अध्ययन किया जाये। अतः इस मत के अनुसार समीक्षक का कार्य साहित्यिक कृति का मूल्यांकन करना नहीं है। उसे वैज्ञानिक की भाँति अन्वेषण मात्र करना है। एक साहित्यिक कृति में साहित्यकार ने जिन नियमों का पालन किया है, वे किसी अन्य कृति में शायद ही मिलें।

अतः यह आशा करना कि अन्य साहित्यकारों ने भी उन नियमों का पालन किया होगा- एक दुराशा मात्र है और उसके आधार पर अन्य कृतियों की समीक्षा करना पूर्णतया अनुचित। उदाहरणार्थ, अरस्तू ने अपने समय तक रचे हुए तमाम ग्रीक साहित्य का अध्ययन करके महाकाव्य तथा नाटक सम्बन्धी कुछ नियम खोजे। बाद में अनेक पाश्चात्य समीक्षक उन्हीं नियमों को कसौटी मानकर बाद में रचे गये महाकाव्यों और नाटकों की परख करते रहे। जहाँ कहीं उन्होंने साहित्यकारों को नियमोल्लंघन का दोषी पाया, वहीं उन्हें खूब बुरा भला कहा। किन्तु ग्रीक साहित्य के आधार पर निर्मित कसौटी पर वर्तमानकालीन साहित्यिक कृतियों का कसना कहाँ तक उचित है? तब से लेकर आज तक संसार में काफी परिवर्तन हो चुका है और मानव-चिन्तन में अनेक नवीन धाराएँ आ चुकी हैं। उस कसौटी का आज भी प्रयोग करने का अर्थ क्या यह नहीं है कि उन समीक्षकों के मतानुसार जिस स्तर का सृजन उस समय हो चुका था, उस स्तर का सृजन आगे सम्भव ही नहीं है और उससे श्रेष्ठ सृजन का तो प्रश्न ही नहीं उठता? क्या यह मानव बुद्धि के लिए महान् चुनौती नहीं है? जब विज्ञान के क्षेत्र में इस युग का मानव उस युग के मानव की अपेक्षा बहुत आगे पहुँच चुका है तो साहित्य में ऐसा क्यों नहीं हो सकता? क्या मानव-कल्पना की उड़ान की इतिश्री हो चुकी है? नहीं। हमको पूर्ण आशा है संसार के सर्वश्रेष्ठ कवि नाटककार, निबन्धकार और उपन्यासकार भूतकाल में जन्म नहीं ले चुके हैं, वे भविष्य में जन्म लेंगे। फिर उनसे हीनतर प्रतिभाओं द्वारा अनुसरित नियमों के आधार पर उनको कैसे परखा जा सकता है? इन आधारों पर विश्लेषणात्मक समीक्षा निर्णयात्मक समीक्षा को सदोष सिद्ध करती है।

एक अन्य मतानुसार इतिहासपरक विधि से समीक्षा करते समय समीक्षक साहित्यकार की प्रतिभा तथा उसकी युगीन परिस्थितियों तथा सामाजिक स्थिति का अध्ययन और विश्लेषण करने के पश्चात् साहित्यिक कृति का अध्ययन करता है।

ऐसे प्रयास में समीक्षक का प्रथम कर्तव्य यह होता है कि वह अपनी रुचि, विचारधारा तथा सामयिक प्रभावों से स्वयं मुक्त हो जिससे उसे कृति में न अपनी विचारधारा की झलक दिखायी पड़े और न उसका विरोध। उसके पश्चात् वह साहित्यकार के व्यक्तित्व, उसके ऊपर पड़े हुए बौद्धिक, कलात्मक और राजनीतिक प्रभावों का विवेचन करता हुआ कृति के भाव और कला पक्षों के विश्लेषण की ओर उन्मुख होता है। इस सीमा तक तो उसकी समीक्षा का रूप विश्लेषणात्मक ही रहता है। परन्तु इससे आगे जब वह रचना का मूल्यांकन करके रचयिता का साहित्य में स्थान भी घोषित करता है तो वह निर्णयात्मक समीक्षा की सीमा में पहुँच जाता है। इस विश्लेषण तथा निर्णय करने में कभी-कभी वह शास्त्रीय सिद्धान्तों को अपनाता है और कभी इसी बात को प्रमुखता देता है कि कृति ने उसके ऊपर क्या प्रभाव डाला। इनमें पहली विधि को 'क्लासिकल' या शास्त्रीय कहा जाता है और दूसरी को 'रोमाण्टिक' या आत्मप्रधान या प्रभाववादी। जब समीक्षक कई साहित्यकारों के कुछ समान पक्षों को लेकर उनकी तुलना को ही मुख्य ध्येय बना लेता है तो उसे तुलनात्मक विधि कहा जाता है।

कभी-कभी समीक्षक इस प्रकार के प्रश्नों का उत्तर देने का प्रयास करते हैं कि- साहित्य क्या है? इनका क्या कार्य है? इसकी क्या उपयोगिता है? साहित्यकार सृजन क्यों और कैसे करता है? अथवा पाठक साहित्य को क्यों पढ़ता है? आदि आदि। इस प्रकार के प्रश्नों से सम्बन्धित समीक्षा को सैद्धान्तिक अथवा दार्शनिक समीक्षा कह सकते हैं। यही दार्शनिक समीक्षा प्रस्तुत पुस्तक का विवेच्य है। हमको इस पुस्तक में यही देखना है कि इस प्रकार के प्रश्न पाश्चात्य जगत् में कब से उठे और विभिन्न समीक्षकों ने उनके किस दृष्टिकोण से क्या-क्या उत्तर दिये।

पाश्चात्य जगत् में इस विषय पर विचार-विमर्श आज से लगभग ढाई हजार वर्ष पहले पाँचवीं शताब्दी ई.पू. में यूनान देश में आरम्भ हुआ। तब से आज तक अनेक समीक्षकों ने अपने-अपने ढंग से अपने विचार प्रस्तुत किये। कुछ विचारों में स्पष्ट मौलिकता के दर्शन होते हैं और कुछ में स्पष्ट रूप से पिष्टपेषण करने की प्रवृत्ति। इतने विभिन्न विचारों को वर्गीकृत करना यद्यपि अत्यन्त कठिन कार्य है किन्तु असम्भव नहीं। मोटे रूप से पाश्चात्य समीक्षा के इतिहास को चार भागों में बाँटा जा सकता है—

1.	आदि काल	-	500 ई.पू. से 100 ई. तक,
2.	मध्य युग	-	1200 ई. से 1800 ई. तक,
3.	आधुनिक युग	-	1800 ई. से 1900 ई. तक तथा
4.	अद्यतन युग	-	1900 ई. से आज तक।

इनमें से प्रथम युग में साहित्य को किसी-न-किसी रूप में जगत् की अनुकृति माना जाता था। यद्यपि लौञ्जाइनस के विषय में यह बात लागू नहीं होती किन्तु प्लेटो, अरस्तू, होरेस, क्विंटिलियन आदि समीक्षकों के विषय में यह कथन पूर्णतः सही है। इसके पश्चात् यूरोप में लगभग एक हजार वर्ष का अन्धकारपूर्ण युग रहा जिसमें साहित्य-समीक्षा-सम्बन्धी कोई कार्य नहीं हुआ। दान्ते के आविर्भाव के साथ मध्य काल का आरम्भ होता है। इस युग में यूरोप ने एक हजार वर्ष की रात्रि के अन्धकार से निकलकर पुनर्जागरण काल में प्रवेश किया। इस युग में साहित्य को जगत् की अनुकृति ही नहीं कवि-कल्पना की उपज भी माना जाने लगा। यह युग नव्य शास्त्र वादी काल के अन्त तक आता है। इसके पश्चात् उन्नीसवीं शताब्दी के आरम्भ होने से कुछ पहले ही यूरोप में रोमाण्टिक या स्वच्छन्दतावादी प्रवृत्तियों की लहर दौड़ी और साहित्य को शुद्ध कल्पना की उपज स्वीकार किया गया यद्यपि कुछ आगे चलकर परम्परावादी समीक्षकों ने इसका विरोध भी किया। बीसवीं शताब्दी में समीक्षा-धारा कई भागों में बँट गयी है। एक ओर रिचर्ड्स जैसे समीक्षकों ने मनोविज्ञान का सहारा लिया है तो काडवैल ने मार्क्सवादी दर्शन का क्रोचे ने अभिव्यंजनावाद को प्रतिष्ठित किया है तो टॉल्सटॉय ने उपयोगितावाद को। इस प्रकार यद्यपि कुछ विद्वान इसे ह्रासोन्मुखी प्रवृत्ति समझते हैं—वर्तमान समीक्षा कई दिशाओं में विकसित होकर फल- फूल रही है। आशा है भविष्य में निश्चित दिशा प्राप्त करके और अधिक समृद्ध होगी तथा साहित्यिक समस्याओं के उचित हल खोजेगी।

अध्याय-2

प्लेटो से पूर्व

आदि काल

ईसा से लगभग पाँच सौ वर्ष पहले यूनान देश में साहित्य अपने स्वर्णिमकाल में पहुँच चुका था। समीक्षा का आरम्भ उसी काल से मानना चाहिए। यद्यपि हमें यह युग काफी प्राचीन लगता है परन्तु यूनानियों ने तब तक जगत् के काफी अनुभव संग्रहीत कर लिए थे। राजाओं का काल विदा हो चुका था, तानाशाह जा चुके थे, एकतन्त्र तथा प्रजातन्त्र सभी का उत्थान और पतन हो चुका था। शहरी रियासत के अन्दर राजनीति के जितने दाँव पेच चल सकते हैं, वे चल चुके थे। एथेन्ज शहर राजनीति, भाषण कला, भवन-निर्माण कला, शिल्पकला, नाटक, संगीत, चित्रकला, दर्शनशास्त्र, काव्य-कला, व्याकरण आदि में अपनी श्रेष्ठता का सिक्का जमा चुका था। दूसरी ओर ऐसे आलोचकों का भी आविर्भाव हो चुका था जो परम्परागत सिद्धान्तों और मूल्यों को स्पष्ट रूप से चुनौती देते थे। उदाहरणार्थ, जीनोफेन्ज ने स्पष्ट कह दिया था कि होमर के देव पात्र मानव पात्रों की भाँति ही चित्रित हैं। हैराक्लाइटस ने शाश्वत परिवर्तन के सिद्धान्त का प्रतिपादन किया था[11] तथा प्रौटेगरैस ने घोषित किया था कि मानव ही सब बातों का मापदण्ड है। इसी युग में ऐरिस्टोफनीज़ ने साहित्य-समीक्षा के एक अत्यन्त मूल्यवान् प्रश्न को विवाद का विषय बनाया कि कवि की किस आधार पर प्रशंसा की जानी चाहिए।[12] उन्होंने यूरिपडीज़ से इस प्रश्न का उत्तर दिलाते हुए कहा है कि वही कवि प्रशंसनीय है जिसकी कला में सच्चाई हो और शिक्षा में औचित्य तथा जो किसी-न-किसी दृष्टि से मानव को श्रेष्ठ बनाकर राष्ट्र की सेवा करे।[13] इस सम्बन्ध में ईस्किलस, यूरिपडीज़, ऐरिस्टोफनीज़ और प्लेटो के बीच में पूर्ण मतैक्य है। वे सब देशभक्त थे और 'आदर्श राज्य' के लिए अच्छे नागरिकों का निर्माण उन सब का ध्येय था। वे

सब इस बात पर सहमत थे कि कवि का कर्त्तव्य शिक्षा देना है। वह किस बात की शिक्षा दे और कैसे दे- इस विषय में उनमें मतवैभिन्य अवश्य था। इस मतवैभिन्य का कारण यह था कि उनके राजनीतिक आदर्श भिन्न-भिन्न थे। किन्तु काव्य का उद्‌देश्य नीति, आदर्श और नागरिकता की शिक्षा देना है– ऐसा सभी को मान्य था। अतः नैतिकता के विषय में उनके मत भिन्न-भिन्न अवश्य थे किन्तु कला के कर्त्तव्य के विषय में वे स्पष्ट रूप से एकमत थे।

इस समय तक सृजनात्मक साहित्य और समीक्षात्मक साहित्य एक-दूसरे से पृथक् नहीं हुए थे। ऐरिस्टोफ़नीज़ ने अपनी सृजनात्मक साहित्यिक कृति में ही समीक्षा के प्रश्न रखे और उनका उत्तर दिया। आगे चलकर ये दोनों विधाएँ पृथक्-पृथक् रूपों में हमारे समक्ष आयीं।

ऐरिस्टोफ़नीज़ ने साहित्य के कुछ और महत्त्वपूर्ण प्रश्नों का भी विवेचन किया। उदाहरणार्थ उसने इस प्रश्न को उठाया कि साहित्य की भाषा बोल-चाल की भाषा हो अथवा अलंकृत भाषा तथा साहित्य का कथ्य दैनिक जीवन से चुना जाये अथवा किसी भी 'महान्' और 'महत्त्वपूर्ण' विषय को कथ्य बनाया जाये। उसका ईस्किलस कहता है कि कवि को महान् विषय लेकर गम्भीर भावों का उच्च कोटि की भाषा में विवेचन करना चाहिए। परन्तु उसके यूरिपडीज़ के मतानुसार धर्म और संस्कृति-सम्बन्धी परम्परागत मत उचित नहीं और साहित्य में बोलचाल की वास्तविक भाषा का ही प्रयोग करना चाहिए। ऐरिस्टोफ़नीज़ उसको उपहासित करने के उद्‌देश्य से उससे इस प्रकार कहलवाता है–

"मैं दैनिक जीवन और व्यापार से ली गयी बातों को ही मंच पर प्रदर्शित करता हूँ।"[14] तथा

"हमको मानव द्वारा प्रयुक्त भाषा का ही प्रयोग करना चाहिए।"[15]

यहाँ पर तर्क, मानववाद तथा वस्तुवाद को मान्यता देकर आदर्शवाद तथा नियमों के प्रति अन्धश्रद्धा को अस्वीकार किया गया है। यद्यपि इन प्रश्नों और उत्तरों को अधिक महत्त्व नहीं दिया जा सकता किन्तु उनका इतना महत्त्व तो मानना ही पड़ेगा कि इनमें साहित्यिक समीक्षा के स्पष्ट अंकुर परिलक्षित होते हैं।

सारांश यह है कि यूरोप में साहित्यिक समीक्षा का आरम्भ यूनान देश में हुआ। यह तो निश्चित रूप से कहा नहीं जा सकता कि यह किस तिथि को आरम्भ हुआ किन्तु इतना अवश्य ज्ञात है कि ईसा से लगभग पाँच सौ वर्ष पूर्व जब कि ऐथन्ज़ नगर में बौद्धिक जाग्रति आयी हुई थी, साहित्य समीक्षा-सम्बन्धी कुछ प्रश्नों पर चिन्तन और विवाद हुआ। यह ऐसा युग था जब कि धर्म, दर्शनशास्त्र, नीतिशास्त्र, राजनीतिशास्त्र, कला तथा साहित्य के विषय में विद्वज्जन स्वतन्त्रतापूर्वक चिन्तन

और मनन कर रहे थे। इसी युग में ईस्किलस, सौफ़क्लीज़, यूरिपडीज, सॉक्रेटीज़ (सुकरात) ऐरिस्टोफनीज़ आदि महान् चिन्तकों का अविर्भाव हुआ। इनमें शायद ऐरिस्टोफ़नीज़ ही प्रथम विचारक था जिसका ध्यान समीक्षा की ओर गया। उसने अपनी सुखान्तिका *(Comedy)* 'मेंढक' *(Frogs)* मे ईस्किलस और यूरिपडीज़ को अपने पात्र बनाकर कविता तथा नाटक की श्रेष्ठता की कसौटी, साहित्य में कला और नैतिकता का सापेक्षिक महत्त्व तथा साहित्य की भाषा की विशेषता जैसे प्रश्नों पर अपने विचार प्रकट किये। इन विषयों पर जो भी विचार प्रस्तुत किये गये हैं वे ईस्किलस और यूरिपडीज़ की रचनाओं में अनुसरित सिद्धान्तों पर आधारित हैं। इस प्रकार पाश्चात्य समीक्षा का आरम्भ ऐरिस्टोफ़नीज़ से होता है यद्यपि उसकी रचना में समीक्षा और सृजन कार्य साथ-साथ चलते हैं। उसने जिन समस्याओं को उठाया उनका निश्चित हल मानव आज तक नहीं खोज सका है और वे अभी भी इतनी ही महत्त्वपूर्ण बनी हुई हैं जितनी उस काल में थीं।

अध्याय-3

प्लेटो

प्लेटो को भारत में अफ़लातून के नाम से जाना जाता है। उनकी जन्म-तिथि के विषय में विद्वान् एकमत नहीं हैं, किन्तु अधिकतर प्रमाण इस बात का समर्थन करते हैं कि उनका जन्म 427 ई.पू. के लगभग हुआ। उनकी मृत्यु के विषय में निश्चित प्रमाण उपलब्ध हैं, जिनके अनुसार उनका देहावसान 348 ई.पू. में हुआ। वे महान् दार्शनिक सुकरात के सर्वप्रमुख शिष्य थे। जैसा कि अन्य साहित्यों में देखा गया है कि सृजनशील साहित्य के क्षेत्र में काफी विकास हो जाने के पश्चात् ही समीक्षा के क्षेत्र में कार्य आरम्भ होता है, वैसा ही यूनान में हुआ। प्लेटो के समय तक यूनानी साहित्य और कला का सूर्य अपने चरमोत्कर्ष पर पहुँचने के बाद अस्ताचल की ओर बढ़ चला था। फ़ाइडिअस जैसे कलाकार तथा ईस्किलस, सॉफ़क्लीज़, यूरिपडीज़ और ऐरिस्टोफ़नीज़ जैसे साहित्यकार अपना कार्य कर चुके थे और उनका स्थान ऐम्पैडक्लीज़ तथा सुकरात जैसे दार्शनिकों तथा एण्टीफ़न और लिसिऐस जैसे वक्ताओं ने ले लिया था। राष्ट्रीय चरित्र तथा सामाजिक और सार्वजनिक जीवन के गिरते हुए स्तर को देखकर उन्होंने तर्क शक्ति के आधार पर सार्वजनिक जीवन -सम्बन्धी अनेक समस्याओं का विवेचन आरम्भ किया। इन सत्यान्वेषियों में सुकरात सर्वप्रमुख थे। उन्होंने अनेक परम्पराओं तथा विश्वासों को चुनौती दी। इस प्रकार के विवेचन में साहित्य समीक्षा-सम्बन्धी कुछ प्रश्नों को भी स्थान मिला जैसे साहित्य किसे कहते हैं, इसका क्या कार्य है और समाज के लिए इसका क्या मूल्य है। इस प्रकार चतुर्थ शताब्दी ई.पू. से पहला काल यदि सृजनात्मक साहित्य का युग था तो यह साहित्यिक समीक्षा का। हिन्दी साहित्य में भी इस प्रकार की प्रवृत्ति दर्शनीय है क्योंकि भक्तिकाल में कविता का पूर्ण विकास हो जाने के पश्चात् ही रीतिकाल में समीक्षा-सम्बन्धी विवेचन हुआ।

कविता के विरुद्ध आक्षेप-

प्लेटो मुख्य रूप से दार्शनिक थे, समीक्षक नहीं। अतः उनके समीक्षा-सम्बन्धी विचार व्यवस्थित रूप में उपलब्ध न होकर इधर-उधर बिखरे पड़े हैं। उनकी महान् कृति 'वार्त्तालाप' में कई व्यक्तियों के प्रश्नोत्तरों के माध्यम से कुछ महत्त्वपूर्ण विचार प्रस्तुत किये गये हैं। प्लेटो ने अपने दार्शनिक विचारों को सुकरात के कथनों के रूप में रखा है। ऐसा उन्होंने अपने गुरु के प्रति आदरभाव प्रदर्शन करने के लिए किया है। उनके साहित्य सम्बन्धी विचार 'अयान', 'फीड्रस', 'गणतन्त्र', 'कानून' आदि 'वार्त्तालापों' में उपलब्ध हैं।

अनुकृति की अनुकृति-

शिल्पकला तथा चित्रकला की भाँति साहित्य भी कला ही है। अतः सर्वप्रथम यह देखना आवश्यक है कि कला के विषय में प्लेटो के क्या विचार हैं। इस सम्बन्ध में प्लेटो के 'विचार' सम्बन्धी सिद्धान्त को जानना आवश्यक है। 'गणतन्त्र' में उन्होंने लिखा है कि अन्तिम रूप से विचार (आईडिअ) ही सत्य हैं। वस्तु रूप में आने से पहले प्रत्येक वस्तु का जन्म विचारजगत् में होता है। उदाहरणार्थ लकड़ी की कुर्सी बनने से पहले विचार जगत् में कुर्सी का जन्म हो जाता है। वास्तविक सत्य तो कुर्सी का विचार ही है। बढ़ई इसी विचार को वस्तु रूप में परिणत करता है और लकड़ी की कुर्सी का निर्माण करता है। यह लकड़ी की कुर्सी तो विचारगत कुर्सी की अनुकृति मात्र है। इस प्रकार विचार ही वास्तविक सत्य है, वस्तु तो उसकी अनुकृति मात्र है। किन्तु अनुकृति कभी भी मौलिक सत्य का स्थान नहीं ले सकती और सत्य से एक हटाव दूर होती है। अब प्रश्न होता है कि चित्रकार का क्या कार्य है। वह दृश्यजगत् की वस्तुओं की अनुकृति करके उनके चित्र बनाता है अर्थात् वह अनुकृति की अनुकृति करता है। इस प्रकार उसकी रचना सत्य से दो हटाव दूर होती है क्योंकि विचारगत वस्तु ही सत्य है, दृश्यजगत् की वस्तु उसकी अनुकृति है और वस्तु का चित्र उस अनुकृति की भी अनुकृति है। शिल्पकार का कार्य चित्रकार जैसा ही है, अन्तर केवल इतना है कि उसका माध्यम रंग के स्थान पर पत्थर है तथा साहित्यकार भी शब्दों के माध्यम से अनुकृति की अनुकृति ही करता है। जिस प्रकार दृश्यजगत् की वस्तुएँ विचारजगत् की वस्तुओं की अपूर्ण अनुकृतियाँ हैं उसी प्रकार कलाजगत् की वस्तुएँ अनुकृति की अनुकृति होने के कारण और भी अपूर्ण हैं। वे मानव को सत्य की ओर न ले जाकर सत्य से दूर ले जाती हैं। अधिक- से-अधिक वे सत्य का एकपक्षीय बिम्ब हमारे समक्ष प्रस्तुत करती हैं। इस कारण कला न तो मानव के चरित्रोत्थान में सहायक है और न राष्ट्र के कल्याण में। प्लेटो की दृष्टि में किसी भी वस्तु की परख की ये दो ही कसौटियाँ हैं और कविता किसी भी कसौटी पर खरी नहीं उतरती।

अतः प्लेटो के आदर्श राज्य में कवियों के लिए कोई स्थान नहीं है।[16] प्लेटो ने स्वीकार किया कि कविता का मनुष्यों पर बहुत शीघ्र प्रभाव पड़ता है तथा कविता का सम्बन्ध मुख्यतः भावनाओं से है, तर्क से नहीं। परन्तु ऐसा होने के कारण, प्लेटो के मतानुसार, कविता व्यक्ति तथा समाज दोनों के लिए और भी अधिक हानिकारक है। यद्यपि उन्होंने होमर आदि कवियों के प्रति अत्यन्त सत्कार प्रदर्शित किया है किन्तु उनका मूल्य आदर्श राज्य में केवल तभी तक है जब तक कि वे देवताओं की प्रार्थना तथा महान् व्यक्तियों की प्रशंसा के गीत रचते और गाते हैं। यदि कविता को इससे अधिक क्षेत्र प्रदान करके त्रासदी आदि को भी राज्य के अन्तर्गत आने दिया गया तो राज्य में कानून और तर्क के स्थान पर आनन्द और शोक शासक बन जायेंगे।[17] प्लेटो ने दर्शनशास्त्र तथा कविता की परस्पर तुलना करते हुए दर्शनशास्त्र को कविता से श्रेष्ठतर सिद्ध किया है और कहा है कि दर्शनशास्त्र का सम्बन्ध सत्य से है जबकि कविता तथा अन्य कलाएँ केवल अनुकृति की अनुकृति करती हैं। कविता में आकर्षण है किन्तु क्या उसके लिए सत्य को ठुकराया जा सकता है? कदापि नहीं।

दैवी प्रेरणा-

प्लेटो ने, शायद केवल "कविता की हीनता सिद्ध करने के लिए, इस परम्परागत विचार को भी स्वीकार किया है कि कवि को दैवी प्रेरणा प्राप्त होती है। कवि किसी विषय पर गम्भीर चिन्तन करने के पश्चात् उस विषय पर काव्य-रचना करता हो, ऐसी बात नहीं है। उसे तो प्रेरणा प्राप्त होती है, तभी वह काव्य-रचना में संलग्न हो जाता है। फिर वे प्रश्न पूछते हैं कि 'क्या इस प्रकार यकायक प्रेरणा प्राप्त होने पर रचे हुए गीतों में, जिनके लिए गम्भीर मनन नहीं किया गया, विश्वसनीय तर्क तथा सत्य विद्यमान होगा?' बहुधा कवियों के कथनों में गम्भीर सत्य हो सकता है किन्तु ऐसा तभी होगा जबकि उन्हें तर्क की कसौटी पर कस लिया गया हो अन्यथा कवियों की रचनाओं में सत्य नहीं होता। अतः कवियों को सही पथप्रदर्शक नहीं माना जा सकता और कविता दर्शनशास्त्र का स्थान नहीं ले सकती। कविता क्षणिक आवेश पर आधारित होती है जबकि दर्शनशास्त्र गूढ़ एवं गम्भीर मनन पर। इस कारण से व्यक्ति को अच्छा नागरिक बनाने के लिए तथा राजा को श्रेष्ठतर संगठन बनाने के लिए हमको दर्शनशास्त्र के ऊपर निर्भर रहना चाहिए, कविता के ऊपर नहीं। जो व्यक्ति एक प्रकार के पागलपन[18] के वशीभूत होकर रचना करे, उससे सत्य की प्राप्ति की आशा करना उचित नहीं। कवि तो काव्य-रचना उसी समय कर सकता है जबकि उसका मस्तिष्क सही स्थिति में नहीं है और जब उसका मस्तिष्क सही स्थिति में होता है तब वह काव्य-रचना कर ही नहीं सकता।[19]

हृदय से सम्बन्ध-

प्लेटो ने कविता के विरुद्ध एक आक्षेप यह लगाया कि इसका सम्बन्ध मानव-भावनाओं तथा संवेगों से है, बौद्धिक विश्लेषण से नहीं। दैवी प्रेरणा से उत्पन्न होने के कारण इसका प्रभाव मानव-हृदय पर पड़ता है, मस्तिष्क पर नहीं। कला का कर्त्तव्य 'प्रेरणा' को सौन्दर्य प्रदान करना है और इस सौन्दर्य का प्रभाव भी मानव हृदय पर ही पड़ता है। जगत् के जो भी चित्र कविता में अंकित किये जाते हैं– चाहे वे पात्रों के रूप में हों, या घटनाओं के रूप में या दृश्यों के रूप में- वे तर्क शक्ति को एक ओर धकेलकर, मानव हृदय को वशीभूत कर लेते हैं। पर हृदय के आवेग तो दैवी प्रेरणा की भाँति ही क्षणिक होते हैं। क्या व्यक्ति इन क्षणिक आवेगों की आज्ञानुसार कार्य करके सुरक्षित रह सकता है? नहीं। वह सुरक्षित तभी रह सकता है जबकि वह सन्तुलित मस्तिष्क से मनन करके अपनी बुद्धि की आज्ञानुसार कार्य करे। प्लेटो ने इस कथन की सत्यता सिद्ध करने के लिए अपने युग की त्रासदियों को लिया है जिनमें दर्शकों के हृदयों को प्रभावित करने के लिए खूब विलाप कराया जाता था। उनके अनुसार ऐसे विलापों का प्रभाव अत्यन्त हानिकारक होता है। जब व्यक्ति अन्य लोगों के दुःखों को देखकर ही करुणा से द्रवित हो जायेगा तो अपने ऊपर विपत्ति आने पर वह कैसे संयम रख सकेगा?[20] मानव कल्याण के लिए यह आवश्यक है कि संवेगों को हतोत्साहित किया जाये और संयमित किया जाये किन्तु कविता उनको और अधिक उत्तेजित करती है और मानव को उनका स्वामी न बनाकर दास बनाती है।[21]

कविता का, प्लेटो की दृष्टि में, एक और दोष यह है कि यह नैतिकता की उपेक्षा करती है। जीवन का चित्रण करते समय कवि कभी सद्गुणों की विजय चित्रित कर देते हैं और कभी दुर्गुणों की। ऐसा करना नीतिशास्त्र के नियमों के प्रतिकूल है। होमर के महाकाव्यों में, हीसियड की इतिवृत्तात्मक कविता में, पिण्डार के सम्बोधन गीतों में तथा ईस्किलस, सॉफक्लीज एवं यूरिपडीज़ की त्रासदियों में गुणवान् पात्रों को आपत्ति में फँसे देखकर प्लेटो को बड़ा दुःख होता था। उनके मतानुसार इन रचनाओं में यह चित्रित किया गया है कि अनेक सत्पात्र दुःख प्राप्त करते हैं और अनेक असत्पात्र सुखी रहते हैं, सत् कार्य व्यक्ति के पड़ोसी के लिए हितकर होते हैं, परन्तु स्वयं उसके लिए अहितकर होते हैं तथा यदि बुराई की पोल न खुले तो वह बहुत लाभदायक होती है। ऐसी अनैतिक बातें व्यक्ति को भ्रष्ट करती हैं और समाज के लिए अहितकर है।[22] होमर, हीसियड तथा अन्य कवियों की कटु आलोचना करते हुए वे कहते हैं कि इनकी रचनाओं से देवताओं को क्रूर, विलासी तथा झगड़ेखोर चित्रित किया गया है, इनको प्रतिशोध की दुर्भावनाओं से पूर्ण बताया गया है, ईश्वर

को भी असत् कार्यों का कर्त्ता चित्रित किया गया है, देवताओं से असत्य भाषण कराया गया है, उनसे छलपूर्ण वेश धारण कराये गये हैं तथा अधम कार्य कराये गये हैं। क्या शासकवर्ग ऐसे चित्रण होते रहने दें? क्या असहनीय नहीं है कि परलोक के विषय में इस प्रकार झूठा भाषण किया जाये और वहाँ पर भी कष्ट तथा मृत्यु का शासन प्रदर्शित किया जाये? इसी प्रकार क्या यह अनुचित नहीं है कि ऐक्लीज़ जैसे शूर वीरों से दुर्बलतापूर्ण विलाप कराया जाये, या भद्दी भाषा का प्रयोग कराया जाये, या उन्हें क्रोधी तथा प्रतिशोध की भावना से पूर्ण चित्रित किया जाये? इस प्रकार के साहित्य से एक या दो नागरिक ही नहीं, समस्त देश भ्रष्टाचार का शिकार हो जायेगा।

कविता का कर्त्तव्य-

कविता का कार्य क्या है? इस प्रश्न पर विचार करते समय प्लेटो ने स्वीकार किया है कि यह आनन्द प्रदान करती है। किन्तु केवल आनन्द प्रदान करना इसका उद्देश्य नहीं हो सकता। प्लेटो के मतानुसार नैतिकता से अत्यन्त घनिष्ठ सम्बन्ध है। कला का नैतिकता से पृथक् अस्तित्व स्वीकार नहीं किया जा सकता। इसलिए उन्होंने अनेक स्थानों पर इस बात की ओर संकेत किया है कि कविता को सत्य की कसौटी पर कसा जाना चाहिए तथा यह देखना चाहिए कि सद् विचारों के लिए इसकी क्या देन है। सद् विचारों का प्रचार करके ही यह चरित्र निर्माण तथा राष्ट्र कल्याण में सहायक हो सकती है। आनन्द चाहे कितनी ही उच्च श्रेणी का क्यों न हो नैतिक शिक्षा की अपेक्षा उसका स्तर नीचा ही रहेगा। कवि की श्रेष्ठता का मापदण्ड उसके द्वारा दी गयी नैतिक शिक्षा है, आनन्द नहीं। जो जितनी अच्छी नैतिक शिक्षा देगा वह उतना ही अच्छा कलाकार होगा। प्लेटो का कथन है कि आदर्श राज्य के लिए उन कलाकारों की आवश्यकता है जो नैतिक विचारों को सुन्दर रूप से प्रस्तुत कर सकें जिससे नागरिक उन सद् विचारों से प्रभावित होकर श्रेष्ठतर बन सकें।[23] कविता के अन्दर न्याय, सौन्दर्य तथा मानव हित को ही सर्वोच्च सत्य के रूप में चित्रित करना कवि का कर्त्तव्य है। काव्यगत सत्य तथा सर्वोच्च सत्य एक होने चाहिए।

नाटक-

प्लेटो के काल तक नाटक को कविता का ही एक अंग माना जाता था। अतः कविता के विषय में प्लेटो के जो विचार हैं वे नाटक पर भी लागू होते हैं। तदनुसार नाटक की रचना नाटककार दैवी प्रेरणा प्राप्त होने पर करता है, नाटकीय चित्रण सत्य से दो हटाव दूर तथा नैतिक नियमों से असम्बद्ध होता है एवं यह भी मानव संवेगों

को ही जाग्रत करता है, तर्क को नहीं। इसके साथ-साथ नाटक कई अन्य दृष्टियों से भी हानिकारक है। कविता तो केवल पढ़ने के लिए होती है किन्तु नाटक रंगमंच पर खेला जाता है। अतः इसको सफल बनाने के लिए दर्शकों को यथाशक्ति प्रसन्न करना पड़ता है। दर्शकों में भी भिन्न-भिन्न रुचि तथा स्वभाव वाले व्यक्ति होते हैं। इनमें से कुछ व्यक्तियों के मनोरंजन के लिए त्रासदी में नाटककार झगड़ों का भी चित्रण करता है और पात्रों से विलाप आदि भी कराता है। कामदी में अभिनेता मेघगर्जन तथा पशुओं की आवाजों का अनुकरण करके दिखाते हैं। ऐसी बातें पाशविक वृत्तियों से सम्बन्धित हैं। कोई भी व्यक्ति सामान्य स्थिति में ऐसी बातें पसन्द नहीं करेगा- इतना ही नहीं, इन बातों पर लज्जित होगा। किन्तु नाटक में ऐसी बातें देखकर अनेक व्यक्ति आनन्दित होते हैं।[24] अतः नाटकान्तर्गत ऐसे चित्रण कुरुचि तथा अनुशासनहीनता को ही जन्म देते हैं। प्लेटो इस प्रकार के नाटकों पर कानूनी रोक लगवा देने के पक्ष में थे। उन्होंने अच्छे समाज की रचना के सिद्धान्तों का विवेचन करते समय ये बातें कही हैं और उनका मुख्य उद्देश्य राज्य-कल्याण सम्बन्धी बातों पर अपना निर्णय देना है। इसी में यथावसर कविता तथा नाटक की भी चर्चा की गयी है। उन्होंने नागरिक शिक्षा के सम्बन्ध में विचार करते समय यह स्पष्ट कर दिया है कि अच्छा समाज आस्था तथा न्याय पर आधारित होता है और अच्छे समाज में इनकी शिक्षा देना आवश्यक है। बच्चों को जो कहानियाँ पढ़ायी जायें, वे उनको नैतिक दृष्टि से ऊँचा उठानेवाली हों। कोई भी कहानी ऐसी न हो जो उन्हें अनैतिक बातें सिखाये।

नाटक पर आक्षेप-

नाटक नागरिकों के लिए ही नहीं, अभिनेताओं के लिए भी हानिकारक है, क्योंकि उसका दुष्प्रभाव उनके ऊपर भी पड़ता है। उन्हें अनेक बार असत् पात्रों का अभिनय करना पड़ता है। कभी वे कायर बनते हैं, कभी दुष्ट और कभी अपराधी। धीरे-धीरे कायरता, दुष्टता, अपराध आदि दुर्गुण उनके हृदय में प्रवेश कर जाते हैं और वे स्वभाव से ही कायर, दुष्ट अथवा अपराधी बन जाते हैं और उनके प्रकृतिदत्त स्वभाव के विकास में बाधा पहुँचती है। अभिनय करना, अपने-आप में अच्छा कार्य नहीं है, चाहे वह कितना ही निर्दोष क्यों न हो। क्योंकि अभिनय करते समय अभिनेता को अपने व्यक्तित्व का दमन करना पड़ता है। इसका परिणाम चरित्र दौर्बल्य होता है। प्लेटो ने इतना अवश्य स्वीकार किया है कि सत् पात्रों का अभिनय करने से अभिनेता लाभान्वित भी होते हैं। जब वे साहसी, बुद्धिमान तथा गुणवान पात्रों का अभिनय करते हैं तो स्वभावतः वही गुण उनकी आदत में शामिल हो जाते हैं। अतः जिन त्रासदियों में श्रेष्ठ तथा प्रशंसनीय व्यक्तियों का चित्रण किया गया हो, उनको अवश्य

अभिनीत करना चाहिएं क्योंकि उससे समाज का निश्चित रूप से हित होगा। ऐसी त्रासदियों का अभिनय करके स्वयं अभिनेताओं के चरित्र का सुधार होगा और रंगमंच पर श्रेष्ठ कार्यों में संलग्न पात्रों को देखकर नागरिक भी नैतिक शिक्षा ग्रहण करेंगे। इससे समाज भी श्रेष्ठतर होगा।

नाटक से आनन्द प्राप्त होने का कारण-

त्रासदी तथा कामदी को रंगमंच पर अभिनीत होते देखकर दर्शकगण क्यों आनन्दित होते हैं– इस प्रश्न के विषय में भी प्लेटो ने अपने विचार प्रस्तुत किये हैं। एक अत्यन्त महत्त्वपूर्ण प्रश्न है कि शोकपूर्ण दृश्य के अभिनय को देखकर दर्शक क्यों आनन्दित होते हैं। शोकपूर्ण दृश्य के अभिनय को देखकर तो हमें शोक प्राप्त होना चाहिए, हमको यह आनन्द क्यों प्राप्त होता है– यह एक ऐसा प्रश्न है जिसका उत्तर भिन्न-भिन्न विचारकों ने भिन्न-भिन्न प्रकार से दिया है और आज तक मनोवैज्ञानिक इसका निश्चित उत्तर नहीं दे पाये हैं। प्लेटो ने इस प्रश्न का उत्तर दिया है यद्यपि आज वह विद्वन्मण्डली को मान्य नहीं है। उनके मतानुसार मानव हृदय में क्रोध, ईर्ष्या, भय, शोक आदि अनेक परस्पर विरोधी भावनाएँ हैं जो अपने-आप में दुःखदायी हैं। किन्तु जब वे अत्यधिक उत्तेजित हो जाती हैं तो आनन्ददायक हो जाती हैं। उदाहरणार्थ अत्यधिक क्रोधित होने पर तथा अत्यधिक रोने पर व्यक्ति को एक प्रकार का आनन्द प्राप्त होता है। यदि ऐसा न होता तो कोई व्यक्ति न कभी अत्यधिक क्रोधित होता, न कभी अत्यधिक रोता। त्रासदी में शोक को अतिरंजित रूप में चित्रित किया जाता है। प्लेटो के मतानुसार इसी अतिरंजना के कारण त्रासदी के शोकपूर्ण दृश्यों के अभिनय दर्शकों को आनन्दित करते हैं। प्लेटो केवल व्यंग्यात्मक कामदी से ही परिचित थे। अतः कामदी से प्राप्त आनन्द के विषय में विचार करते समय उन्होंने केवल व्यंग्यात्मक कामदी को ही लिया है। ऐसे नाटकों में कायर व्यक्ति बहादुर होने का, मूर्ख बुद्धिमान् होने का तथा ठग ईमानदार होने का ढोंग करते हैं। वे अपनी वास्तविक प्रकृति को छिपाकर कुछ और होने का ढोंग करते हैं। इस ढोंग पर नाटककार जो व्यंग्य करता है, उससे ही दर्शक लोग आनन्दित होते हैं। ऐसे व्यक्तियों पर हमको दया आनी चाहिए तथा उनसे हमारा लगाव भी होना चाहिए। उनकी कमियों को देखकर हमारे मन में उनके प्रति घृणा उत्पन्न नहीं होनी चाहिए। यदि ऐसे व्यक्तियों के प्रति हमारा लगाव नहीं है तो उनकी इन कमियों पर हमको हंसी नहीं आयेगी और हमारा मनोरंजन नहीं होगा। इस कथन में प्लेटो ने एक अत्यन्त महत्त्वपूर्ण बात की ओर हमारा ध्यान आकर्षित किया है। जब तक कोई पात्र हमारी दया, सहानुभूति और स्नेह प्राप्त नहीं करता, तब तक वह कामदी के लिए उपयुक्त पात्र नहीं है। साथ ही प्लेटो ने यह चेतावनी भी दी

है कि अत्यधिक हँसी आचरण की गम्भीरता के लिए हानिकारक है और महान् कार्य करने के लिए यह गाम्भीर्य अत्यधिक आवश्यक है। अतः उनके मतानुसार अच्छे नागरिक को अत्यधिक हँसी से बचना चाहिए।

शैली-सम्बन्धी विवेचन-

प्लेटो का जीवन उस काल में व्यतीत हुआ जब यूनान देश में भाषण कला का बहुत महत्त्व था। ऐसा प्रत्येक गणतन्त्र में होता ही है। अतः उन्होंने अच्छे भाषण के कुछ सिद्धान्त निर्धारित किये हैं। उनमें भाषण-शैली के विषय में जो कुछ कहा गया है वह लेखन-शैली पर भी यथावत् लागू होता है। इस सम्बन्ध में उन्होंने कहा है कि अच्छा भाषण वक्ता तभी दे सकता है जबकि उसे अपने विषय का पूर्ण ज्ञान हो। अच्छे भाषण के लिए यह प्रथम आवश्यकता है। वक्ता को आत्मविश्वास होना चाहिए। किन्तु इतना ही काफी नहीं है। भाषण का उद्देश्य श्रोताओं को प्रभावित करना है। वक्ता ऐसा तब तक नहीं कर सकता जब तक कि वह भाषण-कला को पूर्णतः न जानता हो। इसके लिए कई बातों की आवश्यकता है। सर्वप्रथम तो वक्ता को प्रतिभाशाली होना चाहिए, फिर उसे भाषण-कला के नियमों का ज्ञान होना चाहिए तथा साथ-ही-साथ उसे सतत अभ्यास करना चाहिए। जिस प्रकार अच्छा लेखक बनने के लिए प्रतिभा जो प्राकृतिक देन होती है, की आवश्यकता है, उसी प्रकार अच्छा वक्ता होने के लिए भी प्रथम आवश्यकता व्यक्ति में प्रतिभा का होना है। जिस प्रकार लेखन कार्य में सफलता पाने के लिए लेखन-कला के नियमों को जानना आवश्यक है उसी प्रकार सफल वक्ता बनने के लिए व्यक्ति को भाषण-कला के नियमों का ज्ञान प्राप्त करना आवश्यक है। परन्तु इतना होना ही काफी नहीं है। निरन्तर अभ्यास किये बिना किसी भी कार्य में निपुणता नहीं प्राप्त की जा सकती। अतः अच्छा वक्ता होने के लिए व्यक्ति को इस दिशा में सतत अभ्यास करना आवश्यक है। अच्छे भाषण में विचार सुश्रृंखलित तथा सुसंगठित रूप में बद्ध होने चाहिए जिससे उसमें प्राथमिक बातें सर्वप्रथम आयें, मध्य की बातें मध्य में आयें और अन्त की बातें अन्त में आयें। ऐसा होने से भाषण का प्रत्येक अवयव यथास्थान सुसज्जित होगा और भाषण सर्वांगपूर्ण होगा। तभी वक्ता अपने कथ्य को श्रोतागण तक सम्प्रेषित कर सकता है। इसके साथ-साथ उसे श्रोताओं के हृदय तक पहुँचने के लिए मनोविज्ञान का ज्ञान भी होना चाहिए। श्रोतागण भी मानव ही होते हैं और वे कुछ बातों में रुचि रखते हैं और कुछ में नहीं। अतः जब तक वक्ता को मानवीय मनोविज्ञान का ज्ञान नहीं होगा और वह इस बात का निर्णय नहीं कर पायेगा कि श्रोतागण किस बात को सुनकर प्रसन्न होंगे और किस बात को सुनकर अप्रसन्न, तब तक उसकी पैठ श्रोताओं के हृदय तक नहीं हो सकती। प्लेटो की ये शिक्षाएँ

भाषण-कला पर ही लागू नहीं होतीं, अपितु लेखन-कला पर भी वे पूर्णरूपेण लागू होती हैं।

मूल्यांकन-

यदि प्लेटो के इन सिद्धान्तों का विश्लेषण और मूल्यांकन किया जाये तो ज्ञात होगा कि यद्यपि वे नाटक और कविता को हेय ही समझते थे, फिर भी पाश्चात्य समीक्षा के लिए उनकी देन अत्यन्त महत्त्वपूर्ण है। उन्होंने बड़ी पैनी दृष्टि से विषय का विश्लेषण किया है। उन्हें अनुकृति के सिद्धान्त का जन्मदाता कहा जाना चाहिए। कई शताब्दियों तक यूरोप के विद्वान् इसे किसी-न-किसी रूप में स्वीकार करते रहे और अपने समीक्षा सिद्धान्तों का आधार बनाते रहे। इस प्रकार प्लेटो ने साहित्यिक समीक्षा के लिए एक आधार का निर्माण किया। उन्होंने कविता के ऊपर जो आक्षेप लगाये हैं उन्हीं में कविता की प्रकृति, उसके कार्य तथा विधि का स्पष्टीकरण कर दिया गया है। उनके इस कथन से कि कविता की महत्ता की परख सत्य के आधार पर की जानी चाहिए यह बात स्पष्ट है कि वे स्पष्ट रूप से देख रहे थे कि काव्यगत सत्य तथा जीवनगत सत्य एक नहीं है और कवि जगत् का यथातथ्य चित्रण नहीं करता अपितु जगत् उसे जैसा प्रतीत होता है वैसा ही उसे वह अपनी कविता में प्रस्तुत करता है। जगत् में तो अच्छी बातें भी हैं और बुरी भी, उत्साह बढ़ानेवाली वस्तुएँ भी हैं और उत्साह कम करनेवाली भी, प्रगति की ओर ले जानेवाले तत्त्व भी हैं और प्रगति से हटानेवाले भी। किन्तु कवि जगत् का चित्रण करते समय उन सभी बातों को प्रस्तुत नहीं करता। वह जगत् को अपने दृष्टिकोण से देखकर तदनुसार उसे अच्छा या बुरा अथवा शोकपूर्ण या शोकहीन चित्रित करता है। इस प्रकार वह जगत् को अपनी दृष्टि के अनुसार रंजित कर देता है जिससे कविता सत्य से दो हटाव दूर हो जाती है। अतः कविता की प्रकृति ही ऐसी है कि उसमें जगत् का रंजित चित्रण किया जाता है। कविता पर अनैतिक होने का आक्षेप लगाते समय परोक्ष रूप से वे कविता के कार्य पर भी प्रकाश डालते हैं। यद्यपि उनकी इच्छा ऐसी है कि कविता का उद्देश्य नैतिक शिक्षा हो, किन्तु वस्तुस्थिति यह है कि कविता आनन्द प्रदान करती है और दर्शनशास्त्र शिक्षा देता है। जब उन्होंने कविता पर यह आक्षेप किया है कि वह पाठकों के संवेगों को उत्तेजित करती है, तर्क को नहीं, तो उन्होंने काव्यात्मक विधि की ओर संकेत किया है। इसकी विधि अन्य कलाओं की विधि से भिन्न नहीं है। कविता, अन्य सभी कलाओं की भाँति मनोरंजन करते हुए शिक्षा देती है। वह पाठक को मनन करने के लिए विवश न करके उसे भावनाओं के बहाव में डालकर उपदेश देती है।

जिस प्रकार कविता के सम्बन्ध में प्लेटो ने पैनी दृष्टि से विचार किया है, वैसा ही उन्होंने नाटक के सम्बन्ध में किया है। त्रासदी हमकों क्यों आनन्द प्रदान करती है तथा कामदी से हमारा क्यों मनोरंजन होता है– ये बड़े महत्त्वपूर्ण प्रश्न हैं और इनके सम्बन्ध में प्लेटो का मत साहित्यिक समीक्षा के लिए महान् देन है। ऐसे प्रश्न संस्कृत तथा हिन्दी साहित्यों में उठाये गये हैं। करुण रस से पाठक को क्यों आनन्द मिलता है– यह रस सिद्धान्त-सम्बन्धी एक पेचीदा प्रश्न है। प्लेटो ने अच्छे भाषण के जो आवश्यक गुण बतलाये हैं वे शैली-सम्बन्धी चिन्तन के लिए उनकी महान् देन हैं। अश्लील साहित्य जो आजकल बाजारों पर छाया हुआ है तथा अभद्र कामुकतापूर्ण दृश्य जो दर्शकों को भारी संख्या में नाटकघरों को और आकर्षित करते हैं, को ध्यान में रखकर जब हम प्लेटो द्वारा कविता तथा नाटक पर लगाये गये आक्षेपों पर विचार करते हैं जो उनका महत्त्व भली-भाँति स्पष्ट हो जाता है। यदि अश्लील साहित्य को जिस दर से वह बढ़ रहा है, उसी दर से बढ़ने दिया गया तो क्या नागरिक सुरुचिपूर्ण रह सकते हैं? यदि रंगमंच पर रोना-धोना, मार-पीट, मसखरों के करतूत आदि का ही अभिनय होता है तो क्या दर्शकों से यह आशा की जा सकती है कि इसको देखकर वे अपने आचरण को सुधारेंगे? इससे क्या उनकी रुचि पर घातक प्रभाव नहीं पड़ेगा? इन सब बातों को ध्यान में रखकर ही शायद प्लेटों ने कविता तथा नाटकों पर कटु प्रहार किये थे।

प्लेटो ने ही शायद सर्वप्रथम यह बतलाया कि कलाएँ दो प्रकार की होती हैं– ललित कलाएँ तथा उपयोगी कलाएँ। ललित कलाओं की सूची में साहित्य, संगीत, शिल्पकला तथा चित्रकला आदि आती हैं तथा उपयोगी कलाओं के अन्तर्गत कृषि, पाक विद्या, औषधि शास्त्र आदि आते हैं। ललित कलाएँ मनोरंजन करती हैं तथा उपयोगी कलाएँ प्रकृति की सहायता। प्लेटो ने ही सर्वप्रथम कविता के तीन भेद किये–शुद्ध गेय कविता, शुद्ध अनुकृति पर आधारित कविता तथा यह कविता जिसमें दोनों का मिश्रण हो। प्रथम वर्ग के अन्तर्गत गीत तथा मुक्तक आते हैं, द्वितीय वर्ग के अन्तर्गत नाटक आता है क्योंकि उसमें वार्त्तालाप तथा अभिनय के माध्यम से जीवन में घटित होनेवाली बातों की अनुकृति की जाती है, तथा तृतीय वर्ग के अन्तर्गत महाकाव्य आते हैं जिसमें प्रथम दोनों का मिश्रण होता है क्योंकि उसमें गीत भी होते हैं तथा वार्त्तालाप एवं संघर्ष भी। उनके मतानुसार महाकाव्य का स्थान नाटक से ऊँचा है। यद्यपि उनके शिष्य अरस्तू ने इस मत को ज्यों-का-त्यों स्वीकार नहीं किया किन्तु आज तक अधिकतर पीढ़ियों ने प्लेटो के मत को ही मान्य समझा। प्लेटो ने एक अत्यन्त महत्त्वपूर्ण निर्णय यह दिया कि कविता की व्याख्या तथा समीक्षा करने के लिए व्यक्ति को तमाम कविता का ज्ञान होना चाहिए तथा

उसकी सृजन-प्रक्रिया से उसका परिचय होना चाहिए अन्यथा औचित्यपूर्ण व्याख्या या समीक्षा नहीं की जा सकती। यद्यपि प्लेटो के ये विचार एक स्थान पर संगृहीत रूप में प्राप्त नहीं हैं। किन्तु जब उनका संग्रह एक स्थान पर कर लिया जाता है तो वे विधिपूर्वक श्रृंखलित से हो जाते हैं।

पर प्लेटो की सभी बातें मान्य नहीं हैं। सर्वप्रथम प्लेटो पर यह आक्षेप किया जाता है कि साहित्य सम्बन्धी-विचार विमर्श करते समय भी वे दार्शनिक बने रहे। कविता की समीक्षा करते समय साहित्यिक दृष्टिकोण से विवेचन किया जाना चाहिए, दार्शनिक दृष्टिकोण से नहीं। यदि दर्शनशास्त्र की आलोचना साहित्यिक दृष्टि से की जाये तो वह किसी भी दशा में उचित नहीं होगा। इसी प्रकार साहित्य की आलोचना दार्शनिक दृष्टि से की जाये, यह भी उचित नहीं। दैवी प्रेरणा के सिद्धान्त की व्याख्या करते समय प्लेटो ने कहा है कि काव्य-रचना करते समय कवि की मानसिक अवस्था सामान्य नहीं रहती। यदि इस सिद्धान्त की कमियों को दूर करके प्लेटो साहित्यिक दृष्टि से इसका विवेचन करते तो वे अवश्य ही उदात्तीकरण के सिद्धान्त पर पहुँच जाते जिसका आगे चलकर लॉञ्जाइनस ने विवेचन किया। किन्तु प्लेटो के दार्शनिक को यह कभी भी मान्य नहीं था कि तर्क के मार्ग को छोड़कर अन्य कोई मार्ग भी औचित्यपूर्ण है। दैवी प्रेरणा का सिद्धान्त उनके दर्शन से मेल नहीं खाता था, अतः इसका उपहास करते हुए उन्होंने कवि व्यापार पर ही कटु प्रहार किये। उनके समय में कवि और कवि-व्यापार के विषय में जो भी धारणाएँ प्रचलित थीं, उन्होंने उन्हीं को स्वीकार करके कविता की कटु आलोचना करनी आरम्भ कर दी। उदाहरणार्थ, उस समय यह धारणा प्रचलित थी कि कवि का कार्य शिक्षा देना है तथा अच्छे कवि अच्छे शिक्षक होते हैं एवं गुणवान् व्यक्ति महाकाव्यों में प्रस्तुत नैतिक शिक्षाओं के अनुसार ही कार्य करते हैं। प्लेटो ने इस धारणा को कोई चुनौती नहीं दी। एक साहित्यिक समीक्षक को यह पूछना चाहिए था कि क्या महाकाव्यों के विषय में यह धारणा कि वे नैतिक शिक्षा देते हैं, सही है। किन्तु उन्होंने पूछा यह कि क्या गुणवान् व्यक्ति को महाकाव्यों में चित्रित बातों को ही नैतिक दृष्टि से मान्य मान लेना चाहिए। समीक्षक की दृष्टि से ऐसा प्रश्न उचित नहीं। वस्तुतः वे 'गणतन्त्र' में आदर्श राज्य तथा आदर्श नागरिक की विशेषताओं के विषय में विचार कर रहे थे। अतः सामाजिक कल्याण को लक्ष्य मानकर उन्होंने कला को ही नहीं सभी अन्य बातों को नैतिकता की अपेक्षा गौण माना। उन्हें तो कला अथवा साहित्य में तभी तक दिलचस्पी है जब तक वे अच्छे नागरिक के निर्माण में सहायता करते हैं, उसके आगे नहीं। इसी कारण उन्होंने स्पष्ट घोषणा की है कि इन पर शासकों का अंकुश रहना चाहिए। इस प्रकार के अंकुश का दुरुपयोग करके शासक

वर्ग लेखन स्वतन्त्रता का ही अपहरण कर सकते हैं—इस ओर उन्होंने कोई ध्यान न ही दिया।

कविता को हेय बताते समय उन्होंने कहा कि यह सत्य की अनुकृति की अनुकति होने के कारण सत्य से दो हटाव दूर होती है। अतः वह सत्य न होकर सत्य की अपेक्षा हीन होती है। हम यह स्वीकार करते हैं कि व्यक्ति का चित्र व्यक्ति नहीं है और उससे कई दृष्टियों से हीन है किन्तु क्या इस चित्र में वास्तविक व्यक्ति से कई बातें अधिक नहीं हैं? जब चित्रकार किसी व्यक्ति का चित्र बनाता है तो वह उसमें उस व्यक्ति के विषय में अपना मत भी चित्रित कर देता है। अतः चित्र केवल किसी व्यक्ति की आकृति की अनुकृति ही नहीं है, उसमें चित्रकार का अपना दृष्टिकोण एवं मत भी सम्मिलित है और कला अथवा कविता सत्य से हीनतर ही नहीं है अपितु एक दृष्टि से उससे बढ़कर भी है। इस तथ्य की ओर प्लेटो ने कोई ध्यान नहीं दिया। सच यह है कि कविता में वस्तु जगत् की अनुकृति नहीं होती अपितु वह जगत् कवि को कैसा लगता है, उस दृष्टिकोण का चित्रण कविता में होता है। इस दृष्टिकोण को आकर्षक रूप देने के लिए कवि कल्पना का सहारा लेता है। कल्पित पात्र, कल्पित घटना तथा कल्पित स्थान का ढाँचा खड़ा करके, कवि अपने दृष्टिकोण को उस ढाँचे में यथासामर्थ्य सौन्दर्य के साथ सज्जित करता है। शेक्सपियर ने इस रचना-प्रक्रिया का अत्यन्त सुन्दर स्पष्टीकरण किया है।[25] किन्तु प्लेटो के इस विवेचन में कल्पना को कोई स्थान प्राप्त नहीं हो सका।

प्लेटो के मतानुसार कविता तथा नीतिशास्त्र परस्पर विरोधी हैं। पर हम सब जानते हैं कि इन दोनों में कोई मौलिक विरोध नहीं है। नीतिशास्त्र का कार्य शिक्षा देना है किन्तु कविता ऐसा करने का कोई प्रयत्न नहीं करती। कविता तो केवल यह चित्रित करती है कि जीवन अमुक प्रकार का प्रतीत होता है। कवि को जगत् जैसा लगता है, वह उसे वैसा ही पाठक के समक्ष प्रस्तुत करता है। यह पाठक के ऊपर है कि वह इससे कोई शिक्षा ग्रहण करता है अथवा नहीं। कवि का यह कार्य नहीं है कि वह किन्हीं बातों का प्रत्यक्ष रूप से प्रचार करने लग जाये। अतः कविता और नीतिशास्त्र दो भिन्न वस्तुएँ हैं, विरोधी नहीं। प्लेटो ने इस बात को नहीं समझा क्योंकि उनके समय में कवि को शिक्षक ही माना जाता था। इन सब बातों को देखने पर स्पष्ट हो जाता है कि प्लेटो के दार्शनिक ने प्लेटो के समीक्षक के मार्ग में इतनी बाधाएँ डालीं कि वह उचित मार्ग का अनुगमन न कर सका।

अध्याय-4

अरस्तू

अरस्तू प्लेटो के सबसे प्रसिद्ध शिष्य हुए। उनका जन्म सन् 384 ई.पू. में हुआ तथा मृत्यु सन् 322 ई.पू. में। जिस सिकन्दर ने विश्वविजेता होने के स्वप्न को साकार रूप देने के लिए सन् 326 ई.पू. में उत्तर-पश्चिम भारत पर आक्रमण किया था, वह इन्हीं अरस्तू महोदय का शिष्य था। अरस्तू के विषय में अनेक दन्त कथाएँ और किंवदन्तियाँ प्रचलित हैं और यह जानना कि उनमें कितनी सत्य हैं सरल नहीं। अनेक शताब्दियों तक उनके कथनों को वेद वाक्य माना जाता रहा और उनके व्यक्तित्व की पूजा होती रही। किसी भी विद्वान् का मुँह बन्द करने के लिए अपने मत-समर्थन में अरस्तू का उद्धरण देना काफी था। यूनानी तथा रोमक सभ्यता के दिनों में वे सर्वमान्य आचार्य समझे जाते रहे, मध्य युग में छात्र उन्हीं के तर्कों को नियम मानकर मनन करते थे एवं पुनरुत्थान काल में तो सारे विद्वज्जगत् पर उनका एकच्छत्र साम्राज्य स्थापित हो गया था। आधुनिक युग में भी शिकागो सम्प्रदाय के समीक्षकों ने उनके समीक्षा-सिद्धान्तों की पुनर्स्थापना करने का प्रयत्न किया।

रचनाएँ- प्लेटो ने साहित्य को असत्य, तुच्छ एवं हानिकारक बतलाया था। अरस्तू ने साहित्य की प्रकृति तथा विशेषताओं का विश्लेषण करके इसे सत्य, गम्भीर, महत्त्वपूर्ण तथा लाभदायक बतलाया। ऐसा समझा जाता है कि उन्होंने साहित्यिक समीक्षा की लगभग आधे दर्जन पुस्तकें लिखीं जिनमें से अब केवल दो ही उपलब्ध है—'काव्यशास्त्र' (पोयटिक्स) तथा 'अलंकारशास्त्र' (रेटरिक)। 'काव्यशास्त्र' में काव्यकला का विवेचन किया गया है और 'अलंकारशास्त्र' में भाषण-कला का 'काव्यशास्त्र' में साहित्य का अनेक दृष्टिकोणों से विवेचन किया गया है तथा कई साहित्यिक विधाओं पर प्रकाश डाला गया है जिस कारण विद्वन्मण्डली ने उसको 'अलंकारशास्त्र' से अधिक महत्त्वपूर्ण माना। इस पुस्तक में काव्य-कला सम्बन्धी

सिद्धान्त मात्र ही नहीं दिये गये हैं अपितु वैज्ञानिक विश्लेषक की भाँति अरस्तू ने अपने समय तक उपलब्ध समस्त यूनानी साहित्य का अध्ययन किया और उसका विश्लेषण करने पर उन सिद्धान्तों को पकड़ा जिनका पालन उस साहित्य की रचना करते समय कवियों ने किया था। अतः उन्होंने वैज्ञानिक विधि से समीक्षा की, निर्णयात्मक विधि से नहीं। इन सिद्धान्तों का यूनानी साहित्यकारों ने जाने अथवा अनजाने पालन किया था। अरस्तू ने उस साहित्य का अध्ययन करके जो निष्कर्ष निकाले उन्हीं को सामान्यीकृत रूप में समस्त साहित्य पर लागू किया गया। उनके पश्चात् जो साहित्य रचा गया, उसके एक अंश पर ही ये सिद्धान्त लागू होते हैं शेष पर नहीं क्योंकि बाद के कुछ ही साहित्यकारों ने यूनानी साहित्य के सिद्धान्तों को स्वीकार किया, शेष ने नहीं। किन्तु अनेक समीक्षक उन्हीं सिद्धान्तों को अकाट्य एवं शाश्वत नियम मानकर बाद के साहित्य की परख करते हुए रोमाण्टिक साहित्यकारों—जिन्होंने इन नियमों के बन्धन को स्वीकार नहीं किया था—की कटु आलोचना करते रहे। यह समीक्षा पद्धति अनुचित थी क्योंकि जिन साहित्यकारों ने इन सिद्धान्तों को मान्य नियम स्वीकार ही नहीं किया उनके साहित्य की परख इनको कसौटी मानकर कैसे की जा सकती है? स्वयं अरस्तू इस पद्धति का, शायद, समर्थन न करते। उन्होंने तो अपने समय तक उपलब्ध साहित्य के विश्लेषण के आधार पर कुछ सिद्धान्त बनाये। उनका आशय यह कभी न था कि उनको कसौटी मानकर भविष्य में लिखे जानेवाले साहित्य की परख की जाये। ड्राइडन के इस कथन में काफी सच्चाई है कि यदि अरस्तू अंग्रेज़ी में लिखी गयी त्रासदियों को देख लेते तो निश्चित रूप से त्रासदी के उद्देश्य के विषय में अपना मत बदल देते।[26] उन्होंने तो साहित्यकारों के व्यवहार को देखकर सिद्धान्तों को बनाया, सिद्धान्तों को व्यवहार पर लादने को नहीं कहा। यह एक अलग बात है कि कविता तथा नाटक के सम्बन्ध में उनके अनेक कथन आज भी इतने ही सही हैं जितने वे उनके काल में थे।

उनकी पुस्तक 'काव्यशास्त्र' लगभग पचास पृष्ठ की पुस्तक है जिसमें छोटे-छोटे छब्बीस अध्याय हैं। इसको पढ़कर ऐसा प्रतीत होता है कि उन्होंने अपने शिष्यों के समक्ष जो व्याख्यान दिये, उन्हीं के सारांश को इस पुस्तक के रूप में संगृहीत कर लिया गया है। यह पुस्तक अपूर्ण है तथा इसमें कई प्रश्नों को उठाकर, बिना उनका उत्तर दिये, यों ही छोड़ दिया गया है। उदाहरणार्थ एक स्थान पर वे लिखते हैं, "कामदी के विषय में हम आगे बात करेंगे।"[27] किन्तु आगे कामदी का विवेचन कहीं भी नहीं किया गया। इसी प्रकार एक अन्य स्थान पर वे लिखते हैं, "विरेचन के सिद्धान्त" को अपनी कविता-सम्बन्धी पुस्तक (काव्यशास्त्र) में हम और अधिक स्पष्टता से समझायेंगे।'[28] और इस विरेचन के सिद्धान्त को भी और अधिक स्पष्टता के साथ

कहीं नहीं समझाया गया। इससे हम केवल इसी निष्कर्ष पर आ सकते हैं कि इस पुस्तक का कोई द्वितीय भाग भी होगा जो आजकल उपलब्ध नहीं है। उस द्वितीय भाग में ही इन विषयों का विस्तृत विवेचन किया गया होगा। वर्तमान 'काव्यशास्त्र' के प्रथम चार तथा पच्चीसवें अध्यायों में कविता सम्बन्धी विवेचन किया गया है। पाँचवें अध्याय में कविता, त्रासदी तथा कामदी का सामान्य रूपेण विवेचन है। इससे अगले चौदह अध्यायों में त्रासदी का, उससे आगे के तीन अध्यायों में काव्य-पद्धति का, उससे आगे के दो अध्यायों में महाकाव्य का तथा छब्बीसवें अध्याय में महाकाव्य और त्रासदी का तुलनात्मक विवेचन किया गया है। उस काल में त्रासदी ही कविता का सर्वप्रमुख रूप समझी जाती थी। इस कारण अरस्तू का ध्यान मुख्य रूप से इसी की ओर केन्द्रित रहा है। गीत का जिक्र तो केवल त्रासदी के एक अवयव के रूप में किया गया है। कविता, कामदी तथा महाकाव्य का विवेचन शायद इसलिए कर दिया है कि उसके बिना त्रासदी का विवेचन पूर्ण नहीं कहा जा सकता था।

प्लेटो का कवि एक प्रकार की विक्षिप्तता का रोगी है और उदात्त स्थल पर पहुँचकर अथवा दैवी प्रेरणा प्राप्त करने पर कविता का सृजन करता है। शायद स्वयं प्लेटो की दशा भी कुछ ऐसी ही है और उन्हें भी दैवी विक्षिप्तता का रोग-सा लगा हुआ है। किन्तु अरस्तू के विषय में यह बात लागू नहीं होती। अपनी प्रखर सहज बुद्धि के कारण उन्हें किसी प्रकार की विक्षिप्तता का भय नहीं था। उन्होंने विभिन्न शास्त्रों का गहन अध्ययन किया था। आज के युग में ज्ञान इतना अधिक बढ़ गया है कि व्यक्ति किसी एक विषय का ही विशेषज्ञ हो सकता है, सबका नहीं। अरस्तू के काल में ज्ञान का इतना प्रसार नहीं हुआ था। अतः उस समय सब विषयों का पूर्ण ज्ञान प्राप्त करना कोई बहुत कठिन कार्य न था। अरस्तू ने लगभग सभी विषयों का पूर्ण ज्ञान प्राप्त किया किन्तु अपनी सीमाओं को भली-भाँति जानकर अपना क्षेत्र सिद्धान्त-जगत् तक ही सीमित रखा। उन्होंने राजनीति के विषय में काफी लिखा है, किन्तु वे व्यावहारिक राजनीति में भाग नहीं लेते थे। उन्होंने भाषण-कला का विवेचन किया है पर वे भाषणकर्त्ता नहीं थे। उन्होंने काव्य-सिद्धान्तों का विवेचन किया है परन्तु वे स्वयं कवि न थे। उन्होंने अपने समय में उपलब्ध समस्त ज्ञान को विवेचन का विषय बनाया और भावावेश अथवा पूर्वाग्रह के बहाव में बिना बहे तर्क पूर्ण पद्धति द्वारा विषय-विश्लेषण करके अपने निर्णय दिये। वे बड़े प्रतिभाशाली विश्लेषक थे और पूर्ण निःसंगभाव से विचार-विमर्श करते थे। उनकी विचार-स्पष्टता प्रत्येक स्थान पर दर्शनीय है। प्लेटो ने कविता का विवेचन दर्शनशास्त्र की श्रेष्ठता प्रदर्शित करने के लिए किया था। अरस्तू का ऐसा कोई स्वार्थ नहीं था। उन्होंने कविता को कविता समझकर ही उसका विवेचन किया, अन्य कुछ समझकर नहीं।

यही बात उनके नाटक के विवेचन के विषय में भी कही जा सकती है। अतः हम कह सकते हैं कि उन्होंने काव्य कला को दर्शनशास्त्र, नीतिशास्त्र तथा राजनीतिशास्त्र के पंजे से मुक्त किया। प्लेटो का अध्ययन करने के पश्चात् जब हम अरस्तू के 'काव्यशास्त्र' का अध्ययन आरम्भ करते हैं तो ऐसा लगता है मानो अनजाने आकाश से उतरकर हम अपनी जानी-पहचानी धरती पर आ गये हों। प्लेटो ने तो कला और साहित्य को नैतिक मूल्यों के साथ गड़बड़ा दिया था, अरस्तू ने इस गड़बड़ को दूर करके शुद्ध साहित्यिक दृष्टि से साहित्य की समीक्षा की।

अनुकृति-सम्बन्धी मत-

अरस्तू सर्वप्रथम काव्य-कला की प्रकृति पर विचार किया। उन्होंने अपने गुरु प्लेटो के अनुकृति के सिद्धान्त का खण्डन नहीं किया। हाँ, उसकी मौलिक रूप से व्याख्या अवश्य की। उनके मतानुसार कवि चित्रकार तथा अन्य कलाकारों की भाँति अनुकृति ही करता है। काव्य की प्रत्येक विधा में चाहे वह महाकाव्य हो, त्रासदी हो, अथवा कामदी हो अनुकृति ही की जाती है। इस बात को स्वीकार कर लेने पर तीन बातें सामने आती हैं—

1. कुछ वस्तुएँ होनी चाहिए जिनकी अनुकृति की जाये,
2. इन वस्तुओं की अनुकृति करने के लिए उपयुक्त साधन अथवा माध्यम हो, तथा
3. उस माध्यम से अनुकृति करने की कुछ पद्धतियाँ हों।

इनमें से प्रथम अर्थात् विषयवस्तु के सम्बन्ध में विचार करते समय अरस्तू का कथन है कि अनुकृति वस्तुजगत् की जाती है। इस वस्तुजगत् के तीन रूप होते हैं—प्रथम, वह जिस रूप में भूत काल में था अथवा वर्तमान काल में है; द्वितीय, जनसाधारण जिस रूप में उसे मानते हैं अथवा उसका वर्णन करते हैं; तथा तृतीय, उसे अपने आदर्श रूप में जैसा होना चाहिए। माध्यम के सम्बन्ध में स्पष्ट ही है साहित्यकार का माध्यम भाषा होती है, चित्रकार का रंग, संगीतकार का स्वर और नर्तक का गति। जहाँ तक पद्धति का सम्बन्ध है, कवि तीन पद्धतियाँ अपना सकता है। प्रथम, वह विषयवस्तु को अंशतः विववरणात्मक रूप में प्रस्तुत करे और अंशतः पात्रों के वार्त्तालाप के रूप में तुलसीदास ने 'मानस' में इसी पद्धति को अपनाया है। द्वितीय, स्वयं दर्शक बनकर वह समस्त विषयवस्तु को विवरणात्मक रूप में प्रस्तुत करे। तृतीय, वह समस्त विषयवस्तु को नाटकीय पद्धति से प्रस्तुत करे और विवरण का तनिक भी सहारा न ले। इस सम्बन्ध में यह ध्यातव्य है कि अरस्तू ने छन्द को कविता का अनिवार्य लक्षण नहीं माना। कविता का अनिवार्य लक्षण तो अनुकृति है। उस समय ऐसा कोई शब्द शब्दकोष में उपलब्ध नहीं था जिसे वर्तमान शब्द 'साहित्य' का समानार्थी कहा जा सके। अतः 'कविता' शब्द को ही इस अर्थ में प्रयोग

करते हुए अरस्तू का कथन है कि छन्द में लिखी हुई औषधि-शास्त्र की पुस्तक कविता नहीं कही जा सकती क्योंकि उसमें कोई अनुकृति नहीं है पर अनुकृतिपूर्ण रचना चाहे वह छन्दहीन भी हो अवश्य कविता कहलायेगी।[29]

इस प्रकार साहित्य की विभिन्न विधाओं के अन्तर को तीन दृष्टियों से देखा जा सकता है– उनकी विषयवस्तु की दृष्टि से, उनके माध्यम की दृष्टि से तथा उनकी रचना पद्धति की दृष्टि से। त्रासदी विषयवस्तु की दृष्टि से कामदी से भिन्न है, क्योंकि त्रासदी के पात्र साधारण व्यक्तियों से श्रेष्ठतर तथा अधिक गरिमाशाली होते हैं और कामदी के पात्र साधारण व्यक्तियों से हीनतर तथा गरिमाहीन होते हैं। कविता में कार्य में संलग्न व्यक्तियों का ही चित्रण (अनुकृति) किया जाता है।

प्लेटो का अनुसरण करते हुए अरस्तू ने यह भी स्वीकार किया कि मानवमात्र में अनुकृति करने की जन्मजात प्रवृत्ति होती है और ऐसा करने में उसे स्वाभाविक आनन्द प्राप्त होता है। इस दृष्टि से भी मानव अन्य जीवधारियों से भिन्न है। इसी आनन्द के कारण शिशु अन्य व्यक्तियों की अनुकृति करता हुआ बोलना तथा साधारण व्यवहार करना सीख जाता है। कवि को भी जगत् की अनुकृति करने में आनन्द प्राप्त होता है। इसी कारण वह काव्य-रचना करता है। लय को पसन्द करना भी मानव की जन्मजात प्रवृत्ति है। इससे भी हमको आनन्द प्राप्त होता है और इसी कारण कवि अपनी विषयवस्तु को छन्दोबद्ध करके प्रस्तुत करता है।

परन्तु यह अनुकृति सत्य से दो हटाव दूर अर्थात् मिथ्या नहीं है। कविता में तो शाश्वत सत्य विद्यमान रहता है, इसे असत्य नहीं कहा जा सकता। यहाँ पर अरस्तू ने प्लेटो की मान्यता को अस्वीकार कर दिया, क्योंकि प्लेटो ने कविता को 'मिथ्या' तथा 'सत्य से दो हटाव दूर' कहकर लांछित किया था। अरस्तू ने इतिहास तथा कविता की तुलना करते समय प्लेटो के इस लांछन का निराकरण किया। कवि का कार्य घटित घटनाओं का चित्रण करना नहीं है। यह कार्य तो इतिहासकार का है। कवि तो सम्भाव्य घटनाओं का चित्रण करता है जिससे उस चित्रण में सार्वजनीनता तथा सार्वलौकिकता के गुण आ जाते हैं। कवि तथा इतिहासकार के बीच यह अन्तर नहीं है कि पहला पद्य में लिखता है और दूसरा गद्य में। अपितु उन दोनों में वास्तविक अन्तर यह है कि इतिहासकार तो उन घटनाओं का वर्णन करता है जो जगत् में घट चुकी हैं और कवि उन घटनाओं का वर्णन करता है जिनके घटित होने की सम्भावना है। इस कारण से कविता का स्थान इतिहास की अपेक्षा कहीं अधिक ऊँचा है। इतिहास का सम्बन्ध तो केवल बिशिष्ट घटनाओं से है किन्तु कविता का सम्बन्ध शाश्वत घटनाओं से।[30] कवि जिन घटनाओं को देखता है अथवा कल्पित करता है, उनकी ज्यों-की-त्यों अनुकृति (चित्रण) नहीं करता। वह उनको ऐसा मोड़

दे देता है कि उनका सार्वलौकिकता का गुण प्रकाश में आ जाता है। घटना ऐतिहासिक दृष्टि से सच्ची हो या झूठी, इस बात से उसका कोई सरोकार नहीं है। वह तो घटना के पीछे छिपे हुए शाश्वत अंश को पाठकों के समक्ष प्रस्तुत करता है। वह विशृंखल आविष्कार पर निर्भर नहीं रहता और न यह चाहता है कि जिस घटना पर भी नज़र पड़ गयी, उसी का वर्णन कर दे। इन बातों को देखने पर ज्ञात होता है कि इतिहासकार के कार्य की अपेक्षा कवि का कार्य अधिक वैज्ञानिक और गम्भीर है क्योंकि इतिहासकार को तो जगत् में घटित घटनाओं को यथातथ्य रूप में प्रस्तुत करना है। न वह कोई नयी घटना कल्पित कर सकता है और न उन घटनाओं के क्रम में कोई हेर-फेर कर सकता है। उसे न सम्भाव्यता के नियम को ध्यान में रखना है, न मनोविज्ञान को और न घटनाओं की अच्छाई या बुराई को। क्योंकि कवि को या तो घटनाएँ कल्पित करनी पड़ती हैं या इतिहास की घटनाओं में आवश्यकतानुसार हेर-फेर करके उन्हें एक नये क्रम से सज्जित करना पड़ता है इसलिए उसे एक नये आत्मनिर्भर जगत् की दृष्टि करनी पड़ती है जिसके अपने अलग प्राकृतिक तथा सामाजिक नियम होते हैं। इस कवि की सृष्टि में घटनेवाली घटनाएँ उस जगत् के नियमों के अनुसार तो सम्भाव्य होती ही हैं, साथ-साथ इस जगत् के नियमों के अनुसार भी सम्भाव्य होती हैं। कवि का जगत् इस जगत् के एक पक्ष का प्रकाशित रूप होता है जिसमें शाश्वत तत्त्वों को विशेष रूप से प्रकाशित करके चित्रित किया जाता है।

'अनुकृति' की इस प्रकार व्याख्या करके अरस्तू ने कविता को 'झूठ' के आक्षेप से सर्वथा मुक्त कर दिया। जब उन्होंने यह घोषणा की कि कवि केवल निष्क्रिय अनुकृतिकर्त्ता नहीं है और सम्भाव्यता के नियम का पालन करता है, तो साहित्यिक समीक्षा की दिशा ही परिवर्तित हो गयी। हमारे समक्ष स्पष्ट रूप से दो चिन्तन धाराएँ सामने आ गयीं- एक के अनुसार साहित्य असत्य पर आधारित है क्योंकि यह अनुकृति की अनुकृति है और दूसरी के अनुसार साहित्य में शाश्वत सत्य को प्रकाशित किया जाता है, जगत् की घटनाओं का अन्धानुकरण नहीं। अरस्तू के विवेचन से भी दो निष्कर्ष हमारे समक्ष आते हैं। एक, यह कि जो बात ऐतिहासिक दृष्टि से नितान्त असत्य है उसमें शाश्वत सत्य छिपा रह सकता है और सम्भाव्यता के नियम के आधार पर असम्भव घटनाओं को भी संगठित कर दिया जाये तो उस रचना में अधिक गहन सत्य के दर्शन हो सकते हैं अपेक्षाकृत उस रचना के जिसमें सम्भव घटनाओं को असम्भाव्य बनाकर संगठित किया गया हो। दूसरे, साहित्यकार एक नये जगत् का निर्माण करता है जिसमें अन्विति और पूर्णता होली है, सम्भाव्यता के आधार पर घटनाक्रम चलता है तथा शाश्वत सत्य के दर्शन किये जा सकते हैं।

इन दोनों निष्कर्षों को विकसित करके दो स्वतन्त्र सिद्धान्तों का निर्माण किया जा सकता है। पहले निष्कर्ष के आधार पर सृजनात्मक कल्पना का अध्ययन किया जा सकता है तथा कला को शाश्वत सत्य की खोज का साधन बनाया जा सकता है। इस आधार पर यह कहा जा सकता है कि समस्त साहित्यिक कृतियों में सत्य का विश्लेषण ही तो होता है। साहित्यकार को शाश्वत सत्य के जिस पक्ष का परिचय होता है, उसी पक्ष को वह एक अनुपम रूप में चित्रित करके मानव-जगत् के विषय में अपने ज्ञान को पाठकों के समक्ष प्रस्तुत करता है। यदि इस बात को ध्यान में रखकर समस्त साहित्य का अध्ययन किया जाये तो चरम सत्य के सभी पक्षों का ज्ञान प्राप्त किया जा सकता है। दूसरे निष्कर्ष के आधार पर साहित्य की विधाओं के रूप पक्ष का अध्ययन किया जा सकता है। कविता अथवा अन्य विधाओं में अन्विति कैसे आये और उससे पाठक को कैसे आनन्द प्राप्त हो आदि बातें इसी के अन्तर्गत आयेंगी। इन दोनों के आधार पर साहित्य के विषय और रूप दोनों पक्षों की सरलता से परख की जां सकती है और कहा जा सकता है कि जिस रचना में विषय तथा रूप पक्ष सन्तुलित रूप में हों वही श्रेष्ठ रचना है। यह भी कहा जा सकता है कि अच्छी विषयवस्तु स्वयं आकर्षक रूप धारण कर लेती है किन्तु आकर्षक रूप कई बार बाह्याडम्बर मात्र ही होता है जिसमें कथ्य बहुत ही तुच्छ स्तर का होता है। कला तथा कलाबाजी में यही तो अन्तर है। पहले प्रकार की रचना में जिसमें सुन्दर विषयवस्तु सुन्दर रूप में प्रस्तुत की गयी है– शुद्ध कला के दर्शन होंगे तथा दूसरे प्रकार की रचना में जिसमें विषयवस्तु तुच्छ है किन्तु रूप अत्यन्त आकर्षक है– कलाबाजी के। उदाहरणार्थ कबीर, सूर, तुलसी तथा जायसी की रचनाओं में कला के दर्शन किये जा सकते हैं तथा रीतिकाल के अनेक कवियों की रचनाओं में कलाबाजी के। कला में कथ्य को साध्य माना जाता है, रूप को साधन जबकि कलाबाजी में रूप को ही साध्य मान लिया जाता है और कथ्य को साधनमात्र। इस आधार पर समीक्षा की जाये तो उससे परिपक्व तथा साथ-ही-साथ लचीले समीक्षा सिद्धान्त प्राप्त होंगे जिनसे काव्य की प्रकृति तथा मूल्य का ही ज्ञान नहीं होगा अपितु साहित्यिक कृतियों की परख करने तथा उन्हें श्रेष्ठ अथवा हीन बतानेवाली कसौटी भी प्राप्त हो सकती है।

काव्योद्देश्य-

यद्यपि स्वयं अरस्तू ने स्पष्ट रूप से कविता के उद्देश्य के विषय में कोई जिक्र नहीं किया, फिर भी उपर्युक्त विवेचन से यह काफी स्पष्ट हो जाता है कि उन्होंने कविता का उद्देश्य आनन्द प्रदान करना ही माना। हाँ, इस ओर कहीं-कहीं संकेत अवश्य कर दिया है।[31] उन्होंने, जैसा कि ऊपर बताया जा चुका है, यह स्वीकार किया

कि कविता-सृजन के पीछे मानव की दो जन्मजात प्रवृत्तियाँ काम करती हैं– पहली अनुकृति की प्रवृत्ति और दूसरी लय तथा सामंजस्य की प्रवृत्ति। ये दोनों प्रवृत्तियाँ सुखदायक हैं अर्थात् अनुकृति से भी आनन्द प्राप्त होता है और लय तथा सामंजस्य से भी। इसका अर्थ यह हुआ कि कविता आनन्द प्रदान करती है। कवि को कविता सृजन से आनन्द मिलता है, पाठक को कविता पढ़ने से। साथ-ही-साथ यह भी ध्यान रखने योग्य है कि उन्होंने इस बात की ओर थोड़ा-सा भी संकेत नहीं किया कि कविता का कार्य शिक्षा देना है। यद्यपि यह भी कहीं नहीं कहा कि कविता का कार्य शिक्षा देना नहीं है, इससे यही आशय निकलता है कि अरस्तू के मतानुसार शिक्षा देना कविता का मुख्य कार्य नहीं है। हाँ, यदि आनन्द प्रदान करने के साथ-साथ वह गौण रूप में शिक्षा भी दे, तो दे सकती है, इसमें कोई हानि नहीं। काव्यगत आनन्द अन्य प्रकार के आनन्दों से श्रेष्ठतर है क्योंकि इससे दो कार्य सिद्ध होते हैं– एक तो इससे व्यक्ति को सुख मिलता है और दूसरे, स्थायी होने के कारण यह समाजिक हित से भी सम्बन्धित रहता है। इन बातों को देखने पर यह बिलकुल स्पष्ट है कि काव्योद्‌देश्य के सम्बन्ध में अरस्तू ने प्लेटो के मत को अंशतः ही स्वीकार किया है, पूर्णतः नहीं। प्लेटो के मतानुसार तो, जैसा कि हम पीछे देख चुके हैं, कविता अथवा अन्य कोई कला यदि नैतिक शिक्षा देती है तभी उसे आदर्श राज्य में प्रवेश पाने की अनुमति देनी चाहिए अन्यथा उस पर कानूनी पाबन्दी लगा देनी चाहिए।

विरेचन का सिद्धान्त-

प्लेटो ने कविता को मिथ्या तथा अनुकृति की अनुकृति कहा था। इस आक्षेप का निराकरण अरस्तू ने कविता तथा इतिहास का भेद बतलाते हुए किया। प्लेटो ने कविता के ऊपर एक और आक्षेप भी लगाया था कि इसका सम्बन्ध मनुष्य की तर्क शक्ति से नहीं है और यह व्यक्तियों के संवेगों को उत्तेजित करके उन्हें भ्रष्ट करती है। इस आक्षेप का अरस्तू ने बड़ा साधारण किन्तु अत्यन्त महत्त्वपूर्ण उत्तर दिया। कविता निश्चित रूप से संवेगों से सम्बन्धित है और इन्हें जाग्रत करती है। किन्तु इससे व्यक्तियों के आचरण पर कोई बुरा प्रभाव नहीं पड़ता। इससे तो संवेगों का परिष्करण हो जाता है। त्रासदी कविता का उच्चतम रूप है और यह करुणा तथा त्रास के संवेगों को जाग्रत करती है। जब नायक के ऊपर अत्यधिक कष्ट आते हैं और दर्शक यह समझते हैं कि उसने जितनी भूल की है, उसकी तुलना में यह कष्ट बहुत अधिक है तो उनके मन में नायक के प्रति करुणा का भाव जाग्रत हो जाता है। साथ-ही-साथ उसके ऊपर आनेवाले भविष्य के कष्टों का ध्यान करने पर दर्शकों के मन में त्रास का भाव भी जाग्रत हो जाता है। प्लेटो को तो इस सम्बन्ध में यह

भय था कि यदि दर्शक दूसरों के कष्टों को देखकर ही इतने दयार्द्र हो जायेंगे तो अपने ऊपर कष्ट आने पर उनकी क्या दशा होगी? अरस्तू का मत इससे भिन्न है। उन्होंने कहा कि इन संवेगों को जाग्रत करने का उद्देश्य ही यह है कि उनका विरेचन (कैथार्सिस) हो जाये।

इस विरेचन शब्द से अरस्तू का क्या तात्पर्य था, इस सम्बन्ध में विद्वानों में काफी मतभेद है। वैसे अरस्तू ने, क्योंकि उनके पिता औषधि विज्ञान के ज्ञाता थे, औषधि-विज्ञान से ही इस शब्द को लिया। हिपॉक्रिटीज़-सम्प्रदाय के औषधि-विज्ञान में इस शब्द का अर्थ है—शरीर में से अनावश्यक, अवांछनीय, विजातीय एवं कष्टकारक पदार्थों का निकल जाना तथा शरीर का परिष्करण हो जाना। अर्थात् शरीर में अनेक कारणों वश अनावश्यक एवं विजातीय पदार्थ जमा होते रहते हैं जो शरीर को कष्ट पहुँचाने लगते हैं और कई रोगों को भी उत्पन्न कर देते हैं। विरेचन करने पर ये पदार्थ शरीर से बाहर निकल जाते हैं और शरीर शुद्ध एवं रोगमुक्त हो जाता है। इसी प्रकार जीवन में करुणा तथा त्रास को जाग्रत करनेवाले अनेक अवसर आते हैं। यदि ये संवेग इसी प्रकार जमा होते रहें तो मानव हृदय में अनावश्यक एवं कष्ट कारक रूप धारण कर लते हैं। त्रासदी में नायक के कष्टों को देखकर हमारे ये संवेग स्वच्छन्द होकर बह निकलते हैं और हृदय का भार उतर जाता है। यदि वास्तविक जीवन का अनुभव प्राप्त करते समय ये संवेग इतने अधिक उत्तेजित हो जाये तो व्यक्ति के ऊपर उनका बुरा प्रभाव पड़ेगा किन्तु काव्य का अनुभव प्राप्त करते समय उत्तेजित होने पर वे कोई बुरा प्रभाव नहीं डालते। अतः हो सकता है विरेचन से अरस्तू का आशय यह हो कि कविता संवेगों के अनावश्यक मैल को निकालकर उनका शुद्धीकरण कर देती है।

चिकित्सा परक व्याख्या—

जैसे होमियोपैथी में किसी रोग की चिकित्सा समान गुणकारक वस्तु से की जाती है—अम्ल रोग के लिए अम्ल का प्रयोग और लवण तत्व को दूर करने के लिए लवण का प्रयोग किया जाता है और 'विषस्य विषमौषधम्' के आधार पर विष की औषधि विष ही मानी जाती है तथा रोग के अनुग्र लक्षण उत्पन्न करके उग्र लक्षणों को नियन्त्रित किया जाता है उसी प्रकार अरस्तू के मतानुसार त्रासदी करुणा और त्रास के भावों का कृत्रिम उद्रेक करके मानव के वास्तविक जीवन के करुणा और त्रास के संवेगों का निष्कासन करती है। त्रासदी को देखकर तो प्रेक्षकों के मन में करुणा और त्रास अवास्तविक घटनाओं को देखकर जाग्रत होते हैं। पर इससे इन संवेगों का अवांछनीय तत्व दूर हो जाता है और प्रेक्षकों में वास्तविक जीवन में करुणा और त्रास के संवेगों को झेलने की सामर्थ्य आ जाती है।

अरस्तू के परवर्ती विद्वानों ने लक्षणा के आधार पर विरेचन की तीन प्रकार से व्याख्या की- 1-धर्मपरक व्याख्या, 2-नीतिपरक व्याख्या तथा 3-कलापरक व्याख्या।

धर्मपरक व्याख्या-

जैसे भारत आदि देशों में धार्मिक उत्सवों से नाटक का जन्म हुआ था, वैसे ही यूनान में हुआ। प्रो. मरे का कहना है कि यूनान में वर्षा आरम्भ होने पर दिओन्युसस नामक देवता से सम्बद्ध उत्सव होता था जिसमें देवता से प्रार्थना की जाती थी कि उपासकों को वह पिछले वर्ष के पापों से मुक्त कर दे और आगे आनेवाले वर्ष में उन्हें इतना विवेक दे कि वे दुष्कर्मों और आपत्तियों से बचे रहें। इस प्रकार इस उत्सव को एक प्रकार की शुद्धि का प्रतीक समझा गया तथा इसी से त्रासदी का जन्म हुआ। परन्तु लिवी नामक विद्वान् के मतानुसार त्रासदी के जन्म के पीछे अन्ध विश्वास था, कोई कलात्मक उद्‌देश्य नहीं। रोमन लोग यह विश्वास करते थे कि ऐसा उत्सव मनाने से वे दैवी विपत्तियों से मुक्त हो जायेंगे और उन्होंने 361 ई.पू. में महामारी के निवारणार्थ यूनानी त्रासदी को अपनाया। यूनान में हाल की स्थिति से उत्पन्न आवेश के शमन के लिए उद्‌दाम संगीत का उपयोग किया जाता था। अरस्तू भी इस यूनानी प्रथा से परिचित थे कि आंतरिक विकारों के शमन के लिए बाह्य विकारों की सहायता ली जाती थी। अतः हो सकता है अरस्तू ने उसी से विरेचन के सिद्धान्त की प्रेरणा ग्रहण की हो। इस प्रकार धर्म सम्बन्धी व्याख्या के अनुसार विरेचन का अर्थ है—बाह्य उत्तेजना उत्पन्न करके उसके शमन के साथ आत्मिक शुद्धि और शान्ति की प्राप्ति।

नीतिपरक व्याख्या-

जर्मन विद्वान् बारनेज के अनुसार मानव-मन में अनेक मनोवेग विद्यमान रहते हैं जिनमें करुणा तथा त्रास मूलतः दुखद हैं। त्रासदी में इन मनोवेगों को अतिरंजित रूप में प्रस्तुत करनेवाले दृश्य तथा घटनाएँ होती हैं। इन्हें देखकर दर्शकों के मन में भी करुणा और त्रास के मनोवेग पहले तो प्रबल वेग के साथ उद्वेलित होते हैं और तत्पश्चात् शमित हो जाते हैं। त्रासदी को देखकर प्रेक्षक के करुणा तथा त्रास इन दोनों मनोवेगों का दंश समाप्त हो जाता है और उसे मानसिक शान्ति का सुखद अनुभव मिलता है। अतः नीतिपरक व्याख्या के अनुसार विरेचन का अर्थ हुआ-मनोविकारों का उत्तेजन तथा तत्पश्चात् उद्वेग का शमन एवं तज्जन्य मानसिक शान्ति की प्राप्ति।

कलापरक व्याख्या-

प्रो. बूचर के अनुसार विरेचन का सम्बन्ध केवल मनोविज्ञान तथा चिकित्साशास्त्र से ही नहीं है, यह कला सिद्धान्त से भी सम्बन्धित है। उनका कथन है कि "विरेचन केवल मनोविज्ञान अथवा निदानशास्त्र के एक तथ्य विशेष का वाचक न होकर एक कला-सिद्धान्त का अभिव्यंजक है। त्रासदी का अर्थ केवल करुणा या त्रास के लिए अभिव्यक्ति का माध्यम प्रस्तुत करना नहीं है किन्तु उन्हें एक सुनिश्चित कलात्मक परितोष प्रदान करना है, इनको कला के माध्यम में ढालकर परिष्कृत तथा स्पष्ट करना है।" अतः कलात्मक व्याख्या के अनुसार विरेचन का अर्थ हुआ करुणा और त्रास के संवेगों को जाग्रत करके पहले मानसिक सन्तुलन और फिर कलात्मक परिष्कार की प्राप्ति।

व्याख्याओं की समीक्षा-

इन चारों व्याख्याओं में कौन सी सही है, यह कहना सरल नहीं। अरस्तू ने स्वयं 'विरेचन' की व्याख्या नहीं की। अतः हम यह किस आधार पर मानें कि उन्हें क्या अभिप्रेत था, क्या नहीं? हो सकता है इन चारों व्याख्याओं में थोड़ा-थोड़ा सत्य का अंश विद्यमान हो। जहाँ तक धर्मपरक व्याख्या का सम्बन्ध है, उसके अनुसार विरेचन का सीधा सम्बन्ध धार्मिक प्रथाओं से था। यह तो सत्य है कि अरस्तू तत्कालीन धार्मिक परिस्थितियों से प्रभावित हुए होंगे। पर धर्मपरक अर्थ को पूर्णतः सत्य नहीं माना जा सकता। इस व्याख्या के अनुसार जैसे धार्मिक संगीत श्रोता के भावों को उत्तेजित करके उन्हें शान्त करता है वैसे ही त्रासदी भी करुणा और त्रास के संवेगों को उत्तेजित करके उन्हें उपशमित करती है। पर यह तुलना उपयुक्त नहीं है क्योंकि धार्मिक संगीत जिन व्यक्तियों के भावों को शमित करता था वे तो पहले से ही भावाक्रान्त होते थे परन्तु नाटकघर में जानेवाले दर्शकों के विषय में यह सही नहीं है। वे पहले से करुणा या त्रासयुक्त मानसिक स्थिति में नहीं होते।

मनोवैज्ञानिक व्याख्या—

नीतिपरक व्याख्या पर विचार करते समय हमारा ध्यान स्वभावतः आधुनिक मनोविज्ञान की ओर जाता है। फ्रायड नामक प्रसिद्ध मनोवैज्ञानिक के मतानुसार जब व्यक्ति की वासनाएँ तृप्त नहीं होतीं तो उसके मनोवेग कुण्ठित हो जाते हैं। वे वासनाएँ अवचेतन मन में पहुँच जाती हैं और छद्म वेश में दिवा-स्वप्न, स्वप्न, भूल आदि के रूप में बाहर आती रहती हैं। यदि उनकी उचित परितुष्टि न हो तो उसका परिणाम यह होता है कि व्यक्ति मानसिक रुग्णता का शिकार हो जाता है। इस प्रकार की रुग्णता से ग्रस्त व्यक्ति तभी स्वास्थ्य लाभ कर पाता है जब उस वासना की उचित रूप से परितुष्टि हो जाय। इसके लिए फ्रायड ने मुक्त आसंग (Free

Association), शब्द सहस्मृति परीक्षा (Word Association Test) तथा बाधा विश्लेषण (Analysis of resistance) आदि को उपयुक्त माना है। अरस्तू का विरेचन सिद्धान्त भी इसी प्रकार की बातें बताता है क्योंकि यहाँ भी त्रास तथा करुणा के संवेगों के परिष्करण के लिए इन दोनों संवेगों को जाग्रत किया जाता है। यद्यपि अरस्तू का आधुनिक मनोविज्ञान से तनिक भी परिचय न था तथापि वे मानव हृदय की विविध वृत्तियों से परिचित थे। जैसे आधुनिक मनोविज्ञान के अनुसार मानसिक रोगों का उचित उपचार मनोवेगों की उचित अभिव्यक्ति है उसी प्रकार अरस्तू के विरेचन की प्रक्रिया द्वारा दर्शक के मन की ग्रन्थियाँ खुल जाती हैं और उसकी घुमड़न दूर हो जाती है। विरेचन से भावों का सन्तुलन हो जाता है क्योंकि त्रासदी इन मनोभावों के अवांछित अंश को बाहर निकाल देती है और सामंजस्य स्थापित करके मन को स्वस्थ बनाती है।

प्रो. बूचर की कलापरक व्याख्या के अनुसार विरेचन के दो पक्ष हैं—पहला अभावात्मक तथा दूसरा भावात्मक। अभावात्मक पक्ष के अनुसार पहले मनोवेगों को जाग्रत किया जाता है और तदुपरान्त उनके शमन होने पर मनःशान्ति प्राप्त होती है। भावात्मक पक्ष के अनुसार उससे कलात्मक परितोष भी प्राप्त होता है। परन्तु डॉ. नगेन्द्र इससे सहमत नहीं उनके मतानुसार विरेचन से अरस्तू का तात्पर्य मनःशान्ति मात्र था, कलाजन्य परितोष अथवा आस्वाद नहीं। विरेचन इस कला जन्य आस्वाद का साधक तो है किन्तु इसके अन्तर्गत कलास्वाद को सम्मिलित नहीं किया जा सकता। विरेचन तो आनन्द की भूमिका मात्र है, आनन्द नहीं।

विरेचन-सिद्धान्त पर आक्षेप-

अनेक विद्वान् कहते हैं कि विरेचन प्रक्रिया जैसी किसी प्रक्रिया का अस्तित्व ही नहीं है और वास्तविक जीवन में कभी विरेचन नहीं होता। वे यह तो स्वीकार करते हैं कि त्रासदी से प्रेक्षकों के मन में करुणा और त्रास के संवेग जाग्रत होते हैं पर सदा विरेचन होकर मनःशान्ति प्राप्त नहीं होती। अधिकतर त्रासदियाँ तो भावों को विक्षुब्ध करके छोड़ देती हैं। पर इस आक्षेप को स्वीकार नहीं किया जा सकता क्योंकि एक बात तो इस आक्षेप में ही छिपी हुई है कि भावों को विक्षुब्ध करके छोड़ देनेवाली त्रासदियाँ निम्नकोटि की तथा असफल होती हैं और सफल त्रासदियों में विरेचन की प्रक्रिया पूर्णतया पूर्ण होती हैं। त्रासदी का चमत्कार मूलतः रागात्मक है और विरेचन-प्रक्रिया भावों को उद्बुद्ध करती है, उनका समंजन करती है और आनन्द की भूमिका बनाती है।

कुछ अन्य आक्षेपकर्त्ताओं के मतानुसार त्रासदी भावों को उद्बुद्ध ही नहीं कर पाती क्योंकि उसमें प्रदर्शित भाव अवास्तविक होते हैं। अतः विरेचन का तो प्रश्न

ही नहीं उठता। नाटक को देखकर प्रेक्षक जो आनन्द प्राप्त करते हैं वह अभिनय, रंग-सज्जा, संगीत, वाद्य आदि से प्राप्त आनन्द होता है विरेचन पर आधारित नहीं। पर यह आक्षेप भी स्वीकार्य नहीं। क्या 'हरिश्चन्द्र' नाटक को अभीनीत होते देख प्रेक्षक केवल इसलिए रोने लगते हैं कि वहाँ अभिनय अच्छा किया जा रहा है, अथवा रंग-सज्जा आकर्षक है अथवा संगीत मोहक है? क्या उस समय प्रेक्षकों के हृदय करुणा से द्रवीभूत नहीं होते? इस सम्बन्ध में दो मत नहीं हो सकते कि निश्चय ही उन दुःखद प्रसंगों को देखकर प्रेक्षक करुणा से द्रवीभूत हो जाते हैं और इसका कारण कला-चमत्कार (अभिनय, रंग-सज्जा अथवा संगीत) न होकर भावोद्रेक ही होता है।

इस प्रकार अरस्तू का 'विरेचन सिद्धान्त' पाश्चात्य काव्यशास्त्र को एक महान् देन है। इसके द्वारा अरस्तू ने प्लेटो द्वारा त्रासदी पर लगाये आक्षेपों का उत्तर दिया और उसकी महत्ता तथा गौरव को स्थापित किया। इससे परवर्ती समीक्षकों को भी दिशा मिली। रिचर्ड्स के 'प्रवृत्तियों के सामंजस्य के सिद्धान्त' तथा आचार्य रामचन्द्र शुक्ल द्वारा प्रतिपादित 'हृदय की मुक्तावस्था' सम्बन्धी विवेचन पर विरेचन-सिद्धान्त का प्रभाव स्पष्ट रूप से झलकता है।

अब प्रश्न उठता है कि 'त्रासदी में तो कष्टों और शोक का चित्रण होता है, फिर उसे देखकर दर्शकों को आनन्द क्यों मिलता है और वे उसे अभिनीत होती हुई देखने क्यों जाते हैं?' इसका उत्तर यह है कि त्रासदी में नायक के कष्टों को देखकर उसके प्रति दर्शकों के हृदयों में करुणा तथा त्रास जाग्रत होते हैं। ऐसा करने में वे स्वार्थ की भावना से ऊपर उठ जाते हैं और स्व को भूलकर पहले की अपेक्षा अधिक उदार बन जाते हैं। इस प्रकार हृदय का जो विस्तार होता है, वही सुखदायक होता है और इसी सुख को प्राप्त करने के लिए दर्शक शोकपूर्ण त्रासदी को देखने पहुँचते हैं। अतः त्रासदी तो संवेगों का शुद्धीकरण करके व्यक्ति को मनःशान्ति प्रदान करती है। यह किसी भी दशा में हानिकारक नहीं है अपितु स्वास्थ्य के लिए लाभदायक और कला की दृष्टि से आनन्द-प्रदायिनी है।

त्रासदी-

कविता में दो प्रकार के कार्यो की अनुकृति की जा सकती है–एक श्रेष्ठ व्यक्तियों के श्रेष्ठ कार्यों की तथा दूसरे, निम्नकोटि के व्यक्तियों के तुच्छ कार्यों की। पहले प्रकार के कार्यों की अनुकृति (चित्रण) महाकाव्य में तथा दूसरे प्रकार के कार्यों की अनुकृति व्यंग्यात्मक कविता में की जाती है।[32] त्रासदी पहली श्रेणी के अन्तर्गत आती है और कामदी दूसरी के। अर्थात् गम्भीर स्वभाववाले कवि श्रेष्ठ व्यक्तियों के श्रेष्ठ कार्यों की अनुकृति करके त्रासदी की रचना करते हैं और व्यंग्यकार ओछे

व्यक्तियों के ओछे कार्यों की अनुकृति करके कामदी की रचना करते हैं। इस प्रकार त्रासदी का महाकाव्य से वही सम्बन्ध है जो कामदी का व्यंग्यात्मक कविता से। इसका अर्थ यह निकला कि महाकाव्य तथा त्रासदी उच्च कोटि की विधाएँ हैं क्योंकि उनमें श्रेष्ठ कार्यों का वर्णन होता है और व्यंग्यात्मक कविता तथा कामदी हीन कोटि की क्योंकि उनमें हीन कार्यों का वर्णन होता है। महाकाव्य और त्रासदी की तुलना की जाये तो त्रासदी का स्थान महाकाव्य की अपेक्षा उच्चतर है क्योंकि इसमें महाकाव्य के तो सभी तत्त्व संक्षिप्त रूप में विद्यमान होते ही हैं, साथ-ही-साथ संगीत तथा अभिनयशीलता ये दो तत्त्व और होते हैं जो महाकाव्य में नहीं होते। इसका गठन भी महाकाव्य की अपेक्षा अधिक कसा हुआ होता है। शायद इसी कारण अरस्तू ने अपने काव्यशास्त्र में इसका अधिक विस्तार से विवेचन किया है।

त्रासदी एक ऐसे कार्य की अनुकृति है जो गम्भीर हो, स्वतः पूर्ण हो, तथा उचित आकार का हो। इसकी भाषा अलंकृत हो तथा अलंकरण के विभिन्न साधनों का प्रयोग इसके विभिन्न भागों में किया गया हो। इसकी रचना पद्धति नाटकीय होनी चाहिए, इतिवृत्तात्मक नहीं। साथ-ही-साथ यह करुणा तथा त्रास के संवेगों के माध्यम से इन संवेगों का परिष्करण भी करे।[33] 'गम्भीर' विषयवस्तु का अर्थ है कि इसकी कथा ऐसी हो जो दर्शकों अथवा पाठकों के हृदयों में करुणा एवं त्रास के भाव जाग्रत कर दे। 'कार्य' के अन्तर्गत मानव के समस्त क्रिया-कलाप आ जाते हैं जिनमें कृत्य, चिन्तन तथा भावनाएँ भी सम्मिलित हैं। कार्य के स्वतः पूर्ण होने का आशय है कि इसके तीनों अंग-आरम्भ, मध्य और अन्त इसके अन्तर्गत आ जायें। आरम्भ उस स्थिति को कहते हैं जिससे पूर्व की बातों को जानना कहानी को समझने के लिए आवश्यक नहीं होता। 'आरम्भ' अवस्था में जितना वर्णन दिया हुआ है, यदि कहानी को समझने के लिए उससे अधिक बातों को जानने की आवश्यकता पड़े तो समझ लेना चाहिए कि ऐसा 'आरम्भ' सन्तोषजनक नहीं है। 'आरम्भ' में चित्रित परिस्थितियों के आधार पर जो आगे घटनाएँ घटित होती दिखलायी जाती हैं, वे 'मध्य' भाग के अन्तर्गत आती हैं। इन घटनाओं के स्वाभाविक परिणामस्वरूप जो ऐसी घटना घटित होती है जिसके पश्चात् अन्य किसी घटना की आवश्यकता नहीं रहती उसे त्रासदी का अन्त कहा जाता है। त्रासदी का गठन इस प्रकार से किया जाना चाहिए कि उसमें 'आरम्भ' अवस्था प्रारम्भ में आये, 'मध्य' मध्य में और 'अन्त' अन्त में। यदि किसी नाटक में 'आरम्भ' अवस्था मध्य अथवा अन्त में प्रस्तुत की गयी हो या 'मध्य' अवस्था आरम्भ अथवा अन्त में लायी गयी हो या 'अन्त' अवस्था आरम्भ और मध्य में आयी हो तो उस नाटक के कथानक को सुसंगठित नहीं कहा जा सकता। ऐसा कथानक तो विशृंखलित और ढीला-ढाला ही कहा जायेगा। 'पूर्णता'

का तात्पर्य तो यही है कि कथानक में सावयव अन्विति हो तथा घटनाएँ इस प्रकार शृंखलाबद्ध हों कि उनमें हेर-फेर करने की गुंजाइश न हो। बाद में आनेवाली घटनाएँ पूर्व घटनाओं में से उगती हुई सी प्रतीत होनी चाहिए, ऊपर से थोपी हुई सी नहीं। ऐसे कथानक का सन्तुलित आकार होना चाहिए जिसे मस्तिष्क एक ही दृष्टि में तथा सीमित समय में पूर्णतः ग्रहण कर ले। आकार का सन्तुलित होना सौन्दर्य के लिए अत्यावश्यक है। एक सुन्दर प्राणी न तो बहुत अधिक लम्बा होता है और न बहुत अधिक छोटा। वही बात कथानक पर भी लागू होती है। वह अपने सम्पूर्ण रूप में सन्तुलित आकार का हो और साथ-ही-साथ उसके विभिन्न अंगों का आकार भी सन्तुलित ही हो। यदि इसका आकार बहुत छोटा हुआ तो बहुत-सी बातें छूट जायेंगी और मस्तिष्क पूरी कहानी को भली भाँति नहीं समझ पायेगा। यदि यह बहुत लम्बा हुआ, तो मस्तिष्क सभी घटनाओं को उपलब्ध समय के अन्तर्गत ग्रहण नहीं कर पायेगा क्योंकि मानव-मस्तिष्क की भी अपनी सीमाएँ होती हैं। अतः इसका आकार ऐसा होना चाहिए कि सभी बातों को स्मरण शक्ति सरलता से ग्रहण कर ले। हाँ, यह इतना लम्बा अवश्य हो कि इसमें घटनाओं की शृंखला पूर्ण हो जाये तथा इसमें आदि, मध्य तथा अन्त ये तीनों भाग पूर्ण एवं स्वाभाविक रूपेण आ जायें।

कलात्मक अलंकरण के अन्तर्गत लय, सामंजस्य और संगीत आते हैं। इन सबका प्रयोग किसी एक ही स्थान पर नहीं किया जाता अपितु यथावसर नाटक के विभिन्न भागों में किया जाता है। किन्हीं स्थलों को अलंकृत करने के लिए लय और सामंजस्य (अर्थात् पद्य) का प्रयोग कर दिया जाता है और अन्य स्थलों को विकसित करने के लिए गीतों का। इन सबका उद्देश्य भाषा को अधिक अर्थपूर्ण एवं सुन्दर बनाना होता है जिससे वह अधिक-से-अधिक प्रभावशाली हो सके। त्रासदी का अन्तिम लक्षण नाटकीय पद्धति है जिसके कारण यह महाकाव्य से भिन्न है। महाकाव्य में तो सारी कहानी को कवि स्वयं ही कह देता है जबकि त्रासदी में कहानी जीवित एवं गतिवान् पात्रों के माध्यम से कही जाती है। पात्रों के कार्यकलाप तथा वार्त्तालाप ही कहानी की संरचना करते हैं। महाकाव्य में तो कवि स्वयं पात्रों तथा घटनाओं के विषय में कुछ भी टीका-टिप्पणी कर सकता है परन्तु त्रासदी में ऐसा नहीं होता। यहाँ पर तो पात्र ही सारा कार्य करते हैं और नाटककार कोई टीका-टिप्पणी नहीं कर सकता। महाकाव्य तो केवल पढ़ने के लिए होते हैं परन्तु त्रासदी को पढ़ा भी जाता है और मंच पर अभिनीत भी किया जाता है।

अरस्तू के मतानुसार त्रासदी के 6 तत्त्व होते हैं—

1. कथावस्तु,

2. पात्र,
3. चिन्तन,
4. शब्द-संगठन (शब्द-योजना),
5. गीत, तथा
6. अभिनय।

इनमें से प्रथम तीन अनुकृति के विषय हैं, शब्द-योजना और गीत अनुकृति के माध्यम हैं और अभिनय अनुकृति की पद्धति है। इनका महत्त्व इनके क्रम के अनुसार जानना चाहिए। अर्थात् सबसे अधिक महत्त्वपूर्ण तत्त्व कथावस्तु है, उससे कम पात्र, उससे कम चिन्तन, उससे कम शब्द-योजना, उससे कम गीत और सबसे कम अभिनय। कथानक, अर्थात् घटनाओं का पूर्वापर क्रम में संगठित रूप ही त्रासदी का मुख्य तत्त्व है क्योंकि त्रासदी मनुष्यों की अनुकृति नहीं है, अपितु उनके जीवन तथा कार्यकलापों की अनुकृति है। मानव के सभी दुःख एवं सुख कार्य का रूप धारण कर लेते हैं और जीवन का निर्माण गुणों और चारित्रिक विशेषताओं से न होकर, कार्यकलापों से ही होता है। चारित्रिक विशेषताएँ व्यक्ति को गुणी अथवा दोषी बनाती हैं किन्तु जीवन में व्यक्ति सुख प्राप्त करता है, अथवा दुख—यह बात उसके कार्यों पर निर्भर करती है। इसी प्रकार नाटक में चरित्र-चित्रण करने के लिए घटना को नहीं बटोरा जाता अपितु घटना का चित्रण करने के लिए पात्रों को बटोरा जाता है। अर्थात् नाटक में कार्य साध्य है और पात्र साधन। बिना कार्य-कलाप का चित्रण किये कोई त्रासदी नहीं रची जा सकती जबकि बिना चरित्र-चित्रण के त्रासदी रची जा सकती है।[34] नौसिखिये नाटककार, इसी कारण से, पात्र तथा शैली के क्षेत्र में सफल हो जाते हैं पर कथानक की दृष्टि से नहीं। रंगमंच पर पात्रों के गुणों का अभिनय नहीं किया जाता। वहाँ तो पात्रों के कार्यों का ही प्रदर्शन किया जाता है। महाकाव्य में तो कवि अपने पात्रों की विशेषताओं, गुणों एवं दोषों का वर्णन कर देता है पर त्रासदी में पात्रों के कार्यों को ही देखकर उनकी विशेषताओं को जाना जा सकता है, कवि को उनके विषय में अपना मत देने का कोई अवसर नहीं मिलता। त्रासदी 'कार्य' की अनुकृति करती है, और इस 'कार्य' का चित्रण करने के लिए ही पात्रों की कल्पना की जाती है। इस सबका यही निष्कर्ष निकलता है कि त्रासदी की आत्मा कथानक ही है और पात्रों का स्थान कथानक के पश्चात् दूसरा है।[35] चिन्तन का स्थान तीसरा है। नाटक के अन्तराल में पात्र जो कुछ चिन्तन करता है, किसी विषय पर अपनी सम्मति प्रकट करता है, अथवा किसी शाश्वत विचार को स्पष्ट करता है—उस सबको चिन्तन के अन्तर्गत गिना जाता है और पात्रों के वार्त्तालाप के रूप में प्रस्तुत किया जाता है।[36] जैसे कथानक मनुष्यों के क्रियाकलापों की अनुकृति है,

पात्र स्वयं मनुष्यों की अनुकृति है उसी प्रकार चिन्तन उन सब मानसिक एवं संवेगात्मक प्रतिक्रियाओं की अनुकृति है जो विभिन्न परिस्थितिवश मानव मस्तिष्क एवं हृदय में उत्पन्न होती है।

कथावस्तु, पात्र तथा चिन्तन अनुकृति के 'विषय' के अन्तर्गत आते हैं। इसके आगे हम अनुकृति के 'माध्यम' पर आते हैं। अनुकृति का प्रथम माध्यम शब्द-योजना है और दूसरा गीत। त्रासदी में प्रत्येक प्रकार के कलात्मक अलंकरण से सुसज्जित करके शब्दों का संगठन किया जाना चाहिए। इस शब्द-योजना के द्वारा ही विचारों की अभिव्यक्ति की जाती है। गीत त्रासदी की आनन्द-प्रदायिनी शक्ति को और भी बढ़ा देता है। त्रासदी के साहित्यिक पक्ष के अन्तर्गत ये पाँच तत्त्व ही आते हैं। क्योंकि छठे तत्त्व रंगमंचीय अभिनय का सम्बन्ध मंच निर्देशक से है, कवि से नहीं। अतः इसकी गणना काव्य-कला के अन्तर्गत नहीं की जा सकती। साथ-ही-साथ, यह भी ध्यातव्य है कि त्रासदी का रंगमंचीय अभिनय के बिना भी केवल पढ़कर ही आनन्द प्राप्त किया जा सकता है।

अरस्तू ने साहित्यिकता को प्राथमिकता देकर त्रासदी का विवेचन किया, अभिनय को प्राथमिकता देकर नहीं। इसी कारण से उन्होंने रंगमंच को इसका अविभाज्य तत्त्व नहीं माना और कह दिया कि अभिनेता तथा रंगमंच के बिना भी त्रासदीय प्रभाव डालना सम्भव है।[37] हम यह स्वीकार करते हैं कि रंगमंच पर अभिनीत किये जाने से त्रासदी की प्रभावोत्पादन क्षमता बढ़ जाती है और कुछ घटनाएँ तथा कथोपकथन नाटक में ऐसे अवश्य होते हैं जो रंगमंच पर प्रस्तुत किये जाने पर ही प्रभावोत्पादक होते हैं, स्वाध्याय करते समय नहीं। पर अरस्तू का ध्यान तो मुख्यतः त्रासदी के उद्देश्य एवं मूल्य की ओर है, उस उद्देश्य को दर्शकों अथवा पाठकों तक पहुँचाने के साधनों की ओर नहीं। उनके मतानुसार सर्वप्रमुख वस्तु शृंखलाबद्ध घटनाएँ है जो प्रभावोत्पादक रूप से संगठित हों। कथानक का अर्थ 'वह कथा जिसके आधार पर नाटक का महल खड़ा किया गया हो' नहीं है। शेक्सपियर के नाटकों के कथानक और हॉलिन्शड की वे कहानियाँ जिनके आधार पर नाटक की रचना की गयी हैं, एक नहीं हैं। उन कहानियों को शेक्सपियर ने कथानक बनाकर इस प्रकार जीवनदान दिया है कि उनके प्रत्येक भाग में शेक्सपियर की महान् प्रतिभा के दर्शन किये जा सकते हैं। इसी कारण से तो शेक्सपियर इतना महान् है। यदि उसके कथानक और हॉलिन्शड की कथाओं में कोई अन्तर न होता तो हॉलिन्शड और शेक्सपियर महानता की दृष्टि से समकक्ष होते। किन्तु वस्तुतः ऐसा नहीं है। इसी प्रकार ईस्किलस तथा सॉफक्लीज़ की त्रासदियों के कथानक भी उन पौराणिक कथाओं से भिन्न हैं जिन पर वे आधारित हैं। कथानक कथा की अपेक्षा अधिक पूर्ण

तथा पैनी वस्तु है। यह विशेषतः वह विधि है जिससे विषयवस्तु पाठकों के समक्ष आती है और वह पूर्ण कारण-प्रभाव शृंखला है जो विभिन्न घटनाओं में से होती हुई अन्तिम परिणति तक पहुँचती है।

चूंकि कथानक त्रासदी की आत्मा है, अतः समस्त घटनाएँ कलात्मक विधि से शृंखलाबद्ध हों, यह अत्यन्त आवश्यक है। अतः त्रासदी में कार्यान्विति होनी चाहिए। कार्यान्विति का अर्थ यह है कि त्रासदी में केवल नायक के जीवन की वे ही घटनाएँ आयें जो परस्पर इतनी गुँथी हुई हों कि वे सब मिलाकर 'एक' लगें और यदि उनमें से किसी एक भी घटना को निकाल दिया जाये तो सारा कथानक अस्त व्यस्त हो जाये। प्रत्येक व्यक्ति के जीवन में असंख्य घटनाएँ घटती हैं। वैसे ही नायक के जीवन से सम्बन्धित घटनाएँ भी अनेक हो सकती हैं। परन्तु त्रासदी में केवल वे ही घटनाएँ चित्रित होनी चाहिए जो 'कार्य' से पूर्णतः सम्बद्ध हों, शेष नहीं। यदि किसी घटना के निकल जाने से 'कार्य' पर कोई प्रभाव न पड़ता हो, तो इसका अर्थ यह है कि वह घटना त्रासदी का अभिन्न अंग नहीं है और त्रासदी में उसका समावेश नहीं किया जाना चाहिए। जब एक भी व्यक्ति के जीवन से सम्बन्धित सभी घटनाएँ त्रासदी में स्थान नहीं पा सकतीं तो इससे इतना तो स्पष्ट है ही कि किसी अन्य व्यक्ति से सम्बन्धित घटनाएँ तो इसमें किसी भी दशा में स्थान नहीं पा सकती। अन्य व्यक्ति से सम्बन्धित घटनाएँ मुख्य कार्य से पूर्णतः सम्बद्ध नहीं हो सकतीं और त्रासदी में उनका समावेश किया गया तो कार्यान्विति बनी नहीं रह सकती।[38] इसी कारण से त्रासदी के कथानक में पताका अथवा प्रकरी के लिए कोई स्थान नहीं है।

दूसरी अन्विति समयान्विति है जिसका अर्थ है कि नाटक में चित्रित घटनाएँ केवल उतने समय की ही हों जितने समय में रंगमंच पर उनका अभिनय किया जा सके। इस ओर अरस्तू ने केवल थोड़ा-सा संकेत किया है जिसके आधार पर बाद के समीक्षकों ने इस अन्विति का विवेचन किया। अरस्तू के समय में यूनान में नाटक लगभग पूरे दिन चलते थे। अतः उन्होंने यही माना कि केवल एक दिन की घटनाओं का ही चित्रण त्रासदी में होना चाहिए। उन्होंने कहा है कि त्रासदी में केवल इतनी देर की घटनाएँ आती हैं जितनी देर में सूर्य एक चक्कर लगाता है परन्तु महाकाव्य इस प्रकार के समय के बन्धन में नहीं बँधा होता है। उसमें कितने भी समय की घटनाओं का चित्रण किया जा सकता है।[39] 'सूर्य के एक चक्कर' से अरस्तू का क्या अभिप्राय है— इस सम्बन्ध में विद्वानों में मतभेद है। कुछ विद्वान् इसका अर्थ चौबीस घण्टे मानते हैं और कुछ बारह घण्टे। पर चौबीस घण्टे वाला मत ही अधिक व्यक्तियों को स्वीकार्य है। इस आधार पर समीक्षकों ने एक नियम बना दिया कि त्रासदी में चौबीस घण्टे की अवधि में घटित घटनाओं का ही चित्रण किया जाये जिससे तीन

या चार घण्टे में रंगमंच पर उनका अभिनय किये जाने पर वे अस्वाभाविक न लगें। यदि रंगमंच पर किसी बच्चे का जन्म दिखाया जाये, फिर उसे किशोर रूप में किशोरियों से प्रेम करते दिखलाया जाये और अन्त में वृद्ध रूप में उसके ऊपर आपत्तियों का पहाड़ गिराकर उसे मृत्यु के मुँह में धकेल दिया जाये, तो ऐसा चित्रण बड़ा अस्वाभाविक होगा क्योंकि तीन या चार घण्टे में कोई भी शिशु किशोरावस्था आदि को पार करता हुआ वृद्धावस्था में नहीं पहुँच जाता। परन्तु अरस्तू ने इस अन्विति को अच्छे कथानक का आवश्यक लक्षण नहीं माना है। उन्होंने तो केवल अपने समय में प्रचलित प्रथा की ओर संकेत किया था और साथ-ही-साथ यह भी कह दिया था कि जिस प्रकार महाकाव्य में समय का कोई बन्धन नहीं होता, उसी प्रकार पहले त्रासदी में भी कोई बन्धन नहीं होता था। स्थानान्विति का अरस्तू ने कोई जिक्र नहीं किया। इसको तो बाद के शास्त्रवादी समीक्षकों ने समयान्विति का आवश्यक साथी-सिद्धान्त मान लिया। जब रंगमंच पर चौबीस घण्टे से अधिक समय की घटनाओं का प्रदर्शन अस्वाभाविक होगा तो कई स्थानों और देशों की घटनाओं का प्रदर्शन तो और भी अधिक अस्वाभाविक होगा। अतः त्रासदी में केवल एक ही स्थान की घटनाओं का चित्रण किया जाना चाहिए।

त्रासदी दर्शकों तथा पाठकों के हृदयों में करुणा एवं त्रास के भाव जाग्रत करती है अतः इसके कथानक में नायक का भाग्य परिवर्तन दुःख से सुख की ओर न होकर सुख से दुःख की ओर होना चाहिए। दुःखपूर्ण अन्त ही त्रासद होता है, सुखपूर्ण नहीं। सुखपूर्ण अन्त चाहे दर्शकों को अधिक रुचिकर हो किन्तु वह त्रासद नहीं हो सकता क्योंकि तब किसी के मन में नायक के प्रति करुणाभाव जाग्रत नहीं होगा और भविष्य में उसके ऊपर और भी अधिक कष्टकारक विपत्तियों के आने का भय समाप्त हो जाने पर त्रास भाव भी जाग्रत नहीं होगा। करुणा और त्रास के भाव जाग्रत करने के दो साधन हैं—रंगमंचीय अभिनय तथा त्रासद घटनाएँ। यदि रंगमंच पर पात्र को शारीरिक कष्ट दिये जाएँ, उससे करुणोत्पादक चीत्कार कराया जाए, उसको भिक्षुकों जैसे चिथड़े पहनाये जाएँ तो भी दर्शकों के मन में ये दोनों भाव जाग्रत हो जायेंगे। किन्तु सुकवि इस साधन पर निर्भर न रहकर उन घटनाओं को सँजोने की ओर प्रयत्नशील रहता है जो स्वयं त्रास तथा करुणा को जाग्रत करनेवाली हों जैसे-अनजाने ही एक भाई दूसरे भाई की हत्या कर दे और बाद में अपनी इस तीव्र कष्टदायी भूल पर पश्चात्ताप करे, या कोई व्यक्ति किसी का हित करने को कटिबद्ध हो किन्तु अनजाने ही उसका अहित कर दे या कोई व्यक्ति भूल तो बहुत छोटी-सी करे पर उसका दण्ड उसे

बहुत बड़ा भुगतना पड़े आदि आदि। साधारण कवि रंगमंचीय आडम्बर पर निर्भर रहते हैं जिससे दर्शक पात्रों को कष्ट में 'देखकर' करुणा तथा त्रास से द्रवीभूत हो जायें। किन्तु सुकवि कथानक का सृजन ही इस प्रकार करते हैं कि दर्शक अथवा पाठक बिना आँखों की सहायता लिए कथानक को सुनकर ही करुणार्द्र हो जाएँ तथा त्रास से उनके रोंगटे खड़े हो जाएं।[40] उदाहरणार्थ ईडिपस की कहानी को लिया जा सकता है जिसमें मां अनजाने में अपने पुत्र से विवाह कर लेती है और वे दोनों सन्तानोत्पत्ति भी करते हैं। जब उन्हें अपनी भूल ज्ञात होती है तो पुत्र अपनी आँखें फोड़ लेता है और माँ आत्महत्या कर लेती है।

कथानक के दो भाग होते हैं—आरोह तथा अवरोह। आरोह में उलझनपूर्ण स्थिति रहती है और घटनाएँ एक ग्रन्थि के रूप में बँधी रहती हैं तथा अवरोह में उस ग्रन्थि को खोलकर स्थिति सुलझायी जाती है। आरम्भ से स्थिति-परिवर्तन के स्थान तक का भाग आरोह के अन्तर्गत आता है और उससे बाद का अवरोह के अन्तर्गत।

कथानक दो प्रकार के होते हैं—(1) सरल (2) जटिल क्योंकि त्रासदी में चित्रित घटनाएँ इन्हीं दो वर्गों में से किसी एक वर्ग के अन्तर्गत आ जाती हैं। जब कार्य 'एक' और 'अविच्छिन्न' हो और घटनाएँ स्थिति-विपर्यय (reversal of the situation) तथा अभिज्ञान (Discovery) पर आधारित न हों तो कथानक सरल कहा जायेगा। जब पात्र स्वयं तो शुभ कार्य करना चाहे परन्तु अनजाने में उससे अशुभ कार्य हो जाये अथवा वह अशुभ कार्य करना चाहता हो परन्तु अनजाने में शुभ कार्य कर दे अर्थात् उससे अपने मनोरथ के विपरीत कार्य हो जाये तो उस स्थिति को स्थिति-विपर्यय कहेंगे। इसके अन्य उदाहरण ये हो सकते हैं—पात्र अपने शत्रु की हत्या करने का प्रयत्न करने में स्वयं हत्या का शिकार हो जाये, मित्र की रक्षा के प्रयत्न करते समय स्वयं उसकी हत्या का कारण हो जाये और शत्रु समझकर उस की हत्या कर दे और बाद में जान पाये कि वह तो उसका मित्र था। ये सब कार्य पहले अज्ञान में हो जाते हैं और बाद में वास्तविकता का ज्ञान होता है। इसी ज्ञान को 'अभिज्ञान' की संज्ञा दी गयी है। जब नायक का भाग्य परिवर्तन 'स्थिति-विपर्यय' तथा 'अभिज्ञान' का सहारा लिए बिना ही प्रदर्शित किया जाये तो कथानक 'सरल' कहलाता है और 'स्थिति-विपर्यय' अथवा 'अभिज्ञान' अथवा दोनों का सहारा लेकर जब नायक का भाग्य परिवर्तन प्रदर्शित किया जाता है तो कथानक 'जटिल' कहलाता है। इन दोनों में 'जटिल' कथानक ही त्रासदी के लिए अधिक उपयुक्त है क्योंकि उसमें प्रयुक्त 'स्थिति-विपर्यय' तथा 'अभिज्ञान' त्रास तथा करुणा के भावों को जाग्रत करने में अधिक सहायक सिद्ध होते हैं।

इससे यह निष्कर्ष निकला कि त्रासदी का कथानक 'जटिल' होना चाहिए, सरल नहीं तथा इसमें उन्हीं घटनाओं की अनुकृति (चित्रण) होनी चाहिए जिनसे त्रास तथा करुणा के भाव जाग्रत हों। तदनुसार निम्नांकित तीन प्रकार के कथानकों के लिए त्रासदी में कोई स्थान नहीं है–

1. ऐसा कथानक जिसमें श्रेष्ठ व्यक्ति आरम्भ में सुखी हो किन्तु भाग्य परिवर्तन होने पर अन्त में कष्टपूर्ण स्थिति में पहुँच जाये।

2. ऐसा कथानक जिसमें दुष्ट व्यक्ति आरम्भ में कष्टपूर्ण स्थिति में हो, किन्तु भाग्य-परिवर्तन होने पर अन्त में सुखपूर्ण स्थिति में पहुँच जाये।

3. ऐसा कथानक जिसमें अत्यन्त दुष्ट स्वभाव का व्यक्ति आरम्भ में सुखी हो किन्तु पतनावस्था को प्राप्त होकर कष्ट रूपी कांटो पर जा गिरे।

इनमें प्रथम प्रकार का कथानक त्रासदी के लिए इस कारण से उपयुक्त नहीं है कि दर्शकों के हृदय में यह न तो करुणा को जाग्रत करेगा न त्रास को क्योंकि जब वे श्रेष्ठ व्यक्ति को निर्दोष होने पर भी कष्टों में पड़ा हुआ देखेंगे तो उन्हें ऐसे संसार से घृणा होगी। दूसरे प्रकार के कथानक का त्रासदी से कोई सम्बन्ध ही नहीं है और इसमें त्रासदी का कोई लक्षण ही नहीं है। इससे करुणा तथा त्रास के जाग्रत होने का तो प्रश्न ही नहीं उठता, साथ-ही-साथ दुष्ट व्यक्ति का अन्त सुखमय देखकर हमारी मानवता की भावना को भी चोट पहुँचती है। तीसरे प्रकार का कथानक भी त्रासदी के लिए उपयुक्त नहीं है क्योंकि दुष्ट स्वभाव के व्यक्ति का पतन तो सभी लोग देखना चाहते ही हैं। उसके प्रति किसी को करुणा नहीं होगी और न ऐसी घटनाओं से किसी को भय लगेगा। न्याय के आधार पर दुष्ट व्यक्ति को दण्ड मिलना ही चाहिए। करुणा तो उस समय जाग्रत होती है जब हम यह समझते हैं कि अमुक व्यक्ति पर जितने कष्ट आ रहे हैं, उतने नहीं आने चाहिए थे। त्रास उस समय जाग्रत होता है जब हम यह अनुभव करें कि कष्टों में पड़ा हुआ व्यक्ति हमारे ही समान है।

अतः केवल एक ही स्थिति शेष रह जाती है। त्रासदी का नायक ऐसा व्यक्ति होना चाहिए जो पूर्णतः निर्दोष तो नहीं, पर शुद्ध आचरणवाला हो, वह किन्हीं परिस्थितियों में उचित निर्णय न कर सकने के कारण कोई भूल कर दे और उसके परिणामस्वरूप अपनी प्रसिद्धि और सुख को खोकर कष्टों के जाल में फँस जाये। इस आपत्ति का कारण निर्णय करने में भूल ही होनी चाहिए, चरित्र-दोष नहीं। कथानक में 'कार्य' एक ही होना चाहिए दो नहीं। नायक के भाग्य-परिवर्तन का यह अर्थ कदापि नहीं है कि आरम्भ में वह दुःखी हो और बाद में सुखी हो जाये। त्रासदी के सन्दर्भ में भाग्य-परिवर्तन का अर्थ नायक का सुखपूर्ण अवस्था से दुःखपूर्ण अवस्था में पहुँच जाना है।[41]

अरस्तू के मतानुसार त्रासदी का नायक उच्च कुलोत्पन्न व्यक्ति होना चाहिए और नाटक के आरम्भ में यश एवं सम्पत्ति का स्वामी होना चाहिए। ऐसी मान्यता का एक कारण यह भी है कि अरस्तू के समय में यूनान देश में दास प्रथा प्रचलित थी। दासों की सन्तान को भी दास बना रहना पड़ता था और स्वामी उन पर मनचाहा अत्याचार कर सकता था। दासों को पशुओं के समान समझा जाता था और उस काल के व्यक्ति शायद यह नहीं सोच पाते थे कि दास भी मानव हैं, उनको भी दुःख इसी भाँति कष्टदायी होता है जैसा अन्य व्यक्तियों को तथा उनमें भी मस्तिष्क, हृदय तथा आत्मा होती हैं। परन्तु आज प्रजातन्त्र के आगमन के परिणामस्वरूप पुराने मूल्य परिवर्तित हो चुके हैं। केवल उच्चकुल के आधार पर आज सम्मान प्राप्त करना असम्भव ही समझना चाहिए। अनेक लेखकों ने घसेरों, नौकरानियों तथा किसानों का चित्रण करके यह दिखला दिया है कि इन व्यक्तियों के भी हृदय होते हैं, ये भी सुख की लालसा मन में सँजोये रहते हैं और आपत्तियाँ इनको भी इतना ही कष्ट देती हैं जितना सामन्तों और राजाओं को। अरस्तू के मतानुसार तो उच्चकुल के व्यक्ति के पतन को देखकर ही दर्शकों के हृदय में करुणा तथा त्रास के भाव जाग्रत हो सकते हैं किन्तु प्रजातन्त्र के युग के लेखकों ने यह सिद्ध कर दिखाया है कि घास खोदने वाले मजदूर को विपत्ति में तड़पता हुआ देखकर दर्शक निश्चित रूप में करुणार्द्र हो जाते हैं और त्रास से उनके रोंगटे खड़े हो जाते हैं।

कुछ भारतीय समीक्षकों ने जयशंकर प्रसाद के नाटकों को त्रासदी कहा है और कुछ ने हिन्दी में सारे दुःखान्त नाटकों को इस वर्ग में रखा है। किन्तु ऐसा करना ठीक नहीं है। 'त्रासदी' को 'दुःखान्त नाटक' का पर्याय समझना एक भूल मात्र है क्योंकि यूनान में अरस्तू से पूर्व सुखान्त त्रासदियाँ भी लिखी जाती थीं और योरिपडीज़ की दुःखान्त त्रासदियों की कुछ लोगों ने कटु आलोचना भी की थी। परन्तु अरस्तू के मतानुसार त्रासदी का अन्त निश्चित रूप से दुःखपूर्ण होना चाहिए।[42] पर केवल दुःखान्त होने से कोई नाटक त्रासदी नहीं कहला सकता। इसके लिए तो आवश्यकता इस बात की है कि सम्पूर्ण कथानक ही 'गम्भीर' प्रकृति का हो जिससे करुणा तथा त्रास के संवेग पाठकों के हृदयों में जाग्रत हों। यदि किसी नाटक का कथानक गम्भीर नहीं है और करुणा तथा त्रास के संवेगों को जाग्रत नहीं कर पाता तो वह 'त्रासदी' की संज्ञा नहीं पा सकता।

कामदी-

वर्तमान समय में उपलब्ध अरस्तू के 'काव्यशास्त्र' में कामदी के विषय में विस्तारपूर्वक विवेचन नहीं किया गया है। फिर भी जो कुछ कहा गया है वह इस प्रकार है कि जिस भाँति महाकाव्य की उत्पत्ति देव-वन्दना एवं सज्जन-प्रशंसा

सम्बन्धी गीतों से हुई, और त्रासदी की महाकाव्य से उसी भाँति उर्वरा शक्ति के यूनानी देव डायनीसस के सत्कार में गाये जानेवाले गीतों से व्यंग्य काव्य की उत्पत्ति हुई और उससे कामदी की। महाकाव्य तथा त्रासदी में तो साधारण व्यक्तियों की अपेक्षा श्रेष्ठतर व्यक्तियों के कार्यो का चित्रण किया जाता है, व्यंग्यकाव्य तथा कामदी में हीनतर व्यक्तियों के कार्यों का चित्रण किया जाता है। व्यंग्यकाव्य तथा कामदी में आधारभूत अन्तर यह है कि व्यंग्यकाव्य में तो दुर्बलताग्रस्त व्यक्तियों का उपहास किया जाता है और कामदी में मानवसुलभ दुर्बलताओं का। पर कामदी में 'अपराधियों' के जुल्मों और अपराधों का चित्रण नहीं किया जाता। विध्वंसकारी तथा 'अपराधी' व्यक्ति कामदी के पात्र नहीं हो सकते। इस प्रकार के नाटक के पात्र तो वे ही व्यक्ति हो सकते हैं जिनके चरित्र में कोई दुर्बलता मात्र हो अथवा भौंड़ापन हो। अपराधी व्यक्तियों के कार्यों से तो दर्शकों को घृणा होगी, मनोरंजन नहीं। पर दुर्बल चरित्रवाले अथवा भौंड़े व्यक्तियों को देखकर केवल मनोरंजन होगा। उससे न उन व्यक्तियों को कोई कष्ट होगा, न वे अन्य किसी को कष्ट पहुँचायेंगे। उनके प्रति दर्शकों के मन में भी कोई घृणा नहीं होगी क्योंकि घृणित वस्तु को देखकर मनोरंजन होने का प्रश्न ही नहीं उठता। वे तो अपने भौंड़ेपन के कारण उपहासास्पद होते हैं।

इस प्रकार कामदी में न तो व्यक्तिगत छींटाकशी की जाती है और न किसी पात्र के हृदय पर आघात किया जाता है। व्यक्तिगत छींटाकशी व्यंग्यात्मक काव्य में की जाती हैं और किसी व्यक्ति के हृदय पर आघात करने का प्रश्न इसलिए नहीं उठता कि कामदी में किसी व्यक्ति-विशेष के दुर्गुणों का चित्रण न करके, मानव जाति में सामान्यतः पायी जानेवाली दुर्बलताओं का चित्रण किया जाता है। प्लेटो के कामदी को लांछित करते हुए कहा था कि इससे दर्शकों को दुर्भावना-जन्य आनन्द की प्राप्ति होती है। परन्तु अरस्तू के विवेचन से यह स्पष्ट हो जाता है कि कामदी से प्राप्त आनन्द के मूल में दुर्भावना जैसी कोई बात नहीं होती क्योंकि दुर्भावना तो उस स्थिति में हो सकती है जबकि किसी व्यक्ति-विशेष की दुर्बलताओं को लक्ष्य करके कोई बात कही जाय। कामदी में, जैसा कि कहा जा चुका है, तो मानव-जाति की सामान्य दुर्बलताओं को उपहसित किया जाता है, किसी व्यक्ति-विशेष की दुर्बलताओं को नहीं। कामदी का सम्बन्ध भी, कविता की भाँति, 'विशेष' से न होकर 'शाश्वत' से है। अर्थात् इसमें उन घटनाओं का चित्रण नहीं किया जाता तो घट चुकी हैं अपितु उन घटनाओं का चित्रण किया जाता है जो एक परिस्थिति विशेष में घट सकती हैं। इसमें जो पात्र तथा परिस्थितियाँ प्रस्तुत की गयी हैं, यदि वे उपस्थित हों तो वैसा परिणाम होने की ही सम्भावना है जैसा कामदी में चित्रित है। मानवसुलभ सामान्य दुर्बलताओं का चित्रण करने के कारण ही उस काल में पात्रों के नाम भी

इन दुर्बलताओं के आधार पर ही रखे जाते थे जैसे निन्दक, लोभी, क्रोधी आदि। इसका अभिप्राय यह था कि केवल एक व्यक्ति ही नहीं अपितु इन दुर्बलताओं के शिकार सभी व्यक्ति प्रस्तुत परिस्थितियों में इसी प्रकार से व्यवहार करते हैं।

इस विवेचन से स्पष्ट है कि कामदी को सुखान्त नाटक नहीं कहा जा सकता। भारत में रचित नाटक अधिक संख्या में सुखान्त हैं। किन्तु मानवसुलभ दुर्बलताओं का चित्रण करना और उन दुर्बलताओं से पीड़ित पात्रों का उपहास सुधार के उद्देश्य से करना उनका उद्देश्य नहीं होता। हमारे यहाँ के नाटकों में तो फल की प्राप्ति हो जाने पर उनका सुखपूर्ण अन्त होता है। इन सुखान्त नाटकों में हीन व्यक्तियों के हीन कार्यों का चित्रण न होकर श्रेष्ठ व्यक्तियों के महान् कार्यों का चित्रण होता है। हाँ, कहीं-कहीं हीन कार्यों में संलग्न हीन पात्र भी प्रस्तुत किये जाते हैं किन्तु उनका नाटक में गौण स्थान होता है मुख्य नहीं। कामदी का तो नायक भी मानवसुलभ दुर्बलताओं से पीड़ित होना चाहिए पर हमारे यहाँ के नाटकों में सदा सच्चरित्र व्यक्ति ही नायक पद पर सुशोभित रहे हैं। 'मुद्राराक्षस', 'अभिज्ञान शाकुन्तलम्' तथा 'उत्तररामचरित' जैसे सभी नाटक सुखान्त हैं किन्तु उनको कामदी कहना उन्हें आकाश से उतारकर पाताल में ले जाना है।

महाकाव्य-

महाकाव्य में भी त्रासदी की भाँति ही श्रेष्ठ व्यक्तियों के श्रेष्ठ कार्यों का चित्रण किया जाता है। इसका विकास प्राचीन काल में गाये जानेवाले वन्दना-गीतों तथा महापुरुषों की प्रशंसा में गाये जानेवाले गीतों से हुआ। यद्यपि स्वभावतः यह त्रासदी के समान ही है पर रूप की दृष्टि से दोनों में महान् भिन्नता है। कथानक, पात्र, चिन्तन तथा शब्द-योजना—ये चार तत्त्व तो त्रासदी तथा महाकाव्य दोनों में मिलते है तथा शेष दॄगीत तथा रंगमंचीय अभिनय केवल त्रासदी में। महाकाव्य की कथा त्रासदी की कथा की भाँति ही 'एक' 'कार्य' पर आधारित होनी चाहिए। 'एक' का तात्पर्य यह है कि वह अपने-आप में पूर्ण हो जिसमें 'आदि', 'मध्य' तथा 'अन्त' उसी प्रकार से हों जैसे त्रासदी में तभी वह मानव शरीर की भाँति सर्वांग सम्पन्न हो सकता है। इतिहास में ऐसा नहीं होता क्योंकि वहाँ 'कार्य' की अन्विति की ओर ध्यान नहीं दिया जाता। उसमें तो एक निश्चित काल में जितनी भी घटनाएँ घटित हुई हैं—वे चाहे एक व्यक्ति से सम्बन्धित हों अथवा अनेक व्यक्तियों से और चाहे उनमें परस्पर कोई भी सम्बन्ध न हो—उन सभी का वर्णन कर दिया जाता है। महाकाव्य में अविच्छिन्न घटनाओं को स्थान नहीं दिया जा सकता। हाँ इतना अवश्य स्वीकार्य है कि 'कार्य' से सम्बन्धित अनेक सह-कथाओं को भी पताका तथा प्रकरी के रूप में प्रस्तुत किया जाता है। उदाहरण के लिए हम 'रामचरितमानस' को ले

सकते हैं। 'कार्य' की 'एकता' को ध्यान में रखकर तुलसीदास जी ने इस महाकाव्य में रामराज्य की स्थापना से आगे की घटनाओं- सीता त्याग, लव-कुश का जन्म तथा अश्वमेध यज्ञ आदि- का कोई जिक्र नहीं किया है यद्यपि वे भी रामचन्द्र जी के जीवन से ही सम्बन्धित थीं। पर बीच-बीच में अनेक लघु कथाओं को भी इस महाकाव्य में स्थान दिया गया है जैसे बाली और सुग्रीव की कथा, विभीषण की कथा आदि।

त्रासदी की भाँति महाकाव्य का कथानक भी दो प्रकार का हो सकता है—सरल और जटिल। जटिल कथानक में घटना-विन्यास स्थिति-विपर्यय तथा अभिज्ञान पर आधारित होता है, सरल कथानक में नहीं। करुणा तथा त्रास के संवेगों को जाग्रत करने के लिए इसमें नायक को कष्टपूर्ण स्थिति में से गुजरता हुआ प्रदर्शित करना चाहिए। कवि चरित्र-चित्रण पर भी अपनी दृष्टि केन्द्रित रख सकता है।

आकार तथा छन्द की दृष्टि से महाकाव्य और त्रासदी में अन्तर भी है। आकार की दृष्टि से महाकाव्यकार के ऊपर कम बन्धन होते हैं जिसके कारण इसका आकार काफी बड़ा हो सकता है। नाटक में रंगमंचीय सीमाओं में बँधकर ही कार्य करना होता है जिससे उसमें कार्य के विभिन्न अंगों को विकसित होते हुए एक साथ चित्रित नहीं किया जा सकता। पर महाकाव्य में तो इतिवृत्तात्मक या विवरणात्मक पद्धति अपनायी जाती है और उसमें रंगमंच का कोई बन्धन नहीं होता। वहाँ पर अनेक घटनाओं को साथ-साथ चित्रित कर देने में कोई बाधा नहीं होती।[43] ये घटनाएँ विभिन्न प्रकार की हो सकती हैं और विभिन्न रुचियों के व्यक्तियों को भी आनन्द प्रदान करनेवाली सामग्री प्रदान कर देती हैं। उदाहरणार्थ इनमें कुछ घटनाएँ हास्योत्पादक हो सकती हैं, कुछ शृंगार से सम्बन्धित तथा कुछ शिक्षा प्रदान करनेवाली। इनमें से पाठक चाहे किसी भी स्वभाव का क्यों न हो, अपनी रुचि के अनुसार आनन्द प्राप्त कर लेगा। साथ-ही-साथ महाकाव्य में दैवी तत्त्वों का समावेश भी किया जाता है। देवों द्वारा किये गये असम्भव कार्यों का चित्रण यहाँ बड़ी सरलता से किया जा सकता है जबकि त्रासदी में ऐसा नहीं हो सकता क्योंकि फिर उसे रंगमंच पर अभिनीत करने में कठिनाई होगी। उदाहरणार्थ महाकाव्य में तो हनुमान जी को यथावसर अपना आकार बड़ा तथा छोटा करते हुए चित्रित करने में कोई अड़चन सामने नहीं आती किन्तु रंगमंच पर इसका अभिनय करना सम्भव न होने के कारण ऐसी घटनाओं को त्रासदी में स्थान नहीं दिया जा सकता। ऐसी आश्चर्यजनक घटनाएँ भी आनन्द-प्रदायिनी होती हैं। अतः इस दृष्टि से भी महाकाव्य ही त्रासदी की अपेक्षा अधिक लाभान्वित रहता है।

महाकाव्य में अलंकृत भाषा का प्रयोग होना चाहिए परन्तु जहाँ चरित्र-चित्रण की ओर अथवा किसी घटना का विवरण देने की ओर अथवा चिन्तन पक्ष की ओर कवि की दृष्टि केन्द्रित हो वहाँ अधिक अलंकृत भाषा का प्रयोग नहीं होना चाहिए अन्यथा बोझिल भाषा से अर्थ अस्पष्ट हो सकता है। यद्यपि महाकाव्य में इतिवृत्तात्मक पद्धति अपनायी जाती है पर यह पद्धति तभी अधिक सफल होती है जबकि कवि स्वयं कम-से-कम बातें कहे और शेष बातें पात्रों द्वारा ही वार्त्तालाप के माध्यम से कहलवाये।

अब प्रश्न उठता है कि त्रासदी तथा महाकाव्य में से कौन-सी विधा श्रेष्ठतर है। अरस्तू के मतानुसार त्रासदी ही श्रेष्ठतर है। यद्यपि यह स्वीकार्य है कि महाकाव्य त्रासदी से कुछ दृष्टियों से श्रेष्ठतर है क्योंकि महाकाव्य सुसंस्कृत श्रोतागणों को प्रिय है चाहे उनकी संख्या थोड़ी हो, यह बिना रंगमंच की सहायता के ही पाठकों तक पहुँच जाता है तथा इसके घटना-विन्यास में विभिन्न रुचियों की सन्तुष्ट करनेवाली घटनाओं का समावेश होता है। तथापि त्रासदी ही महाकाव्य से श्रेष्ठतर है क्योंकि इसमें वह सब-कुछ तो होता ही है जो महाकाव्य में होता है, साथ-ही-साथ संगीत तथा अभिनय तत्त्व भी होते हैं। दूसरे, त्रासदी सुसंस्कृत श्रोताओं को भी आनन्द प्रदान करती है। इसे रंगमंच पर तो देखा ही जा सकता है, अध्ययन-कक्ष में पढ़ा भी जा सकता है। तीसरे, लघु आकार की होने के कारण त्रासदी का प्रभाव एकत्रीभूत होकर पड़ता है और पाठकों को अधिक आनन्द प्राप्त होता है जबकि महाकाव्य का विस्तार अधिक होने के कारण उसका प्रभाव एकत्रीभूत न रहकर बिखर जाता है। चौथे, महाकाव्यकारों की अनुकृति में कम अन्विति होती है। इसका प्रमाण यह है कि एक महाकाव्य में इतनी घटनाएँ होती हैं कि उनके आधार पर अनेक त्रासदियों की रचना की जा सकती है। अतः महाकाव्य की अपेक्षा श्रेष्ठतर काव्यात्मक प्रभाव डालने के कारण त्रासदी महाकाव्य से श्रेष्ठतर है।

शैली-

कविता की भाषा के विषय में अरस्तू ने अपनी पुस्तक 'पोईटिक्स' में भी कुछ बातें बतायी हैं तथा 'रैटरिक' में शैली-सम्बन्धी विवेचन किया है। दोनो पुस्तकों में उन्होंने अच्छे लेखन के दो लक्षण बतायें हैं—स्पष्टता तथा औचित्य। लेखन का उद्देश्य लेखक के कथ्य का पाठक तक सम्प्रेषण करना होता है। यह तभी हो सकता है जबकि लेखक स्पष्टता के साथ कथ्य को कहे। यदि वह अपने विचारों को स्पष्ट ही नहीं करेगा तो लेखन का उद्देश्य ही पूरा नहीं होगा। परन्तु स्पष्टता के साथ औचित्य का होना भी अनिवार्य है क्योंकि विभिन्न स्थलों पर विभिन्न कथ्यों का सम्प्रेषण करना होता है और सभी स्थलों के लिए एक जैसी लेखन पद्धति उपयुक्त

नहीं रहती। अवसरानुकूल पद्धति का प्रयोग करना ही औचित्य कहलाता है। लेखन में स्पष्टता लाने के लिए प्रचलित शब्द ही सर्वोपयुक्त होते हैं क्योंकि सभी लोग उनसे परिचित होते हैं। परन्तु लेखन तो एक कला है। अतः इसमें चमत्कार तथा सौष्ठव का होना भी आवश्यक है। ये तभी आ सकते हैं जबकि प्राचीन शब्द, विदेशी शब्द, स्थानीय बोलियों से लिए हुए शब्द तथा नव निर्मित शब्द भी प्रयुक्त किये जायें क्योंकि उनसे मौलिकता तथा नवीनता का संचार हो जाता है। इसी उद्देश्य से शब्दों का रूपकात्मक प्रयोग भी किया जाता है जैसे 'ज्ञान' के लिए 'प्रकाश' शब्द का प्रयोग। इस प्रकार दो असमान वस्तुओं में समानता प्रदर्शित कर दी जाती है। ऐसा करने से शब्द-योजना में प्रचलित तथा अप्रचलित दोनों तत्त्वों का समावेश हो जाता है। व्यवहार में भी शब्दों का रूपकात्मक प्रयोग किया जाता है—इस कारण से काव्य में शब्दों का रूपकात्मक प्रयोग करना प्रचलित तत्त्व के अन्तर्गत आयेगा। किन्तु असमान वस्तुओं में मौलिक रूप से समानता प्रदर्शित करने के कारण इसमें अप्रचलित तत्त्व का भी समावेश हो जाता है। उदाहरणार्थ कोई कवि 'जीवन' के लिए 'दीपशिखा' का प्रयोग कर सकता है। यहाँ 'दीपशिखा' शब्द का नये अर्थ में प्रयोग किया गया है। इससे इस शब्द प्रयोग में अप्रचलित तत्त्व का समावेश हो जाता है किन्तु शब्दों का रूपकात्मक प्रयोग दैनिक जीवन में भी होता है और 'शैशव' के लिए 'प्रातः', 'वृद्धावस्था' के लिए 'सायं' और 'मृत्यु' के लिए 'रजनी' का प्रयोग किया जाता है। अतः ऐसे शब्द प्रयोग में प्रचलित तत्त्व का समावेश तो है ही। जब कवि इन सभी प्रकार के शब्दों को औचित्य के आधार पर प्रयुक्त करता है तभी शैली को पूर्णतः काव्यात्मक कहा जा सकता है। वैसे गीत (लिरिक) में यौगिक शब्द अधिक उपयुक्त रहते हैं क्योंकि उसमें अलंकरण की ओर विशेष ध्यान दिया जाता है। महाकाव्य में अप्रचलित शब्दों का प्रयोग अधिक उपयुक्त रहता है क्योंकि वहाँ गरिमापूर्ण अभिव्यक्ति की ओर दृष्टि रहती है तथा नाटक में रूपकात्मक शब्द अधिक उपयुक्त रहते हैं क्योंकि वहाँ भाषा को प्रचलित भाषा के निकट रखने का प्रयत्न किया जाता है।

इसके अतिरिक्त 'अलंकारशास्त्र' (रेटरिक) में शैली तथा गद्य-रचना के विषय में और भी अधिक विवेचन किया गया है। उसमें कहा गया है कि काव्य शैली से गद्य शैली भिन्न होती है क्योंकि कविता में तो गरिमा तथा आकर्षण का संचार करने के लिए असामान्य शब्दों का प्रयोग किया जाता है किन्तु गद्य में ऐसा नहीं होता। गद्य में दैनिक जीवन के विषयों का ही विवेचन होता है अतः उसमें प्रचलित तथा सामान्य शब्दों का ही प्रयोग किया जाता है। हाँ, रूपकात्मक शब्दों का प्रयोग गद्य तथा कविता दोनों में किया जाता है। इस प्रकार के शब्द प्रयोग से गद्य में नवीनता

तथा मौलिकता झलकने लगती है जो व्यवहार में प्रयोग की जानेवाली भाषा में नहीं होती। जब शब्दों को वाक्य के रूप में संगठित किया जाये तो उसमें उपवाक्य, अस्पष्ट विराम चिन्ह आदि का प्रयोग नहीं होना चाहिए। वैसे वाक्य दो प्रकार की शैली में गठित किये जा सकते हैं—शिथिल तथा कसावपूर्ण। कसावपूर्ण शैली में रचा गया वाक्य अपने आप में पूर्ण होता है जिसमें आरम्भ एवं अन्त होते हैं तथा इतना विस्तार होता है कि उसे एक दृष्टि में देखा जा सके। इस प्रकार का वाक्य आवश्यकतानुसार किसी बड़े वाक्य के अंग के रूप में भी आ सकता है जबकि शिथिल शैली में अनेक वाक्य आपस में संयोजक शब्दों द्वारा बँधे रहते हैं। इन वाक्यों को इच्छानुसार बड़ा अथवा छोटा भी किया जा सकता है। इस प्रकार शिथिल शैली में तो वाक्य शिथिल रूप से आते रहते हैं जबकि कसी हुई शैली में वाक्य नपे-तुले रूप में आते हैं। अतः कसी हुई शैली में रचे हुए वाक्य ही स्वीकार्य हैं।

मूल्यांकन-

अरस्तू के सिद्धान्तों का महत्त्व काफी सीमा तक इसी बात से स्पष्ट है कि कई शताब्दियों तक साहित्यकार उन्हीं को आधार मानकर साहित्य सृजन करते रहे तथा समीक्षक उन्हीं को कसौटी मानकर कृतियों की परख करते रहे। पाश्चात्य जगत् में अन्य किसी समीक्षक का प्रभाव इतना दूरगामी नहीं हुआ। शास्त्रवादी समीक्षकों के लिए तो अरस्तू देवता के समान पूज्य हैं और अरस्तू के शब्द वेद वाक्यों से कम महत्त्व के नहीं हैं। अरस्तू ने साहित्य को वैज्ञानिक की दृष्टि से देखा जबकि उनके गुरु प्लेटो महोदय ने दार्शनिक, आचारशास्त्री तथा तमाजसुधारक का चश्मा चढ़ाकर साहित्य को परखा था। अरस्तू ने स्पष्ट रूप से कहा कि आचार शास्त्र तथा कला एक नहीं हैं तथा राजनीति और कविता की परख करने के लिए एक ही नियम काम न देकर अलग-अलग नियमों की आवश्यकता होगी। राजनीति शास्त्र तो सामाजिकशास्त्र है अतः उसकी परख इस आधार पर की जानी चाहिए कि वह समाज का कितना हित करता है। परन्तु कविता का कार्य आनन्द प्रदान करना है और उसका मूल्य इसी आधार पर आँकना चाहिए। कविता को सामाजिक हित की कसौटी पर कसना उचित नहीं है। प्लेटो ने कविता पर तीन आक्षेप लगाकर उसे समाज के लिए हानिकारक बतलाया था। पर अरस्तू ने साहित्यिक दृष्टि से कविता, त्रासदी, कामदी तथा महाकाव्य का विवेचन किया और यह सिद्ध किया कि ये सब ग्राह्य हैं त्याज्य नहीं। त्रासदी आदि के विवेचन में उन्होंने कथानक, पात्र, चिन्तन, शब्द-शिल्प आदि का निरूपण करके स्वयं को साहित्यिक समीक्षक के रूप में प्रस्तुत किया जबकि प्लेटो ऐसा नहीं कर पाये थे। विभिन्न साहित्यिक विधाओं का उदय और विकास

बताते समय वे आलोचना की ऐतिहासिक पद्धति के सफल प्रयोक्ता के रूप में हमारे समक्ष आते हैं।

इतिहास तथा कविता की तुलना करके अरस्तू ने 'अनुकृति' के सिद्धान्त की मौलिक व्याख्या प्रस्तुत की तथा सिद्ध किया कि जीवन की यथातथ्य अनुकृति तो इतिहास में होती है। कविता में तो जीवन का कल्पित रूप प्रस्तुत किया जाता है। इतिहास में व्यक्ति विशेष से सम्बन्धित घटनाओं का वर्णन होता है और कविता में शाश्वत सत्य का। इस प्रकार की व्याख्या करते समय अरस्तू ने दर्शनशास्त्र का सहारा लिया। विरेचन तथा त्रासदी से प्राप्त आनन्द आदि का विवेचन करते समय उन्होंने मनोविज्ञान की दृष्टि अपनायी। उन्होंने बतलाया कि किस प्रकार के कथानक, पात्र तथा शैली का दर्शकों पर कैसा प्रभाव पड़ता है, त्रासदी का नायक किस प्रकार का होना चाहिए और उससे भिन्न होने पर दर्शकों के मन में करुणा और त्रास के संवेग क्यों जाग्रत नहीं होंगे, कथानक में स्थिति-विपर्यय तथा अभिज्ञान क्यों वांछनीय हैं तथा शैली में रूपकात्मक शब्दों के प्रयोग का क्या लाभ है। उनको श्रोता-सम्बन्धी मनोविज्ञान का कितना अधिक ज्ञान था यह इसी से स्पष्ट है कि उन्होंने कामदी, त्रासदी तथा महाकाव्य का विवेचन उनका दर्शकों पर पड़नेवाले प्रभाव के सन्दर्भ में किया है।

उन्होंने पूर्णतः निष्पक्ष होकर अपने समय में उपलब्ध ग्रीक साहित्य का विश्लेषण किया जिससे उनकी निष्पक्षता तथा वर्गीकरण एवं विश्लेषण-सम्बन्धी प्रतिभा का ज्ञान होता है। उसमें उनका कोई दर्शन सम्बन्धी ऐसा स्वार्थ निहित नहीं है जैसा प्लेटो का था। इससे उन समीक्षकों को शिक्षा ग्रहण करनी चाहिए जो पक्षपातपूर्ण दृष्टि से किसी लेखक को हीन कोटि के अन्तर्गत और किसी अन्य लेखक को उच्चकोटि के अन्तर्गत केवल इसलिए स्थान दे देते हैं कि पहला लेखक उनके वाद में विश्वास नहीं करता और दूसरा उसका पूर्णरूपेण समर्थन करता है। अरस्तू ने बाहर से कुछ नियम लेकर लेखकों की कृतियों की समीक्षा करनी आरम्भ नहीं की अपितु उपलब्ध कृतियों के अध्ययन के आधार पर नियम खोजे। इससे उन शास्त्रीय समीक्षकों को शिक्षा ग्रहण करनी चाहिए जो कुछ शास्त्रीय नियमों के आधार पर सारे साहित्य को परखने का प्रयत्न करते हैं और जिन लेखकों ने उन नियमों को स्वीकार ही नहीं किया, उनकी भी परख उसी कसौटी से करते हैं जिससे शास्त्रीय लेखकों की कृतियों की। ऐसी समीक्षा हेय ही कही जायेगी। ऐसे समीक्षकों को अरस्तू से प्रेरणा ग्रहण करके शास्त्रमुक्त साहित्य का अध्ययन करके शास्त्रमुक्त साहित्य से नियम खोजने चाहिए और तब नयी कसौटी का निर्माण करना चाहिए।

कुछ समीक्षक प्लेटो की भाँति अनुचित दृष्टि से साहित्य का विवेचन करते हैं और वादों के चश्मे चढ़ाकर साहित्य की ओर देखते हैं। प्लेटो ने दर्शनशास्त्र की श्रेष्ठता का प्रतिपादन करना अपना लक्ष्य बनाया और दार्शनिकता का चश्मा चढ़ाकर साहित्य को देखा। अरस्तू ने साहित्य को साहित्य समझकर देखा और शुद्ध साहित्यिक समीक्षक बनकर उसके विषय में अपना निर्णय दिया। इससे प्रेरणा ग्रहण करके आज के समीक्षक भी साहित्य को साहित्य मानकर उसकी समीक्षा करें तो वे अपने कर्त्तव्य का उचित निर्वाह कर पायेंगे।

किन्तु अरस्तू के प्रत्येक मत से हम सहमत नहीं हो सकते। उनका यह कथन मान्य नहीं है कि महाकाव्य की अपेक्षा त्रासदी श्रेष्ठतर विधा है। महाकाव्य का सृजन करने के हेतु भारी प्रतिभावान कवि की आवश्यकता है और सदियों तक सामग्री एकत्रित हो जाने के बाद कहीं एक महाकाव्य का सृजन हो पाता है। आज तक का अनुभव यह स्पष्ट घोषणा करता है कि त्रासदी सृजन इतना कठिन कार्य नहीं है जितना महाकाव्य सृजन। छोटी होने के कारण त्रासदी में कार्यान्विति बड़ी सरलता से आ सकती है पर विशालकाय महाकाव्यों में यह अन्विति लाना अपेक्षाकृत कठिन है। अतः महाकाव्यकार निश्चित रूप से त्रासदीकार की अपेक्षा उच्च स्तर का स्रष्टा होगा। तब महाकाव्य को त्रासदी से हीनतर विधा कैसे माना जा सकता है?

दूसरे, अरस्तू ने अपने समय में पूर्णरूपेण फलती-फूलती कई ऐतिहासिक विधाओं का आंशिक विवेचन ही किया है। उन्होंने त्रासदी का तो विस्तृत विवेचन किया है, पर कामदी और महाकाव्य का संक्षिप्त विवेचन किया है। कविता के विषय में लिखे गये उनके ग्रन्थ में 'गीत' का विवेचन न मिलना निश्चय ही खटकता है क्योंकि उस समय पिण्डार जैसे महान् गीतकार भी अपने कोकिल-स्वर को मुखरित कर चुके थे। परन्तु इस ओर हमें विशेष ध्यान नहीं देना चाहिए क्योंकि किसी लेखक के गुण तथा दोष का विवेचन करते समय उसके द्वारा पूर्ण किये गये कार्य को ही दृष्टि में रखा जाता है, न किये गये कार्य को नहीं। हमको तो यह देखना चाहिए कि अरस्तू ने जो कुछ कार्य किया वह कहाँ तक वांछनीय तथा अवांछनीय है।

अरस्तू का यह मत कि त्रासदी में कथानक का महत्त्व चरित्र-चित्रण की अपेक्षा अधिक है और बिना चरित्र-चित्रण के त्रासदी का सृजन हो सकता है पर बिना कथानक के नहीं, मान्य नहीं है। आधुनिक युग में चरित्र-चित्रण को कथानक से कहीं अधिक महत्त्वपूर्ण माना जाता है। अनेक नाटक उपन्यास तथा कहानी ऐसी रची जा चुकी है जिसमें कथानक हैं ही नहीं। साथ-ही-साथ पात्र रहित नाटक कैसे रचा जा सकता है, यह बात भी समझ में नहीं आती। आज तक ऐसा कोई भी नाटक नहीं रचा गया जिसमें पात्र न हों।

शायद अरस्तू अपने आपको नैतिक दायरे से बाहर निकालने में पूर्णतया सफल नहीं हुए और समाज सुधार के बन्धनों को भी पूर्णरूपेण न तोड़ सके। यह बात उनके त्रासदी और कामदी के पात्र सम्बन्धी विवेचन और त्रासदी के दर्शकों पर पड़नेवाले प्रभाव सम्बन्धी विवेचन में स्पष्ट झलकती है। त्रासदी और कामदी का अन्तर बताते समय वे कहते हैं कि त्रासदी में श्रेष्ठ पात्रों तथा कामदी में हीन पात्रों का चित्रण होता है। पात्रों को श्रेष्ठ अथवा हीन घोषित करने का आधार नीतिशास्त्र ही प्रदान करता है। अतः उन्होंने नैतिक मान्यताओं को यथावत् स्वीकार कर लिया। जब वे कहते हैं कि त्रासदी मानव संवेगों का विरेचन कर देती है और दर्शक को और अधिक स्वस्थ बना देती है तो शायद वे यह भी स्वीकार कर लेते हैं कि सामाजिक हित की दृष्टि से त्रासदी लाभदायक है।

अरस्तू के सिद्धान्तों का अनेक प्रतिभाहीन समीक्षकों ने भयंकर दुरुपयोग किया और अनेक स्वतन्त्र चिन्तनशील प्रतिभाशाली साहित्यकारों को उनके पंख काटकर स्वतन्त्र उड़ान भरने से रोका तथा साहित्य के पुष्प की अनेक पंखड़ियों को केवल इसलिए कुचल दिया कि ये साहित्यकार अरस्तू द्वारा प्रतिपादित नियमों के बन्धन को स्वीकार नहीं करते थे। ये 'समीक्षक' अरस्तू के नियमों को ईश्वर-रचित नियम मानकर उनका उल्लंघन करनेवालों को फाँसी देने पर तुले हुए थे। वैसे इसके लिए अरस्तू को दोषी नहीं ठहराया जा सकता। साथ-ही-साथ उन तथाकथित समीक्षकों पर भी क्रोध झाड़ना ठीक नहीं क्योंकि उन बेचारों को प्रतिभा मिली ही न थी। उन्होंने तो अरस्तू के नियमों को रटकर अपना धन्धा चलाया। अतः उन्होंने जब भी देखा कि किसी त्रासदी में चौबीस घण्टे से अधिक समय की घटनाओं का चित्रण है, तभी उसे त्रासदी मानने से मना कर दिया। उन्हें क्या पता था कि अरस्तू ने केवल अपने समय तक प्रचलित प्रथाओं का जिक्र किया था, साहित्यकारों के लिए बेड़ियाँ नहीं बनायीं। उन्होंने तो यही समझा कि अरस्तू के नियम तो ईश्वर रचित नियम हैं और उनका उल्लंघन करने का दण्ड साहित्यिक मृत्यु के अतिरिक्त और क्या हो। ऐसे समीक्षक निश्चय ही दया के पात्र हैं।

अध्याय-5

लॉञ्जाइनस (लॉङ्गीनस)

आविर्भाव-

ऑन द सब्लाइम (On the Sublime) नामक ग्रन्थ के रचयिता लॉञ्जाइनस के नाम तथा आविर्भाव-काल दोनों के विषय में विद्वानों के विभिन्न मत है। किसी-किसी विद्वान् ने इस नाम के पाँच व्यक्तियों की गणना करायी है, किसी ने तीन की और कुशल सर्जरी से कुछ विद्वानों ने उन सभी व्यक्तियों को जोड़कर एक व्यक्ति बना दिया है। 'ऑन द सबलाइम' नामक ग्रन्थ का रचयिता कौन व्यक्ति था—इस सम्बन्ध में कुछ विद्वानों ने अटकल लगाई है कि वह पालमिरा की साम्राज्ञी ज़ेनोबिया का सचिव लॉञ्जाइनस ही था जिसने पालमिरा नगर के निर्माण की सारी योजना बनायी और उस मरूद्यान को साम्राज्य की राजधानी में परिवर्तित कर दिया तथा ऐसे मन्दिरों और महलों का निर्माण कराया जिनकी तुलना संसार के अत्युत्तम मन्दिरों और महलों से की जा सकती है। यदि यह सत्य है तो लॉञ्जाइनस में हम साहित्यकार और राजनीतिज्ञ का बहुत सुन्दर मिश्रण पाते हैं। परन्तु अनेक विद्वान् इसे अमान्य मत घोषित करते हुए कहते हैं कि 'ऑन द सब्लाइम' का रचयिता तो प्रथम शताब्दी में इस पृथ्वी पर जीवित था जबकि यह लॉन्जानस तृतीय शताब्दी में साम्राज्ञी की सेवा करता था। अपने मत के समर्थन में वे कहते हैं कि इस पुस्तक में ईसा की प्रथम शताब्दी तक के ही कवियों के नाम आये हैं, द्वितीय तथा तृतीय शताब्दियों के कवियों के नहीं। हमारा विचार है कि यह तर्क अकाट्य नहीं है क्योंकि तृतीय शताब्दी में जन्मे समीक्षक के लिए यह आवश्यक नहीं है कि वह प्रथम शताब्दी तक के कवियों का ही जिक्र न करके द्वितीय और तृतीय शताब्दी के कवियों का भी जिक्र करें।

इस व्यक्ति के नाम का प्रश्न भी विवादास्पद है क्योंकि 'ऑन द सब्लाइम' नामक ग्रन्थ को प्रकाश में लाने वाले श्री रावर्तेलो ने इसके रचयिता का जो नाम

दिया है वह इस प्रकार है– डायनोसियस लॉञ्जाइनस। ईसा की 19वीं शताब्दी तक इसे एक नाम समझा जाता रहा। पर अब इसकी व्याख्या करते समय कहा जाता है कि ग्रन्थकार का नाम या तो डायनोसियस था या लॉञ्जाइनस या डायनोसियस लॉञ्जाइनस।

ऑन द सब्लाइम-

अस्तु, हमें नाम तथा आविर्भाव काल के विषय में अधिक विवाद में न पड़ कर लॉञ्जाइनस के सिद्धान्तों पर अपनी दृष्टि केन्द्रित करनी चाहिए। इस समीक्षक को पाश्चात्य समीक्षा जगत् का प्रथम रोमाण्टिक समीक्षक कहा गया है। उन्होंने साहित्य के विषय में वे प्रश्न नहीं उठाये जो प्लेटो या अरस्तू ने उठाये थे। उन्होंने तो पूर्णतः एक पृथक् दृष्टिकोण अपनाया जिसको उनसे पूर्व के समीक्षक नहीं अपना सके थे। शायद प्लेटो इस दृष्टिकोण को अनुचित बताते और समस्त विवेचन को उचित मार्ग से हटा हुआ कह देते। अरस्तू को शायद यह बात तो अच्छी लगती कि लॉञ्जाइनस ने कविता के अनेक अवतरणों का विश्लेषण करके यह प्रदर्शित किया कि उनका पाठकों पर कैसे प्रभाव पड़ता है पर उनके मत में ये प्रश्न काव्य-कलाशास्त्र- सम्बन्धी निम्न श्रेणी के प्रश्न होते। समस्त विवेचन के सम्बन्ध में अरस्तू का मत यही होता कि लॉञ्जाइनस ने अनुचित प्रश्न उठाकर उनका उत्तर दिया।

'ऑन द सब्लाइम' ग्रीक भाषा में लिखी हुई है और इसमें पॉस्टूमियस टेरेन्शियस नामक व्यक्ति (जो नाम से रोम निवासी लगता है पर जिसके विषय में कुछ भी ज्ञात नहीं) को सम्बोधित किया गया है। हमको जिस रूप में यह पुस्तक उपलब्ध है, वह इसका पूर्ण रूप नहीं है। शायद इसका एक-तिहाई अंश जिसमें आवेगों (Passions) का विवेचन किया गया था, अनुपलब्ध है। फिर भी इसका जो कुछ अंश उपलब्ध है, उसी के आधार पर स्पष्ट है कि तर्कशक्ति की दृष्टि से इसका लेखक अरस्तू के समकक्ष स्थान प्राप्त करने का अधिकारी है और उसके निर्णय सूक्ष्म दृष्टि के परिचायक हैं। इसमें कहा गया है कि इसका विवेच्य 'अलंकरणशास्त्र' है पर इसमें मुख्य रूप से साहित्य के औदात्य का विवेचन किया गया है। इस पुस्तक को पढ़कर ऐसा प्रतीत होता है कि लांजाइनस नव्य-प्लेटोवादी विचारकों के काफी निकट हैं। यद्यपि वे प्लेटो के तर्क तथा आचार-सम्बन्धी विचारों की ओर तो आकर्षित नहीं हुए किन्तु उनकी सफल शैली तथा साहित्य का संवेगों के साथ गहन सम्बन्ध विषयक विवेचन से अवश्य प्रभावित हुए। प्लेटो के मतानुसार काव्य का सम्बन्ध मानव तर्क से न होकर मानव संवेगों से है और कविता में प्रभाव डालने की अद्‌भुत शक्ति होती है। शायद इसी को विकसित करके लॉन्जानइस ने कहा कि कविता में पाठक को दैनिक जीवन के स्तर से ऊपर उठाकर उदात्त स्तर पर पहुँचाने की शक्ति होती है।

नव्य प्लेटोवादियों की भाँति ही लॉञ्जाइनस का भी मत है कि प्रकृति ने मानव को महान् तथा दैवी शक्ति सम्पन्न औदात्य का प्रेमी बनाया है[44] और महान् लेखक इसी औदात्य के कारण परम सत्ता के निकट पहुँच जाते हैं जिससे उनके ऊपर आचारशास्त्र के बन्धन लागू नहीं होते।

साहित्य में औदात्य-

लॉञ्जाइनस (यदि वह ईसा की तीसरी शताब्दीवाला व्यक्ति था—यही मत अधिक विद्वानों को मान्य है) से पूर्व के पाश्चात्य समीक्षक साहित्य के बाह्य पक्ष अथवा शिल्प पक्ष पर अधिक बल दे रहे थे। लेखक तथा वक्ता भी शैली के चमत्कार को ही सर्वस्व मानकर चलते थे। शब्दाडम्बर, चमत्कारपूर्ण अलंकरण, उत्तेजनात्मक अभिव्यक्ति और नित्य नवीन प्रयोग ही उनके प्राप्य बन चुके थे। ऐसी पृष्ठभूमि में आकर लॉञ्जाइनस ने साहित्य के आत्मा-पक्ष की ओर ध्यान दिया। इसी से लॉञ्जाइनस के महत्त्वपूर्ण एवं रूढ़िमुक्त कार्य का आभास हो जाता है। उस समय तक यह धारणा प्रचलित थी कि कविता का कार्य पाठक को शिक्षा देना या आनन्द प्रदान करना या दोनों कार्य करना है तथा गद्य का कार्य पाठक से अपने विचार मनवाना है। सभी कवियों, गीतकारों, इतिहासकारों, वक्ताओं तथा दार्शनिकों के मतों का सारांश इस कथन के अन्तर्गत आ जाता है। परन्तु लॉञ्जाइनस ने इसे अपूर्ण माना। उन्होंने यह स्वीकार नहीं किया कि साहित्य के कर्त्तव्य के अन्तर्गत शिक्षा देना, आनन्द प्रदान करना और अपने विचारों को मनवाना—इन तीन बातों का ही समावेश होता है। उन्होंने पाया कि साहित्य यह सुब कुछ तो करता ही है पर इसके अतिरिक्त भी कुछ करता है जिसके कारण उसको इतना महान् समझा जाता है—साहित्य पाठक को उसकी व्यक्तिगत सीमाओं से ऊपर उठाकर औदात्य के स्तर पर ले आता है जिससे पाठक रससिक्त और आत्म विभोर हो जाता है। यह उदात्त तत्त्व ही महान् साहित्य की कसौटी है। जिस कविता अथवा गद्यांश में यह तत्त्व प्राप्त हो वही महान् साहित्य है, शिक्षा प्रदान करनेवाला या आनन्द प्रदान करनेवाला अथवा कुछ विचारों को मनवा लेनेवाला साहित्य महान् नहीं। जब साहित्य अपने दुर्जेय जादू से पाठक को आत्म विस्मृति की अवस्था में ले आये, पाठक स्वयं को जादू से बँधा हुआ सा अनुभव करने लगे तथा वही चिन्तन करे और हृदय में भावित करे जो लेखक कह रहा है चिन्तन कर रहा है और हृदय में भावित कर रहा है तब समझना चाहिए कि उस साहित्यांश में औदात्य है। साहित्य में इसी तत्त्व का समावेश करने के कारण कवि और लेखक महानता तथा अमरत्व प्राप्त करते हैं। उनकी महानता और अमरत्व का कारण उनका शिक्षा देना या आनन्द प्रदान या पाठकों से अपने विचार मनवा लेना नहीं है। भाषण के विषय में भी यही बात सही है। वही भाषण जो श्रोताओं

पर जादू जैसा प्रभाव डाल दे श्रेष्ठ भाषण है, शिक्षा देनेवाला या विचार मनवा लेनेवाला भाषण नहीं क्योंकि जादू जैसा प्रभाव डालनेवाले भाषण में ही उदात्त तत्त्व विद्यमान रहता है और वही श्रोताओं को वक्ता के विचारों और भावों को सोचने और भावित करने की स्थिति में लाता है।[45] जिस प्रकार औदात्य युक्त काव्य को पढ़ने पर कवि और पाठक के बीच में तादात्म्य हो जाता है और पाठक के मन में वही विचार एवं हृदय में वही भाव जाग्रत हो जाते हैं जो कवि के मन एवं हृदय में थे, वैसा ही औदात्ययुक्त भाषण के सुनने पर होता है।

लॉन्जाइनस का यह मत भारतीय साधारणीकरण के सिद्धान्त से बहुत मिलता जुलता है। डॉ. नगेन्द्र के अनुसार कवि की अनुभूति का साधारणीकरण होता है अर्थात् साहित्य का अध्ययन करते समय पाठक भी उसी पात्र से घृणा करेगा जिससे कवि घृणा करता है और उसी के प्रति सहानुभूति रखेगा जिसके प्रति कवि की सहानुभूति है। इस प्रकार डॉ. नगेन्द्र के मतानुसार साधारणीकरण का अर्थ एक प्रकार से कवि के विचारों और भावों का पाठक के विचारों और भावों के साथ तादात्म्य हो जाना है। लॉन्जाइनस के औदात्य के परिणामस्वरूप भी कवि और पाठक के बीच में इसी प्रकार का तादात्म्य हो जाता है।

प्लेटो की दृष्टि में सर्वप्रमुख प्रश्न यह होता है कि क्या पाठक का साहित्य के अध्ययन के परिणामस्वरूप आत्म विस्मृति की अवस्था में पहुँच जाना श्रेयस्कर है अथवा नहीं। लॉन्जाइनस ने इस प्रश्न को बिलकुल नहीं उठाया। हाँ, अप्रत्यक्ष रूप से इसका उत्तर अवश्य दे दिया कि यह श्रेयस्कर है। इसका हम आगे जिक्र करेंगे। उन्होंने तो यही कहा कि साहित्य नैतिक शिक्षा देना, या आनन्द प्रदान करना या पाठक से अपनी बात मनवा लेना जैसे किसी कार्य के कारण महान् नहीं है। उसकी महानता का कारण तो उसका औदात्य है क्योंकि साहित्य उसी अवस्था में शिक्षा प्रदान कर सकता है या आनन्द प्रदान कर सकता है या पाठक से अपनी बात मनवा सकता है जबकि पाठक इसके लिए प्रस्तुत हो। यदि पाठक कोई शिक्षा ग्रहण करने के लिए इच्छुक नहीं है, तब साहित्य कोई शिक्षा नहीं दे सकता। परन्तु पाठक को आत्मविस्मृति की अवस्था में पहुँचा देने के लिए पाठक के ऐसे किसी सहयोग की आवश्यकता नहीं है। यदि साहित्य में औदात्य है तो पाठक, चाहे वह इच्छुक हो अथवा नहीं अवश्य ही आत्मविस्मृति के स्तर तक उठ जायेगा। ऐसा एक या दो बार ही नहीं होता, जितनी बार साहित्य का अध्ययन किया जायेगा उतनी बार ही पाठक को यह अनुभव होगा और वह अपने दैनिक जीवन के स्तर से उठकर उच्चतर स्तर पर पहुँचेगा। अतः महान् साहित्य वही है जो विभिन्न युगों की विभिन्न इच्छाएँ तथा आदत रखनेवाले एवं विभिन्न प्रकृति के व्यक्तियों को भी उदात्त स्तर तक उठा

सके।[46] किसी साहित्यिक कृति की परख करने के लिए पाठक आत्माभिमुख होकर यह ज्ञात करने का प्रयत्न करे कि क्या वह उसे आत्म विस्मृति की अवस्था में ले जाकर उदात्त स्तर पर पहुँचा देती है। यदि ऐसा है तब तो उस कृति में औदात्य है अन्यथा नहीं।

भारतीय सन्दर्भ में इसकी व्याख्या इस प्रकार की जा सकती है कि 'सत्य हरिश्चन्द्र' नाटक को पढ़ते समय जब पाठक हरिश्चन्द्र को विपत्तिग्रस्त देखते हैं तो कई बार वे रोने भी लगते हैं। प्रश्न हो सकता है कि उन पाठकों के रोने का कारण क्या है। वैसे तो उन पर कोई विपत्ति नहीं है। लॉञ्जाइनस की शब्दावली में इसका उत्तर होगा कि पाठक उस नाटक के औदात्य के कारण अपने संकुचित घेरे से ऊपर उठकर उदात्त स्थल पर पहुँच जाता है और अपने-आपको विस्मृत कर देता है। तभी तो वह नाटक पढ़कर अपने ऊपर कोई कष्ट न होते हुए भी प्रबल संवेगों के वशीभूत होकर रोने लगता है।

लॉञ्जाइनस के समय के अन्य समीक्षक नियमबद्धता पर बहुत जोर देते थे। वे साहित्य में निर्दोषता देखना चाहते थे। परन्तु लॉञ्जाइनस को यह बात उचित नहीं लगी। उनके मतानुसार निर्दोष किन्तु साधारण स्तर की रचना की अपेक्षा सदोष किन्तु औदात्यपूर्ण रचना कहीं अधिक श्रेष्ठ है। सर्वोत्तम कोटि की रचनाओं में निर्दोषता आ ही नहीं सकती। निर्दोषता तो केवल साधारण स्तर की रचनाओं में हो सकती है। अतः श्रेष्ठ साहित्य की परख करने के लिए निर्दोषता कोई कसौटी नहीं है। चाहे रचना में दोष हों परन्तु यदि उसमें औदात्य है तो वह श्रेष्ठ कोटि की रचना है और दोषहीन रचना में यदि औदात्य नहीं तो वह श्रेष्ठ रचना कभी नहीं हो सकती। अतः औदात्य की कसौटी पर ही साहित्य की परख की जानी चाहिए किसी अन्य पर नहीं।[47] परन्तु इस मान्यता के आधार पर लॉञ्जाइनस को प्रभाववादी समीक्षक नहीं कहा जा सकता। वे तो यह मानकर चले थे कि पाठक ने काफी मात्रा में साहित्य का अध्ययन किया है और उस अध्ययन में परिश्रम भी किया है। इसके अतिरिक्त समीक्षा कार्य, उनके कथनानुसार वे ही व्यक्ति करें जो विशद अध्ययन के कारण साहित्यानुशासन से परिचित हैं और उसे स्वीकार कर चुके हैं।

औदात्य के स्रोत-

साहित्य में औदात्य कैसे आता है? इस सम्बन्ध में दो विरोधी मत सामने आते हैं। एक मत के अनुसार कवि की प्रतिभा के फलस्वरूप साहित्य में औदात्य आता है अर्थात् यदि कवि प्रतिभाशाली है तो उसकी कृति में निश्चित रूप से औदात्य होगा और यदि वह प्रतिभाशाली नहीं है तो चाहे वह कैसा भी वाग्जाल निर्मित क्यों न करे, उसकी कृति में औदात्य कभी न आयेगा। दूसरे मत के अनुसार औदात्य शिल्प पक्ष

पर निर्भर करता है और कवि को शिल्प सम्बन्धी शिक्षा देकर श्रेष्ठतर कवि बनाया जा सकता है। लॉन्जाइनस के मतानुसार प्रतिभा तथा शिल्प-शिक्षा दोनों ही औदात्य की सहायक होती हैं। वे इस मत को स्वीकार नहीं करते कि औदात्य पूर्णतया प्रतिभा पर निर्भर होता है और काव्यशास्त्र की शिक्षा से कवि का सुधार होना तो दूर उसकी प्रतिभा कुण्ठित हों जाती है। प्रतिभा चाहे कितनी भी प्रकृतिदत्त क्यों न हो, वह भी एक विधान के अनुसार कार्य करती है और उसका उद्घाटन करना कला का कार्य है। अतः कला और प्रतिभा में परस्पर विरोध नहीं है अपितु इन दोनों के परस्पर सहयोग से साहित्य में औदात्य आता है। इन दोनों का सामंजस्य इस प्रकार कर देना चाहिए कि कला स्वाभाविक जान पड़े और प्रतिभा में छिपी-सी रहे जिससे कि वे बेमेल न जान पड़ें।[48] इसे ध्यान में रखकर लॉन्जाइनस ने औदात्य के पाँच स्रोत बतलाये हैं–

1. गरिमापूर्ण विचार,
2. प्रबल संवेग,
3. अलंकरण का समुचित प्रयोग,
4. गरिमापूर्ण शिल्प तथा
5. श्रेष्ठ रचना-विधान।

इनमें से प्रथम दो प्रकृतिदत्त होती हैं तथा बाद की तीन बातें कला से सम्बन्धित हैं। अतः यहाँ स्पष्ट हो जाता है कि लॉन्जाइनस ने कला तथा प्रकृतिदत्त प्रतिभा का समुचित सामंजस्य किया है। अब हम इन पाँचो स्रोतों का विवेचन करेंगे।

1. गरिमापूर्ण विचार-

साहित्य में औदात्य लाने के लिए सर्वप्रथम आवश्यकता इस बात की है कि साहित्यकार के विचार गरिमापूर्ण एवं उच्चकोटि के हों। यदि साहित्यकार का चिन्तन निम्नकोटि का है तब तो उसकी कृतियों में औदात्य आने का प्रश्न ही नहीं उठता। औदात्य तो आत्मा की महानता की प्रतिध्वनि है और यदि आत्मा में ही महानता नहीं होगी तब प्रतिध्वनि उदात्त कैसे हो सकती है? जिन व्यक्तियों के विचार तथा आदतें निम्न स्तर के तथा तुच्छ हों, उनसे कभी भी आशा नहीं की जा सकती कि वे कोई प्रशंसनीय तथा अमर रचना जगत् को प्रदान कर सकेंगे। जिन व्यक्तियों के विचार गहन एवं गरिमापूर्ण होते हैं, उन्हीं के श्रीमुखों से अमर शब्द प्रवाहित होते हैं।[49] बहुधा महान् विचार प्रकृतिदत्त होते हैं पर समुचित अनुशासन में रहने तथा निरन्तर महान् एवं उदात्त व्यक्तियों का अनुसरण करने से उन्हें प्राप्त भी किया जा सकता है। उदाहरणार्थ कवि को काव्य-रचना करते समय इस दिशा में अवश्य चिन्तन करना चाहिए कि वह जिस विषय पर काव्य-रचना करना चाहता

है, उसके सम्बन्ध में होमर तथा प्लेटो आदि महान् व्यक्ति क्या चिन्तन करते और उसमें औदात्य का समावेश किस प्रकार करते। ऐसा करने से उसका मार्ग प्रकाशपूर्ण होगा और उसकी आत्मा पूर्णता तथा औदात्य के स्तर पर पहुँच जायेगी। उसकी रचना में भी औदात्य का समावेश हो जायेगा जिससे वह पाठक को आत्मविस्मृति की अवस्था में ले जाने में समर्थ होगी। इस प्रकार लॉन्जाइनस ने साहित्यिक औदात्य को उदात्त चिन्तन से सम्बन्धित कर दिया।

इस विवेचन से प्लेटो के उस सम्भावित प्रश्न का भी उत्तर प्राप्त हो जाता है कि पाठक को आत्मविस्मृति की दशा में पहुँचा देना श्रेयस्कर है अथवा नहीं। लॉन्जाइनस का सम्भावित उत्तर है कि यह आत्मविस्मृति अत्यन्त श्रेयस्कर है क्योंकि इसके पीछे उदात्त विचार होते हैं। जब उदात्त विचारों से पूर्ण साहित्य के अध्ययन करने पर पाठक आत्मविस्मृति की अवस्था में पहुँचेंगे तो वह आत्म विस्मृति निश्चित रूप से कल्याणकारी होगी। इससे पाठक का नैतिक दृष्टि से भी उन्नयन होगा। यद्यपि लॉन्जाइनस ने कहीं भी यह नहीं कहा है कि साहित्य द्वारा पाठक का आत्म विस्मृति की अवस्था में पहुँच जाना नैतिक दृष्टि से श्रेयस्कर है। परन्तु उनके इसी कथन से कि किसी कृति में औदात्य तभी आ सकता है जब लेखक के विचार गरिमाशाली हों, स्पष्ट है कि गरिमापूर्ण विचारों का नैतिक दृष्टि से भी अच्छा प्रभाव ही पड़ता है।

इस सम्बन्ध में मिल्टन के विचार भी लॉन्जाइनस से मिलते-जुलते हैं क्योंकि मिल्टन ने भी कहा है कि श्रेष्ठ लेखक बनने के लिए प्रथम आवश्यक बात यह है कि व्यक्ति स्वयं सच्ची कविता बन जाये अर्थात् अपने अन्दर सर्वोत्तम तथा सर्वाधिक आदरणीय तत्त्वों का समावेश कर ले।[50]

2. प्रबल संवेग-

साहित्यिक कृति को गरिमा प्रदान करनेवाले तत्त्वों में उचित स्थल पर वर्णित सच्चे संवेग अत्यन्त महत्त्वपूर्ण हैं। जब संवेग सच्चे तथा प्रबल होते हैं तो एक प्रकार के उन्मत्त ओज से पूर्ण शब्द लेखनी से स्वतः निकलते हैं जिनमें दैवी उन्मत्तता सी भरी रहती है और उनकी खोज करने के लिए कोई प्रयास नहीं करना पड़ता।[51] यदि संवेग प्रबल नहीं होंगे अथवा उचित स्थान पर नहीं आयेंगे तो साहित्य में औदात्य नहीं आ पायेगा।

लॉन्जाइनस के इस मत की व्याख्या हिन्दी के सन्दर्भ में तुलसी और सूर के विरह वर्णन को लेकर की जा सकती है। तुलसी की सीता अपहृत होकर समुद्र पार पड़ी हुई हैं और राम से पुनर्मिलन की आशा बहुत कम है। वह राक्षसों से घिरी हैं और उसके ऊपर विपत्तियों का पहाड़ गिरा हुआ है। अतः उसका विरह वर्णन प्रबल

एवं सच्चे संवेग पर आधारित है। दूसरी ओर 'सूरसागर' में कृष्ण जी के झाड़ी के पीछे छिप जाने पर गोपियाँ विरह में मीन की भाँति तड़पती हुई चित्रित की गयी हैं। यहाँ ऐसा लगता है कि केवल विरह वर्णन के लिए विरह वर्णन किया गया है जैसे कुछ व्यक्ति कला के लिए ही कला सृजन करते हैं। उसमें न परिस्थिति की माँग है न संवेग में प्रबलता और गम्भीर्य।

संवेगों के प्रबलता को ही दृष्टि में रखकर लॉञ्जाइनस ने 'ऑडिसि' नामक महाकाव्य की अपेक्षा 'ईलियड' को श्रेष्ठ माना तथा कला के रूप में सिसेरो की अपेक्षा डिमॉस्थनीज को। जिस प्रकार गरिमापूर्ण विचार महान् आत्माओं में मिलते हैं, उसी प्रकार सम्भवतः महान् संवेग भी महान् आत्माओं में मिलते हैं और उनसे काव्य में गरिमा संचरित होती है जिससे उसमें पाठक को आत्मविस्मृति तथा उन्नयन की अवस्था तक ले जाने की सामर्थ्य आती है। संवेगों के इस विवेचन में भी लॉञ्जाइनस और प्लेटो के मतों का विरोध स्पष्ट होता है। प्लेटो ने कविता को त्याज्य इस कारण भी बतलाया था कि इसका सम्बन्ध संवेगों से होता है, तर्क से नहीं। पर लॉञ्जाइनस ने कविता की श्रेष्ठता और पाठक के उन्नयन के लिए प्रबल संवेगों का होना आवश्यक बतलाया। अरस्तू ने संवेगों का औचित्य विरेचन के सिद्धान्त के आधार पर सिद्ध किया था। यह सिद्धान्त नीति, स्वास्थ्य तथा मनोविज्ञान से अधिक सम्बन्धित है, साहित्य से कम। पर लॉञ्जाइनस ने शुद्ध साहित्यिक तथा सौन्दर्य सम्बन्धी दृष्टिकोण से संवेगों का औचित्य सिद्ध किया। उन्होंने कहा कि सच्चे एवं समुचित स्थल पर वर्णित प्रबल संवेग पाठक का उदात्तीकरण करते हैं और यही उदात्तीकरण साहित्य की श्रेष्ठता की एकमात्र कसौटी है।

3. अलंकरण का समुचित प्रयोग-

लॉञ्जाइनस ने अपने ग्रन्थ 'ऑन द सब्लाइम' के लगभग एक-तिहाई भाग में केवल अलंकरण का ही विवेचन किया है। परन्तु उन्होंने मुख्य रूप से इसी प्रश्न को लिया है कि उसका साहित्यिक गरिमा से कहाँ तक सम्बन्ध है। उनके मतानुसार अलंकार साहित्य पर अप्राकृतिक रूप से केवल सजावट के लिए लादे गये तत्त्व नहीं हैं अपितु पूर्णतया स्वाभाविक तत्त्व हैं। वे कथन में एक प्रकार की विचित्रता का समावेश कर देते हैं जिससे मानव स्वभाव की आह्लादक वैचित्र्य की माँग सन्तुष्ट होती है। हाँ, यह सही है कि अलंकार में एक प्रकार की कलाबाजी अवश्य होती है जिससे पाठक के मन में यह विचार उत्पन्न हो सकता है कि लेखक उसे बालक समझकर चालाकीपूर्ण वाग्जाल में उलझाने का प्रयत्न कर रहा है। परन्तु यदि शैली पहले से ही गरिमापूर्ण है तो उसमें यह कलाबाजी इसी प्रकार छिप जाती है जैसे सूर्य के प्रकाश के सम्मुख अन्य प्रकाश धुँधले पड़ जाते हैं। अतः अलंकार तभी

प्रभावशाली होता है जब यह छद्मवेश में आये अर्थात् गरिमापूर्ण शैली के साथ आये। यदि शैली साधारण स्तर की हुई तो इसका प्रयोग प्रभावशाली नहीं होगा।

हिन्दी साहित्य के सन्दर्भ में हम कह सकते हैं कि केशव की भाँति अलंकारों का प्रयोग साहित्य के औदात्य के लिए पुष्य-गर्भ-गत कीट के समान ही है क्योंकि उन्होंने शैली की आवश्यकता का उल्लंघन करके अलंकारों का प्रयोग किया है जिस कारण उनके अलंकार छद्म रूप में न आकर अत्यन्त भौंड़े रूप में आते हैं जैसे पंचवटी का वर्णन करते समय उन्होंने श्लेष अलंकार का समावेश करने के लिए राम के मुख से पंचवटी को पाण्डव कहलवा दिया यद्यपि उस समय तक पाण्डवों का जन्म भी नहीं हुआ था :

पांडव की प्रतिमा सम लेखों,
अर्जुन भीम महामति देखो।

लॉन्जाइनस के मतानुसार निम्नलिखित अलंकार साहित्य में औदात्य का समावेश करने में सहायक होते हैं–

1. प्रश्न रूपक कथन,
2. संयोजक शब्द विहीन उपवाक्य,
3. विशृंखलित वाक्य रचना,
4. वक्रतापूर्ण उक्तियाँ,
5. प्रत्यक्षीकरण,
6. सार, तथा
7. रूप परिवर्तन आदि।

प्रथम के अन्तर्गत एक तो वे कथन आते हैं जो प्रश्न रूप में रखे जाते हैं और प्रश्न में ही उत्तर छिपा रहता है जैसे मैथिलीशरण गुप्त की यशोधरा कहती है–

"मेरे दुःख में भरा विश्व सुख फिर न भरूँ मैं क्यों हामी?"

इसी प्रश्न में इसका उत्तर भी छिपा हुआ है कि 'अवश्य हामी भरूँ।' साथ-ही-साथ प्रश्नों की झड़ी लगा दी गयी हो और उनके उत्तर भी दिये हों–ऐसी विधि भी इसी के अन्तर्गत आती है। इस प्रकार के कथनों का आवेगों से सीधा सम्बन्ध है। जब उपवाक्यों तथा क्रियाओं को जो साधारणतया संयोजक शब्दों द्वारा जोड़े जाते हैं, बिना संयोजक शब्दों के रखा जाये तो उसे द्वितीय अलंकार के अन्तर्गत स्थान दिया जाता है। उदाहरणार्थ रामवृक्ष बेनीपुरी जी का एक कथन लिया जा सकता है :

"तलाशी! गिरफ्तारी। लाहौर फोर्ट। वह रौरव यातना। हाबियस कॉरपस। आगरा-जेल। ब्रिटिश डेलिगेशन। गाँधी जी की शर्त-पहले जयप्रकाश को छोड़ो। रिहाई।"

यहाँ संयोजक शब्दों से विहीन लगातार अनेक क्रियाओं और अधूरे वाक्यों का आना वक्ता की उत्तेजनापूर्ण स्थिति का परिचायक है तथा यह भी सम्भावना है कि पाठक को भी यह ऐसी ही स्थिति में पहुँचा देगा। तृतीय अलंकार के अन्तर्गत वह विधि आती है जिसमें आवेगों की प्रबलता प्रदर्शित करने के लिए शब्दों के उचित क्रम में उलट फेर कर दी जाती है। उदाहरणार्थ

'भागो, भागो-इसे मेरी वाणी और नेत्र देख और कह नहीं सकते।'

यहाँ पर 'वाणी' तथा 'नेत्र' कर्त्ता हैं। इनके साथ आनेवाली क्रियाएँ इसी क्रम से आनी चाहिए थीं अर्थात् 'वाणी' शब्द पहले आया है तो उससे सम्बन्धित क्रिया 'कह' पहले आती और दूसरे कर्त्ता 'नेत्र' से सम्बन्धित क्रिया 'देख' बाद में। परन्तु यह 'देख' और 'कह' का क्रम इसलिए उलट दिया गया है कि उससे वक्ता की आवेगपूर्ण अवस्था, जिसमें वह शब्दों को उचित रूपेण क्रमबद्ध करने की बात की ओर ध्यान नहीं दे पाता, का आभास होता है।

वक्रतापूर्ण उक्तियों में बात को चमत्कारपूर्ण ढंग से घुमा-फिराकर कहा जाता है जैसे 'मृत्यु' के लिए 'नियत मार्ग' कहना या जयशंकर 'प्रसाद' के लिए 'कामायनीकार' कहना। सूरदास जी ने 'महीना' के लिए 'हरि अहार' (शेर का भोजन=मांस=मास=महीना) कहा है और 'विष' के लिए 'नखत, वेद ग्रह जोरि अर्द्ध करि' (नक्षत्र 27 + वेद 4 + ग्रह 9=40, 40 का आधा 20 = बीस (विष) कहा है।

'प्रत्यक्षीकरण' के द्वारा वर्ण्य-विषय को इस प्रकार प्रस्तुत किया जाता है कि सम्पूर्ण घटना हमारी आँखों के सामने ही घटित होती हुई प्रतीत होती है। निराला की कविता 'भिक्षुक' में इसी प्रकार का चित्रण किया गया है—

वह आता।
दो टूक कलेजे के करता पछताता पथ पर आता।
पेट पीठ दोनों मिलकर हैं एक,
चल रहा लकुटिया टेक,
मुट्ठी भर दाने को,
भूख मिटाने को,
मुँह फटी पुरानी झोली का फैलाता।

'सार' में वर्ण्य-वस्तु की उत्तरोत्तर वृद्धि की अभिव्यंजना होती है। 'निराला' ने 'राम की शक्ति पूजा' में हनुमान का महाकाश में चढ़ने का वर्णन तथा बाद में राम का चक्र पार करने का वर्णन इसी प्रकार किया है। इसी प्रकार विविधता और सजीवता लाने के लिए वचन, कारक, लिंग, पुरुष आदि में परिवर्तन कर दिया जाता

है अर्थात् एकवचन के लिए बहुवचन, बहुवचन के लिए एकवचन, पुल्लिग के लिए स्त्रीलिंग और स्त्रीलिंग के लिए पुल्लिग कर दिया जाता है। उदाहरणार्थ विद्यापति की राधा 'माधव माधव' रटते रटते स्वयं माधव बन जाती है और राधा के विरह में तड़पने लगती है—

'अनुखिन माधव माधव रटियत सुन्दरि भेलि मधाई'

4. गरिमापूर्ण शिल्प-

इसके अन्तर्गत लॉन्जाइनस ने अन्य अलंकारशास्त्रियों की भाँति शिल्प पक्ष का विवेचन किया है जिसके अन्तर्गत उन्होंने शब्दों के उपयुक्त चयन तथा रूपक एवं अलंकृत भाषा के प्रयोग के विषय में बतलाया है। विचार और पद-विन्यास में उन्होंने घनिष्ठ सम्बन्ध बताते हुए कहा कि उदात्त विचार साधारण स्तर की शब्दावली में अभिव्यक्त न होकर गरिमापूर्ण पदावली में ही अभिव्यक्त हो सकते हैं। यदि उचित एवं सही अर्थ को अभिव्यक्त करनेवाले शब्दों का प्रयोग किया जाता है तो उनका पाठक पर मर्मस्पर्शी प्रभाव पड़ता है और उससे शिल्प में सौन्दर्य, गरिमा, परिपक्वता और आकर्षण का समावेश होता है और ये गुण मृत वस्तु में भी जीवन डाल देते हैं। ये लेखक के विचारों का ही प्रकाश होते हैं। परन्तु उदात्त भाषा प्रत्येक स्थल के लिए उपयुक्त नहीं होती। यदि कथ्य उदात्त श्रेणी का हो तभी उदात्त भाषा का प्रयोग उचित है। परन्तु जब विषय साधारण स्तर का है और उसे उदात्त भाषा में प्रस्तुत किया जाता है तो यह इतना ही भौंड़ा लगेगा जितना एक बच्चे को पूरे आकार की पोशाक पहना देना। अतः साधारण स्तर के कथ्य को प्रस्तुत करने के लिए साधारण शब्दों का ही प्रयोग करना चाहिए।

भाषा के अलंकरण के लिए, लॉन्जाइनस के मतानुसार, रूपक तथा अतिशयोक्ति का प्रयोग किया जाना चाहिए। वैसे इस सम्बन्ध में लॉन्जाइनस ने जो कुछ कहा है वह अन्य अलंकारशास्त्री भी कह चुके थे। उनकी स्वच्छन्दवादिता के दर्शन हमें उनके रूपक प्रयोग सम्बन्धी विवेचन में होते हैं। अन्य अलंकारशास्त्री अरस्तू के इस कथन को—कि एक स्थान पर केवल दो रूपक आने चाहिए, अधिक नहीं एक अनुल्लंघनीय कानून मानकर चलते थे। परन्तु लॉन्जाइनस ने इससे अपनी असहमति प्रकट करते हुए कहा कि एक स्थान पर केवल दो रूपक ही क्यों, उससे अधिक भी आ सकते हैं क्योंकि रूपक का सम्बन्ध मानव मन के आवेगों से है। आवेगपूर्ण अवस्था में हमारी भाषा में स्वभावतः रूपक आ जाते हैं। पर उस समय रूपकों की संख्या गिनने की फुरसत नहीं रहती। अतः रूपकों के प्रयोग के लिए हमें किसी नियम पर निर्भर न रहकर आवेग पर निर्भर रहना चाहिए। यहाँ पर लॉन्जाइनस ने अरस्तू के नियमों तथा शास्त्रवाद की नियमबद्धता को स्पष्ट चुनौती देकर अपने

आपको स्वच्छन्दतावादी सिद्ध कर दिया। शास्त्रवादी समीक्षक तो अरस्तू के नियमों को पवित्र तथा अनुल्लंघनीय मानकर चलते थे। लॉञ्जाइनस ने इसे अस्वीकार किया। वैसे उन्होंने अन्य ग्रीक तथा रोमन समीक्षकों की भाँति रूपक को औदात्य का महत्त्वपूर्ण सहायक तत्त्व माना है। अतिशयोक्ति के विषय में उनका कथन है कि इसको इस प्रकार प्रयोग करना चाहिए कि यह संवेग का स्वाभाविक परिणाम सा लगे और छिपे रूप में आये। तभी यह साहित्य में औदात्य लाने में सहायता कर सकता है।

5. श्रेष्ठ रचना-विधान-

अन्त में हम औदात्य के पाँचवें सिद्धान्त पर आते हैं जिसमें लॉञ्जाइनस ने शब्द-गठन का विवेचन किया है। शब्द-गठन इस प्रकार किया जाना चाहिए कि औदात्य के पूर्व विवेचित चारों तत्त्वों-विचार, संवेग, अलंकरण तथा शब्द-का उचित सामंजस्य हो जाये। इससे पाठकों को आनन्द तो प्रदाम किया ही जा सकता है साथ ही इसमें मानव-हृदय का उन्नयन करने की भी असाधारण सामर्थ्य होती है। इसी से पाठक तक लेखक के विचारों तथा भावों का सम्प्रेषण होता है। यदि औदात्य के चारों तत्त्वों को परस्पर असम्बद्ध कर दिया जाये तो औदात्य भी विश्रृंखलित होकर बिखर जाता है। अतः चारो तत्त्वों में उचित सामंजस्य रहना चाहिए। यदि किसी तत्त्व में कोई अपूर्णता भी रह जाती है तो उसकी पूर्ति इस उचित सामंजस्य से हो जाती है और कृति में जीवन का संचार हो जाता है। उचित लय भी इसी सामंजस्य का एक अंग है। जहाँ तक कृति के विस्तार का सम्बन्ध है, न यह बहुत अधिक छोटा होना चाहिए न अत्यधिक विशाल क्योंकि लघु आकार होने पर 'विचार' अत्यन्त संकुचित करना पड़ता है और अत्यधिक विशाल होने पर 'विचार' को आवश्यकता से अधिक फैला देना पड़ता है।

इसके साथ-ही-साथ लॉञ्जाइनस ने औदात्य के लिए हानिकारक तत्त्वों का भी जिक्र किया है। शब्दाडम्बर, अनावश्यक अलंकरण, आवेग का प्रबल न होना तथा नवीनता का आग्रह—इनको औदात्य का शत्रु कहा गया है। वैसे नवीनता का आग्रह सबसे अधिक हानिकारक है क्योंकि अन्य सभी हानिकारक तत्त्वों का जन्म इसी से होता है। महान् बनने के मोह के कारण लेखक शब्दाडम्बर के लालच में फँस जाते है[52] और इसी मोह से वे अनावश्यक अलंकरण भी करते हैं। पर इसका पाठक पर अच्छा प्रभाव नहीं पड़ता। जब पाठक को यह आभास हो जाता है कि लेखक केवल शब्दाडम्बर में उलझ गया है तो उसका उन्नयन होने का प्रश्न ही नहीं उठता। अधकचरे आवेगों और अनुभूतियों को चित्रित करने के परिणाम स्वरूप भी साहित्य का औदात्य समाप्त हो जाता है।

लॉन्जाइनस की रोमाण्टिकता-

शास्त्रवादी समीक्षा का आधारभूत सिद्धान्त यह होता है कि कला के नियमों का पालन किया जाना चाहिए, तभी साहित्य में श्रेष्ठता आती है अन्यथा नही। साधारण प्रतिभा के साहित्यकार यह समझते भी हैं कि यदि शास्त्रीय नियमों को न तोड़ा जाये तो उनकी रचना अवश्य श्रेष्ठ होगी। लॉन्जाइनस से पहले सभी यूनानी और रोमन समीक्षक इसी बात का प्रचार कर रहे थे और समस्त साहित्य की परख इसी कसौटी पर कर रहे थे। कई लेखक उनकी कटु आलोचना के भय के कारण भी उन शास्त्रीय नियमों का उल्लंघन करने का साहस नहीं करते थे। लॉन्जाइनस ने भी उन शास्त्रवादी समीक्षकों का अनुसरण करते हुए ही साहित्य में औदात्य लाने के कुछ नियमों का प्रतिपादन किया। उनके ये औदात्य सम्बन्धी नियम अरस्तू होरेस तथा क्विण्टीलियन द्वारा प्रतिपादित नियमों की श्रेणी में ही आते हैं। परन्तु अनेक दृष्टियों से लॉन्जाइनस ने इस शास्त्रबद्धता को चुनौती दी जिस कारण उन्हें पाश्चात्य जगत् का प्रथम रोमाण्टिक समीक्षक कहा जाता है।

सर्वप्रथम तो उन्होंने साहित्य की परख करने के लिए एक नयी कसौटी प्रदान की। अब तक के समीक्षक इस मत का प्रचार करते आ रहे थे कि साहित्य का कार्य शिक्षा देना या आनन्द प्रदान करना, या ये दोनों कार्य करना या पाठक से कोई बात मनवा लेना है। लॉन्जाइनस इससे सहमत नहीं थे। उन्होंने साहित्य की परख करने के लिए एक नयी कसौटी प्रदान की और कहा कि जो साहित्य पाठक को मुग्ध करके आत्मविस्मृति की अवस्था तक ले जाये और उसको दैनिक जीवन की सीमाओं से ऊपर उठा दे वही साहित्य, साहित्य कहलाने का अधिकारी है क्योंकि उसमें औदात्य तत्त्व होता है। अतः साहित्य की महानता की कसौटी औदात्य है, नैतिक शिक्षा या आनन्द नहीं। यह सिद्धान्त आज भी अनेक समीक्षकों को स्वीकार्य है जिनका कथन है कि यदि आनन्द को महान् साहित्य की कसौटी माना जाये तो शायद चुटकुलों की गणना महानतम साहित्य के अन्तर्गत होगी, यदि नैतिक शिक्षा को महान् साहित्य का आधारभूत लक्षण माना जाये तो धर्मग्रन्थों को सर्वोत्तम ग्रन्थ कहा जायेगा और यदि पाठक से किसी बात को मनवा लेना ही उच्चश्रेणी के गद्य का लक्षण माना जाये तो वकीलों की दलीलें उच्चतम साहित्य का स्थान पा लेंगी, रामचन्द्र शुक्ल जी के निबन्ध नहीं।

दूसरे, सभी शास्त्रवादी समीक्षक तर्क की श्रेष्ठता तथा आवेगों की हीनता के समर्थक थे। प्लेटो ने तो आवेगों से सम्बन्धित कविता को हेय बता दिया था और अरस्तू ने आवेगों को श्रेष्ठ इसलिए कहा था कि उनसे पाठक या दर्शक के मनोभावों का विरेचन होता है। यह आधार चिकित्सा तथा मनोविज्ञान से अधिक सम्बन्धित

था, सौन्दर्यशास्त्र से कम। लॉञ्जाइनस ने यहाँ भी अपनी स्वच्छन्दवादिता का प्रमाण दिया और प्रबल आवेगों को औदात्य का आवश्यक लक्षण माना। यह स्वतन्त्रता उन्हें शास्त्रवादी समीक्षकों से अलग कर देती है। परन्तु साथ-साथ यह भी सही है कि उन्होंने आवेगों को पूर्ण स्वतन्त्रता प्रदान नहीं की है। उन्होंने इस क्षेत्र के लिए भी कुछ नियमों का प्रतिपादन किया है और कहा है कि आवेगों पर तर्क का अंकुश रहना भी आवश्यक है।[53] यहाँ पर उन्होंने शास्त्रवाद तथा स्वच्छन्दतावाद-दोनों का समन्वय किया है क्योंकि वे शास्त्रवाद के वांछित अंश की सहायता से स्वच्छन्दवादिता पर अंकुश रखने के पक्षपाती हैं।

तीसरी बात रूपकों की संख्या से सम्बन्धित है। शास्त्रवादी समीक्षक अरस्तू के नियमानुसार एक स्थान पर केवल दो रूपकों तक की आज्ञा देते थे। लॉञ्जाइनस ने इसे अस्वीकृत करके अपनी स्वछन्दवादिता का परिचय दिया और कहा कि प्रबल आवेग की अवस्था में रूपकों की संख्या गिनने का अवकाश किसके पास होता है? अतः एक स्थान पर केवल दो ही रूपक क्यों आयें, उससे अधिक क्यों नहीं? प्रबल आवेश की अवस्था में जितने रूपक आते हों, आने दिये जायँ उनकी संख्या निश्चित नहीं की जानी चाहिए। इस प्रकार के कथन से लॉञ्जाइनस नियमों के घेरे में बँधी समीक्षा के स्तर से ऊपर उठ जाते हैं और निष्पक्षता के साथ अपना निर्णय देते हैं।

चौथे, शास्त्रवादी समीक्षक साहित्य में निर्दोषता और त्रुटिहीनता को सबसे बड़ा गुण मानते थे और निर्दोषता का अर्थ होता था नियमों का अक्षरशः पालन करना। लॉञ्जाइनस ने कहा कि यदि हम यह भी मान लें कि अमुक लेखक में कोई भी दोष नहीं मिल सकता तो क्या यह प्रश्न उचित नहीं है कि साधारण स्तर की दोषहीन रचना श्रेष्ठ है या कुछ थोड़े से दोषों से युक्त गरिमापूर्ण रचना? निश्चय ही द्वितीय प्रकार की रचना श्रेष्ठतर है, प्रथम प्रकार की नहीं। निम्न तथा मध्यम श्रेणी की रचना ही निर्दोष होती हैं क्योंकि वे रचनाएँ उच्चता को अपना लक्ष्य नहीं बनाती जिससे उन्हें किसी प्रकार के दोषों का भय नहीं रहता। पर जब लेखक महानता को लक्ष्य मानकर चलता है तो निश्चय ही वह नियमबद्धता की सुरक्षित सीमा से बाहर चला जाता है और असुरक्षित स्थल पर पहुँच जाने पर उस पर आक्रमण किया ही जा सकता है। अतः महान् रचना में दोषों की सम्भावना रहती ही है। निर्दोष रचना तो केवल लांछन से अलग रहती है जबकि सदोष किन्तु औदात्य एवं गरिमायुक्त रचना आदर एवं प्रशंसा प्राप्त करती है।[54]

लॉञ्जाइनस की देन-

वैसे तो लॉञ्जाइनस द्वारा विवेचित अनेक बातें उनके पूर्व के समीक्षक ही बतला चुके थे, अलंकार, शब्द-चयन, भाषा-परिष्करण तथा कलात्मक रचना पद्धति के

विषय में जो बातें अरस्तू तथा अन्य समीक्षकों ने कही थीं, उन्हीं का प्रतिपादन लॉन्जाइनस ने भी किया है तथा अरस्तू की भाँति ही उन्होंने वैज्ञानिक विधि से साहित्य का पर्यवेक्षण और विश्लेषण किया है, परन्तु अनेक दृष्टियों से उन्होंने एक युग प्रवर्तक का कार्य किया और 'औदात्य का सिद्धान्त' जैसी अनुपम मौलिक देन साहित्यिक जगत् को प्रदान की। इस सिद्धान्त की ओर रोमक तथा अन्य यूनानी समीक्षकों ने कोई संकेत नहीं किया। इस सिद्धान्त का प्रतिपादन करके उन्होंने साहित्यकार को परम्पराबद्ध सभी नियमों से ऊपर उठा दिया और साहित्य की परख के लिए शुद्ध सौन्दर्यशास्त्र पर आधारित कसौटी प्रदान की। उन्होंने साहित्यकारों की प्रशंसा उनकी रचनाओं के औदात्य तत्त्व के कारण की, निर्दोषता अथवा नियमबद्धता के कारण नहीं। कई बार नियमों की कसौटी पर इन साहित्यकारों की रचनाओं में दोष मिलते हैं किन्तु उनमें उन्नयन की सामर्थ्य विद्यमान है, इसी कारण वे महान् हैं। अतः साहित्य के रूप पक्ष की ओर न जाकर आत्मा पक्ष की जाँच करनी चाहिए। कई रचनाओं के रूप पक्ष में कोई त्रुटि नहीं होती किन्तु औदात्य के अभाव में उन्हें महान् नहीं कहा जा सकता। दूसरी ओर सदोष रूप वाली किन्तु औदात्य से पूर्ण रचनाएँ निश्चित रूप से महान् हैं। उदाहरणार्थ हिन्दी के रीतिकाल के अनेक कवियों की रचनाएँ रीतिशास्त्र के नियमों के आधार पर निर्दोष उतरती हैं पर वे कबीर की रचनाओं—जो रीतिशास्त्र के नियमों के आधार पर सदोष हैं पर औदात्य से पूर्ण हैं—की अपेक्षा निम्नकोटि की ही रचनाएँ मानी जायेंगी। नियमों का पालन करना कठिन नहीं है, कठिन है रचना में औदात्य लाना। नियम पालन में तो केवल नकल करनी पड़ती है जबकि औदात्य का समावेश करना उच्चतर स्तर की बात है। इस प्रकार लॉन्जाइनस ने शास्त्रों को उनके रूप पक्ष के कारण श्रेष्ठ न मानकर उनकी आत्मा के कारण श्रेष्ठ माना। इस सारे विवेचन में वे सौन्दर्यशास्त्र का सहारा लेते हैं रीतिशास्त्र का नहीं।

पर लॉन्जाइनस का यह सौन्दर्यशास्त्र पर आधारित विवेचन विचारों की महानता से असम्बद्ध नही हैं। उन्होंने यह स्वीकार किया है कि आत्मा की महत्ता ही शब्दों में महानता बनकर आती है। तुच्छ आत्मावाले व्यक्ति उदात्त कथन नहीं कह सकते। प्लेटो ने भी ऐसा ही माना था। उन्होंने कहा था कि कला में महानता की झलक व्यक्ति के उदात्त चरित्र के परिणामस्वरूप ही आती है। इस प्रकार लॉन्जाइनस प्लेटो के समर्थक से भी लगते हैं। वस्तुतः उन्होंने औदात्य का जो विवेचन किया है उसमें रीतिवाद की नयी व्याख्या की गयी है, भविष्य के रीतिमुक्त साहित्यकारों को मार्ग प्रदर्शित किया गया है और कला की महानता को चरित्र की महानता से सम्बद्ध करके आदर्शवाद का मार्ग अपनाया गया है। अतः कहा जा सकता है कि

लॉन्जाइनस की अभिरुचि रीतिवाद की ओर थी, स्वभाव रीतिमुक्तता का पक्षपाती था और हृदय आदर्शवाद से ओतप्रोत था। अपनी रीतिवादिता को उन्होंने रोमाण्टिकता से सम्बद्ध किया और अपनी रोमाण्टिकता को रीतिवादी विधान से परिमार्जित किया। यद्यपि उन्होंने काव्य को प्रेरणा की उपज स्वीकार किया किन्तु साथ में यह भी कहा कि कवि को कविता की टैक्नीक सीखनी चाहिए क्योंकि सौन्दर्य आकाश से आनेवाली हवा नहीं है जो कवि के पालों को स्वयं भर देगी और उसका जहाज सागर में बिना किसी प्रयत्न के आगे बढ़ता चला जायेगा। यद्यपि उन्होंने दोषहीनता को श्रेष्ठ काव्य का आवश्यक लक्षण नहीं माना पर कवियों की महान् भूलों का कभी समर्थन नहीं किया। इस प्रकार की महान् देन के आधार पर हम आशा करते हैं कि भविष्य में लॉन्जाइनस के सिद्धान्तों का अधिक व्यापक क्षेत्र में प्रसार होगा और उन्हें महान् प्रशंसक तथा समर्थक प्राप्त होंगे यद्यपि अभी तक ऐसा नहीं हो पाया है।

अध्याय-6

जॉन ड्राइडन

अंग्रेज़ी साहित्य के इतिहास में अन्य किसी युग में कोई साहित्यकार इतनी प्रमुखता प्राप्त नहीं कर पाया जितनी नव्य-शास्त्रवादी युग के पूर्वार्द्ध में ड्राइडन ने प्राप्त की। वे अपने समय के श्रेष्ठतम कवि थे, श्रेष्ठतम नाटककार थे और श्रेष्ठतम समीक्षक थे। उनके समय में कोई और साहित्यकार ऐसा भी नहीं मिलता तो द्वितीय स्थान को सुशोभित कर सके। अतः जैसा कि कालिदास के विषय में कहा जाता है,[56] ड्राइडन ने भी कनिष्ठिका पर अधीष्ठित होकर अनामिका नाम की उँगली का नाम सार्थक कर दिया।

जॉन ड्राइडन का जन्म सन् 1631 में इंग्लैण्ड के नॉर्थम्पटनशियर प्रान्त में स्थित ओल्डविंकिल ऑल सेण्ट्स नामक स्थान में हुआ था। उनका परिवार सम्भवतः उत्तरी इंग्लैण्ड से आकर यहाँ बसा था। उन्होंने वैस्टमिन्स्टर तथा ट्रिनिटि कॉलिज कैम्ब्रिज से शिक्षा प्राप्त की। उनका सम्बन्ध, जबकि राजा के समर्थकों तथा संसद् के समर्थकों के बीच संघर्ष चलता रहता था जिसके परिणामस्वरूप इंग्लैण्ड में गृह युद्ध भी हुआ, संसद् के समर्थकों से था और उनके मामा की क्रॉम्वैल से घनिष्ठ मित्रता थी। परन्तु शायद वे हृदय से राजा के विरोधी न थे और जब राजा चार्ल्स द्वितीय पुनः गद्दी पर आसीन हुए तो उन्होंने उस पर प्रसन्नता प्रकट की। सन् 1663 में उन्होंने एलिज़ाबिथ होवर्ड से शादी की और उसके तुरन्त बाद ही उन्होंने अपनी सारी शक्ति नाटक सृजन में लगा दी। सन् 1670 में उन्हें राज कवि (पोइट लॉरियट) की उपधि मिली। जेम्स द्वितीय के गद्दी पर आने पर उन्होंने अपना धर्म परिवर्तन कर दिया। 1 मई सन् 1700 ई. में उनका देहावसान हो गया।

पुरा कवीनाम् गणना प्रसंगे कनिष्ठिकाधिष्ठित कालिदास।
अद्यापि तत्तुल्य कवेरभावादनामिका सार्थवती वभूव।।

वैसे तो उन्होंने साहित्यिक समीक्षा-सम्बन्धी केवल एक पुस्तक 'नाटकीय कविता पर निबन्ध' ही लिखी है, किन्तु उन्होंने अपने काव्य-ग्रन्थों तथा अन्य कवियों के काव्य-ग्रन्थों के प्राक्कथनों में अपनी साहित्य सम्बन्धी मान्यताओं का विवेचन किया है। पुस्तकों के प्राक्कथनों में समीक्षा के सिद्धान्तों के विवेचन करने की प्रथा को उन्होंने फ्रान्सीसी साहित्य से ग्रहण किया और ऐसा करना उनके स्वभाव के अनुकूल भी था। इस विधि में उनके ऊपर एक स्थान पर एक ही विषय से बंधकर चलने का बन्धन नहीं रहता था और विषय प्रवाहानुसार वे विभिन्न विषयों पर अपने विचार प्रकट करते चलते थे। इसी कारण उन्होंने किसी विषय का एक स्थान पर सम्पूर्णतः विवेचन नहीं किया है अपितु अपने विचारों को अल्पांश में कई स्थानों पर रखा है। ऐसा करने से वे अपनी कृतियों की कटु आलोचना का भी यथास्थान उत्तर देते रहे हैं और एक ही साथ कई विषयों का विवेचन भी करते गये हैं। ऐसा करने से यदि एक ओर कुछ लाभ हुआ है तो दूसरी ओर हानि भी। इससे मुख्य हानि यह हुई है कि उनकी समीक्षा व्यवस्थित रूप में उपलब्ध नहीं होती। कई बार पुनरावृत्ति मिलती है और कई बार परस्पर विरोधी बातें भी वे कह गये हैं। हां, काव्य का स्वरूप और कार्य, समीक्षा का स्वरूप और कार्य तथा प्राचीन साहित्यकारों के विषय में हमें ड्राइडन के विचार स्पष्टतः ज्ञात हो ही जाते है। इन विषयों पर उन्होंने जो कुछ बातें कही हैं उन्हें देखकर स्पष्ट है कि उन्होंने अंग्रेज़ी परम्परा तथा शास्त्रीय विचारधारा का समन्वय किया है। उन्होंने कोरे सिद्धान्तों का ही विवेचन नहीं किया अपितु उनका अपनी कृतियों में पालन भी किया है। वास्तविकता तो यह है पहले जिन कृतियों का उन्होंने सृजन किया उन्हीं का औचित्य सिद्ध करने के लिए बाद में प्राक्कथनों के रूप में समीक्षा लिखी।

काव्य का स्वरूप-

प्लेटो के अनुसार साहित्य सत्य की अनुकृति की अनुकृति है इस कारण से यह सत्य से दो हटाव दूर है, अतः मूल्यहीन है। अरस्तू के अनुसार साहित्य-सृजन सम्भाव्यता के नियम के आधार पर घटनाओं को संगठित करता है जिससे उनमें शाश्वत तत्त्व का समावेश हो जाता है। सिडनी के मतानुसार साहित्यकार अपनी रचना में एक ऐसे जगत् का सृजन करता है जो नैतिक दृष्टि से वास्तविक जगत् की अपेक्षा श्रेष्ठतर है। इससे पाठक नैतिक शिक्षा प्राप्त करता है और इस साहित्यिक जगत् की बातों को अपने जीवन में स्थान देने का प्रयत्न करता है। इस प्रकार इनमें से किसी भी समीक्षक ने यह नहीं माना कि जगत् का यथातथ्य चित्रण करना श्रेयस्कर है। प्लेटो ने तो कह दिया कि ऐसा करना सत्य की छाया की अनुकृति

करना होगा और अरस्तू एवं सिडनी ने अपने-अपने अलग कारणों से इस बात को विचारणीय ही नहीं माना। ड्राइडन के मतानुसार 'साहित्य मानव-प्रकृति का समीचीन एवं सुन्दर बिम्ब है। इसमें मानव स्वभावानुकूल भावावेगों, मानसिक स्थितियों तथा भाग्य के उत्थानों एवं पतनों का चित्रण होता है तथा यह मानव जाति को आनन्द एवं शिक्षा प्रदान करता है'।[55]

पहले हमें यह देखना है कि इस कथन से ड्राइडन का अभिप्राय क्या है। पहली बात तो यह है कि उपर्युक्त परिभाषा यद्यपि नाटक के सम्बन्ध में दी गयी है किन्तु वस्तुतः ड्राइडन ने ऐसा स्वीकार किया है कि यह सम्पूर्ण सृजनात्मक साहित्य पर लागू होती है चाहे वह नाटक हो या कविता या कोई और विधा। इस परिभाषा के अनुसार साहित्य हमारे समक्ष मानव-प्रकृति का एक बिम्ब प्रस्तुत करता है। साहित्य में पात्रों के कार्य-कलापों का इस भाँति चित्रण किया जाता है कि उससे मानव-प्रकृति की सही झलक पाठक को मिल जाये। 'बिम्ब' शब्द से सम्भवतः ड्राइडन का आशय 'सच्चा चित्रण' है। इसका अर्थ यह हुआ कि वे साहित्य में मानव-प्रकृति का सच्चा चित्रण देखना चाहते हैं। वैसे उन्होंने 'मानव-प्रकृति का बिम्ब' तथा 'मानव-प्रकृति से सम्बन्धित तथ्य' इन दोनों बातों को एक ही माना। यदि मानव-प्रकृति का बिम्ब 'सही' है तो उसमें निश्चित रूप से मानव-प्रकृति से सम्बन्धित तथ्यों का चित्रण होगा ही। साथ-ही-साथ यह बिम्ब 'सुन्दर' भी होना चाहिए। इस सुन्दरता की कसौटी पर ही शिल्प एवं कथानक की परख की जायेगी। इस प्रकार हम देखते हैं कि इस परिभाषा में चार शब्द महत्त्वपूर्ण हैं—'मानव-प्रकृति', 'समीचीन', 'सुन्दर' तथा 'बिम्ब'। इन शब्दों में से प्रत्येक समान रूप से महत्त्वपूर्ण हैं और परिभाषा का अविभाज्य अंग हैं। मानव-प्रकृति का सही वर्णन तो मनोवैज्ञानिक भी कर सकता है किन्तु वह वर्णन सुन्दर नहीं होगा और न वह वर्णन बिम्ब कहलाने का अधिकारी होगा। उसी प्रकार यदि बिम्ब सुन्दर तो है किन्तु 'सही' नहीं अथवा 'सही' तो है किन्तु सुन्दर नहीं है तो भी उसे श्रेष्ठ साहित्य के अन्तर्गत स्थान नहीं दिया जा सकता।

ड्राइडन ने यह भी बतला दिया है कि मानव-प्रकृति का ऐसा बिम्ब किस प्रकार प्रस्तुत किया जा सकता है। ऐसा करने के लिए साहित्यकार भावावेगों और मानसिक स्थितियों का चित्रण मानव-जीवन में आनेवाले उत्थानों एवं पतनों के चित्रण के माध्यम से करता है। मानव के भावावेगों तथा मानसिक स्थितियों का प्रदर्शन तभी हो सकता है जब कुछ ऐसी परिस्थितियाँ प्रस्तुत की जायँ जिनमें पात्र कुछ कार्य कलाप करें और अपनी प्रतिक्रियाएँ प्रकट करें। व्यक्ति की प्रकृति का ज्ञान तब तक नहीं होता जब तक कि उसे किन्हीं परिस्थितियों में डालकर उसकी प्रतिक्रियाओं का

अध्ययन नहीं किया जाता। उदाहरणार्थ यदि रामचन्द्र जी को दशरथ कैकेयी के कहने पर वन जाने की आज्ञा न देते तो यह कैसे मालूम होता कि वे पिता के ऐसे भक्त थे कि उनकी प्रत्येक आज्ञा का पालन करना अपना परम धर्म समझते थे चाहे आज्ञापालन से स्वयं को कितना ही कष्ट क्यों न हो? इसी प्रकार यदि राम वन को न जाते तो यह कैसे ज्ञात होता कि भरत इतने बड़े भ्रातृभक्त थे कि अयोध्या का राज्य प्राप्त होने पर भी सिंहासन पर भाई की खड़ाऊँ रखकर चौदह वर्ष तक नन्दीग्राम में संन्यासी की भाँति रह सकते थे? राम के राजा बन जाने पर यदि लोकापवाद न होता तो यह कैसे ज्ञात होता कि रामचन्द्र जी लोकरंजन के लिए अपनी प्रियतमा पत्नी को भी त्याग सकनेवाले श्रेष्ठतम राजा थे? इससे स्पष्ट है कि परिस्थितियाँ ही मानव चरित्र का सही ज्ञान कराती हैं। अतः साहित्यकार मानव-जीवन में आनेवाले सभ्यताओं और विपदाओं का चित्रण करता है जिससे उसे भावावेगों और मानसिक स्थितियों को प्रदर्शित करने का अवसर मिले और वह मानव स्वभाव का सही एवं सुन्दर चित्र पाठकों के समक्ष प्रस्तुत कर सके।

इसका आशय यह है कि ड्राइडन के मतानुसार साहित्यकार अपनी रचनाओं में पात्रों से ऐसे कार्य कराये जिनसे उनके स्वभाव की मूलभूत विशेषताएँ स्पष्टतः सामने आ जायें और पाठकों को मानव-स्वभाव का परिचय प्राप्त हो। इस आधार पर कहा जा सकता है कि कविता का कार्य आकर्षक एवं सुन्दर रूप में पाठक को मानव-स्वभाव का ज्ञान करा देना है। सिडनी का साहित्यकार तो पाठकों को नीतिशास्त्र की शिक्षा देता था किन्तु ड्राइडन का साहित्यकार एक ऐसा मनोवैज्ञानिक है जो सुन्दर एवं मनोरंजक रूप में कल्पनाश्रित घटनाओं की सहायता से पाठक को मानव-स्वभाव का ज्ञान करा देता है।

साहित्य-प्रयोजन-

परिभाषा के अन्तिम अंश में साहित्य का प्रयोजन भी बता दिया गया है जिसके अनुसार साहित्य आनन्द प्रदान करता है तथा शिक्षा भी देता है। इस हेतु ही साहित्यकार मानव-प्रकृति का सुन्दर एवं सही बिम्ब प्रस्तुत करता है। 'बिम्ब' का यहाँ अर्थ है वर्णन और 'सुन्दर' का अर्थ है 'कलात्मक परितुष्टि प्रदान करनेवाला'। साहित्य से आनन्द-प्राप्ति के दो कारण हैं। एक तो बिम्ब की सुन्दरता तथा दूसरे साहित्य में चित्रित पात्रों के चरित्र में मनोवैज्ञानिक तथ्यों का दर्शन।' एक ओर तो बिम्ब की सुन्दरता से हमें 'कलात्मक परितुष्टि प्राप्त होगी' जो आनन्द प्रदायिनी है और दूसरे जब हमें यह अभिज्ञान होगा कि साहित्यगत पात्रों के जीवन में विभिन्न उतारों एवं चढ़ावों के परिणामस्वरूप उनकी जिस प्रकार की प्रतिक्रियाओं,

मानसिक स्थितियों तथा भावावेगों का चित्रण किया गया है वे मनोवैज्ञानिक दृष्टि से सही हैं तो उससे भी हमें आनन्द प्राप्त होगा। साहित्य का दूसरा प्रयोजन शिक्षा देना है। शिक्षा का अर्थ नैतिक शिक्षा नहीं समझना चाहिए। शिक्षा तो अन्य प्रकार की भी होती है। उदाहरणार्थ बालक को अंकगणित की शिक्षा दी जाती है। क्या इसका उद्देश्य यह होता है कि अंकगणित के प्रश्न उसे नैतिक शिक्षा देंगे? नहीं। अंकगणित की शिक्षा नैतिक शिक्षा से भिन्न है। इसी प्रकार साहित्य जो शिक्षा देता है, वह मानव-प्रकृति-सम्बन्धी शिक्षा होती है। वैसे तो 'शिक्षा' शब्द बड़ा अस्पष्ट है और ड्राइडन ने स्पष्टरूपेण यह नहीं बताया कि इससे उनका क्या अभिप्राय है। साधारणतया साहित्य-प्रयोजन के सन्दर्भ में इस शब्द का अर्थ नैतिक शिक्षा ही समझा जाता है। किन्तु ड्राइडन के इस कथन के आधार पर कि साहित्य का कार्य मानव को विभिन्न परिस्थितियों में डालकर उसकी प्रतिक्रियाएँ चित्रित करके मानव-प्रकृति का सही एवं मनोहारी वर्णन करना है जिससे पाठकों को आनन्द एवं शिक्षा प्राप्त हो, हम यही निष्कर्ष निकालते हैं कि 'शिक्षा' शब्द से ड्राइडन का अभिप्राय 'मानव-स्वभाव-सम्बन्धी शिक्षा' ही था।

यहाँ पर दो परस्पर-विरोधी-सी बातें हमारे समक्ष आती हैं। एक ओर तो कहा गया कि पाठक को साहित्य से आनन्द यह बात पहचान लेने के कारण प्राप्त होता है कि वहाँ पर चित्रित मानव-स्वभाव का चित्र मनोवैज्ञानिक दृष्टि से सही है। इसका अर्थ यह हुआ कि पाठक को मानव-स्वभाव के विषय में वे तथ्य जो साहित्य में चित्रित हैं, पहले से ही ज्ञात थे। दूसरी ओर यह भी कहा गया है कि साहित्य पाठक को मानव-स्वभाव-सम्बन्धी शिक्षा देता है। इससे यह आशय निकलता है कि पाठक को मानव-स्वभाव-सम्बन्धी वे तथ्य जो साहित्य में चित्रित हैं पहले से ज्ञात नहीं थे। साहित्य ही उसे उनसे परिचित कराता है। इस बात का पहली बात से विरोध-सा लगता है। किन्तु वस्तुतः यह केवल विरोधाभास है, विरोध नहीं। 'पहचान' के लिए यह आवश्यक नहीं है कि उस तथ्य से हमारा पहले से परिचय हो ही। साहित्य में चित्रित मानव-स्वभाव-सम्बन्धी तथ्य के विषय में यह 'पहचान' लेना भी कि यह 'संगत' है, आनन्द प्रदान करनेवाला है।

अतः साहित्य वैसे तो हमें मानव स्वभाव सम्बन्धी नयी जानकारी ही देता है किन्तु हमें लगता ऐसा है कि हम इस बात से पहले से ही परिचित हैं और उसे प्रस्तुत अवसर पर केवल 'पहचान' रहे हैं। इस बात को हम एक उदाहरण देकर स्पष्ट कर सकते हैं। किसी कमरे में क्या-क्या वस्तुएँ हैं, यह अन्धकारपूर्ण स्थिति में नहीं जाना जा सकता, किन्तु प्रकाश हो जाने पर सारी वस्तुएँ जो वहाँ पहले से ही विद्यमान थीं, प्रकाशित हो जाती हैं, और उनका हमें ज्ञान हो जाता है। इसी भाँति साहित्य

भी मानव-प्रकृति को प्रकाशित ही करता है और ऐसा करके पाठक को आनन्द एवं शिक्षा प्रदान करता है।

किन्तु ड्राइडन ने आनन्द प्रदान करना ही साहित्य का प्रथम उद्देश्य माना तथा 'शिक्षा' को द्वितीय स्थान प्रदान किया। इसी 'आनन्द' के लिए कथानक को रोचक तथा शिल्प को आकर्षक बनाया जाता है। ड्राइडन से पहले के समीक्षकों ने इस सम्बन्ध में विभिन्न मत प्रकट किये थे। प्लेटो के मतानुसार साहित्योदेश्य नैतिक शिक्षा प्रदान करना है, अरस्तू के अनुसार आनन्द प्रदान करना, लॉन्जाइनस के अनुसार उन्नयन करना तथा होरेस के अनुसार आनन्द तथा शिक्षा दोनों प्रदान करना। ड्राइडन ने साहित्य का अध्ययन करके निष्कर्ष निकाला कि आनन्द प्रदान करना यदि साहित्य का इकलौता उद्देश्य नहीं माना जा सकता तो कम-से-कम यह सर्वप्रमुख उद्देश्य अवश्य है। शिक्षा का स्थान दूसरा है क्योंकि साहित्य आनन्द प्रदान करते-करते ही शिक्षा प्रदान करता है। साहित्यकार यद्यपि जीवन की अनुकृति करता है किन्तु जगत् की बातों को ज्यों-का-त्यों प्रस्तुत नहीं कर देता। वह पाठक की आत्मा को प्रभावित करने के लिए, उसके भावावेगों को जाग्रत करने के लिए तथा कृति को प्रशंसनीय बना देने के लिए जीवन के आकर्षक अंश को उभारकर प्रस्तुत करता है और अनाकर्षक को छिपा लेता है।[56] तभी वह श्रेष्ठ रचना का सृजन कर पाता है।

ड्राइडन का यह मत कि साहित्य आनन्द प्रदान करते-करते ही शिक्षा देता है, आचार्य मम्मट के मत के काफी निकट आ जाता है। आचार्य मम्मट ने काव्य का एक प्रयोजन 'कान्तासम्मित उपदेश' भी माना है जिसके अनुसार काव्य कान्ता की भाँति उपदेश देता है। कान्ता का मुख्य कर्त्तव्य तो आनन्द प्रदान करना ही है किन्तु वह पति का रंजन करते-करते उसे उपदेश भी देती चलती है। वैसे ही काव्य भी पाठक को आनन्द प्रदान करते-करते उपदेश या शिक्षा देता चलता है। कुछ ऐसी ही बात ड्राइडन ने भी कही है।

इस प्रकार कवि कोरा अनुकृतिकर्त्ता नहीं है जो साहित्य में जगत् का केवल फोटो उतारकर रख दे। वह तो स्रष्टा है जो वस्तुस्थिति को कलात्मक आवश्यकता के अनुसार परिवर्तित करके एक नयी सृष्टि रच देता है। इस नयी सृष्टि का आधार अवश्य जगत् से लिया हुआ होता है पर यह जगत् का फोटो न होकर उससे भिन्न आकार धारण कर लेती है। जगत् में जो घटनाएँ घटित होती हैं वे अव्यवस्थित होती हैं। स्रष्टा अपनी कल्पना की सहायता से उन्हें व्यवस्थित करके उनमें जीवन फूँक देता है। परन्तु ड्राइडन के मतानुसार यह कल्पना अनियन्त्रित नहीं रहने देनी चाहिए। इस पर तर्क का अंकुश रहना आवश्यक है।

नाटक-सम्बन्धी विवेचन-

ड्राइडन ने किसी अन्य साहित्यिक विधा का इतना विवेचन नहीं किया जितना नाटक का। ऐसा करते समय उनका ध्यान फ्रान्सीसी नाटकों की तुलना में अंग्रेज़ी नाटकों की श्रेष्ठता सिद्ध करने की ओर अधिक रहा है। फ्रान्सीसी नाटककारों ने शास्त्रीय नियमों का पालन करके, अंग्रेज़ी नाटककारों, जिन्होंने शास्त्रीय नियमों की खुलकर अवहेलना की थी, की तुलना में अपनी शास्त्रबद्धता का सिक्का जमा दिया था। कई फ्रान्सीसी समालोचकों ने अंग्रेज़ी नाटकों की इस नियम-अवहेलना के कारण कटु आलोचना भी की थी। शायद इसी कटु आलोचना ने ड्राइडन की देशभक्ति को उभारा और उन्होंने अपने देश के नाटकों की श्रेष्ठता का प्रतिपादन करने का बीड़ा उठाया।

फ्रान्सीसी नाटककारों ने नाटक-सम्बन्धी शास्त्रीय नियमों का अत्यन्त सुन्दर रूप से पालन किया था। वे बड़ी सावधानी के साथ संकलन त्रय का निर्वाह करते थे। उनके नाटकों में एक स्थान की तथा केवल चौबीस घण्टे या उससे कम समय की ही घटनाओं का वर्णन होता था। उनमें 'कार्य' भी 'एक' ही होता था और किसी पताका, प्रकरी आदि को नाटक में स्थान नहीं मिलता था। उनमें त्रासदी तथा कामदी का मिश्रण नहीं होता था और वर्जित दृश्यों को रंगमंच पर अभिनीत न करके केवल सूच्य बना दिया जाता था। अतः शास्त्रीय दृष्टि से ये नाटक अत्यन्त उच्च कोटि के थे। दूसरी ओर अंग्रेज़ी नाटकों में बहुधा इन शास्त्रीय नियमों की अवहेलना की जाती थी और महारानी एलिजाबेथ के काल के नाटक भी शास्त्रीय दृष्टि से इन फ्रान्सीसी नाटकों के सम्मुख कहीं भी नहीं ठहरते थे। तब ड्राइडन ने अपने देश की प्रथा का औचित्य सिद्ध करने के उद्देश्य से कहा कि नाटक तो मानव-प्रकृति का एक समीचीन एवं सुन्दर चित्र है। इसमें मानव जाति को आनन्द तथा शिक्षा प्रदान करने के उद्देश्य से पात्रों को सम्पदाओं एवं विपदाओं के बीच डालकर उनके मस्तिष्क एवं हृदय की प्रतिक्रियाओं का चित्रण किया जाता है। यह कार्य शास्त्रीय नियमों का पालन करके जितना फ्रान्सीसी नाटकों में किया गया है, उतना ही उन नियमों की अवहेलना करके अंग्रेज़ी नाटकों में किया गया है। अंग्रेज़ी नाटक भी यद्यपि उनमें संकलन त्रय का पालन नहीं किया गया, वर्जित दृश्यों को भी रंगमंच पर प्रदर्शित किया जाता है और त्रासदी तथा कामदी को मिश्रित कर दिया जाता है—मानव-प्रकृति के इतने ही समीचीन एवं सुन्दर चित्र हैं जितने शास्त्रीय नियमों पर आधारित फ्रान्सीसी नाटक। इतना ही नहीं अंग्रेज़ी नाटक इस दृष्टि से उनसे श्रेष्ठतर भी हैं क्योंकि मानव जीवन में कामद और त्रासद तत्त्व दोनों सदैव मिले जुले रहते हैं और अंग्रेज़ी नाटकों में भी त्रासदी तथा कामदी को बहुधा समन्वित कर दिया

जाता है। जो बात प्राकृतिक है वह कला विरोधी नहीं हो सकती। जब प्रकृति ने ही सुख और दुःख को साथ-साथ रखा है और जीवन को न पूर्णतः सुखमय बनाया है, न पूर्णतः दुःखमय, तो उन दोनों को नाटक में मिश्रित कर देना कला-विरोधी कार्य कैसे कहा जा सकता है? अतः त्रासदी के बीच में हास्यपूर्ण दृश्य इसी प्रकार श्रेयस्कर है जैसे मध्यान्तर संगीत। करुणा जाग्रत करनेवाले तथा हास्य उत्पन्न करनेवाले तत्त्वों को एक ही नाटक में स्थान देना अनुचित नहीं है। अंग्रेज़ी नाटककारों ने ऐसा करके एक नवीन प्रकार की नाट्य विधा पाश्चात्य जगत् को दी। अतः ड्राइडन ने उन्हें प्रशंसा का पात्र बतलाया। किन्तु दूसरी ओर इस त्रासदी और कामदी के मिश्रण के विरोध में उन्होंने जो तर्क प्रस्तुत किये हैं वे भी कम जोरदार नहीं हैं। उनमें कहा गया है कि इस प्रकार का मिश्रण करना तो पूर्णतया बर्बर प्रथा समझी जानी चाहिए यद्यपि अंग्रेज़ी रंगमंच में यह अत्यन्त सफल रहा है। जैसे पति की मृत्यु पर शोक मनाती हुई विधवा को खिलखिलाकर हँसते हुए चित्रित करना अनुचित है उसी प्रकार शोकपूर्ण और हास्यपूर्ण दृश्यों का मिश्रण करना।

वर्जित दृश्य सम्बन्धी नियम के विषय में भी ड्राइडन ने अपना मत प्रकट किया है और कहा है कि रंगमंच पर पात्र की मृत्यु दिखलाना अवांछनीय है क्योंकि ऐसा दृश्य अत्यन्त उपहासास्पद होता है एवं मृत्यु की सही अनुकृति रंगमंच पर नहीं की जा सकती। परन्तु द्वन्द्वयुद्ध अथवा दो सेनाओं के बीच में युद्ध-सम्बन्धी दृश्य वर्जित नहीं हैं। यदि दर्शक अभिनेताओं को राजा मान सकते हैं तो वे यह क्यों नहीं मान सकते कि रंगमंच पर अभिनीत युद्ध वास्तविक युद्ध है और उनकी मारपीट वास्तविक मारपीट है। कुछ देश ऐसे हो सकते हैं जहाँ दर्शक इन दृश्यों का अभिनय देखना पसन्द न करें। वहाँ युद्ध आदि की केवल सूचना देकर काम चलाया जा सकता है। किन्तु इंग्लैण्ड के दर्शकों को वे इतने पसन्द हैं कि वे उन्हें आवश्यक रूप से देखना चाहते हैं। अतः इंग्लैण्ड में उनका अभिनय करना आवश्यक ही है। इस प्रकार ड्राइडन ने एक बहुत महत्त्वपूर्ण बात यह कही कि शास्त्रीय नियमों का अन्धानुकरण नहीं किया जाना चाहिए और न वे नियम शाश्वत हैं। उनका पालन तो बुद्धिमत्ता के साथ करना चाहिए। ये नियम जिस देश तथा काल में उपयुक्त हों वहाँ इनका पालन करना उचित है अन्यथा अनुचित।

संकलन त्रय के नियम का पालन भी ड्राइडन ने आवश्यक नहीं माना। पहली बात तो यह है कि स्वयं अरस्तू ने भी स्थान-संकलन का कोई जिक्र नहीं किया। दूसरे मानव-प्रकृति का समीचीन एवं सुन्दर बिम्ब प्रस्तुत करने के लिए हो सकता है दो या तीन दिन की घटनाओं का चित्रण करना पड़े पर समय-संकलन का नियम ऐसा करने नहीं देता। अतः इसकी अवहेलना भी आवश्यक हो जाती है। फिर यह

भी देखना है कि यदि अभिनय के तीन घण्टे के समय में चौबीस घण्टे की घटनाओं का प्रदर्शन किया जा सकता है तो दो या तीन दिन की घटनाओं का प्रदर्शन क्यों नहीं किया जा सकता? इसी प्रकार स्थान-संकलन के विषय में भी कहा जा सकता है। यदि पहले दृश्य में पाठक रंगमंच को एक बगीचा कल्पित कर सकते हैं तो दूसरे दृश्य में उसे राजदरबार क्यों कल्पित नहीं कर सकते? अतः ये दोनों संकलन अवहेलना के योग्य हैं। अब कार्य-संकलन आता है। यद्यपि यह उचित है कि कथानक में अन्विति होनी चाहिए किन्तु यह अन्विति तो आधिकारिक कथा के साथ चलनेवाली प्रासंगिक कथा के विद्यमान रहने पर भी बनी रह सकती है। इतना ही नहीं, इससे लाभ भी होगा। प्रासंगिक कथा से इसमें विविधता का समावेश हो जायेगा जो कथानक की एकांगिता को दूर करने में सहायक होगा। जिन नाटकों में कोई प्रासंगिक कथा नहीं होती, वे रूखे-रूखे-से लगते हैं। यद्यपि नाटक कल्पना पर आधारित होते हैं किन्तु यह कल्पना भी तर्क के सहारे ही चलती है। यदि कल्पना अधिक ऊँची उड़ान भरना चाहे तो तर्क इसको संयमित कर देगा।

इससे स्पष्ट है कि ड्राइडन के मतानुसार संकलन-त्रय का सिद्धान्त अत्यन्त कठोर है, अतः इसे कुछ नर्म बनाना आवश्यक है। समय तथा स्थान संकलनों के बन्धन तो इतने कठोर हैं कि वे कथानक तथा पात्रों के विकास का अवसर ही प्रदान नहीं करते। चौबीस घण्टे के अल्पकाल में पात्रों का क्या चरित्र-विकास हो सकता है? कामदी में तो कार्य छोटा होता है, अतः चौबीस से तीस घण्टे अन्तराल की घटनाओं के चित्रण से काम चल सकता है। परन्तु त्रासदी में पात्र उदात्त कोटि के होते हैं और कार्य भी महत्त्वपूर्ण होता है, अतः दोनों के समुचित स्पष्टीकरण के लिए अधिक लम्बे समय की घटनाओं का चित्रण आवश्यक है। कम-से-कम इंग्लैण्ड की परिस्थितियों में तो इन नियमों में छूट देना आवश्यक है ही। नियम-पालन की वेदी पर सौन्दर्य का बलिदान कर देना किसी भी दशा में स्वीकार्य नहीं है।

त्रासदी का विवेचन-

ड्राइडन ने त्रासदी की वही परिभाषा दी है जो अरस्तू ने दी थी। उन्होंने कहा है कि त्रासदी किसी एक, सम्पूर्ण, महान् एवं सम्भाव्य कार्य की अनुकृति है। इसे इतिवृत्तात्मक रूप में प्रस्तुत न करके अभिनेय रूप में प्रस्तुत किया जाता है। यह हमारे मन में करुणा एवं त्रास के संवेगों का जाग्रत करके उनका विरेचन करती है।[57] परन्तु उन्होंने 'विरेचन' शब्द की जो व्याख्या की है वह अरस्तू की व्याख्या से भिन्न है। शायद अरस्तू के मतानुसार तो विरेचन का अर्थ था 'करुणा तथा त्रास के संवेगों को खूब जाग्रत करना जिससे उनका मल दूर हो जाये और आत्मा स्वास्थ्य प्राप्त कर लें।' परन्तु ड्राइडन ने यह मत स्वीकार नहीं किया। उनके अनुसार मानव जाति में

दो दुर्गुण बड़े प्रमुख हैं—एक तो अभिमान तथा दूसरा कठोर हृदयता। इन दोनों को दूर करने के लिए ही त्रासदी करुणा तथा त्रास के संवेगों को जाग्रत करती है। 'करुणा' से कठोर हृदयता दूर हो जाती है और 'त्रास' से अभिमान।[58] त्रासदी पहले करुणा और त्रास के संवेगों को उभारती है और फिर शान्त कर देती है। ऐसा करने के लिये महानतम व्यक्तियों को विपत्तिग्रस्त चित्रित किया जाता है।

इससे स्पष्ट है कि ड्राइडन का मत अरस्तू के मत से भिन्न है। यहाँ पर त्रासदी का उद्‌देश्य 'पाठक का नैतिक दृष्टि से उत्थान करना' स्वीकार कर लिया गया है। अरस्तू ऐसी कोई बात नहीं स्वीकारते थे। उन्होंने तो केवल इतना ही कहा था कि त्रासदी करुणा एवं त्रास के संवेगों को उभारकर उनका विरेचन करती है। यह विरेचन स्वास्थ्य की दृष्टि से हितकारक है। उन्होंने यह कभी नहीं कहा कि त्रासदी का उद्‌देश्य पाठक का नैतिक उत्थान करना भी है। किन्तु ड्राइडन ने स्पष्ट घोषणा की कि त्रासदी हमारे अभिमान तथा कठोर हृदयता को दूर करती है और घटनाओं का इस प्रकार चित्रण करती है कि हमारे मन में सद्‌गुणों के प्रति प्रेम और दुर्गुणों के प्रति घृणा जाग्रत हो। जब उनसे कहा गया कि अरस्तू ने तो ऐसा नहीं कहा तो उन्होंने उत्तर दिया कि अरस्तू के मत को सर्वमान्य नहीं माना जा सकता क्योंकि अरस्तू ने तो यूनानी साहित्य का अध्ययन करके कुछ सिद्धान्त बताये थे। उन्होंने अंग्रेज़ी नाटकों को नहीं देखा था। यदि वे अंग्रेज़ी नाटकों को देख लेते तो निश्चित रूप से अपनी मान्यताएँ बदल देते।[59]

त्रासदी के नायक तथा अन्य पात्रों के विषय में ड्राइडन ने जो कुछ कहा है वह अरस्तू के विवेचन से मिलता-जुलता ही है। उन्होंने कहा है कि त्रासदी का नायक ऐसा होना चाहिए कि दर्शकों के हृदय में करुणा और त्रास के संवेग जाग्रत कर दे। प्रथम तो वह गुणवान् हो जिससे उसे आपत्तिग्रस्त देखकर करुणा जाग्रत हो और दूसरे वह उच्चश्रेणी का हो जिससे दर्शकों के मन में भय जाग्रत हो और वे यह सोचने लगें कि चाहे व्यक्ति कितने ही उच्च स्थान पर क्यों न पहुँच जाये वह विपत्तियों के चंगुल से बाहर नहीं निकल सकता। साथ-ही-साथ उसके चरित्र में कोई दोष भी होना चाहिए जो उसके पतन का कारण बने। त्रासदी के पात्र ऐसे हों कि वे अपने लिंग, उम्र, स्तर आदि के अनुसार ऐसा ही व्यवहार करें जैसा इस जगत् में रहनेवाले व्यक्ति करते हैं तभी नाटक मानव-प्रकृति का समीचीन एवं सुन्दर बिम्ब हो पायेगा। उनका चरित्र उनके कार्यों एवं भाषणों के माध्यम से पाठकों को ज्ञात होना चाहिए।

यूनानी नाटकों में पात्रों का एक समूह होता था जिसे कोरस कहते थे। उसका कार्य नाटक की घटनाओं पर टिप्पणी आदि करना होता था। ड्राइडन के मतानुसार इस पात्र समूह को अंग्रेज़ी नाटकों में कोई स्थान नहीं मिलना चाहिए क्योंकि यह

नाटक के ऊपर व्यर्थ का बोझा होता है और इससे कोई भी लाभ नहीं होता। नाटककार को तो अपने श्रोताओं की अभिरुचि के अनुसार कार्य करना पड़ता है। जो बातें श्रोतागण चाहते हैं उन बातों को उसे रंगमंच पर स्थान देना ही पड़ता है और जो कुछ वे नहीं चाहते उसे वह वर्जित समझता है। नाटक का तो सृजन ही दर्शकों के मनोरंजन के लिए होता है अतः उनकी रुचि के विरुद्ध बातें रंगमंच पर दिखाना निश्चित रूप से असंगत है। यूनानी श्रोतागण प्रासंगिक कथाविहीन नाटकों को पसन्द करते थे, अतः वहाँ के नाटककारों ने ऐसे ही नाटकों की रचना की जिनमें केवल एक आधिकारिक कथा होती थी, थोड़े-से पात्र होते थे और संकलन त्रय का पालन किया जाता था। फ्रान्सीसी श्रोतागण भी ऐसे नाटकों को पसन्द करते थे जिनमें शास्त्रीय नियमों का पालन किया जाता था अतः वहाँ के नाटककारों ने वैसे ही नाटकों की रचना की। अंग्रेज़ी श्रोतागण भिन्न रुचिवाले हैं। इसी कारण शास्त्रीय नियमों को निर्वाह न करनेवाले नाटककार वहाँ सफल हो पाये। अतः जलवायु, युग एवं श्रोताओं का अभिरुचि की भिन्नता के कारण जो नियम एक देश के साहित्य के लिए आवश्यक समझे जाते हैं दूसरे देश में व्यर्थ बोझा बन जाते हैं।[60] शास्त्रीय नियमों के अन्धानुकरण के विरोध में ड्राइडन ने यह बड़ा शक्तिशाली तर्क प्रस्तुत किया।

कामदी-सम्बन्धी विवेचन-

कामदी के सम्बन्ध में ड्राइडन ने जो कुछ विवेचन किया है, उसमें किसी मौलिकता के दर्शन नहीं होते। उन्होंने अपने पूर्वगामी समीक्षकों के विचारों को ही स्वीकार कर लिया है। जैसा अरस्तू ने कहा है कि कामदी में निम्नकोटि के पात्रों के निम्नकोटि के कार्यों का चित्रण किया जाता है, वैसा ही ड्राइडन ने स्वीकार करते हुए कहा है कि जिस नाटक में निम्नकोटि के कार्यों एवं हीन कोटि के पात्रों का चित्रण हो, उसे कामदी कहते हैं। इसका उद्‌देश्य मानवसुलभ दुर्बलताओं का उद्‌घाटन एवं उपहास करके मानव चरित्र का सुधार करना होता है। निम्नकोटि के व्यक्ति तब तक नहीं सुधरते जब तक कि उनकी दुर्बलताओं को स्पष्टतः खोलकर नहीं दिखला दिया जाता। कामदी ऐसा ही करके उनका चरित्र-सुधार करती है। फार्स नामक नाटक कामदी में चित्रित कार्यो से भी अधिक निम्नतर स्तर के कार्यो का चित्रण करता है। कामदी को देखकर दर्शक इसलिए हँसते हैं कि वे अपने-आपको पात्रों की अपेक्षा श्रेष्ठतर मानते हैं। ड्राइडन ने इस प्रश्न का भी उत्तर दिया कि 'कामदी का कर्त्तव्य क्या है?' उन्होंने कहा कि कामदी का प्रथम कर्त्तव्य तो आनन्द प्रदान करना है और शिक्षा देना दूसरा। कामदी में यह प्रयत्न नहीं किया जाता कि पात्र जो भी भूल कर चुके हैं, उन सबके लिए उन्हें दण्ड दिया ही जाये। ऐसा तो

त्रासदी में होता है। कामदी में थोड़ी-सी घटनाओं का चित्रण होता है और पात्र मानवसुलभ दुर्बलताओं से ग्रस्त होते हैं, अपराधी नहीं होते।[61] उदाहरणार्थ हत्या करना एक अपराध है और शीघ्र धनवान् बनने की इच्छा एक मानवसुलभ दुर्बलता है। अतः कामदी में हत्यारों का चित्रण नहीं होना चाहिए। हां, ऐसे पात्र का चित्रण अवश्य किया जा सकता है जिसके मन में शीघ्र धनवान् बनने की इच्छा हो।

ड्राइडन को अंग्रेज़ी कामदियों में कुछ कमी दिखलायी दी। उन्होंने कहा कि इन कमियों को दूर करके अंग्रेज़ी कामदी को परिष्कृत करने की आवश्यकता है। बेन जॉनसन की कामदियों में किसी पात्र के चरित्र की किसी एक विशेषता को अतिरंजित रूप में दिखलाया जाता है। इस अतिरंजित चरित्रगत विशेषता को 'ह्यूमर' की संज्ञा दी गयी है। ह्यूमर मूर्खता का एक रूप है और भौंड़ेपन के कारण अपने आप में ही उपहासास्पद है। अतः कवि को इसे उपहासास्पद बनाने के लिए कोई प्रयत्न नहीं करना पड़ता। कामदी की मुख्य आवश्यकता तो वाक् चातुर्य है और इसी से मुख्य रूप से हास्य की सृष्टि होती है। जिस कामदी में वाक्-चातुर्य नहीं होता, वह श्रेष्ठ कोटि की कामदी नहीं कहला सकती। किन्तु इसकी भी अत्यधिकता नहीं होनी चाहिए अन्यथा कामदी विफल रहेगी और अपना उद्देश्य पूर्ण नहीं कर पायेगी।

महाकाव्य का विवेचन-

अरस्तू के मतानुसार महाकाव्य की अपेक्षा त्रासदी एक श्रेष्ठतर साहित्यिक विधा है। किन्तु ड्राइडन को यह मान्यता स्वीकार नहीं है। फ्रान्सीसी समीक्षकों के मत को स्वीकार करके उन्होंने कहा कि महाकाव्य निश्चित रूप से त्रासदी की अपेक्षा श्रेष्ठतर विधा है। महाकाव्य में वह सब-कुछ उपलब्ध होता है जो त्रासदी में होता है। त्रासदी में अभिमान और क्रूर-हृदयता को दूर करने के लिए त्रास तथा करुणा के संवेग उभारे जाते हैं। ऐसा ही महाकाव्य में भी किया जाता है। जैसे त्रासदी में सत्पात्र को पुरस्कृत किया जाता है और असत्पात्र को दण्डित, वैसा ही महाकाव्य में होता है। अन्तर केवल इतना ही है कि त्रासदी में लघु आकार होने के कारण, ये बातें इतने विस्तार से चित्रित नहीं हो पातीं जितनी विशालकाय महाकाव्य में हो जाती हैं। वैसे अरस्तू ने त्रासदी को महाकाव्य की अपेक्षा मुख्यतः दो कारणों से श्रेष्ठतर साहित्यिक विधा कहा है। एक तो त्रासदी आकार में लघु होने के कारण पाठक या दर्शक पर अपना प्रभाव एकत्रीभूत करके डालती है जबकि महाकाव्य अपने विशाल आकार के कारण ऐसा नहीं कर पाता और उसका प्रभाव फैलकर पतला हो जाता है। दूसरे, त्रासदी को पढ़ने के साथ-साथ रंगमंच पर भी देखा जा सकता है। परन्तु ड्राइडन इन बातों से सहमत नहीं हैं। उन्होंने इन तर्कों का खोखलापन दिखलाते हुए कहा है कि त्रासदी

का लघु आकार तो उसकी एक कमी है जिसके कारण त्रासदीकार को अनेक बातों को छोड़ देना पड़ता है जबकि महाकाव्यकार उन सब बातों को महाकाव्य में स्थान दे देता है। इसका परिणाम यह होता है कि त्रासदी पाठकों पर इतना गम्भीर प्रभाव नहीं डाल पाती जितना महाकाव्य डाल देता है। जहाँ तक दूसरी बात का सम्बन्ध है वह भी कोई पुष्ट तर्क नहीं है। रंगमंच पर अभिनीत हो जाने से त्रासदी महाकाव्य से श्रेष्ठतर नहीं हो जाती। एक तो रंगमंचीय अभिनय में अभिनेता मुख्य रूप से हाथ बँटाता है। अतः उसके लिए अकेले त्रासदीकार को कैसे श्रेय प्राप्त हो सकता है? दूसरे, रंगमंच की भी अपनी सीमाएँ हो सकती हैं। अनेक ऐसे दृश्य हैं जो उस पर नहीं दिखाये जा सकते जबकि महाकाव्य में उनका विस्तृत वर्णन किया जा सकता है। उदाहरणार्थ विशाल सेना को रंगमंच पर प्रदर्शित नहीं किया जा सकता जबकि महाकाव्य में बड़े विस्तार से उसका ऐसा वर्णन किया जा सकता है कि उसका चित्र-सा अंकित हो जाये। तीसरे समस्त सुन्दर एवं चमत्कारपूर्ण कथनों का महाकाव्य को पढ़ते समय रसास्वादन किया जा सकता है जबकि कई बार रंगमंच पर अभिनय होते समय त्रासदी के ऐसे अनेक कथन सुनने से रह जाते हैं और उनके सौन्दर्य एवं चमत्कार की ओर श्रोताओं का ध्यान नहीं जाता। चौथे, रंगमंचीय सफलता नाटक के साहित्यिक मूल्य को आँकने की सही कसौटी नहीं है। कई बार ऐसा होता है कि साहित्यिक दृष्टि से निम्नकोटि का नाटक अच्छे अभिनेताओं के सफल अभिनय के परिणामस्वरूप रंगमंच पर बहुत सफल हो जाता है और साहित्यिक दृष्टि से उत्कृष्ट कोटि के नाटक की भी अच्छे अभिनेताओं के अभाव में रंगमंच पर भद्द पिट जाती है। अतः स्पष्ट है कि महाकाव्य त्रासदी की अपेक्षा निश्चित रूप से श्रेष्ठतर विधा है। इतना ही नहीं जितनी साहित्यिक विधा अब तक मानव जाति ने आविष्कृत की हैं उन सबमें त्रासदी ही श्रेष्ठतम है। त्रासदी की अपेक्षा इसका आकार अधिक विस्तृत होता है, पात्र अधिक गरिमाशाली होते हैं, 'कार्य' अधिक महान् होता है, भाषा अधिक उदात्त होती है, प्रासंगिक कथाएँ वैभिन्ययुक्त होती हैं तथा प्रभाव अधिक स्थायी होता है। इसका सृजन अधिक प्रतिभाशाली कवि ही कर सकता है। इसी कारण संसार में इतने थोड़े महाकाव्य लिखे गये हैं और उनमें से भी बहुत थोड़े ऐसे है जो सफल महाकाव्य कहे जा सकते हैं।

ड्राइडन ने महाकाव्य के जो तत्त्व बतलाये हैं, वे लगभग सभी वही हैं जो अरस्तू ने बतलाये हैं। किन्तु उन्होंने यह आवश्यक माना है कि महाकाव्य सदाचार सम्बन्धी शिक्षा दे। ऐसा अरस्तू ने नहीं कहा है। इस दृष्टि से इन दोनों समीक्षकों के मतों मे वैभिन्य है। ड्राइडन का कथन है कि महाकाव्यकार सर्वप्रथम यह निश्चित कर ले कि वह किस सद् विचार को महाकाव्य में चित्रित करना चाहता है। यही सद्

विचार उसके लिए एक आधार-भूमि होगी। इसी को ध्यान में रखकर वह कथा का संगठन करे और ऐसी कथा चुने जो इस सद् विचार को उचित रूप में अभिव्यक्त कर सके। इसके पश्चात् वह ऐसे पात्रों को चुनता है जिनके माध्यम से कथ्य को स्पष्टतः प्रस्तुत किया जा सके। वह उनके स्वभावानुसार ही उनसे कार्य कराता है। अन्त में चिन्तन तथा शब्द-शिल्प की बारी आती है। इन्हीं से महाकाव्य में सौन्दर्य का समावेश होता है। महाकाव्य में साधारण बोलचाल की भाषा प्रयुक्त न होकर उच्चतर भाषा प्रयुक्त होती है। ऐसा करने के लिए कवि रूपक, अतिशयोक्ति आदि अलंकारों से युक्त भाषा का प्रयोग करता है। उदात्त कथ्य तो उदात्त भाषा में ही समुचित रूप से प्रस्तुत किया जा सकता है। इसी कारण से महाकाव्य एक युग में या एक स्थान पर रहनेवाले पाठकों को ही आनन्द प्रदान नहीं करते अपितु सभी युगों व स्थानों के पाठकों को आत्म विभोर कर देते हैं। यह उदात्त भाषा सम्बन्धी धारणा कोरे अलंकारशास्त्रियों के कथनों पर आधारित न होकर जीवन से प्राप्त अनुभव पर आधारित है। मानव जीवन में भी देखा जाता है कि उदात्त विचार उदात्त भाषा में ही उपयुक्त रूप से अभिव्यक्त हो पाते हैं। पाश्चात्य महाकाव्यों में कुछ दैवीपात्रों का भी समावेश किया जाता है तथा उन्हें नायक की सहायता एवं विरोध करते हुए चित्रित किया जाता है। होमर आदि ने इन दैवी पात्रों को पेगन मान्यताओं के आधार पर चित्रित किया है। ड्राइडन ने कहा कि ईसाई धर्म को मान्यताओं के आधार पर भी ये दैवी पात्र चित्रित किये जा सकते हैं। हाँ, शायद यह चित्रण इतना सफल न हो पाये जितना पेगन मान्यताओं पर आधारित चित्रण।

व्यंग्यकाव्य-सम्बन्धी विवेचन-

ड्राइडन के मतानुसार व्यंग्यकाव्य महाकाव्य की जाति की ही एक विधा है यद्यपि इसका जन्म रोम में हुआ था और महाकाव्य का यूनान में। कथ्य, अलंकृत शब्द एवं चिन्तन की दृष्टि से यह महाकाव्य के ही समान है। इसकी विषय वस्तु अन्वितियुक्त होनी चाहिए अर्थात् किसी एक दुर्गुण को ही व्यंग्य का विषय बनाकर उस पर आघात करना चाहिए। हो सकता है प्रसंगानुसार कुछ अन्य दुर्गुणों पर आघात करना आवश्यक हो जाए, पर यह ध्यान रखना चाहिए कि उनमें से कोई इतना प्रमुख न बन जाये कि मुख्य दुर्गुण के साथ बराबरी करने लगे और अन्विति को आघात पहुँचे। व्यंग्यकार की दृष्टि प्रमुख दुर्गुण पर ही केन्द्रित रहनी चाहिए, अन्य दुर्गुणों पर तो सामयिक आघात ही किया जाए। दूसरे शब्दों में कहा जा सकता है कि जैसे महाकाव्यकार किसी एक पात्र की ही प्रमुख रूप से प्रशंसा करता है और शेष पात्रों को उसके अधीन कर देता है, उसी प्रकार व्यंग्यकार भी एक दुर्गुण को ही आक्रमण का निशाना बनाता है, शेष को उसके अधीन कर देता है। उस मुख्य दुर्गुण के विरोध

में वह एक मुख्य सद्गुण को प्रस्तुत करके उसकी प्रशंसा करता है। वह मुख्य सद्गुण के अधीन करके अन्य सद्गुणों की भी प्रशंसा कर सकता है। ड्राइडन के मतानुसार व्यंग्यकाव्य में मज़ाक के माध्यम से कटु आघात किया जाता है और 'मूर्ख', 'दुष्ट' अथवा ऐसे ही किसी अन्य अपशब्द का प्रयोग किये बिना ही किसी व्यक्ति को 'मूर्ख' अथवा 'दुष्ट' कह दिया जाता है।

समीक्षा-सम्बन्धी विवेचन-

ड्राइडन के सारे विवेचन में विशालहृदयता के दर्शन होते हैं। जैसे कविता, त्रासदी, कामदी आदि के सम्बन्ध में उनकी मान्यताएँ विशाल हृदयता एवं सहनशीलता पर आधारित हैं वैसी ही बात उनकी समीक्षा-सम्बन्धी मान्यताओं के विषय में कही जा सकती हैं। यद्यपि वे शास्त्रवादी थे और शास्त्रीय सिद्धान्तों का आदर करते थे, फिर भी उन्होंने स्पष्ट घोषणा की कि शास्त्रीय नियम यथावत सब देशों एवं कालों में लागू नहीं हो सकते थे। प्रत्येक देश की जलवायु, वहाँ के निवासियों की अभिरुचियों और उनके द्वारा प्राप्त ज्ञान की सीमाओं के अनुसार उनको परिवर्तित करना बड़ा आवश्यक है। यद्यपि नियम मशीनी नियम नहीं है जो व्यर्थ ऊपर से लादे गये हों। वे तो मानव-प्रकृति में से इस आधार पर खोजे गये हैं कि किस प्रकार के कार्य, विचार कथन तथा आचरण मानव को आनन्द प्रदान करते हैं। किन्तु वे अन्य देशों और जातियों पर यथावत् तभी लागू हो सकते हैं जबकि उनकी अभिरुचि तथा उनका स्वभाव अरस्तू के देश और देशवासियों के समान ही हों। पर वस्तुतः ऐसा नहीं होता और देश एवं काल के अनुसार स्वभाव और अभिरुचियाँ भिन्न होती हैं, अतः उनके अनुसार इन नियमों में वांछित परिवर्तन अवश्य किया जाना चाहिए। जो बातें यूनानियों को अरस्तू को अरस्तू के युग में अच्छी लगती थीं, वे सारे अन्य देशों के निवासियों को सारे युगों में कैसे अच्छी लग सकती हैं? और साहित्य स्रष्टा तो अपने देश के समकालीन पाठकों के लिए साहित्य सृजन करता है। अतः वह उन पाठकों की रुचि को अधिक महत्त्वपूर्ण समझता है, विदेशी एवं प्राचीन साहित्यशास्त्रियों द्वारा निर्धारित नियमों को कम। ऐसा करना उसके लिए सही भी है।

ड्राइडन ने अरस्तू की शिक्षाओं का अध्ययन करना लेखक के लिए आवश्यक बतलाया है। किन्तु उनका अन्धानुकरण करना तथा प्रत्येक सिद्धान्त को ब्रह्मवाक्य मान लेना उचित दृष्टि का परिचायक नहीं। उनका उपयोग तो केवल मार्गदर्शक के रूप में किया जाना चाहिए। शेक्सपियर आदि नाटककारों ने भी ऐसा ही किया था। अतः ड्राइडन उनको पसन्द करते थे। वैसे शास्त्रीय नियमों के पीछे निहित भावना अधिक महत्त्वपूर्ण है, नियम नहीं। इसका अर्थ यह नहीं है कि साहित्य-स्रष्टा को

नियमों का कतई आदर नहीं करना चाहिए। नियम तो साहित्य के अविभाज्य अंग हैं। बिना नियमों की सहायता लिए किसी प्रकार की कला-रचना सम्भव नहीं है। कवि की प्रतिभा ही एक ऐसी वस्तु है जिसके विषय में कोई नियम नहीं बनाया जा सकता और ऐसे कोई भी नियम उपलब्ध नहीं हैं जिनका पालन करने से प्रतिभा को प्राप्त किया जा सके। प्रतिभा तो प्रकृतिदत्त वस्तु है। ज्योतिषी लोग कहते हैं कि यह नक्षत्रों के प्रभाव के परिणामस्वरूप प्राप्त होती है और धर्म के ठेकेदारों के अनुसार यह ईश्वर की देन होती है। ऐसी अनेक पुस्तकें उपलब्ध हैं जो इसको परिमार्जित करने की विधि बतला देंगी किन्तु ऐसी कोई भी पुस्तक नहीं है जो बतला सके कि यह प्राप्त ही कैसे की जाए। प्रतिभा तो जन्मजात होती है, प्राप्त नहीं की जाती। इसी की सहायता से साहित्य-स्रष्टा कथ्य को खोजता है। हां, शिल्प पक्ष के लिए नियम निर्धारित किये जा सकते हैं। किन्तु नियम-पालन मात्र से कोई रचना महान् नहीं हो जाती। रचना की महानता का मापदण्ड तो उसकी उन्नयन-सामर्थ्य है। जो रचना पाठकों को, एक या दो बार ही नहीं, सदा आनन्दित एवं आत्मविभोर करने की सामर्थ्य रखती हो, वही रचना महान् है चाहे उसमें नियम-निर्वाह की दृष्टि से कुछ त्रुटियाँ भी क्यों न हों। दूसरी ओर कोई रचना नियम-निर्वाह की दृष्टि से चाहे पूर्णतः निर्दोष हो किन्तु यदि वह पाठकों का उन्नयन करने में समर्थ नहीं है तो वह महानता से कोसों दूर हैं। लॉन्जाइनस का भी ऐसा ही मत था। ड्राइडन के मतानुसार समीक्षा का अर्थ 'कृति के दोषों की खोज करना' नहीं अपितु 'रचना को अमरत्व प्रदान करनेवाले तत्त्वों को खोजना' है।

मूल्यांकन-

ड्राइडन को अंग्रेज़ी समीक्षा का पिता कहा जाता है। सबसे पहले वे ही व्यक्ति थे जिन्होंने आंग्ल समीक्षा को सिद्धान्तों पर आधारित किया। उनके पूर्वगामी समीक्षक तो केवल आत्म-प्रधान समीक्षा करते थे। जो कृति उन्हें पसन्द आ गयी, उसकी वे खूब प्रशंसा कर देते थे और जो नहीं आयी उसकी निन्दा कर देते थे। हां, सिडनी और बेन जॉन्सन ने भी इस दिशा में कुछ कार्य किया था। किन्तु वे समीक्षा को व्यवस्थित रूप नहीं दे पाये थे। ड्राइडन ने समीक्षा की ओर विशेष ध्यान देकर उसे निश्चित दिशा दी और समीक्षा के युग का प्रवर्तन किया। यद्यपि उनके समीक्षा-सम्बन्धी कथन इतने अधिक बिखरे हुए हैं, फिर भी साहित्य जगत् की तत्कालीन समस्याओं में से एक भी ऐसी नहीं है जो उनकी दृष्टि से बच गयी हो। उन्होंने काव्य का स्वरूप एवं प्रयोजन, त्रासदी, कामदी, महाकाव्य, व्यंग्यकाव्य, त्रासदी-कामदी, संकलन-त्रय आदि सभी प्रश्नों एवं समस्याओं के विषय में अपने निर्णय दिये हैं। केवल उन सबको एक स्थान पर संकलित और व्यवस्थित नहीं किया गया है।

ड्राइडन के चिन्तन पर तीन प्रभाव स्पष्ट झलकते हैं। एक ओर तो वे अरस्तू से प्रभावित हैं, दूसरी ओर फ्रान्सीसी नव्यशास्त्रवादियों से और तीसरे लॉन्जाइनस से। अरस्तू से उन्होंने सिद्धान्त एवं नियम प्राप्त किये, जिनका पालन करने का अर्थ मानव-प्रकृति की समीचीन अनुकृति (चित्रण) करना होता है। फ्रान्सीसी नव्य-शास्त्रवादियों से उन्होंने सीखा कि महाकाव्य त्रासदी की अपेक्षा उच्चतर विधा है तथा किसी सद्विचार की शिक्षा देना इसका कर्त्तव्य है। लॉन्जाइनस से उन्होंने अपने निर्णय की महत्ता और नियमों की बेड़ी की व्यर्थता सीखी। इसी कारण उन्होंने अनेक शास्त्रीय नियमों की अवहेलना को अच्छा बतलाया और कहा कि जो नियम अरस्तू के देश और काल में मान्य थे, वे सब देशों और कालों में कैसे मान्य रह सकते हैं। इन प्रभावों ने ड्राइडन को उदार शास्त्रवादी बना दिया जिससे कि वे शास्त्रीय नियमों को देश एवं काल के अनुसार परिवर्तित करने के पक्षपाती बने। कुछ विद्वानों ने तो उनके ऊपर एक लांछन लगाया है कि उनकी समीक्षा का तो एकमात्र ध्येय अंग्रेज़ी साहित्यकारों के नियमोल्लंघन का किसी-न-किसी भाँति औचित्य सिद्ध कर देना है। हम इस लांछन को सही नहीं मानते। हम ड्राइडन के इस मत से सहमत हैं कि एक देश तथा युग में बनाये गये नियम अपने मौलिक रूप में कभी भी दूसरे देशों और युगों पर लागू नहीं होंगे। उनमें आवश्यक परिवर्तन आवश्यक रूप से करना ही होगा। वैसे नियमबद्धता का सिद्धान्त यह मानकर चलता है कि शास्त्रकार जितने प्रतिभाशाली व्यक्ति थे, उतने प्रतिभाशाली व्यक्ति भविष्य में जन्म ही नहीं लेंगे। अतः आगे आनेवाली पीढ़ियों को उन नियमों का पालन करना आवश्यक है ही अन्यथा श्रेष्ठ साहित्य का सृजन सम्भव ही नहीं है। किन्तु यह सिद्धान्त गलत है। प्रतिभा किसी विशेष युग अथवा देश का बपौती नहीं है और वह किसी भी नियम के बन्धन में बँधकर नहीं चलती। नियमों के बन्धन को तो प्रतिभाहीन व्यक्ति स्वीकारते हैं। संसार में कोई भी महान् व्यक्ति ऐसा नहीं हुआ जिसने नियमों की दासता स्वीकारी हो। चाहे हम होमर को लें, चाहे वर्ड्सवर्थ को, चाहे शेक्सपियर को, चाहे सूर्यकान्त त्रिपाठी 'निराला' को सब पर यह कथन समान रूप से लागू होता है।

जितनी सूक्ष्म एवं पैनी दृष्टि से ड्राइडन ने कविता के स्वरूप और प्रयोजन का विवेचन किया, किसी अन्य अंग्रेज़ समीक्षक ने तब तक नहीं किया था। उन्होंने देखा कि कविता के तीन पक्ष होते हैं—एक तो यह कवि व्यापार है, दूसरे समीक्षक द्वारा परख की जानेवाली वस्तु है और तीसरे समाज को प्रभावित करनेवाली शक्ति है। कविता का स्वरूप विश्लेषण करते समय इन तीनों को ध्यान में रखना आवश्यक है। ड्राइडन ने ऐसा ही किया। इसी प्रकार उनकी समीक्षा में स्वयं समीक्षा का स्वरूप विश्लेषण एवं उसके प्रयोजन का विवेचन भी स्पष्टता के साथ किया गया है।

उस समय काव्य-सृजन तथा समीक्षा के ऊपर जो अनेक ऊटपटाँग बन्धन लगे हुए थे, उन सबको उन्होंने चुनौती दी। उन्होंने स्पष्ट कहा कि 'जब जीवन में दुःख और सुख साथ-साथ चलते हैं तो नाटक में त्रासदी और कामदी का मिश्रण क्या जीवन का सही चित्रण नहीं है?' उसी प्रकार नाटक को अधिक सरस एवं मनोरंजक बनाने में यदि गौण-कथानक सहायक होता है, तो उसका समावेश क्यों नहीं किया जाना चाहिए? संकलन-त्रय नाटक में जीवन का समीचीन एवं सुन्दर बिम्ब प्रस्तुत करने में सहायक न होकर बाधक हैं, फिर उनका पालन क्यों किया जाय? क्या केवल इसीलिए कि अरस्तू ने उनका पालन आवश्यक बतलाया है? किन्तु अरस्तू ने किसी बात का समर्थन किया है, क्या इसी तर्क के आधार पर उसका औचित्य सिद्ध हो जाता है? नहीं। इस प्रकार अरस्तू के देवत्व को चुनौती देकर ड्राइडन ने नये चिन्तन का सूत्रपात किया।

ड्राइडन ने तुलनात्मक समीक्षा का भी सूत्रपात किया। यद्यपि उनसे पूर्वगामी समीक्षक भी अपने समय की कृतियों की तुलना यूनान और रोम के साहित्य से करते थे परन्तु उनका दृष्टिकोण सदैव यह रहता था कि यूनानी एवं रोमक कृतियाँ तो आदर्श रचनाएँ हैं। किन्तु सबसे पहले ड्राइडन ने ही कहा कि साहित्य कोई वस्तु न होकर जीवित शक्ति है जिसका राष्ट्र के विकास के साथ विकास होता है। जैसे प्रत्येक राष्ट्र का स्वरूप भिन्न होता है वैसे ही प्रत्येक देश के साहित्य का। अतः एक देश की रचनाओं का दूसरे देश के निवासियों द्वारा आदर्श समझकर अनुकरण करना उचित नहीं। प्रत्येक देश के निवासियों की अपनी अलग अभिरुचि होती है और साहित्यकार अपने देश के निवासियों की अभिरुचि को ध्यान में रखकर ही साहित्य सृजन करता है।

इस कथन एवं मान्यता की ओर हमारे हिन्दी के नौसिखियों को भी ध्यान देना चाहिए जो पाश्चात्य जगत् में प्रचलित प्रथाओं का अन्धे होकर अनुकरण करते हैं और बहुधा उनकी अच्छाई ग्रहण करने के स्थान पर बुराई ग्रहण कर लेते हैं। जब पाठकगण उनकी प्रशंसा नहीं कर पाते तो वे अपने अन्दर दोष-दर्शन न करके पाठकों को ही 'अज्ञानी', 'नासमझ' आदि शब्दों से सम्बोधित करने लगते हैं। इन साहित्य स्रष्टाओं को ड्राइडन की यह सलाह माननी चाहिए कि साहित्य सृजन करते समय सबसे अधिक ध्यान पाठकों की अभिरुचियों का रखा जाना चाहिए, आत्माभिव्यक्ति या पाश्चात्यानुकरण का नहीं। वैसे यदि पाश्चात्यानुकरण की उन्होंने कसम ही खा ली हो, तो हम उन्हें बता देना चाहते हैं कि ड्राइडन भी इंग्लैण्ड में ही जन्मा था और शत-प्रतिशत 'पाश्चात्य' था। उसने पाठक को कभी भी नही नकारा। सृजन करते समय पाठक को विस्मृत कर देना तो कभी भी क्षम्य नहीं है। ड्राइडन ने स्पष्ट कहा

है कि मेरा कविता लिखने का मुख्य उद्देश्य अपने समकालीन पाठकों को आनन्दित करना है।[62]

पाश्चात्य जगत में 'काव्य का क्या प्रयोजन है' यह विवाद का एक विषय रहा है। प्लेटो के अनुसार काव्य का उद्देश्य नैतिक शिक्षा प्रदान करना है, अरस्तू के अनुसार आनन्द प्रदान करना तथा लॉन्जाइनस के अनुसार उदात्तीकरण करना। ड्राइडन ने इस सम्बन्ध में भी अपना मत दिया है और कहा है कि साहित्य का प्रमुख उद्देश्य तो आनन्द प्रदान करना और उदात्तीकरण करना है और गौण उद्देश्य शिक्षा प्रदान करना। इस प्रकार उन्होंने विभिन्न शास्त्रीय विचारधाराओं का समन्वय कर दिया। उन्होंने प्लेटो की इस मान्यता को, कि साहित्य जगत् की अनुकृति है, अंशतः ही स्वीकार किया। कवि जीवनगत बातों को साहित्य में यथावत् प्रस्तुत नहीं करता अपितु उनमें सौन्दर्य का पुट लगाकर प्रस्तुत करता है। ऐसा करते समय वह कुछ बातों को बढ़ा-चढ़ाकर दिखलाता है और कुछ को छिपा जाता है। वह कुछ इस प्रकार के संसार का सृजन करता है जो वास्तविक जगत् से अधिक सुन्दर हो। अतः जीवन से प्राप्त कच्चे माल को ही कल्पना एवं बुद्धि की सहायता से एक नवीन रूप दे देने का नाम ही साहित्य है। इसके पीछे ड्राइडन ने दैवी प्रेरणा जैसी किसी लचर बात को स्वीकार नहीं किया। साहित्य में जगत् का चित्रण सौन्दर्य का पुट लगाकर ही किया जाता है, अन्यथा नहीं। इसी सौन्दर्य से तो पाठक आनन्दित होता है। ड्राइडन के अनुसार सौन्दर्य तो साहित्य के साथ आवश्यक रूप से रहेगा ही। सौन्दर्य का समावेश किये बिना किसी प्रकार का साहित्य-सृजन किया ही नहीं जा सकता।

फिर भी ड्राइडन के विवेचन को दोषरहित नहीं माना जा सकता। सर्वप्रथम तो उन्होंने बिम्बनिर्मात्री शक्ति तथा कल्पना शक्ति में कोई भेद नहीं किया। उन्होंने इन दोनों को एक ही शक्ति के दो नाम समझा। पर वस्तुतः ऐसा नहीं है। हमारी बिम्बनिर्मात्री शक्ति तो मस्तिष्क में संचित विभिन्न स्मृतियों को एक साथ मिलाने का कार्य करती है। वह कोई नया सृजन नहीं करती। उदाहरणार्थ यह शक्ति तो केवल इतना कह देती है कि अमुक वस्तु स्मृति में संचित अमुक वस्तु की भाँति है। किसी युवती का मुख देखकर जब कवि कहता है कि वह कमल के पुष्प के समान है, तब यही शक्ति काम करती है क्योंकि यहाँ 'मुख' तो उसके सम्मुख विद्यमान है और कमल के पुष्प की उसे स्मृति है। बिम्बनिर्मात्री शक्ति की सहायता से वह कह देता है कि ये दोनों परस्पर समान हैं। किन्तु कल्पना तो मौलिक सृजन करनेवाली शक्ति है। वह स्मृति में संचित विभिन्न वस्तुओं का मिश्रण ही नहीं करती अपितु उन्हें मिलाकर एक ऐसा यौगिक बनाती है जो नयी सृष्टि कहलाती है। इस प्रकार के अन्तर को आगे चलकर कॉलरिज ने स्पष्ट किया। दूसरे, ड्राइडन ने इस

सम्बन्ध में भी कोई विवेचन नहीं किया कि कल्पना शक्ति किस प्रक्रिया से काव्य'सृजन कर देती है। तीसरे, शास्त्रीय नियमों का विरोध करने पर भी ड्राइडन शास्त्रवाद के ही समर्थक थे। उन्हें उदार शास्त्रवादी ही कहा जा सकता है, स्वच्छन्दतावादी नहीं।

अध्याय-7

विलियम वर्ड्सवर्थ

अंग्रेज़ी साहित्य में विलियम वर्ड्सवर्थ (1770-1850) की ख्याति छायावादी युग (Romantic Age) के प्रवर्तक की है। उत्तरी-पश्चिमी इंग्लैण्ड के प्राकृतिक सौन्दर्य के लिए प्रसिद्ध लेक जिले में एक वकील परिवार में उनका जन्म हुआ था। यद्यपि अपने कार्य में उलझे रहने के कारण उनके पिता विलियम की शिक्षा में सीधा हस्तक्षेप नहीं कर पाते थे परन्तु वह उनको शेक्सपियर, मिल्टन और स्पेन्सर जैसे विख्यात कवियों की कविताओं को कण्ठस्थ करने को सदा ही प्रेरित करते थे। विलियम ने 1791 में बी.ए. की उपाधि कैम्ब्रिज से प्राप्त की। उनकी पहली चतुर्दशपदी (सॉनेट) वर्ष 1787 में *द यूरोपीयन मैगजीन* में छपी। वर्ड्सवर्थ ने अपना काफी समय फ्रान्स, स्विट्जरलैण्ड एवं इटली के सुन्दर स्थलों का पैदल भ्रमण करने में लगाया। फ्रान्सीसी क्रान्ति के नारे 'स्वतन्त्रता, समानता और भ्रातृत्व' से प्रभावित होकर वर्ड्सवर्थ फ्रान्स भी पहुँचे जहाँ एने वेलन से सम्पर्क के फलस्वरूप एक पुत्री का जन्म 1792 में हुआ लेकिन उसके जन्म से पूर्व ही वर्ड्सवर्थ इंग्लैण्ड वापस लौट चुके थे। 1816 में वर्ड्सवर्थ ने अपने स्कूल की सहपाठी मेरी हचिंसन से विवाह कर लिया। वर्ड्सवर्थ के जीवन में दो लोगों का विशेष महत्त्व रहा- एक उनकी बहिन डोरोथी जो स्वयं भी एक कवयित्री थी तथा अपनी डायरी (Journal) का नियमित लेखन करती थी, दूसरे सेम्अुल कॉलरिज जिनके साथ वर्ड्सवर्थ ने अपना काव्य-संकलन *लिरिकल बैलेड्ज़ विद ए फ्यू अदर पोएम्स* 1798 में प्रकाशित किया। काव्य-संकलन के इस संस्करण में किसी कवि का नाम नहीं छपा था तथा तत्कालीन आलोचकों को यह भ्रम था कि ये कविताएँ एक ही कवि की हैं। बाद में इस पुस्तक के चार और संस्करण वर्ष 1800, 1802, 1805 व 1815 में प्रकाशित हुए। *लिरिकल बैलेड्ज* को अंग्रेजी

साहित्य में छायावादी युग का उद्‌घोष माना जाता है। इस काव्य संग्रह के प्रथम संस्करण में वर्ड्सवर्थ की 19 तथा कॉलरिज की चार लम्बी कविताएँ ("राईम ऑफ दि एंशिएण्ट मेरीनर", "द फोस्टर मदर्स टेल्‌ ए ड्रेमेटिक फ्रैगमेण्ट", "द नाईटिंगेल ए कनवर्सेशनल पोएम" एवं "द डंजिइन") कुल पृष्ठों का लगभग एक तिहाई थी। वर्ड्सवर्थ की प्रसिद्ध कविता "टिन्टर्न ऐबी" भी इसी संकलन में प्रकाशित की गयी थी। इससे पूर्व वर्ड्सवर्थ के दो काव्य-संकलन "एन इवनिंग वॉक" तथा "डेस्क्रिप्टिव स्केचिज़" जनवरी 1793 में छप चुके थे। यह दोनों कविताएँ हीरोइक कपलेट (heroic couplet) नामक छन्द में रची गयी थीं तथा प्राकृतिक दृश्यों (दूसरी आल्प्स पर्वत) के विषय में थीं। इनकी काव्यभाषा भी नवक्लासिकीय युग की अपेक्षाओं के अनुरूप दुरूह थी। आलोचकों को वर्ड्सवर्थ और कॉलरिज का यह प्रयोगधर्मी काव्य-संकलन (*लिरिकल बैलेड्ज*) पसन्द नहीं आया। रॉबर्ट सदे जो कि कॉलरिज के मित्र भी थे, ने *क्रिटिकल रिव्यू* के अक्टूबर 1798 के अंक में न केवल वर्ड्सवर्थ को आलोचना की अपितु कॉलरिज का भी खूब मान मर्दन किया।

सदे ने लिखा : "यह प्रयोग इसलिए असफल नहीं है कि बोलचाल की भाषा का प्रयोजन काव्यात्मक आनन्द के लिए किया गया है बल्कि इसे रसहीन विषयों पर अजमाया गया है।" सदे को वर्ड्सवर्थ की 'इडियट बॉय' में कोई कथा नज़र नहीं आई जबकि 'द थॉर्न' में उबाऊ वाचलता नज़र आई। सदे ने कॉलरिज पर लक्ष्य करते हुए लिखा कि 'राईम ऑव दि एशिएंट मेरिनर' के कई छन्द केवल श्रमपूर्वक सुन्दर हैं तथा कहानी समझ से परे है। सदे के अनुसार कॉलरिज ने अपनी प्रतिभा का प्रयोग एक अनर्गल कविता को गढ़ने में किया है - ("Genius has here been employed in producing a poem of little merit.")।

जब मित्रों की स्थिति ऐसी थी तो गैरों का तो कहना ही क्या। दि *एनालेटिकल रिव्यू* (दिसम्बर 1798) ने 'राईम ऑव द एन्शिएण्ट मेरिनर' के सन्दर्भ में लिखा : "हम इससे बिल्कुल प्रसन्न नहीं है। यह एक हमारे प्राचीन गाथा लेखकों की सरलता की तुलना में एक पागल जर्मन कवि की उच्छृंखलता/असंयम है।" *द मन्थली रिव्यू* (द्वितीय शृंखला, जून 1799) ने इस संकलन के विषय में लिखा : "यद्यपि कल्पना, सुगमता और भावुकता की दृष्टि से ये कविताएँ मनोरंजक हैं तथापि इन्हें उस श्रेणी की कविता नहीं माना जा सकता जिन्हें हमारे बुजुर्ग कवियों ने लिखा है तथा जिनकी नकल ये कबि कर रहे हैं।" वर्ड्सवर्थ की ओलाचना *लिरिकल बैलेड्स* तक ही सीमित नहीं रही। आगे भी उनके अपने साथी यथा विलियम हैजलिट जो स्वयं एक छायावादी लेखक थे, ने उनकी भरपूर आलोचना की। हैजलिट ने अपने लेख "मिस्टर वर्ड्सवर्थ" में लिखा : "यदि वे किसी अन्य युग

में पैदा हुए होते तो अनाम ही रह जाते। उनके लिए क्षुद्रता ही युवा महत्त्वाकांक्षा की सीढ़ी है उनकी कविता, सूर्य की ऊँचाइयाँ तो पाना दूर, मुश्किल से ही जमीन से ऊपर उठ पाती है। उनके पास न कोई अलंकार है और न ही कल्पना की उड़ान न ही पौराणिक आख्यानों की भव्यता, और न ही काव्यात्मक रंग उनकी शैली नितान्त जनभाषीय है। वह केवल घरेलू सच्चाई तक सीमित रहते है - उनमें मानवीय आशाओं के अतिरिक्त कुछ भी उदात्त नहीं है और न ही गहरी मानवीय संवेदनाएँ हैं।" *एडिनबरा रिव्यू* के फ्रान्सिस जैफरी तो जैसे वर्ड्सवर्थ के पीछे ही पड़ गये थे। उन्होंने लिखा : "कविता के मानक, धर्म के मानकों की मानिन्द काफी पहले ही तत्कालिक प्रेरित लेखकों द्वारा तय कर दिये गये थे। आज उन मानकों पर प्रश्न नहीं उठाये जा सकते।" शायद इस प्रकार की आलोचना के चलते कॉलरिज ने अपना नाम तक 1800 तथा बाद के संस्करणों के कवर पेज पर नहीं दिया (प्रथम संस्करण के कवर पेज पर किसी का नाम नहीं था।) हालाँकि उनकी कविताएँ उनमें शामिल रहीं। *लिरिकल बैलेड्स* के प्रथम संस्करण की बिक्री भी बहुत अच्छी नहीं रही तथा प्रकाशक ने 500 छपी प्रतियाँ दूसरे प्रकाशक को एकमुश्त बेच दीं। अमेरिका में भी पुस्तक ने लेखकों, पत्रिकाओं और पाठकों का ध्यानाकर्षण नहीं किया। कुछ पत्रिकाओं में *लिरिकल बैलेड्स* की प्रशंसा भी की गयी। यथा लैम्ब ने हैजलिट के मत को खारिज किया। *ब्रिटिश क्रिटिक* (अक्टूबर 1799) में भी एक प्रशंसात्मक समीक्षा छपी।

यदि ध्यान से देखा जाये तो यह स्पष्ट होता है कि यह मतभेद दो सामाजिक व्यवस्थाओं के द्वन्द्व का परिणाम था। उन्नीसवीं शताब्दी में समाज का निम्न और मध्य वर्ग तीव्र गति से प्रगति करने लगा था तथा आभिजात्यवर्ग को साहित्य सहित जीवन के प्रत्येक क्षेत्र में चुनौती दे रहा था। कविता की विषयवस्तु, भाषा तथा छन्द आदि पर विचार विनिमय इसी टकराव के परिप्रेक्ष्य में आसानी से समझ में आ जाता है।

वर्ड्सवर्थ भी अपनी आलोचनाओं से विचलित हुए बिना न रह सके और उन्होंने इन आलोचनाओं का प्रत्युत्तर अपने काव्य-संकलनों की भूमिकाओं में दिया। *लिरिकल बैलेड्ज़* के सन् 1800 के संस्करण में लगभग 7000 शब्दों की भूमिका उन्होंने लिखी, जिसमें लगभग 3000 शब्द 1802 के संस्करण में और जोड़े गये। 1802 के संस्करण में 2000 शब्दों का एक परिशिष्ट भी जोड़ा गया। 'ऐसे अपॉन ऐपीटाफ़ज' (1890) में तीन भागों में एक निबन्ध, 'दि एक्सकर्शन' (1814) तथा 'पोइम्ज़' (1815) के लिए भूमिकाएँ भी उन्होंने अपनी बात रखने के लिये लिखीं। इन सबके मूल में फ्रान्सीसी क्रान्ति के फलस्वरूप उपजी लोकतान्त्रिक संवेदना कार्य

कर रही थी जो नये मानक गढ़ने को तैयार थी तथा पुराने को समूल उखाड़ फेंकने के लिए संकल्पबद्ध थी।

नवशास्त्रीय युग (Neoclassical Age) के स्थापित प्रतिमानों के विरुद्ध वर्ड्सवर्थ ने राजाओं और आभिजात्य वर्ग को कविता की विषयवस्तु नहीं बनाया अपितु सामान्य जन के विषय में लिखना प्रारम्भ किया। उनकी कविताओं में किसी भी समकालीन अथवा प्राचीन राजाओं के दर्शन नहीं होते अपितु लूसी (घसियारिन), माइकेल (गड़रिया), पीटर बैल (फेरीवाला), लीच गेदरर (अनाम जोंक संग्रही), कम्बरलैण्ड का भिखारी, बैंजामिन (गाड़ीवान), रूथ (एक उपेक्षित बच्ची) व अवमुक्त सिपाही जैसे साधारण चरित्र दृष्टिगोचर होते हैं। इस प्रकार के चरित्रों को सजीव करने हेतु उनकी भाषा भी उसी संवर्ग की होनी चाहिए न कि आभिजात्य वर्ग की। नवशास्त्रीय युग में आम जन की भाषा को गॅवारू भाषा मानकर उससे विरत रहने का चलन था। अतः उस युग में काव्यभाषा एक प्रकार की विशेष कृत्रिम भाषा बन चुकी थी जिसका आम जन से कोई साबका न था। परन्तु वर्ड्सवर्थ कविता को पुनः आम जन के बीच ले पहुँचे। मध्यमवर्ग के बढ़ते हुए आकार एवं कद ने उनके प्रयास को मान्यता भी प्रदान की। इस सन्दर्भ में समाज में समानता के विचार की बढ़ती हुई स्वीकार्यता का भी अपना महत्त्व है।

हिन्दी के परिप्रेक्ष्य में निम्न दो उदाहरणों से काव्यभाषा के विमर्श को समझा जा सकता है। एक ओर तो कबीर हैं जो सधुक्कड़ी अथवा पंचमेल खिचड़ी जैसी भाषा का प्रयोग अपनी कविता में करते हैं :

"कहत सुनत सब दिन गये, उरझि न सुरझ्या मन,
कही कबीर चेत्या नहीं, अजहूँ सो पहला दिन।"

वहीं दूसरी ओर जयशंकर प्रसाद संस्कृनिष्ठ हिन्दी में :

"हिमाद्रि तुंग शृंग से प्रबुद्ध शुद्ध भारती
स्वयं प्रभा समुज्ज्वला स्वतन्त्रता पुकारती
अमर्त्य वीर पुत्र हो, दृढ़ प्रतिज्ञ सोच लो
प्रशस्त पुण्य पन्थ है, बढ़े चलो, बढ़े चलो।"

अंग्रेज़ी साहित्य में भी इसी प्रकार के काव्यभाषा के प्रयोग देखने को मिलते हैं। जहाँ स्पेन्सर ने पुरातन भाषा (archaic expressions) को अपने काव्य का माध्यम बनाया है, मिल्टन ने पौराणिक भाषा तथा अप्रयुक्त/असामान्य शब्द संसार (uncommon expressions) को। मिल्टन की भाषा रीति/शैली को जहाँ grand style बताया गया अलेक्ज़ैण्डर पोप की शैली को mock-epic style – जबकि दोनों ने अप्रयुक्त/असामान्य शब्द प्रयोग किये हैं। डॉ. जानसन ने तो एडीसन की मध्य शैली (middle style) को लगभग सभी लोगों के लिए विहित कर दिया : "Whoever wishes to attain an English style, familiar but not coarse and elegant but not ostentatious, must give his days and nights to the volumes of Addison." इन सब उदाहरणों से यह स्पष्ट है कि भाषा-शैली का विषय केवल भाषण-कला का नहीं है (रोमन वक्ता सिसरो के प्रिप्रेक्ष्य में) बल्कि साहित्य/काव्य (अर्थात् कविता एवं गद्य दोनों) की लेखन शैली से भी सम्बन्धित है। महाकाव्य उच्च/श्रेष्ठ/महत (lofty/grand) शैली में, शोकगीत (elegy) निम्न (low) शैली में तथा ग्राम्य गीत (pastorals) मध्य (middle) शैली में लिखे जाने की परम्परा अंग्रेजी साहित्य में थी जिसका नवशास्त्रीय काल में खूब कठोरता से पालन किया जा रहा था। वर्ड्सवर्थ ने इस परम्परा का विरोध *लिरिकल बैलेड्ज* के माध्यम से किया। 1798 के संस्करण के लिए लिखे गये विज्ञापन में उन्होंने संकलन की कविताओं को प्रयोगधर्मी बताया। उन्होंने कहा कि उनकी कविताएँ यह देखने के लिए लिखी गयी हैं कि क्या मध्य व निम्न वर्ग की बोलचाल की भाषा के माध्यम से भी काव्यानंद उत्पन्न किया जा सकता है? तत्कालीन पाठकों एवं आलोचकों लक्ष्य करके वे लिखते हैं कि जिन पाठकों को आधुनिक (तत्कालीन) शोख़, अटपटी और अनुपयुक्त शब्दावली/पदावली की आदत पड़ चुकी हो उन्हें ये कविताएँ अजब और फूहड़ दिखायी देंगी। (They were written chiefly with a view to ascertain how far the language of conversation in the middle and lower classes of society is adapted to the purpose of poetic pleasure. Readers accustomed to the gaudiness and inane phraseology of many modern writers ... will have to struggle with feelings of strangeness and awkwardness ...)

इस विज्ञापन से यह तो स्पष्ट ही है कि वर्ड्सवर्थ को इस बात का अन्देशा था कि उनकी कविताओं का स्वागत मुश्किल से ही होगा। ("Readers of superior judgment may disapprove of the style in which many of these pieces are executed; it must be expected that many lines and phrases will not exactly suit their taste.") उनकी आशंका ठीक ही साबित हुई। 1800 के संस्करण में उन्होंने लिखा कि उनके काव्य-प्रयोगों को आशा से अधिक समर्थन मिला है। फिर भी अपने विचारों को अधिक स्पष्टता और विस्तार देते हुए उन्होंने इस संस्करण में अपना प्राक्कथन लिखा।

वर्ड्सवर्थ मूलतः कवि ही थे तथापि एक आलोचक के रूप में उन्होंने अपनी स्थापनाओं को सिद्ध करने हेतु खण्डन एवं मण्डन दोनों पद्धतियों का प्रयोग किया। अपने प्रयोगों की वैधता को स्थापित करने के लिए उन्होंने खुले मन से स्वीकार किया कि उन्होंने कविता लिखने के लिए प्रचलित मानकों की अवहेलना की है तथा ऐसा करने के प्रयोजन भी स्पष्ट किये हैं। आम जन के जीवन से सम्बन्धित घटनाओं और स्थितियों को अपनी विषयवस्तु बनाने और उन्हीं की भाषा में उसका वर्णन करने के पक्ष में उन्होंने निम्न उद्देश्य एवं कारण गिनाये हैं :

i) सामान्य चीजों में असामान्यता ढूँढना।

ii) सामान्य परिस्थितियों एवं घटनाओं में प्रकृति के नियमों को ढूँढकर उन्हें रसवान बनाना।

iii) हृदय के मूल उद्गार सादा एवं ग्राम्य जीवन में अधिक उर्वरा पाने के कारण ज्यादा सशक्त होते हैं तथा सपाट/साफगोई एवं प्रभावी दृढ़ता से प्रकट किये जाते हैं।

iv) ग्राम्य जीवन में कोई मिलावटीपन न होने से वहाँ की भाषा एवं विचार विकार रहित होते हैं।

v) प्रकृति के अधिक निकट रहने के कारण विचारों की सुन्दरता भी रोचक रहती है।

vi) प्राकृतिक सुरम्यता तथा सामाजिक समरसता के कारण भाषा भी अधिकतर सुरम्य रहती ही है—जो थोड़ी-बहुत खामियाँ बौद्धिकता के कारण दृष्टिगोचर होती हैं, उन्हें दूर किया जा सकता है।

vii) बहुत-से बुद्धि विलासी लेखक इस तरह की टिकाऊ तथा तत्त्वज्ञानी भाषा को छोड़कर स्वयं गठित एवं स्वयं पालित-पोषित भाषा का उपयोग चंचल एवं अविश्वसनीय आस्वादन एवं रुचि के लिए करते हैं। अतः इस प्रकार की भाषा का उपयोग स्वीकार्य नहीं है।

उपर्युक्त से स्पष्ट है कि वर्ड्सवर्थ एक वैज्ञानिक विचारक की तरह ही अपनी कविता के विषय एवं भाषा का विश्लेषण कर रहे हैं। उन्नीसवीं शताब्दी की विज्ञान में श्रद्धा का प्रभाव भी उनके चिन्तन में दृष्टिगोचर होता है। वह सत्य की खोज करना चाहते हैं—विश्वास के आधार पर नहीं अपितु तथ्यों के आधार पर। लेकिन, तथ्य किस प्रकार जुटाये गये—इस पर वर्ड्सवर्थ कोई प्रकाश नहीं डाल पाते। अतः उनके सिद्धान्तों को उन्हीं के साथी कॉलरिज ने अस्वीकार कर दिया। "प्रकृति के निकट रहनेवाले लोग कृत्रिमता से दूर रहने के कारण, सत्य के अधिक निकट होते

हैं"- यह एक विचार है, न कि तथ्य। इस विचार के पीछे भी कोई तथ्य नहीं है अतः यह कोरी मनोवैज्ञानिक कल्पना है। इसी प्रकार ग्रामीण भाषा में कितना छोड़ना है, कितना पकड़े रहना है— यह सब किसी वैज्ञानिक तरीके से न होकर अपने स्वभाव एवं रुचि के अनुसार ही होगा अतः कोई वस्तुनिष्ठ पैमाना इसके लिए वर्ड्सवर्थ नहीं सुझा पाये।

प्रस्तावना के अगले हिस्से में वर्ड्सवर्थ छन्द की उपयोगिता पर भी प्रश्नचिह्न खड़ा करते हुए कविता को परिभाषित करते हुए उस प्रबल मनोभावों का स्वतः स्फूर्त अतिप्रवाह बताते हैं। (For all good poetry is the spontaneous overflow of powerful feelings...) टी.एस. ईलियट नामक कवि एवं आलोचक ने बिना वर्ड्सवर्थ का नाम लिए उनकी परिभाषा को अस्वीकृत करते हुए लिखा है— कविता भावों का स्वतन्त्र आवेग नहीं अपितु आवेगों से मुक्ति है; यह व्यक्तित्व की अभिव्यक्ति नहीं अपितु व्यक्तित्व से पलायन है। ("Poetry is not a turning loose of emotion, but an escape from emotion; it is not the expression of personality but an escape from personality.") हिन्दी साहित्य की सुन्दरतम रचनाएँ चाहे वह तुलसी की *रामचरितमानस* हो अथवा मैथिलीशरण गुप्त की *यशोधरा* अथवा बच्चन की *मधुशाला* अथवा प्रसाद की *कामायनी* अथवा निराला की *राम की शक्ति पूजा* या दिनकर की *उवर्शी* - सभी छन्दबद्ध कविताओं के उदाहरण है जिनमें कवि का अपना जीवन (autobiogrphy) या वैयक्तिक राग (personal emotion) दृष्टिगोचर नहीं होता।

वर्ड्सवर्थ अपने-आपको उन्नीसवीं सदी के नारे तथा आन्दोलन, “कला केवल कला के लिए”, से दूर रखते हुए कहते है कि उनकी कविता सोद्देश्य है - कविता में जो भाव पैदा किये गये उन्हीं के अनुरूप प्रक्रिया एवं स्थिति (action and situation) उत्पन्न होती है। इसे वह अपना विशेष गुण बताते हुए रेखांकित करते हैं तथा पुरानी कविता को खारिज करते हैं चूँकि उसमें प्रक्रिया एवं स्थिति (action and situation) के फलस्वरूप भाव की उत्पत्ति होती है। जिसे वर्ड्सवर्थ भाव (emotion) कह रहे हैं, भारतीय काव्यशास्त्रियों ने उसे रस बताया है।

रस की उत्पत्ति भाव, विभाव एवं अनुभाव से होती है—अतः रस निष्पत्ति बाद में होगी पहले-प्रक्रिया एवं स्थिति आयेगी। अतः वर्ड्सवर्थ का उपरोक्त कथन भारतीय मानस को आसानी से स्वीकार्य नहीं होगा। टी.एस. ईलियट ने भी *हेमलेट* पर अपने निबन्ध में आबजेक्टिव कोरिलेटिव की अवधारणा देते समय भाव को प्रक्रिया एवं स्थिति के बाद में ही स्थान दिया है। ("a set of objects, a situation, a chain of events which shall be the formula of that particular emotion.")

लेकिन वर्ड्सवर्थ एक मंजे हुए मनोवैज्ञानिक की तरह बात करते हुए कहते हैं कि बिना किसी ठोस एवं प्रचण्ड/तीव्र उत्तेजक के भी मानव मस्तिष्क झंकृत हो सकता है। यदि ठीक प्रकार से देखा जाए तो मानव मन को झंकृत करने हेतु किसी ठोस उत्प्रेरक की आवश्यकता पड़ती है, उदाहरणार्थ करुणा एवं दया का भाव तो मानव मन में रचा-बसा है परन्तु करुणा किसी भिखारी के दीन-हीन देखने पर प्रकट हो जाती है। अतः यदि वर्ड्सवर्थ "कम्बरलैण्ड का बूढ़ा भिखारी" ("The Old Cumberland Beggar") नामक कविता रचते हैं तो निराला 'भिक्षुक' जैसी। प्रश्न यह है कि जीता-जागता भिखारी उत्प्रेरक हो सकता है अथवा उस जीते-जागते भिखारी का भाव भी उत्प्रेरक हो सकता है। कविता तो कोमल भाव से ही सम्भव होती है। मानव मन को इन्हीं भावों को समझना, तोलना तथा नापना आना चाहिए। भारतीय काव्यशास्त्रियों ने काव्य के प्रयोजन एवं हेतु पर गहन विमर्श किया है लेकिन वर्ड्सवर्थ के निष्कर्ष उनसे एकदम भिन्न है। साहित्य का प्रयोजन स्पष्ट करते हुए वर्ड्सवर्थ लिखते हैं कि इसका कार्य/हेतु मानव मस्तिष्क को झंकृत करना होना चाहिए परन्तु आधुनिक साहित्य विशेषकर उन्मत्त उपन्यास तथा विवर्ण और मूढ़ जर्मन त्रासदियाँ मस्तिष्क को बर्बर तंद्रा में ढकेल देती हैं जिसके कारण शेक्सपियर और मिल्टन जैसे महान् लेखक भी उपेक्षा के शिकार हो चुके हैं।

वर्ड्सवर्थ के लिए मन को झंकृत करने का कार्य भी सोद्देश्य है। *लिरिकल बैलेड्ज* के वर्ष 1815 के संस्करण की भूमिका में वर्ड्सवर्थ ने कॉटन की कविता "ओड अपॉन विण्टर"। को उद्धृत किया है। इसी कविता की एक पंक्ति कविकर्म के उद्देश्य को भी प्रकट करने के लिए काफी हैं : "कष्ट में उनको आनन्द प्रदान करना/ जो दबे हुए हैं उनको सुरक्षा व आराम देना/जो बन्धनों में जकड़े हैं उन्हें मुक्ति का आकाश देना" वर्ड्सवर्थ ने भी अपनी कविता का उद्देश्य इसी को बनाया। 21 मई 1807 को उन्होंने लेडी बोमॉट को अपनी कविता का उद्देश्य स्पष्ट करते हुए लिखा था : "पीड़ितों को सांत्वना देना, खुश को और खुश देखने के लिए उनके दिन में कुछ और धूप कर देना, युवाओं और हर उम्र के विनीतों को देखने की, सोचने की और महसूस करने की दृष्टि देना जिससे वह और अधिक सक्रिय तथा सुरक्षित होकर नेक बने।" अपने इसी पत्र के अन्त में वह आशा करते हैं कि उनकी "कविताएँ समाज तथा मानव समाज तथा मानवमात्र में सौम्य प्रवृत्ति को बढ़ावा देंगी तथा मनुष्यों को समझदार, बेहतर और खुश बनाने में सफल होंगी।" किसी मित्र द्वारा वर्ड्सवर्थ की कविता की आलोचना के प्रत्युत्तर में वे सर जार्ज बोमॉट को लिखते हैं : "प्रत्येक महान् कवि शिक्षक होता है। या तो मुझे शिक्षक स्वीकारा जाये अथवा कुछ न माना जाये।"

अपनी काव्य-शैली पर बात करते हुए वर्ड्सवर्थ कहते हैं कि उन्होंने मानवीकरण अलंकार का उपयोग मशीनी रूप में नहीं किया है क्योंकि सामान्यतः लोग इसका प्रयोग नहीं करते लेकिन जहाँ कहीं भी अनुराग/मनोभाव (passion) को प्रकट करने की आवश्यकता प्रतीत हुई है उन्होंने उससे परहेज भी नहीं किया है। उनका यह कथन है कि उन्होंने अपनी भाषा को बिल्कुल भी कृत्रिम नहीं होने दिया है तथा उनका शब्द-चयन भी किसी प्रकार की कृत्रिमता से परे हैं। उनका यह प्रयास काव्यभाषा और जनसामान्य की भाषा के अन्तर को समाप्त करने के लिए है। कविता में किसी दृश्य को प्रस्तुत करते हुए वे किसी भी मिथ्या/असत्यता से बचना चाहते हैं। अपनी कविताई में उन्होंने कवि के लिए आवश्यक "विवेक/शुभ बोध सही समझ (good sense) को ही मानक बनाया है। वर्ड्सवर्थ आगे बढ़ते हुए लिखते हैं कि छन्दीय रचना (metrical composition) की श्रेष्ठ पंक्तियों और अच्छे गद्य में कोई विशेष अन्तर नहीं होता। अपनी बात को सिद्ध करने के लिए वह टामस ग्रे की कविता (चतुर्दशपदी) "ऑन द डेथ ऑन रिचर्ड वेस्ट" के एक अंश को गद्य की तरह लिख देते हैं तथा कविता के सबसे अच्छे अंशों को गद्य की मानिन्द बताते हैं। यहाँ वर्ड्सवर्थ का तात्पर्य दोनों में वाक्य रचना (syntax) तथा शब्द चयन (diction) की समानता से है न कि छन्द से। वर्ड्सवर्थ अपनी बात को संभालकर स्पष्ट करते हुए कहते हैं कि सामान्य जन की भाषा में से अशिष्ट को निकालकर जो शेष बचता है वह काव्यभाषा के बिल्कुल उपयुक्त है। मनोभावों के अनुरूप भाषा अपनी गहनता चुन लेती है - यदि आवश्यक हो तो तद्नुसार अंलकारों को भी उपयोग में लाती है।

वर्ड्सवर्थ एक प्रकार से अपने विचारों में क्रमशः नरमी लाते हैं। उनके इस विचार व्यवहार की समीक्षकों ने आचोलना की है। कॉलरिज ने उनका विरोध करते हुए लिखा कि गद्य एवं पद्य की भाषा में एक अवश्यम्भावी व मूलभूत अन्तर है। रेने वैलेक ने लिखा कि वर्ड्सवर्थ ने शुरुआत तो छायावादी की तरह की परन्तु अन्त एक नवक्लासिकीय लेखक की तरह किया। उनकी श्रेष्ठ कविताएँ सामान्य जन की भाषा का प्रयोग नहीं करती।

एच.डब्ल्यू. गैरड का मानना है कि *लिरिकल बैलेड्ज़* जितनी काव्यभाषा (poetic diction) के खिलाफ है उतनी ही छन्दबद्धता के लिए प्रतिबद्ध। वर्ड्सवर्थ का काव्यभाषा (poetic diction) से अर्थ न केवल शब्द-चयन से है अपितु उसमें वे सभी पद तथा अलंकार भी विहित हैं जो कवियों को विरासत में प्राप्त हुए हैं— जिसमें वाक्य-विस्तार (periphrasis), व्युत्क्रम (inversion), विपर्यय (antithesis) आदि काव्य युक्तियाँ तथा ऐसे वाक्य पद शामिल हैं जो हैं तो बहुत ही सटीक एवं

सुन्दर है लेकिन खराब कवियों के आवश्यकता से अधिक उपयोग के कारण वे आनन्द के बजाय जुगुप्सा उत्पन्न करते हैं।

वर्ड्सवर्थ छन्द के पक्ष में कई तर्क देते हैं—कभी वह ऐतिहासिक उदाहरण देते हैं, कभी पाठकों की चाहत का हवाला देते हैं। कभी उसे आवश्यक-सा बताने का प्रयास करते हैं तो कभी उसे केवल अधिसंकलित मनोरंजन/अलंकरण का प्रयास (superadded pleasure), यद्यपि उन्हें यह तय करने में परेशानी होती है कि कविता को छन्दबद्ध होना चाहिए अथवा नहीं अथवा छन्द कविता का अभिन्न अंग है अथवा नहीं। उनकी परेशानी का कारण उनके विचार तथा उनके व्यवहार के बीच द्वन्द्व है। उनका आग्रह है कि काव्यभाषा सामान्यजन की भाषा होनी चाहिए, जो सामान्यतः छन्दबद्ध नहीं हो सकती परन्तु उनकी अपनी कविताएँ छन्दबद्ध होती हैं। अपने कविकर्म तथा काव्यशैली के बचाव में वे लिखते हैं कि यह कहना सही नहीं होगा कि छन्द का प्रयोग यदि कवि करेगा तो उसे एक विशेष प्रकार के शब्दों का प्रयोग करना अवश्यक होगा। साधारण विषयों पर, अधिक आडम्बरहीन, सपाट भाषा में भी कविता लिखी जा सकती है, ऐसा प्रयोग वे अपनी छन्दबद्ध कविता को मानते हैं। इस प्रकार वह यह सिद्ध करने का प्रयास करते हैं कि छन्द स्वयं एक आनन्द का स्रोत है जिस कारण वह एक युग से दूसरे युग तक अनवरत प्रचलित रहा है। उनके अनुसार छन्द की आवश्यकता कभी-कभी अनियन्त्रित भाव को नियन्त्रित करने के लिए भी पड़ती है। इसी प्रकार दुःख को प्रकट करने में जैसा कि शेक्सपियर ने त्रासदियों में अथवा कुछ गीत-कथाओं (ballads) में होता है, छन्द का प्रयोग कुछ आनन्द बढ़ा देता है जिससे दर्द कुछ कम छलकता है। उनके अनुसार मीटर (छन्द) शब्दों में जुनून (passion) पैदा कर देता है एवं कवि आवश्यक भावात्मक अतिरेक (emotional excitement) पैदा करने में सक्षम हो पाता है। वर्ड्सवर्थ एक मनोवैज्ञानिक की तरह, कहते हैं कि मानव मस्तिष्क समानता में असमानता तथा असमानता में समानता ढूँढ़कर प्रसन्न होता है। इसी सिद्धान्त पर अलंकार भाषा में चमत्कार उत्पन्न करते हैं। इसी प्रकार कई और बदलते हुए तत्त्वों के बीच मीटर (छन्द) अपना एकात्म बनाये रखता है अतः अच्छा लगता है। उपर्युक्त के आलोक में इस निष्कर्ष पर पहुँचा जा सकता है कि वर्ड्सवर्थ छन्द को अच्छी कविता के लिए आवश्यक मानते हैं।

वर्ड्सवर्थ ने कविता के अन्य पक्षों यथा कवि कौन है, किसके लिए और कब कविता करता है तथा किस भाषा का उपयोग करता है जैसे प्रश्नों पर भी विचार किया है। वर्ड्सवर्थ कहते हैं कि कवि केवल कवि से नहीं अपितु मनुष्यों से सरोकार

रखता है एवं उनके लिए रचना करता है। अतः व्यक्ति सापेक्ष निम्न नौ गुण वर्ड्सवर्थ कवि में बताते हैं :

1. अधिक जीवन्तता, संवेदनशीलता और कोमलता।

2. मानव स्वभाव का अधिक ज्ञान और अधिक व्यापक एवं सर्वग्राही मानस।

3. एक ऐसा व्यक्तित्व जो अपने जुनून और संकल्पों में मस्त रहता है तथा औरों की अपेक्षा जीवन के जोश में अधिक हुलसता है।

4. ब्रह्माण्ड के कार्यकलापों में व्यक्त जुनून और संकल्पों पर मनन कर आनन्दित होता है और जब उन्हें नहीं पाता तो आदतन उन्हें गढ़ लेता है।

5. अनुपस्थित चीज़ों को उपस्थित समझकर उनसे प्रभावित होने का स्वाभाविक गुण उसमें सामान्यजन से अधिक रहता है।

6. अपने अन्दर उन आवेगों को महसूस करने की क्षमता जो वास्तविक घटनाओं से उत्पन्न होनेवाले आवेगों से एकदम भिन्न होते हैं।

7. बिना किसी बाह्य उत्तेजना के अपने मन के आवेगों की संरचना को अपनी भाषा में प्रकट करने की क्षमता रखना।

8. कवि में उपर्युक्त गुणों की जो भी मात्रा मान ली जाये, यह स्पष्ट है कि उसकी भाषा उतनी ही जीवन्त होनी चाहिए जितनी कि वास्तविक समाज की।

9. कवि को इतनी समझ होनी चाहिए कि कौन-सा आवेग घृणित है और कौन सा उदात्त। इस कार्य को यान्त्रिक होने से बचाने में उसकी चित्तवृति (fancy), कल्पना (imagination) तथा भाषा पर अधिकार मददगार होंगी।

वर्ड्सवर्थ अरस्तू के समान ही कविता को सभी प्रकार के लेखन में सर्वाधिक दार्शनिक मानते हैं क्योंकि कविता न तो व्यक्तिपरक/व्यक्ति सापेक्ष होती है और न ही स्थान-सापेक्ष यद्यपि वे इसे व्यक्ति और प्रकृति की प्रतिकृति मानते हैं। अरस्तू के समान ही वह इसे इतिहास और जीवनी से बेहतर बताते हैं क्योंकि इसमें किसी व्यक्ति विशेष से वफ़ादारी नहीं करनी होती। कविता की केवल एक सीमा है—पाठक/श्रोता को तुरन्त आनन्द देना। उनके अनुसार यह आनन्द मसखरेपन के आनन्द से बहुत ऊपर के स्तर का है क्योंकि इसमें कवि मनुष्य की गरिमा को ध्यान में रखते हुए उसके अन्दर छिपे आनन्द को ही प्रकट करता है। चूँकि कवि मनुष्य और प्रकृति को एक-दूसरे का पूरक मानता है, उसका ज्ञान विज्ञान के आनन्द से बेहतर होता है। कवि प्रकृति तथा मनुष्यों के प्यार के रिश्ते को साथ लेकर चलता है जिसमें शिष्टाचार, कानून, रीति-रिवाज, भाषा आदि गौण हो जाती हैं। उनके कथनानुसार सभी ज्ञान कविता से प्रारम्भ होकर कविता पर ही समाप्त होता है। वे कविता को विज्ञान से भी कहीं आगे की चीज़ मानते हैं क्योंकि कविता का सम्बंध

हृदय से होता है। यदि विज्ञान कोई शरीर भी धारण कर ले तो कवि उसमें एक दिव्य आत्मा का प्रवेश कराकर उसका स्वागत एक प्रिय एवं सहवासी के रूप में करेगा। इस प्रकार वर्ड्सवर्थ कवि में जीवन में उदात्त की खोज को कवि का प्राथमिक गुण मानते हैं। इसी उदात्त के कारण कोई भी कवि बिना किसी बाह्य साधन के अधिक तत्परता से सोचने एवं महसूस करने के लिए प्रतिष्ठित होता है।

कविता कब रची जाये इस प्रश्न पर विचार करते हुए वर्ड्सवर्थ लिखते हैं कि शान्ति में मूल भाव को स्मरण करने का समय कविता को रचने का समय है अर्थात् कवि को किसी जुनून में कविता नहीं करनी चाहिए। सफल कविता, वर्ड्सवर्थ के अनुसार, केवल मूलभाव को स्मरण करने के क्षणों में ही की जा सकती है। सफल कविता अक्सर ऐसे ही क्षणों में प्रारम्भ होकर ऐसे ही क्षणों में स्वैच्छिक रूप में आगे बढ़ती है। एक साधक की भाँति बोलते हुए वर्ड्सवर्थ कहते हैं कि यदि सर्वशक्तिमान (nature) ने आनन्द के इस क्षण को दिया है तो कवि को भी इस पाठ से लाभ उठाकर पाठक तक वही सार्थक व ओजशील आनन्द पहुँचाना चाहिए।

वर्ड्सवर्थ की कविता की परिभाषा की खूब आलोचना हुई है। यह भी ध्यान दिलाया गया है कि सहज अतिप्रवाह (spontaneous overflow) और शान्ति में स्मरण (recollection in tranquility) बिल्कुल विरोधी स्थितियाँ हैं। वास्तव में कविता की प्रक्रिया को बतलाना और उसे व्याख्यायित करना एक कठिन कार्य है, इतना कठिन कि आज तक कविता की कोई सर्वमान्य परिभाषा नहीं गढ़ी जा सकी है। वर्ड्सवर्थ पढ़े कम थे परन्तु गुने अधिक थे। कविता कर्म कई प्रकार की मानसिक, रागात्मक, बौद्धिक, भावपूर्ण एवं शारीरिक चेष्टाओं का परिणाम होता है। इन सब अवस्थाओं को शुद्ध रूप में पहचानना और उस स्थिति को एक नाम देना एक बहुविषयक (inter-disciplinary) कार्य है। वैसे वर्ड्सवर्थ ने जो कविता रचना-प्रक्रिया बतायी है वह सही प्रतीत होती है। उदाहरणार्थ निराला की कविता 'भिक्षुक' को लें। ऐसा शायद ही सम्भव हो कि आप सड़क चलते भिक्षुक को देखकर इतने भावविह्वल हो जायें कि अपने सारे कार्यकलाप छोड़कर तुरन्त कापी-पेन लेकर कविता लिखना अथवा गुनगुनाना प्रारम्भ कर दें। एक कमजोर भिक्षुक और एक हृष्ट-पुष्ट भिक्षुक को देखकर भी एक से भाव शायद ही उत्पन्न हों। लेकिन दया का भाव स्थायी भाव है, वह दया का भाव जब उत्पन्न होता है तो उससे जुड़े हुए प्रंसग एवं तस्वीरें भी दिमाग में कौंधती हैं। उस भिक्षुक से व्यक्ति का मानसिक रूप से किस प्रकार जुड़ाव बनता है यह कवि की वृत्ति के ऊपर भी निर्भर करता है। यथा यदि कवि स्थितिवादी है तो भिक्षुकवृत्ति को भिक्षुक का भाग्य मानेगा। यदि कर्मवादी है तो उसके पिछले कर्मों को आज की स्थिति का कारण मानेगा। यदि आशावादी

है तो भिक्षुक के दिन भी बहुरेंगे ऐसी कल्पना करेगा। यदि मार्क्सवादी है तो सिस्टम को उसकी स्थिति का जिम्मेवार ठहरायेगा। कहने का तात्पर्य यह है कि भिक्षुक का वर्णन एवं उसकी समस्या का समाधान वह अपनी मनोवृत्ति के अनुसार देगा। निराला की कविता में इसलिए तीनों कालों का सम्मिश्रण है– कविता भूत काल में प्रारम्भ होती है, भूत और वर्तमान के बीच झूलती-बढ़ती है तथा भविष्यत्काल में आकर समाप्त होती है। यही बात तो वर्ड्सवर्थ भी कह रहे हैं। वर्ड्सवर्थ की आलोचना का द्वितीय बिन्दु उनके मीटर (छन्द) के प्रयोग को लेकर है। यदि भाव का सहज अतिप्रवाह (spontaneous overflow) हो रहा है तो क्या यह सम्भव है कि कवि छन्द की मात्राएँ ठीक प्रकार से गिन ले?

वर्ड्सवर्थ अपने तर्क को प्राक्कथन (प्रीफेस) के अन्तिम अंश में भाव का शान्ति में स्मरण (emotion recollected in tranquillity) की शर्त लगाकर ठीक करने की कोशिश करते हैं। किसी सामान्य व्यक्ति के लिए छन्द के लिए आवश्यक मात्राओं और उचित शब्दों का चयन मेहनत एवं आश्चर्य का विषय हो सकता है लेकिन मँजे हुए कवियों अथवा संगीतकारों के लिए नहीं। अतः जब कभी भाव का पुनर्जीवन किया जा रहा हो वह छन्द एवं शब्दों का चयन तो ठीक प्रकार से किया ही जा सकता है—वर्ड्सवर्थ की केवल इतनी सी मंशा है। वर्ड्सवर्थ भी यह जानते हैं कि लांग (langue) तो सामान्यजन तथा विद्वज्जन का एक ही है, केवल परोल (parole) की समस्या है। यदि सामान्यजन की भाषा से कुछ त्रुटियाँ दूर कर दी जाये तो वही भाषा विद्वज्जन को भी स्वीकार हो जायेगी। लेकिन वर्ड्सवर्थ एक संरचनावादी (structuralist) की तरह अथवा एक सुलझे हुए भाषावैज्ञानिक की तरह बिना तकनीकी शब्दों का सहारा लेकर अपनी बात रखने की कोशिश कर रहे थे जिस पर कॉलरिज तथा अन्य आलोचकों ने अनावश्यक वितण्डा खड़ा कर दिया। विश्व की महानतम कृतियाँ, चाहे छोटी अथवा बड़ी (अर्थात् चाहें गीत अथवा महाकाव्य) वर्ड्सवर्थ की परिभाषा को ही चरितार्थ करती हैं—चाहे वह सूर के पद हों, कबीर के दोहे हों अथवा रामचरितमानस की चौपाइयाँ हों।

विलियम वर्ड्सवर्थ का उदय अंग्रेजी साहित्याकाश में उस समय हुआ जब इंग्लैण्ड में शास्त्रबद्धता का बोलबाला था और साहित्यकार रीतिबद्ध होकर साहित्य-रचना और समीक्षा कर रहे थे। वर्ड्सवर्थ ने शीघ्र ही शास्त्रबद्धता से अपने आपको मुक्त कर लिया और शास्त्रेतर मार्ग पर चलने का निर्णय लिया। वर्ड्सवर्थ ने फ्रांसीसी चिन्तक रूसो के सिद्धान्तों को अपनाया और 'चलो प्रकृति की ओर' के नारे का समर्थन किया। लिरिकल बैलड्ज़ (Lyrical Ballads) की 'भूमिका' के विभिन्न संस्करणों में वर्ड्सवर्थ ने काव्योपयुक्त शब्द-चयन तथा कविता के विषय में अपनी

धारणा को स्पष्ट किया है, यद्यपि वर्ड्सवर्थ ने 'प्रस्तावना' के पहले रूप को बाद के रूपों में काफी बदल कर प्रस्तुत किया है।

काव्योपयुक्त शब्द-चयन के प्रश्न पर अनेक पूर्ववर्ती साहित्यकारों और समीक्षकों ने विचार किया था। एडमंड स्पेंसर ने अपनी कृतियों में प्रचलित शब्दों के बजाय पुरातन शब्दो का प्रयोग करने का प्रयत्न किया था। जॉन मिल्टन ने अपनी महान कृतियों में असामान्य शब्दों को प्रयोग करने का प्रयत्न किया। प्रसिद्ध रोमन वक्ता सिसेरो ने तीन प्रकार की शैली बतायी थी : हीन, मध्य एवं उच्च। उनके मतानुसार जब वक्ता अपने तर्क को सिद्ध करने के लिये बोलता है तो उसकी शैली हीन वर्ग की होती है; जब वह श्रोता को प्रसन्न करने के लिये बोलता है तो उसकी शैली मध्य कोटि की होती है, और जब वह श्रोता को द्रवित करने के लिए बोलता है तो उसकी शैली उच्च कोटि की होती है। अठारहवीं शताब्दी के अंग्रेजी साहित्यकार केवल दो शैलियों को स्वीकारते थे : हीनकोटि और उच्च कोटि। उनका विचार था कि परिचित शब्द हीन कोटि की शैली में प्रयुक्त होते हैं और वे काव्य के लिए उपयुक्त नहीं है। डॉ0 सेमुअल जॉनसन ने यह भी कहा कि तकनीकी शब्द भी काव्य के लिये उपयुक्त नहीं है क्योंकि उन्हें केवल वे ही व्यक्ति समझते हैं जो उस क्षेत्र के विशेषज्ञ हैं। इस प्रकार 18वीं शताब्दी के साहित्यकार प्रचलित तथा तकनीकी शब्दों को काव्य के लिये उपयुक्त नहीं मानते थे।

काव्योपयुक्त शब्द-चयन :

'भूमिका' का मुख्य कथ्य है काव्योपयुक्त शब्द चयन। रीतिबद्ध साहित्यकार बहुधा कृत्रिम वाक्यांशों का उपयोग करते थे। उदाहरण के लिए वे भेड़ चराने वालों को 'गड़रिया' न कहकर 'ग्रामीण जाति' कहते थे। खेतों में दूर तक खिले हुए पुष्पों को 'पुष्पों से निर्मित दरी' कहते थे तथा चहचहाते पक्षियों को 'पंख वाले प्रसन्न गायक-गण' कहते थे।

वर्ड्सवर्थ को सम्भवतः मात्र इस प्रवृत्ति से आपत्ति थी क्योंकि लिरिकल बैलड्ज़ के सन् 1798 के संस्करण के 'विज्ञापन' में उन्होंने मात्र इतना कहा था कि मैने अपनी कविताओं के लिए सरल शब्दों को इसलिये चुना है जिससे कि मैं यह सिद्ध कर सकूँ कि समाज के मध्य एवं निम्न वर्गीय लोगों की बोलचाल की भाषा काव्यात्मक आनन्द प्रदान कर सकती है। परन्तु जब उनके इस विचार की भी रूढ़िवादियों ने निर्दयता से आलोचना की तो उन्होंने अपनी तात्कालिक धारणा को एक निश्चित विचारधारा में परिवर्तित कर लिया और 'लिरिकल बैलड्ज' के सन् 1800 के संस्करण की 'भूमिका' के रूप में इसे प्रस्तुत किया। उन्होंने लिखा, "इन कविताओं में मेरा मुख्य ध्येय यह रहा है कि मैं सामान्य जीवन

से ऐसी घटनायें और स्थितियाँ ग्रहण करूँ और उनका विवरण और वर्णन ऐसी भाषा में करूँ जिसे लोगों द्वारा वास्तव में बोली जाने वाली भाषा में से चयनित किया गया हो और जिनके ऊपर कल्पना का रंग छिड़क कर ऐसा कर दिया गया हो कि वे असामान्य लगने लगें। वर्ड्सवर्थ ने निम्न तथा ग्रामीण जीवन से घटनायें इसलिये चुनी क्योंकि ये लोग अपने कथनों में अपने व्यक्तिगत अनुभव को अभिव्यक्त करते हैं, उन पर कोई बाहरी प्रभाव नहीं होता तथा उनकी भाषा सरल होती हैं और उसमें कृत्रिमता नहीं होती। वर्ड्सवर्थ ने कहा कि इन ग्रामीणों की यह भाषा कवियों द्वारा प्रयुक्त भाषा से अधिक स्थायी और अधिक दार्शनिक (विचारपूर्ण) होती है।

वर्ड्सवर्थ ने अपने समकालीन रीतिवादी कवियों और समीक्षकों के काव्योपयुक्त शब्द-चयन सम्बन्धी धारणा की भी आलोचना की। उन्होंने लिखा, "इस पुस्तक में सम्मिलित कविताओं में अमूर्त विचारों का मानवीकरण बहुत ही कम है। मैंने इस विचार को बिलकुल ठुकरा दिया है कि कविता की भाषा को गद्य की भाषा से उच्चतर बनाने के लिये मानवीकरण नामक अलंकार का प्रयोग किया जाए। मेरा प्रयत्न यह रहा है कि मैं जन-सामान्य की भाषा की ही अनुकृति करूँ और जहाँ तक हो सके उसी को अपनी आवश्यकतानुसार ढाल लूँ। जन-सामान्य की भाषा में अमूर्त विचारों का मानवीकरण नहीं किया जाता। आप यह भी देखेंगे कि इन कविताओं में उस प्रकार के शब्दों का प्रयोग नहीं किया गया है जिन्हें काव्योपयुक्त शब्द कहा जाता है। अपनी भाषा को जन-सामान्य की भाषा जैसा ही रखने के लिए मैंने काव्योपयुक्त शब्दों से परहेज किया है जब कि रीतिबद्ध कवि उस प्रकार के शब्दों का प्रयत्नपूर्वक प्रयोग करते है।"

जिस काव्योपयुक्त शब्द भंडार को वर्ड्सवर्थ ने तिरस्कृत किया उसमें निम्नलिखित को सम्मिलित किया जाता है-

1. अमूर्त विचारों का मानवीकरण,
2. अलंकार
3. विपर्यय, और
4. घुमा फिरा कर किया गया कथन आदि।

इसके आगे वर्ड्सवर्थ यह भी कहते हैं कि कविता की भाषा गद्य की भाषा से किसी उल्लेखनीय दृष्टि से भिन्न नहीं है। उन्होंने कहा कि आप किसी भी अच्छी कविता को ले लें, तो आप पायेंगे कि उसके श्रेष्ठतम भाग की भाषा भी अच्छे लिखे गद्य की भाषा से, छन्दबद्धता को छोड़कर किसी और रूप में भिन्न नहीं होगी।

इस बात को समझने के लिए हम हिन्दी कवि मैथिलीशरण गुप्त की इस पंक्ति को ले सकते हैं जो उनके *साकेत* में आयी हैं :

"गोरे देवर, श्याम उन्हीं के ज्येष्ठ हैं।"

यदि इस वाक्य को गद्य के रूप में लिखें तो भी सारा अंश ज्यों का त्यों रहता है।

कविता की परिभाषा-

वर्ड्सवर्थ ने कविता की परिभाषा भी दी। उन्होंने कहा कि "प्रबल भावनाओं का अनायास उफान ही कविता कहलाता है।" उन्होंने आगे कहा कि "कविता का जन्म उस समय होता है जबकि कवि का चित्त शान्त हो और तब उसे उस प्रबल भावना के अनायास उफान की याद आये।" वर्ड्सवर्थ की मान्यता है कि जब कवि शान्तचित्त है और उसे पूर्व में आये किसी प्रबल भावना के अनायास उफान की स्मृति होती है तो मनन करने पर उसके मन की शांति धीरे-धीरे मिट जाती है और उसके मन में वैसा ही भावना का उद्रेक होता है जैसा मूल घटना या दृश्य देखकर हुआ था। ऐसे समय में कविता की रचना का आरम्भ होता है और ऐसे ही समय में यह रचना आगे बढ़ती है।

वर्ड्सवर्थ की अनेक कविताएँ उनकी इस मान्यता के अनुरूप ही लिखी गयी थीं। उदाहरणार्थ उनकी कविता 'द डैफॉडिल्ज़' तथा 'सॉलीटरी रीपर' इसी मान्यता के अनुरूप लिखी गयी कवितायें हैं। इस बात को स्पष्ट करने के लिए मैं वर्ड्सवर्थ की 'द डैफॉडिल्ज' नामक कविता का हिन्दी अनुवाद प्रस्तुत करना चाहूँगा। इस कविता का हिन्दी भावानुवाद इस प्रकार है-

घाटियों और पहाड़ियों के ऊपर आकाश में तैरते,
एकाकी बादल की भांति मैं एकान्त विचरण कर रहा था,
तब अचानक सुनहरे रंग के डैफोडिल पुष्पों की,
भीड़ की भीड़ दिखाई दी जो झील के किनारे पर वृक्षों के नीचे,
मन्द समीर में नृत्य कर रहे थे और फुदक रहे थे।

आकाश गंगा के टिमटिमाते चमकते सितारों की भांति,
वे अनवरत अन्तहीन पंक्ति में,
खाड़ी के किनारे-किनारे फैले हुए थे।
एक नजर में मुझे वे दस सहस्र दिखाई दिये,
प्रसन्नतापूर्ण नृत्य करते हुए,
वे अपने सिर उछाल रहे थे।

उनके पास ही लहरें नाच रही थीं,

किन्तु प्रसन्नता में वे लहरों से कहीं आगे थे,
ऐसी प्रसन्न संगति में एक कवि,
प्रसन्न होने के अतिरिक्त क्या कर सकता था?
मैं उन्हें अनवरत घूरे जा रहा था,
पर मेरे विचार में यह आया ही नहीं कि,
इस दृश्य ने मुझे कितनी सम्पदा दे दी थी।
क्योंकि जब भी मैं अपने बिस्तर पर लेटता हूँ,
चाहे मेरी मुद्रा विचारशील हो या विचार रहित
ये डैफोडिल पुष्प मेरे मन की आँखों के समक्ष,
आ जाते हैं और मेरे एकान्त को आनंदित कर देते हैं,
और तब मेरा हृदय आनन्द से भर जाता है,
और डैफोडिल पुष्पों के साथ नाचने लगता है।

इस कविता से ही यह स्पष्ट है कि वर्ड्सवर्थ ने यह कविता उस समय नहीं लिखी जबकि उन्होंने डैफोडिल पुष्पों को हवा में सिर मटकाते हुए देखा। अपितु उसके काफी बाद में लिखी जब उन्हें नाचते हुए डैफोडिल पुष्पों वाले दृश्य की याद आ रही थी और उनका मन ऐसी ही प्रसन्नता अनुभव कर रहा था जैसी उन्हें प्रथम बार डैफोडिल पुष्पों को नाचते हुए देखकर हुई थी। इस प्रकार इस कविता की रचना वर्ड्सवर्थ ने उस समय की जबकि पुष्पों को नाचते देखकर अपनी आह्लादित स्थिति की उन्हें शान्तचित्त स्थिति में याद आयी।

इस प्रकार कविता के सृजन के लिए तीन चरण प्रकाश में आये। पहले चरण में तो कवि के मन में प्रबल भावना जगकर उफान की स्थिति पर पहुँची। द्वितीय चरण में कवि की शान्तचित्त अवस्था में उसे भावना के उद्रेक की अवस्था का स्मरण हुआ और पुनः उसी भावना का उद्रेक हुआ। तीसरे चरण में कवि ने भावना के उद्रेक को शब्द-बद्ध करके कविता का सृजन किया।

वर्ड्सवर्थ ने इस विषय पर भी विचार किया कि कविता किस काम आती है। क्योंकि वर्ड्सवर्थ ने कविता को स्वयं स्फूर्त भावनाओं का उद्रेक बताया इसलिए कवि के लिये कविता आत्माभिव्यक्ति है। किन्तु मुख्य प्रश्न है पाठक का। क्या पाठक के भी यह काम आती है? और यदि यह पाठक के काम आती है तो क्या काम आती है? आखिर कवि एक व्यक्ति ही तो है जो कविता के माध्यम से दूसरे व्यक्तियों से बात करता है। पाठक को कविता क्या देती है? इस प्रश्न का उत्तर वर्ड्सवर्थ ने दिया कि कविता पाठक को आनन्द प्रदान करती है, पर यह आनन्द ऐसा है कि

इसमें शिक्षा सौन्दर्यानुभूति से अधिक महत्त्वपूर्ण स्थान रखती हैं। सौन्दर्यानुभूति तो कविता से इस कारण से होती है कि कवि अपने कथ्य को सुन्दर ढंग से कहता है, कविता छन्द-बद्ध होती है। पर जहाँ तक कविता का शिक्षा प्रदान करने वाले कार्य का सम्बन्ध है इस कार्य को कविता मुख्य रूप से करती है। प्रथमतः तो कविता पाठकों की भावनाओं का परिष्करण करती है दूसरे, कविता पाठक को मानव, प्रकृति तथा मानवीय जीवन का ज्ञान देती है। तीसरे, कविता उन मूल्यों पर जोर देती है जो मानव जीवन को पूर्णतर एवं समृद्धतर बनाते हैं जैसे सत्य, सौन्दर्य, प्रेम, आशा, उदात्तता तथा ईश्वर में विश्वास से उत्पन्न निर्भयता। वर्ड्सवर्थ ने यह भी कहा कि कविता पढ़कर पाठक अधिक समझदार होता है और शुद्धतर भी।

वर्ड्सवर्थ के मतानुसार कविता सत्य को खोजती है अर्थात् यह मानव को अपना तथा जगत् का ज्ञान कराती है। कविता जिन सत्यों को खोजती है वे दो प्रकार के होते हैं : मानव के मानव के साथ सम्बन्धों से सम्बन्धित तथा मानव के प्रकृति से सम्बन्ध से सम्बन्धित और ये दोनों सामान्य जीवन की घटनाओं और स्थितियों में मिल जाते हैं।

वर्ड्सवर्थ का मत है कि यद्यपि विज्ञान की भाषा भी आनन्द प्रदान करती है किन्तु वह केवल वैज्ञानिकों को ही आनन्द प्रदान करती है, सामान्य व्यक्तियों को नहीं। उन्होंने कहा कि विज्ञान का सम्बन्ध बुद्धि से है अतः वैज्ञानिक सत्य सामान्य व्यक्तियों के हृदय और रुधिर तक नहीं पहुंच जाते, परन्तु कविता सारे ज्ञान की श्वास और सूक्ष्मतर आत्मा है, अतः उसके सत्य मानव के हृदय तथा रुधिर तक पैठ कर जाते हैं।

अन्त में, वर्ड्सवर्थ ने यह भी कहा कि कविता में मानवहित करने वाला महान बल है। वर्ड्सवर्थ कहते हैं कि उन्होंने अपनी कविताओं की रचना इस उद्देश्य से की कि दुखी व्यक्तियों को सान्त्वना दी जा सके और प्रफुल्लित व्यक्तियों को और अधिक प्रफुल्लित किया जा सके; युवक-युवतियों को शिक्षा दी जाए और प्रत्येक युग के श्रेष्ठ व्यक्तियों को देखने, सोचने और अनुभव करने के लिये प्रेरित किया जा सके जिससे कि वे और अधिक सक्रियता के साथ और सुरक्षित रूप से सत्कर्मी बन सकें। वर्ड्सवर्थ ने कहा कि “मानव स्वभाव में और समाज में जो विशाल-हृदयता है उसे बढ़ाने में मेरी कवितायें मददगार होंगी।” ‘विशाल-हृदयता’ का अर्थ स्पष्ट करते हुए उन्होंने कहा कि इसका अर्थ है पारस्परिक सद्भाव एवं प्रेम। उन्होंने कहा कि कविता का बड़ा ध्येय पारस्परिक सद्भाव और प्रेम को बढ़ाना है और कविता यह कार्य भावनाओं का विरेचन करके करती है, केवल बौद्धिक तर्क मात्र देकर नहीं।

वर्ड्सवर्थ के काव्य विषयक विचारों का मूल्यांकन-

रीतिबद्धता के युग में काव्य की समीक्षा नियमों के आलोक में की जाती थी। वर्ड्सवर्थ ने इस दृष्टिकोण का विरोध किया। ऐसा उन्होंने अपने शब्द-चयन सम्बन्धी विचारों से किया तथा कविता में भाव-प्रधानता पर जोर देकर काव्य-समीक्षा सम्बन्धी विचारों से भी। रीति-बद्ध समीक्षक कविता की बाहरी बातों-संरचना, शब्द-चयन, छन्दबद्धता आदि के आधार पर समीक्षा करते थे। वर्ड्सवर्थ ने कहा कि कृतियाँ इस प्रकार की भी हो सकती हैं जो इन नियमों की कसौटी पर तो खरी उतरें पर वे सारे पाठकों को चिर काल तक आनन्दित न कर पायें। ऐसी कृतियों को रीतिबद्ध समीक्षक तो अच्छा बतलायेंगे किन्तु यदि वे पाठकों को द्रवित नहीं कर पायी तो पाठक उन्हें प्रशंसनीय नहीं मानेंगे। वर्ड्सवर्थ ने आंग्ल समीक्षा को यह सिद्धान्त दिया कि कृति की श्रेष्ठता की कसौटी है कि वह पाठक को स्वस्थ आनन्द प्रदान कर सके। उन्होंने कहा कि पाठक को स्वस्थ आनन्द वह कविता भी दे सकती है जिसमें सामान्य जनों द्वारा प्रयोग किए जाने वाले शब्दों को स्थान मिला है और वह कविता भी दे सकती है जिसमें 'काव्योपयुक्त' अर्थात् उच्च कोटि के शब्दों का प्रयोग किया गया हो।

दूसरे, वर्ड्सवर्थ ने यह भी कहा कि रीतिबद्धता कवि की मौलिकता का दमन करती है और बंधे-बंधाये नियमों का पालन करा कर नवीनता को हतोत्साहित करती है। वर्ड्सवर्थ का मत है कि नियमों में बंध कर जो कविता लिखी गयी है, हो सकता है उसमें काव्यत्व उपस्थित ही न हो तथा जो कविता पाठकों को आनंदित करे और उन्हें श्रेष्ठतर व्यक्ति बनाये हो सकता है उसमें नियमों का उल्लंघन किया गया हो। उनकी मान्यता थी मौलिक कविता की समीक्षा इस अधार पर की जाए कि उसमें काव्यत्व है कि नहीं। उनका मत है कि मौलिक कधि अपना स्वतंत्र मार्ग बनाते हैं और लकीर के फकीर नहीं होते।

वर्ड्सवर्थ की एक मान्यता यह भी है कि प्रत्येक महान कवि को, जो मौलिक भी है, पाठकों में ऐसी रुचि पैदा करनी होती है जो उसकी कविताओं को पसन्द कर सकें। उन्होंने कहा कि ऐसा पहले भी था और अभी भी है। इस प्रकार 'गेय कथा-गीत' (Lyrical Ballad) की भूमिका लिखकर वर्ड्सवर्थ यही प्रयत्न कर रहे थे कि उनकी कविताओं के पाठकों की रुचि ऐसी बने कि वे उनकी कविताओं को पसन्द करने लगें और नव्यशास्त्रवादी युग की कविताओं को पसन्द न करें और वे इस कार्य में सफल भी हुए। इस प्रकार उनकी 'भूमिका' ने नव्यशास्त्रवादी युग का अन्त करके छायावादी युग का सूत्रपात किया।

अध्याय-8

सेमुअल टेलर कॉलरिज

कॉलरिज पहले अंग्रेज़ी समीक्षक थे जिन्होंने अपनी समीक्षा को दार्शनिक सिद्धान्तों का सुदृढ़ आधार प्रदान किया। उनके पूर्वगामी समीक्षक तो आलोच्य कविता की व्याख्या करके और उसके गुणों एवं दोषों का विवेचन करके सन्तुष्ट हो जाते थे। किन्तु कॉलरिज इतने से सन्तुष्ट नहीं हुए। उन्होंने तो इस मूल समस्या को लिया कि कविता का सृजन कैसे होता है और सृजन-प्रक्रिया पर ही अपनी दृष्टि को केन्द्रित किया। उन्होंने सृजन-सम्बन्धी सिद्धान्तों का विवेचन किया, ऐसे नियमों को प्रतिपादित करने का प्रयत्न नहीं किया जिनकी सहायता से साहित्य को परखा जा सके।

अंग्रेज़ी स्वच्छन्दतावादी आन्दोलन के नेता कॉलरिज का जन्म 21 अक्टूबर सन् 1772 ई. को ऑटरी सेण्ट मेरी (इंग्लैण्ड) नामक स्थान पर हुआ। उनकी प्रारम्भिक शिक्षा क्राइस्ट्स हॉस्पिटल नामक विद्यालय में हुई। तत्पश्चात् उन्होंने जीसस कॉलेज, कैम्ब्रिज में प्रवेश लिया। किन्तु डिग्री प्राप्त किये बिना ही उन्होंने कॉलेज छोड़ दिया और अपने जीवन काल में वे कभी डिग्री प्राप्त न कर सके। सन् 1795 ई. में उन्होंने कवि सॉदे की साली सारा नामक लड़की से शादी कर ली और कुछ दिन तक धर्म प्रचारक रहने के पश्चात् साहित्यकार का पेशा स्थायी रूप से स्वीकार कर लिया। वैसे उनके जीवन का बहुत बड़ा समय इधर-उधर घूमने में बीता। वे बहुत अधिक मात्रा में अफीम खाते थे। उनके व्यवहार में हमें उन धार्मिक एवं नैतिक सिद्धान्तों के दर्शन नहीं हो पाते जिनका वे प्रचार करते थे। बहुधा वे अपनी कृतियों को अधूरी ही छोड़ देते थे। कई बार वे सफल पत्रकार के रूप में भी पाठकों के समक्ष आये और इससे उन्हें आय भी अच्छी हो जाती थी क्योंकि उनके समय तक आते-आते पत्रकारों का भूखा मरने का युग समाप्त हो गया था। किन्तु बहुधा वे अपने मित्रों

से आर्थिक सहायता ले लेते थे और कुछ समय तक तो उन्होंने अपने परिवार के भरण पोषण का भार सॉदे के ऊपर ही छोड़ दिया था। वे कुछ दिन लेक्स में, फिर लन्दन में, फिर मॉल्टा में, फिर बिल्टशायर में और अन्त में मृत्युपर्यन्त हाईगेट में रहे। माल्टा में वे सर अलैक्जेण्डर बॉल के सचिव के रूप में रहते थे और हाईगेट में नयी पीढ़ी के कवियों के दिग्दर्शक होकर। उनकी मृत्यु सन् 1834 ई. में हुई।

कॉलरिज की महत्ता इसी बात से स्पष्ट है कि उन्होंने अपने समय के श्रेष्ठतम साहित्यकारों को काफी मात्रा में प्रभावित किया। उनके सम्पर्क में आने से पहले सॉदे ने अपनी सृजनशीलता का कोई परिचय नहीं दिया था एवं वर्ड्सवर्थ ने कोई ऐसी रचना प्रकाशित नहीं की थी जिसे वास्तविक रूप से कविता कहा जा सके। कॉलरिज और लैम्ब लड़कपन से ही मित्रता के सूत्र में बँधे हुए थे। अतः लैम्ब पर तो कॉलरिज का प्रभाव निश्चित रूप से पड़ा ही होगा। हैजलिट नामक निबन्धकार ने स्वीकार किया है कि कॉलरिज ही एक ऐसा व्यक्ति था जिसने उसे बहुत-कुछ सिखाया। निष्कर्ष यह है कि सन् 1798 ई. तथा सन् 1834 ई. के बीच में कोई भी कविता अथवा समीक्षा-सम्बन्धी आन्दोलन ऐसा नहीं हुआ जिसकी प्रेरणा किसी-न-किसी मात्रा में कॉलरिज से न मिली हो। अतः अंग्रेजी साहित्य के लिए कॉलरिज का तीन रूपों में महत्त्व है—समीक्षक के रूप में, कवि के रूप में तथा अन्य सामयिक साहित्यकारों को प्रेरणादाता के रूप में। उन्होंने अंग्रेजी समीक्षा के क्षेत्र में स्वच्छन्दतावाद को लेकर महान् क्रान्ति की और उसकी दुन्दुभी के नाद को यूरोप के अन्य देशों में भी पहुँचाया।

कविता का स्वरूप-

वर्ड्सवर्थ के मतानुसार कविता की भाषा गद्य की भाषा से अभिन्न है। इन दोनों की भाषाओं में न कोई मुख्य अन्तर है और न हो सकता है। छन्द-विधान तो कविता के लिए एक अतिरिक्त प्रसाधन मात्र है, उसका आवश्यक लक्षण नहीं। कविता की भाषा अनलंकृत होनी चाहिए। किन्तु कॉलरिज ने इस मत को अस्वीकार करते हुए दार्शनिक विधि से विवेचन करके कविता के स्वरूप और मूल्य का निर्धारण किया।

कॉलरिज ने सर्वप्रथम इस प्रश्न को लिया कि कविता भाषा का किस प्रकार से उपयोग करती है, यह उपयोग अन्य विधाओं द्वारा किये गये उपयोग से किस प्रकार भिन्न है तथा भाषा का इस प्रकार का उपयोग कविता के स्वरूप और मूल्य से कहाँ तक मेल खाता है। सिडनी ने तो इस प्रश्न को लिया था कि कविता का क्या उपयोग किया जा सकता है, ड्राइडन ने बतलाया था कि कविता का कर्त्तव्य क्या है, वर्ड्सवर्थ ने कवि के मस्तिष्क में होनेवाली प्रक्रिया का विवेचन किया था, किन्तु कॉलरिज ने अरस्तू की भाँति दार्शनिक विधि से कला का विवेचन किया।

उन्होंने कहा कि गद्य और कविता दोनों के तत्त्व अभिन्न होते हैं। दोनों में शब्दों का प्रयोग किया जाता है। बिना शब्दों के तो न गद्य लिखा जा सकता है। न कविता। अतः जहाँ तक माध्यम का प्रश्न है, दोनों का माध्यम शब्द है और इस दृष्टि से इनमें कोई अन्तर नहीं है। इन दोनों की भिन्नता का आधार तो शब्द-संगठन है जो इनके उद्देश्य के आधार पर निर्भर करता है। गद्य का उद्देश्य कविता के उद्देश्य से भिन्न है। इसी कारण गद्य में शब्दों का मेल एक प्रकार से किया जाता है, कविता में दूसरी प्रकार से। किसी बात को सरलता से याद करने के लिए भी कई बार किसी गद्यांश को पद्य के रूप में रख देते हैं। यह तुक तथा छन्दोबद्धता भी एक प्रकार का आनन्द (यद्यपि यह आनन्द बहुत उच्चकोटि का नहीं होता) भी प्रदान करती है। ऐसी छन्दोबद्ध रचना को भी कविता कहा जा सकता है यद्यपि इस छन्दोबद्धता का इस रचना के कथ्य की प्रकृति से कोई स्वाभाविक सम्बन्ध नहीं है। यहाँ छन्द का सहारा तो केवल इसे सरलतापूर्वक याद करने के लिए लिया गया है।

तुक, छन्दोबद्धता अथवा ऐसी कोई अन्य बाह्य बात के आधार पर भाषा-प्रयोग की विभिन्न रीतियों में भेद नहीं किया जा सकता। भेद का आधार तो उद्देश्य की भिन्नता तथा कथ्य की भिन्नता है। गद्य का कथ्य ही कविता के कथ्य से भिन्न होता है और दोनों के उद्देश्य भी भिन्न-भिन्न होते हैं। इसी कारण दोनों में भिन्न-भिन्न प्रकार से भाषा का प्रयोग किया जाता है। अतः गद्य और कविता के भाषा प्रयोगों के भेद को जानने के लिए दोनों के उद्देश्यों की भिन्नता को जानना आवश्यक है क्योंकि उद्देश्यों पर ही दोनों का स्वरूप निर्भर करता है। किसी रचना का प्रमुख उद्देश्य किसी तथ्य का सम्प्रेषण करना हो सकता है या आनन्द का सम्प्रेषण करना हो सकता है। यद्यपि तथ्य के सम्प्रेक्षण के परिणामस्वरूप भी पाठक को आनन्द की प्राप्ति हो सकती है, जैसे-इतिहास तथा विज्ञान-सम्बन्धी रचना का अध्ययन करके भी आनन्द-प्राप्ति हो सकती है किन्तु हमें प्रमुख तथा गौण उद्देश्यों में भेद करना है। इतिहास अथवा विज्ञान-सम्बन्धी रचना का प्रमुख उद्देश्य आनन्द प्रदान करना नहीं है। ऐसी रचना का अन्तिम एवं दीर्घकालिक उद्देश्य आनन्द प्रदान करना हो सकता है, तात्कालिक उद्देश्य तो तथ्यों का सम्प्रेषण करना है। इसी प्रकार यदि किसी रचना का प्रमुख उद्देश्य आनन्द का सम्प्रेषण करना है तो इसका अर्थ यह नहीं है कि उससे किसी तथ्य का सम्प्रेषण नहीं होगा। हो सकता है उसका अन्तिम एवं दीर्घकालिक उद्देश्य तथ्यों का सम्प्रेषण करना ही हो या वह किसी भी प्रकार के नैतिक और दार्शनिक सत्य का सम्प्रेषण न करे। अतः विभिन्न प्रकार की रचनाओं के भेद का निर्धारण उनके प्रमुख उद्देश्यों की भिन्नता के आधार पर किया जाना चाहिए। काव्य का प्रमुख एवं तात्कालिक उद्देश्य आनन्द प्रदान करना है।

किन्तु केवल इतना कह देना काफी नहीं है क्योंकि अन्य अनेक साहित्यिक विधाएँ ऐसी हैं जिनका प्रमुख एवं तात्कालिक उद्देश्य आनन्द प्रदान करना ही है। उदाहरणार्थ उपन्यास का प्रमुख उद्देश्य आनन्द प्रदान करना ही है, यद्यपि यह छन्दोबद्ध नहीं होता। क्या किसी उपन्यास को छन्दोबद्ध कर देने मात्र से वह कविता में परिणित हो जायेगा? नहीं। इसका अर्थ यह हुआ कि कविता को सही रूप से समझने के लिए इसकी उन विशेषताओं को जानना भी आवश्यक है जिनके कारण यह उन विधाओं से भिन्न है जिनका उद्देश्य भी आनन्द प्रदान करना है। इस सम्बन्ध में कॉलरिज का कथन है कि किसी भी रचना से प्राप्त होनेवाला आनन्द तब तक स्थायी एवं सच्चा नहीं हो सकता, जब तक कि वह स्वभावतः उस रचना के सम्पूर्ण स्वरूप से प्राप्त न हो। गद्य को छन्दोबद्ध कर देना तो उसमें एक अतिरिक्त अलंकरण जोड़ देना मात्र है। इससे आनन्द को स्थायी नहीं बनाया जा सकता। स्थायी आनन्द तो तभी प्राप्त हो सकता है जबकि रूप का निर्धारण आत्मा के अनुसार किया गया हो, वह कोई बाह्य अलंकरण सामग्री मात्र ही न हो। यदि छन्द का प्रयोग किया जाये तो अन्य अंग भी इसी के अनुसार आने चाहिए। अतः कविता में सावयव अन्विति इस प्रकार होनी चाहिए कि पाठक उसके विभिन्न अंगों से आनन्द प्राप्त करें और इसी आनन्द का संकलित रूप सम्पूर्ण कविता से प्राप्त करें। इससे उन्हें कविता की सम्पूर्णता का ज्ञान होगा।

अतः कविता एक ओर तो इतिहास एवं विज्ञान आदि से भिन्न है और दूसरी ओर उपन्यास आदि अन्य साहित्यिक विधाओं से। इतिहास एवं विज्ञान आदि का तात्कालिक एवं प्रमुख उद्देश्य तथ्यों का सम्प्रेषण करना होता है जबकि कविता का तात्कालिक उद्देश्य आनन्द प्रदान करना। यद्यपि उपन्यास आदि अन्य साहित्यिक विधाओं का उद्देश्य भी आनन्द प्रदान करना ही होता है किन्तु कविता में सावयव अन्विति होती है और उसके प्रत्येक अंग से जो आनन्द प्राप्त होता है तदनुकूल आनन्द ही सम्पूर्ण कविता से प्राप्त होता है। वैसे, कॉलरिज के कथनानुसार, छन्द तथा तुक के साथ लिखी हुई प्रत्येक बात को कविता कहा जा सकता है पर संगत रूप से वही रचना कविता कहलाने की अधिकारिणी है जिसमें छन्द और तुक का कथ्य से स्वाभाविक सम्बन्ध हो। ऐसी कविता में विभिन्न अंग परस्पर सहयोगी होते हैं और छन्दोबद्धता से समन्वित होकर उसके प्रभाव एवं प्रयोजन में सहायक होते हैं। अतः कविता कुछ आकर्षक पंक्तियों का समूह मात्र नहीं है और न शिथिलतापूर्वक बुनी हुई रचना है जिसके निष्कर्ष से उसका कथ्य ज्ञात होता हो और विभिन्न अवयवों का सम्पूर्ण रचना से अविभाज्य सम्बन्ध न हो। कविता में तो प्रत्येक अवयव सम्पूर्ण रचना का अविभाज्य अंग है। इसमें जितना 'अन्त' महत्त्वपूर्ण है, उतना ही

प्रत्येक अन्य अंग। इसमें छन्द का प्रयोग इसलिए नहीं किया जाता कि इसे सरलता से याद कर लिया जायेगा या एक अतिरिक्त अलंकरण साधन का उपयोग करना है। कविता तो भावावेश की अवस्था में सृजित होती है और छन्द एवं तुक का भावावेश से स्वाभाविक सम्बन्ध है। अतः कविता और छन्द का भी स्वाभाविक सम्बन्ध है। लम्बी कविता में निश्चित रूप से कुछ ऐसे स्थल अवश्य आ जाते हैं जहाँ कथ्य और छन्द का सम्बन्ध स्वाभाविक नहीं होता। इससे कॉलरिज ने यह निष्कर्ष निकाला कि लम्बी कविता में अनेक स्थल काव्यत्वहीन भी होते हैं। इसी आधार पर एडगर अलेन पो नामक अमरीकी कवि ने तो एक कदम और आगे बढ़कर कह दिया कि 'लम्बी' कविता का तो अस्तित्व ही नहीं होता क्योंकि कविता तो भावावेश की उपज है और भावावेश बहुत लम्बे समय तक नहीं बना रह सकता। कॉलरिज ने केवल इतना कहा था कि लम्बी कविता के काव्यत्वहीन स्थलों को उपयुक्त छन्द की सहायता से अधिक-से-अधिक काव्यमय बना देना चाहिए जबकि पो के अनुसार महाकाव्य जैसी कविता लिखी ही नहीं जा सकती और केवल छोटे-छोटे गीत ही कविता के अन्तर्गत आते हैं।

कविता एवं काव्य (पोइम एवं पोइट्री)-

अधिकतर समीक्षकों ने कविता का विवेचन करते समय केवल कविता का विवेचन न करके समस्त कल्पनाश्रित साहित्य का विवेचन किया है। किन्तु कॉलरिज के विषय में यह कथन सही नहीं है। उन्होंने कविता का ही विवेचन किया है और कविता (पोइम) तथा काव्य (पोइट्री) दोनों शब्दों को अलग-अलग अर्थों में प्रयुक्त किया है। 'कविता' की अपेक्षा 'काव्य' एक अधिक विस्तृत अर्थ को प्रकट करनेवाला शब्द है। 'काव्य' तो एक ऐसी क्रिया है जिसे दार्शनिक, वैज्ञानिक या चित्रकार भी कर सकते हैं। यह केवल उन व्यक्तियों तक ही सीमित नहीं है जो छन्दोबद्ध भाषा का अथवा भाषा के किसी और रूप का उपयोग करते हैं। 'काव्य' के लिए तो व्यक्ति की आत्मा को क्रियाशील किया जाता है और उसकी प्रत्येक शक्ति अपनी स्थिति एवं महत्त्व के अनुसार उसमें योगदान करती है। जब भी 'द्वितीय स्तर की कल्पना' का उपयोग किया जाता है, तभी आत्मा क्रियाशील होती है और काव्य-सृजन होता है। इस प्रकार काव्य को समझने के लिए पहले यह समझना आवश्यक है कि मानव-शक्तियाँ सृजन में कैसे उपयोग में आती हैं। इसीलिए कॉलरिज ने काव्य की परिभाषा देने के लिए इस बात का विवेचन किया है कि कवि सृजन कैसे करता है। कवि कल्पना की सहायता से सृजन करता है। जब कभी 'द्वितीय स्तर की कल्पना' (Secondary Imagination) या समन्वय करनेवाली मानव शक्ति उपयोग में आती है प्रस्तुत विषय के सभी पक्ष अविभाज्य

अन्विति में बद्ध हो जाते हैं, तभी काव्य-सृजन होता है। 'कविता' भी 'काव्य' के तत्त्वों का उपयोग कर सकती है किन्तु इन दोनों में प्रमुख अन्तर यह है कि कविता में विभिन्न तत्त्वों का मिश्रण तक भिन्न रूप में होता है क्योंकि इसका प्रयोजन भी भिन्न होता है। कविता का प्रयोजन तो तुरन्त आनन्द का सम्प्रेषण करना है। पर क्योंकि कविता काव्य भी होती है, आनन्द का सम्प्रेषण करना इसका तात्कालिक प्रयोजन होता है, इसके कर्त्तव्य की इतिश्री इतना कर देने मात्र से नहीं हो जाती। अन्य कलाओं का भी प्रयोजन आनन्द प्रदान करना होता है। उनसे कविता अपने माध्यम के आधार पर भिन्न है क्योंकि इसका माध्यम भाषा होती है जबकि कलाओं का माध्यम स्वर, रंग, गति आदि होते हैं। यह साहित्य की अन्य विधाओं से भी इस आधार पर भिन्न है कि इसके सम्पूर्ण रूप से भी वैसा ही आनन्द उपलब्ध होता है जैसा कि इसके विभिन्न अवयवों से और इसके अवयवों एवं सम्पूर्ण रूप में पूर्ण अन्विति होती है। इस प्रकार कविता यद्यपि विज्ञान, असाहित्यिक कलाओं तथा अन्य साहित्यिक विधाओं से भिन्न है और इसकी भिन्नता के आधारों को जानने पर ही इसके अपूर्व रूप का ज्ञान हो सकता है किन्तु 'काव्य' की भाँति यह भी 'द्वितीय स्तर की कल्पना' या मानव मस्तिष्क की समन्वयकारी शक्ति की ही उपज है। इस कारण से कॉलरिज के कल्पना-सम्बन्धी मत को समझ लेना आवश्यक है।

'कल्पना'-सम्बन्धी विवेचन-

इंग्लैण्ड में अठारहवीं शताब्दी के साहित्यकार एवं समीक्षक कल्पना शक्ति (Imagination) एवं बिम्बनिर्मात्री शक्ति (Fancy) को बहुधा एक समझकर गड़बड़ा देते थे। कुछों ने दोनों में अन्तर करने की भी चेष्टा की और बतलाया कि जब कवि इस प्रकार अनुकृति करे कि वास्तविकता का सही बिम्ब उतर आये तो इसे कल्पना की उपज कहेंगे और जब कवि मौलिक वस्तु से मिलती-जुलती कोई वस्तु आविष्कृत करके चित्रित करे तो उसे बिम्बनिर्मात्री शक्ति (Fancy) की उपज कहेंगे। इस प्रकार इस मत के अनुसार भी कल्पना शक्ति तथा बिम्बनिर्मात्री शक्ति का कार्य अनुकृति के अतिरिक्त अन्य कुछ नहीं बतलाया गया। वर्ड्सवर्थ ने सन् 1815 ई. में सबसे पहली बार यह बतलाया कि इन दोनों का सम्बन्ध केवल अनुकृति से न होकर सृजन से है और ये दोनों सृजनशील शक्तियाँ हैं। इनका कार्य वास्तविकता की नकल कर देना मात्र नहीं है। कल्पना शक्ति तो विभिन्न वस्तुओं को इस प्रकार घोलकर एक बना देती हैं कि वे सब एक वर्ण धारण कर लेती हैं और एक प्रभाव डालती है। इसकी कृतियाँ गरिमापूर्ण होती हैं। बिम्बनिर्मात्री शक्ति विभिन्न वस्तुओं को जान-बूझकर एकत्रीभूत कर देती है और इसकी कृतियाँ सौन्दर्यपूर्ण होती हैं।

वर्ड्सवर्थ की कविताओं को पढ़कर ही कॉलरिज के मन में कल्पना शक्ति सम्बन्धी विवेचन के प्रति रुचि जाग्रत हुई। उन्होंने लिखा है—"वर्ड्सवर्थ से मेरा व्यक्तिगत परिचय उस समय हुआ था जब मैं अपनी अवस्था के चौबीसवें वर्ष में प्रवेश कर चुका था। उस समय उनकी एक हस्तलिखित कविता (अपराध और दुःख) को सुनकर जो यकायक प्रभाव मेरे मस्तिष्क पर पड़ा, उसे मैं शायद ही कभी भूल सकूंगा। इसमें 'प्रबल' भावनाओं एवं गहन विचारों का समन्वय था और सत्य एवं कल्पना का सुष्ठु सन्तुलन था। सबसे प्रमुख बात यह थी कि सामान्य एवं अनाकर्षक रूपों, घटनाओं और परिस्थितियों के चारों ओर आदर्श जगत् की गहनता एवं उच्चता के वातावरण का सृजन किया गया था। इसने मुझे बार-बार मनन करने के लिए बाध्य किया और माननीय शक्तियों का गम्भीरतापूर्वक विश्लेषण करने के पश्चात् मैं इस निष्कर्ष पर पहुँचा कि कल्पना शक्ति और बिम्बनिर्मात्री शक्ति न तो एक शक्ति के ही दो नाम हैं और न एक शक्ति की निम्न और उच्च दो श्रेणियाँ हैं। ये तो स्पष्ट रूप से दो भिन्न-भिन्न शक्तियाँ हैं।"

अठारहवीं शताब्दी के कवियों की रचनाओं में केवल 'विचारों' के दर्शन होते हैं 'भावनाओं' के नहीं। वर्ड्सवर्थ ने दोनों का एकीकरण किया जिसके फलस्वरूप उनके 'विचार' भावनाओं जैसे लगते हैं और 'भावनाएँ' विचारों जैसी। अर्थात् उन्होंने मस्तिष्कगत विचारों और हृदयगत भावनाओं को परस्पर मिला दिया। उन्होंने कविता की जो परिभाषा की थी कि कविता 'शान्तचित्तावस्था में भावावेग की पुनर्स्मृति' से उगती है, उससे भी स्पष्ट है कि वे कविता में गहन मननयुक्त भावावेगों का चित्रण देखने के पक्षपाती हैं। इसी से अत्यन्त सामान्य और अनाकर्षक घटनाएँ एवं परिस्थितियाँ भी जब उनका चित्रण कविता में किया जाता है, कवि के विचारों एवं भावनाओं का रूप ले लेती हैं और एक नवीन रूप धारण करके आकर्षक बन जाती हैं। यह सब-कुछ कल्पना शक्ति की सहायता से होता है।

इस प्रकार कल्पना शक्ति के प्रभाव का वर्णन करने के पश्चात् कॉलरिज ने इस शक्ति की उत्पत्ति एवं स्वरूप का वर्णन करते हुए इस बात का विवेचन किया है कि यह है क्या और किस प्रकार क्रियाशील होती है। उन्होंने कहा है कि कल्पना शक्ति के दो रूप होते हैं—

1. प्राथमिक कल्पना शक्ति (Primary Imagination)
2. द्वितीय स्तरीय कल्पना शक्ति (Secondary Imagination)

प्राथमिक कल्पना शक्ति तो वह शक्ति है जिसकी सहायता से हम विभिन्न वस्तुओं, प्राणियों एवं स्थानों का इन्द्रिय-संवेदन करते हैं, उनके अंगों और सम्पूर्णत्व से परिचित होते हैं और हमारा मस्तिष्क उनका स्पष्ट चित्र ग्रहण कर पाता है। यह

मानव की जीवन्त शक्ति है और इन्द्रिय-संवेदन करानेवाली प्रमुख एजेण्ट है। असीम 'अहं' में चलनेवाली निरन्तर सृजन क्रिया की ससीम मस्तिष्क में पुनरावृत्ति यही शक्ति कराती है। यह शक्ति स्वाभाविक रूप से ही कार्य-संलग्न रही आती है। किन्तु जब इस शक्ति का जान-बूझकर प्रयोग किया जाता है तो उसे 'द्वितीय स्तरीय कल्पना शक्ति' कहा जाता है। यह तो एक ऐसी शक्ति है जिसमें आत्मा की अन्य शक्तियों-इन्द्रिय-संवेदन, बुद्धि, इच्छा शक्ति, भावावेग आदि सभी का समावेश रहता है। 'प्राथमिक कल्पना शक्ति' ती केवल इन्द्रिय-संवेदन करती है किन्तु 'द्वितीय स्तरीय कल्पना शक्ति' आत्मा की सारी शक्तियों को काम में लेती है। अतः यह अधिक क्रियाशील है। 'प्राथमिक कल्पना शक्ति' से जो कुछ इन्द्रिय-संवेदन होता है, उस सबको यह घोलकर एक करती है और उसमें से नवीन सृजन करती है। यह तो रूप देनेवाली एवं परिमार्जन करनेवाली शक्ति है। यह वस्तुओं को ऐसा मोड़ देती है कि वे इसी के रंग में रँगकर नया रूप धारण कर लेते हैं। यह उनको उस रूप में प्रस्तुत नहीं करती जिस रूप में वे वास्तविकता में हैं। यह तो उनको वैसा प्रस्तुत करती है जैसे वे मस्तिष्क को लगते हैं। इस प्रक्रिया में प्रकृति और मस्तिष्क एक-दूसरे को प्रभावित करते हैं और अन्त में एक दूसरे के रंग में रँगकर एकरूप हो जाते हैं। इस प्रकार कल्पना शक्ति तादात्म्यीकरण करनेवाली शक्ति है जो न केवल आत्मा की विभिन्न शक्तियों को एकत्रीभूत करती है अपितु मस्तिष्क का तादात्म्य वस्तु के साथ और वस्तु का तादात्म्य मस्तिष्क के साथ कर देती है।[63] कवि जिस सत्य की खोज करता है, वह न तो विषय में विद्यमान है, न विषयी में अपितु विषय और विषयी के परस्पर तादात्म्य में उपलब्ध होता है। कवि का मस्तिष्क कुछ बातें वर्ण्य-विषय को प्रदान करता है, और कुछ बातें उससे ग्रहण करता है। इस आदान-प्रदान से ही दोनों में तादात्म्य हो जाता है और कवि उसी का चित्रण करता है। इससे स्पष्ट है कि प्राथमिक कल्पना शक्ति और द्वितीय स्तरीय कल्पना शक्ति दो विभिन्न प्रकार की शक्तियाँ नहीं हैं अपितु एक ही शक्ति की दो श्रेणियाँ हैं। अन्तर केवल इतना है कि प्राथमिक कल्पना शक्ति इतनी सबलता से कार्य नहीं करती जितनी सबलता से द्वितीय स्तरीय कल्पना-शक्ति करती है। इसी प्रकार कॉलरिज का कल्पना सम्बन्धी मत वर्ड्सवर्थ के कल्पना सम्बन्धी मत से भिन्न नहीं है। दोनों के मतानुसार कल्पना-शक्ति विषय एवं विषयी के बीच तादात्म्यीकरण करनेवाली शक्ति है। किन्तु वर्ड्सवर्थ की दृष्टि तो मुख्यतः व्यवहार की ओर रही और कॉलरिज की दृष्टि सिद्धान्त की ओर। वर्ड्सवर्थ ने यह प्रदर्शित किया कि बिम्बनिर्मात्रीशक्ति और कल्पना शक्ति कविता को किस भाँति प्रभावित करती हैं और उस आधार पर उन्होंने इन दोनों शक्तियों की भिन्नता का स्पष्टीकरण किया। कॉलरिज ने इस सिद्धान्त

को खोजा जिसके कारण ये दोनों शक्तियाँ कविता को भिन्न-भिन्न रूप में प्रभावित करती हैं।

इसके पश्चात् हम बिम्बनिर्मात्री-शक्ति (Fancy) पर आते हैं। कॉलरिज ने इसका जो कुछ विवेचन किया उसके आधार पर कहा जा सकता है कि उनके तथा वर्ड्सवर्थ के मतों में कोई आधारभूत अन्तर नहीं है। कॉलरिज के मतानुसार बिम्बनिर्मात्री शक्ति कोई सृजनात्मक शक्ति नहीं है। इसका कार्य तो देखी हुई विभिन्न वस्तुओं को मिलाकर आह्लादक रूप दे देना है।[64] इसका कार्य तो वस्तुओं को जोड़ना है, उन्हें एक साथ घोलकर किसी नवीन वस्तु का सृजन कर देना नहीं। जिन विभिन्न वस्तुओं का यह मिश्रण करती है, उनकी विभिन्नता स्पष्ट रूपेण झलकती रहती है। कल्पना का कार्य उन सब वस्तुओं को इस प्रकार घोल देना होता है कि उनकी विभिन्नताएँ मिट जायें, वे सब मिलकर एक हो जायें और एक नवीन कृति का सृजन हो जाये। बिम्बनिर्मात्री शक्ति तो उन्हें एक साथ जोड़ देती है और उन जुड़ी हुई वस्तुओं में कोई परिवर्तन नहीं आता। उदाहरणार्थ-

"राधा का मुख चन्द्रमा के समान सुन्दर है।"

इस कथन में 'मुख' और 'चन्द्रमा' को एक साथ जोड़ दिया गया है। इससे न तो 'चन्द्रमा' में कोई परिवर्तन हुआ और न 'मुख' में। दो विभिन्न वस्तुएँ अपनी विभिन्नताओं को रखते हुए एक साथ जुड़ अवश्य गयी हैं। यह तो केवल ऐसा किया गया है जैसे चार चित्रों को पर्दे पर एक साथ रख दिया जाये और उसको पाँचवाँ चित्र कह दिया जाय। अतः विम्ब निर्मात्री-शक्ति का कार्य तो विभिन्न रंगों के कपड़ों को सींकर एक कर देना मात्र है, विभिन्न रंगों को घोलकर एक नया रंग बना देने का कार्य कल्पना शक्ति करती है, बिम्बनिर्मात्री-शक्ति नहीं। कल्पनाशक्ति का सम्बन्ध प्रतिभा-शक्ति से है, जो जन्मजात होती है और बिम्बनिर्मात्री शक्ति का सम्बन्ध योग्यता से है जो प्रयत्न साध्य होती है। बिम्बनिर्मात्री शक्ति तो स्मरण-शक्ति का एक रूप है जो विभिन्न वस्तुओं के बीच की समय और स्थान की दूरी को हटाकर किसी एकाध समानता के आधार पर विभिन्न एवं असमान वस्तुओं को परस्पर जोड़ देती है। ये वस्तुएँ परस्पर जुड़कर भी अपनी विशेषताएँ नहीं खोतीं और किसी भी प्रकार परिवर्तित नहीं होतीं। परन्तु जब कल्पना-शक्ति विभिन्न वस्तुओं को मिलाती है, तो वे सब वस्तुएँ अपनी व्यक्तिगत विशेषताएं खो देती हैं और उन सबसे मिलकर एक नवीन वस्तु सृजित हो जाती है जो मूल वस्तुओं से भिन्न होती है। अतः कल्पना-शक्ति की और बिम्बनिर्मात्री शक्ति की रचनाओं में वही अन्तर है जो यौगिक और मिश्रण में है। यौगिक में जितनी वस्तुएँ मिलायी जाती हैं, वे परस्पर घुलकर और अपनी सत्ता खोकर एक नितान्त नवीन वस्तु में परिवर्तित हो जाती है।

कल्पना-शक्ति भी ऐसा ही सृजन करती है। मिश्रण में विभिन्न वस्तुएँ यद्यपि वे एक साथ बँधी रहती हैं, पर अपनी सत्ता बनाये रखती हैं और अपनी व्यक्तिगत विशेषताएं नहीं खोतीं। बिम्बनिर्मात्री-शक्ति की रचनाओं में भी ऐसा ही होता है।

कला विषयक विवेचन-

शास्त्रीय मत के अनुसार कला की उत्पत्ति अनुकृति के परिणामस्वरूप होती है और कलाकार जीवन की जो अनुकृति करता है उसी को कला की संज्ञा दी जाती है। नव्य-शास्त्रवादी विचारक तो इस विचार को पूर्णतः सत्य मानते थे। किन्तु कॉलरिज ने इसे स्वीकार नहीं किया। उन्होंने कहा कि कला की सृष्टि तो कल्पना-शक्ति की सहायता से की जाती है। कवि जगत् के जिस दृश्य, व्यक्ति या परिस्थिति का वर्णन करता है उसे अपनी कल्पना से रंजित कर देता है। उदाहरणार्थ यदि पुष्प पर पड़े हुए ओस के बिन्दुओं को वह 'पुष्पाञ्जलि में सँजोये हुए अश्रुबिन्दु' कहे तो क्या इस चित्रण को जगत् का अनुकरण कहेंगे? क्या इस चित्रण में कवि ने अपनी कल्पनाशक्ति से पुष्प को शोक-मग्न नहीं बता दिया? क्या कवि ने स्वयं अपने हृदयगत भावों को अभिव्यक्त नहीं किया? यदि किया है तब तो कला में आत्माभिव्यक्ति अधिक होती है जगतानुकृति कम। अतः कॉलरिज ने कला को आत्माभिव्यक्ति माना। हमारी आत्मा जिन वस्तुओं को देखती है, उनमें अपनी ही प्रतिच्छाया देखने का प्रयत्न करती है। दुःख-दग्ध व्यक्ति वर्षा की बूँदों को देखकर कहेगा, "आकाश रो रहा है" और सुख की वंशी बजानेवाला व्यक्ति उन्हीं बूँदो के बारे में कहेगा, "धरा को आलिंगन पाश में बाँध लेने को अधीर आकाश अमृत की बूँदों से अपनी प्रिया को रिझा रहा है।" इन दोनों उदाहरणों में विषयवस्तु तो एक ही है किन्तु वर्णनकर्त्ताओं ने अपनी-अपनी हृदयगत भावनाओं का वर्णन करने के लिए उसे दो भिन्न रूप दे दिये हैं। आकाश का वर्णन करना तो एक बहाना मात्र है। वक्ताओं का उद्देश्य तो अपने मन की भावनाओं को अभिव्यक्ति देना है। अतः कला में आत्माभिव्यक्ति ही की जाती है। हमारी आत्मा बाह्य जगत् की उन्हीं बातों की ओर आकर्षित होती है जिनमें कुछ न कुछ आत्मीयता की झलक मिलती है और उस आत्मीयता के आधार पर ही बाह्य जगत् का चित्रण किया जाता है। कला की विषयवस्तु तो अवश्य बाह्य जगत् से ग्रहण की जाती है किन्तु उसके माध्यम से कलाकार अपनी ही भावनाओं का चित्रण करता है। इस प्रकार कला प्रकृति अथवा बाह्य जगत् एवं आत्मा के बीच में तादात्म्य स्थापित करती है। यह बाह्य जगत् को कलाकार के विचारों के रूप में और विचारों को बाह्य जगत् के रूप में चित्रित करती है। कला में बाह्य जगत् की यथातथ्य अनुकृति नहीं की जाती। उसमें कुछ बातें बाह्य जगत् से कम होती है एवं कुछ अधिक। उसमें अचेतन वस्तुओं को भी मानव

भावनाएँ प्रदान कर दी जाती हैं। इस दृष्टि से कलान्तर्गत वस्तु में बाह्य वस्तु की अपेक्षा कुछ बातें अधिक होती हैं। दूसरी ओर कलाकार उस वस्तु के उसी पक्ष को चित्रित करेगा जिसमें उसे अपने हृदयगत भावों के दर्शन होंगे और शेष पक्षों को वह छोड़ देगा। इस दृष्टि से कलान्तर्गत वस्तु में बाह्य वस्तु की अपेक्षा कुछ बातें कम होती हैं। कलाकार जगत् को वैसा चित्रित करता है जैसा वह उसे लगता है। वह उसके बाह्य रूप की अनुकृति न करके उसके आन्तरिक रूप का उद्घाटन करता है और प्रकृति की आत्मा का चित्रण करता है जिसका मानवात्मा से गहन सम्बन्ध है।

इस विवेचन से यह स्पष्ट है कि यदि कला को 'अनुकृति' कहा जाये तो 'अनुकृति' तो एक मनोवैज्ञानिक प्रक्रिया हुई जिसके मूल में बाह्य जगत् एवं मानसिक जगत् एक-दूसरे को प्रभावित करके तादात्म्य प्राप्त कर रहे हैं। कला बाह्य जगत् की केवल प्रतिकृति या नकल तो होती ही नहीं है। कवि की कल्पना शक्ति जगत् के उपलब्ध वर्ण्य विषय को ज्यों-का-त्यों तो रहने ही नहीं देती और उसमें निश्चित रूप से बहुत-कुछ अपनी ओर से जोड़ देती है। वह अप्रकाशित को प्रकाशित करती है एवं निम्न को ऊपर उठाती है। वह सामान्य को असामान्य बना देती है और असामान्य को सामान्य। अतः कला में अंशतः कलाकार के अपने मनोभाव होते हैं और अंशतः बाह्य जगत् का वर्णन। यह इन दोनों के बीच की समानताओं एवं असमानताओं में मेल करती है। असमानताएँ भी इतनी ही आवश्यक है जितनी कि समानताएँ। निष्कर्ष रूप में कहा जा सकता है कि कला विशेषतः काव्यकला परस्पर विरोधी बातों का मेल करती है। वह समान का असमान से, सामान्य का विशेष से, अमूर्त का मूर्त से, व्यक्ति का जाति से, नवीन का प्राचीन से और भावावेग का गहन मनन से मेल करती है।[65] व्यवहार में जो बातें चिर परिचित एवं घिसी-पिटी लगती हैं, उनको कला में सद्यता एवं ताज़गी प्रदान कर दी जाती हैं। विशेष बातों एवं व्यक्तियों का साधारणीकरण कर दिया जाता है जैसे दुष्यन्त को 'एक प्रेमी' बना दिया जाता है, 'होरी' को 'एक किसान' और 'गोबर' को 'एक मजदूर'। मूर्त को अमूर्त बना दिया जाता है जैसे 'ध्रुव' को 'अटल विचार' बना दिया जाता है और 'गंगा' को 'पवित्रता'। तीव्र भावोच्छलन और गहन मनन को संयुक्त कर दिया जाता है। इस सारे कार्य में कल्पना शक्ति का हाथ सर्वप्रमुख रहता है। बिम्बनिर्मात्री शक्ति ऐसा नहीं कर पाती क्योंकि वह तो दो विभिन्न वस्तुओं को एक साथ बाँध सकती है, उनको मिलाकर एक नहीं कर सकती। प्रकृति अथवा बाह्य जगत् से प्राप्त घटनाओं, परिस्थितियों एवं व्यक्तियों के चारों ओर आदर्श जगत् की गम्भीरता, उच्चता एवं उपयुक्त वातावरण

बुनकर जीवन का समन्वित दृष्टिकोण प्रस्तुत कर देने का कार्य कल्पना ही करती है।

शिल्प-विषयक विवेचन-

वर्ड्सवर्थ ने मध्यम एवं निम्न वर्ग द्वारा प्रयुक्त भाषा को ही काव्य के लिए सर्वोपयुक्त भाषा बतलाया था क्योंकि इन श्रेणियों से आनेवाले व्यक्तियों की भाषा बाह्य प्रभावों से स्वतन्त्र होती है और उच्च वर्ग के व्यक्तियों की भाषा की अपेक्षा अधिक स्वाभाविक होती है। अतः ग्रामीणों की भाषा को वर्ड्सवर्थ ने नागरिकों की भाषा की अपेक्षा अधिक स्थायी एवं अधिक दार्शनिकतापूर्ण कहा। इसके आगे उन्होंने यह भी कहा कि कविता की भाषा गद्य की भाषा से मूलतः न तो भिन्न हो सकती है और न है। किन्तु कॉलरिज ने इस मत को स्वीकार नहीं किया। उन्होंने न तो यह माना कि बोलचाल की भाषा ही काव्य के लिए सर्वोपयुक्त भाषा है और न यह कि गद्य और काव्य की भाषा में कोई अन्तर नहीं है। उन्होंने कहा कि बोलचाल की भाषा कोई एक भाषा नहीं है। प्रत्येक व्यक्ति की भाषा प्रत्येक अन्य व्यक्ति की भाषा से भिन्न होती है। भिन्नता का कारण हमारी व्यक्तिगत भिन्नताएँ, ज्ञान, भावनाओं की तीव्रता एवं गम्भीरता आदि की भिन्नताएँ हैं। प्रत्येक व्यक्ति की भाषा में कुछ उसकी व्यक्तिगत विशेषताएँ होती हैं, कुछ जिस वर्ग से वह आता है, उसकी विशेषताएँ होती हैं तथा कुछ शब्द एवं वाक्यांश ऐसे भी होते हैं जिन्हें सामान्यतः सभी प्रयोग करते हैं। अतः यद्यपि अनेक शब्द एवं वाक्यांश ऐसे होते हैं जिनका प्रयोग लगभग सभी व्यक्ति करते हैं किन्तु किन्हीं भी दो व्यक्तियों की भाषा एक नहीं होती चाहे वे दो व्यक्ति एक ही वर्ग से आये हों अथवा विभिन्न वर्गों से। यदि वे एक ही वर्ग से आये हैं तो उनके स्वभाव की भिन्नता के कारण उनकी भाषाएँ भिन्न होगी और यदि वे भिन्न-भिन्न वर्गों से आये हैं तो वर्ग-विभिन्नता के कारण उनकी भाषाओं में भिन्नताएँ होंगी। यह बात ग्रामीणों की भाषा के विषय में भी इतनी ही सही है जितनी नागरिकों की भाषा के विषय में। अब किस प्रकार की भाषा को 'व्यक्तियों द्वारा प्रयुक्त' अर्थात् बोलचाल की भाषा कहा जाये? आवश्यकता इस बात की है कि प्रत्येक प्रकार की भाषा में से उन असामान्य विशेषताओं को हटा दिया जाये जो किसी एक परिवार या एक वर्ग या एक स्थान तक ही सीमित हों। उनको निकाल देने के पश्चात् जो भाषा शेष रह जाती है वह समाज की एक सामान्य रूपेण प्रयुक्त भाषा रह जायेगी। ये असामान्य विशेषताएँ जितनी शहरी बोलचाल की भाषा में मिलेंगी उससे कम ग्रामीण बोलचाल की भाषा में नहीं मिलेंगी। अतः ग्रामीण भाषा को ग्राह्य एवं शहरी भाषा को त्याज्य कह देना उचित नहीं है। दोनों प्रकार की भाषाओं

का परिष्करण करना आवश्यक है और इस प्रकार परिष्कृत भाषा ही सार्वजनीन होती है, अतः काव्य के लिए भी सर्वोपयुक्त होती है।

यह भी कहना गलत है कि गद्य और कविता की भाषाओं में न कोई अन्तर होता है और न हो सकता है। सच तो यह है कि जैसे गद्य की भाषा बोलचाल की भाषा से भिन्न होती है और होनी भी चाहिए, उसी प्रकार कविता की भाषा से भिन्न होती है एवं होनी भी चाहिए। वैसे तो जैसे शब्द गद्य में होते हैं, वैसे ही कविता में भी होते हैं, किन्तु दोनों का शब्द-संगठन भिन्न-भिन्न प्रकार से होता है। हाँ, यह सच है कि कई बार एक वाक्य जिस रूप में कविता में आया है, उसी रूप में वह गद्य में आयेगा। किन्तु इससे गद्य और कविता की भाषाएँ अभिन्न नहीं हो जातीं। अनेक गद्यांश ऐसे होते हैं जिन्हें गद्य के रूप में ही रखना उचित है, उन्हें कविता का रूप देना उचित ही नहीं है। इसी प्रकार अनेक अवतरण ऐसे होते हैं, जिन्हें कविता के रूप में रखना ही प्रभावोत्पादक होता है। उन्हें गद्य का रूप दे देने पर उनका तमाम सौन्दर्य मिट जाता है। कविता तो छन्द में लिखी जाती है पर गद्य छन्द में नहीं लिखा जाता। इसी आधार पर कह सकते हैं कि इन दोनों में विभिन्न प्रकार की भाषाओं का प्रयोग किया जाता है। वर्ड्सवर्थ के तमाम तर्कों को धराशायी करने के लिए कॉलरिज ने अन्त में कहा है, "मैं छन्द में इसलिए लिखता हूँ कि मैं गद्य में प्रयुक्त भाषा से भिन्न भाषा का प्रयोग करना चाहता हूँ।"[66]

कवि-प्रतिभा-विषयक विवेचन-

साहित्य में एक विवादास्पद विषय प्रचलित है कि कोई व्यक्ति जन्म से ही कवि पैदा होता है अथवा परिस्थितियाँ उसे कवि बनाती हैं। कुछ विद्वान् प्रथम मत का समर्थन करते हैं एवं कुछ दूसरे का। वैसे प्राचीन काल में पहला मत ही अधिक प्रचलित था और कवि-प्रतिभा को ईश्वरीय देन समझा जाता था। किन्तु आधुनिक युग में दूसरा मत अधिक विचारकों को मान्य है। आजकल तो और तो और कवि तक भी इस मत को स्वीकार करने में हिचकते हैं कि कवि प्रतिभा ईश्वरप्रदत्त एवं जन्म-जात होती है। पर कॉलरिज का मत था कि कवि प्रतिभा जन्मजात ही होती है और कवि लोग उत्पन्न होते हैं, बनाये नहीं जाते। उन्होंने प्रतिभा एवं योग्यता को दो विभिन्न शक्तियाँ बतलाया। प्रतिभा जन्मजात होती है और योग्यता प्राप्त की जाती है। प्रतिभाशक्ति, कल्पनाशक्ति की भाँति, एक सृजनात्मक शक्ति है और योग्यता, बिम्बनिर्मात्री-शक्ति की भाँति, भिन्न वस्तुओं को एक साथ संयुक्त कर देनेवाली शक्ति। अपनी पुस्तक 'साहित्य की जीवनी' के 15वें अध्याय में उन्होंने कविता में प्रदर्शित उन चार गुणों का विवेचन किया है जो प्रतिभाजन्य होते हैं—

1. संगीतात्मक आनन्द का ज्ञान-

कवि की आत्मा की संगीतात्मकता ही उसकी रचनाओं में झलकती है और यह संगीतात्मकता प्रतिभाजन्य अतः जन्मजात होती है। इसी के परिणामस्वरूप छन्द में पूर्ण माधुर्य आता है, विषय के अनुरूप छन्द की प्राप्ति होती है और वर्ण्य विषय के अनुसार शब्द-संगीत को वैभिन्य प्रदान करने की सामर्थ्य प्राप्त होती है।

2. विषयगतता-

कवि ऐसे विषयों का चयन करता है जो उसकी व्यक्तिगत रुचियों एवं परिस्थितियों के घेरे से बाहर के होते हैं और जिन मनोभावों का वह चित्रण एवं विश्लेषण करता है उनसे वह निस्संग रहता है। अपनी व्यक्तिगत भावनाओं एवं रुचियों का चित्रण तो साधारण प्रतिभावाला व्यक्ति भी कर सकता है किन्तु 'स्व' से निस्संग रहकर 'पर' को चित्रित करने का कार्य महान् प्रतिभाशाली कवि ही कर सकता है। वह अन्य व्यक्तियों एवं प्राणियों के ही नहीं, पुष्पों, पादपों एवं नदियों की भावनाओं एवं मनोवेगों का वर्णन करता है। हाँ, यह सच है कि वह अपनी मानसिक स्थिति के अनुसार ही इन वस्तुओं को शोकमग्न अथवा आनन्द से प्रफुल्लित बतलाता है। अतः वह परमसत्ता की भाँति अपनी सृष्टि के कण-कण में विद्यमान तो रहता है किन्तु स्पष्ट रूप से कहीं भी सामने नहीं आता।

3. कल्पनाशक्ति-

जीवन के जो चित्र कवि अपनी रचनाओं में अंकित करता है वे जीवन के फोटो या विशुद्ध नकल मात्र नहीं होते। ऐसा अंकन किसी भी रूप में काव्यत्वपूर्ण न होगा। इसमें काव्यत्व तो तभी आता है जब कि प्रबल भावावेग अथवा उससे उत्पन्न होनेवाले बिम्बों एवं विचारों का इसमें समावेश कर दिया जाता है तथा वस्तुओं को भी मानवीय भावनाओं एवं विचार शक्ति से युक्त कर दिया जाता है। वैसे तो वस्तु एवं पदार्थ निर्जीव एवं भावनाशून्य होते हैं किन्तु जब कवि उन्हें अपनी आत्मिक भावनाएँ एवं बौद्धिक चिन्तन से युक्त कर देता है तो वे सजीव एवं सप्राण हो उठती हैं और चित्रण काव्यत्वपूर्ण हो जाता है। उदाहरणार्थ हम बिहारी का निम्नांकित दोहा ले सकते हैं—

पर्‌यौ जोरु, विपरीत रति रुपी सुरत-रन-धीर।
करति कुलाहलु किंकिनी, गह्यौ मौन मंजीर।।

यहाँ पर विपरीत रति आरम्भ होने पर मंजीर, जो पुल्लिग होने के कारण नायक के पक्ष के हैं और अब तक नायक के तथा अपने ऊर्ध्ववर्ती होने के कारण बोल रहे थे अर्थात् अपने पक्ष का उत्कर्ष विघोषित कर रहे थे, मौन धारण कर लेते हैं और किंकिणी जो स्त्रीलिंग होने के कारण नायिका के पक्ष की है और अपने दबे रहने

के कारण चुप थी, अब कोलाहल करके अपनी शेखी बघारने लगी है। अतः यहाँ मंजीर तथा किंकिणी जैसी निर्जीव वस्तुओं को भी मानवीय भावनाओं एवं चिन्तन से युक्त करके चित्रण को काव्यत्वपूर्ण बना दिया गया है। एक दूसरा उदाहरण मैथिलीशरण गुप्त जी के 'साकेत' से लिया जा सकता है—

वेदने, तू भी भली बनी।
पाई मैने आज तुझी में अपनी चाह घनी।

इस अंश में 'वेदना' नामक अमूर्त भाव को उर्मिला की 'चाह' से युक्त करके मानवीय भावनाओं एवं चिन्तन से युक्त कर दिया गया है। ऐसा कल्पना-शक्ति की सहायता से ही किया जाता है। यही शक्ति कृति में प्रभावान्विति का भी समावेश कराती है।

4. गम्भीर एवं शक्तिपूर्ण चिन्तन-

वर्ड्सवर्थ के मतानुसार गम्भीर चिन्तन से युक्त व्यक्ति ही किसी विषय पर मूल्यवान् कविता का सृजन कर सकता है। जिस व्यक्ति के विचार उथले होंगे उससे यह आशा नहीं की जा सकती कि वह श्रेष्ठ काव्य का सृजन कर दे। कॉलरिज भी इस पर उनसे सहमत हैं। उन्होंने भी कहा है कि गहन मनन करनेवाला व्यक्ति ही महान् कवि हो सकता है।[67] काव्य-प्रेरणा प्राप्त करने पर व्यक्ति के हृदय में जो भाव आते हैं उन पर निश्चित रूप से उसके गहन चिन्तन एवं मनन की छाप पड़ी होती है। यदि उसके चिन्तन में गम्भीरता नहीं होगी तो उसकी काव्य-प्रेरणा प्रभावशाली सृजन नहीं कर पायेगी क्योंकि काव्य को प्रभावोत्पादक एवं शक्तिपूर्ण बनाने का कार्य ही गम्भीर मनन एवं चिन्तन का है। कविता में प्रबल भावावेग एवं गम्भीर मनन का औचित्यपूर्ण संयोग रहता है। वह प्रबल भावोच्छलन मात्र नहीं है। इसी कारण वह पाठकों का उदात्तीकरण करती है।

नाटकीय 'भ्रम' विषयक विवेचन-

नाटक-सम्बन्धी एक समस्या हमारे सम्मुख आती है कि जब दर्शक यह समझते हैं कि रंगमंच पर जो कुछ हो रहा है, वह सच्ची घटना न होकर एक दिखावा मात्र है और जो अभिनेता नाटक खेल रहे हैं, उनमें से कोई भी राम, सीता, नल, दमयन्ती, शैव्या अथवा हरिश्चन्द्र नहीं है, तब वे नाटक को देखकर इतने प्रभावित कैसे हो जाते हैं और हरिश्चन्द्र आदि को आपत्ति में फँसा देखकर कई बार आँसू तक क्यों बहाने लगते हैं। वे जानते हैं कि रंगमंच पर जो कुछ प्रदर्शित किया जा रहा है, वह अवास्तविक है, फिर वे ऐसा व्यवहार क्यों करते हैं कि मानो उस सबको वास्तविक समझ रहे हों? इस प्रश्न को कॉलरिज ने लिया और 'साहित्य की जीवनी' के 14वें

अध्याय में इसका समाधान बतलाया। उन्होंने लिखा है कि वे और वर्ड्सवर्थ दो प्रकार की कविताओं का सृजन करना चाहते थे—एक तो दैवी घटनाओं एवं शक्तियों के चित्रण से सम्बन्धित तथा दूसरी सामान्य जीवन से ग्रहीत वर्ण्य-विषय पर आधारित। वर्ड्सवर्थ को दूसरे प्रकार की कविताओं की रचना करनी थी जिनमें सामान्य जीवन की घटनाओं को आकर्षणयुक्त बना दिया जाये और कॉलरिज को पहले प्रकार की कविताओं की रचना करनी थी जिनमें दैवी शक्तियों एवं प्राणियों का इस प्रकार से चित्रण हो कि उन पर पाठक का विश्वास हो जाये। उनमें ये कल्पना-प्रसूत प्राणी इस प्रकार से चित्रित किये जायें कि पाठक जान-बूझकर उस क्षण अपने अविश्वास को तिलाञ्जलि दे दे और सारे वर्णन को सत्य मान ले।"

इस कथन से यह स्पष्ट हो जाता है कि कॉलरिज के मतानुसार पाठक अथवा दर्शक कुछ देर के लिए अपने अविश्वास का दमन कर देते हैं और कविता अथवा नाटक में चित्रित घटनाओं को वास्तविक ही मान लेते हैं यद्यपि वे जानते हैं कि ये अवास्तविक हैं। इसी से उन्हें आनन्द की प्राप्ति होती है। यदि वे उसे अवास्तविक ही मानें तब वे काव्य-रस का आस्वादन नहीं कर सकते। पाठक अथवा दर्शक पूर्णरूपेण जानता है कि रंगमंच पर उपस्थित व्यक्ति हरिश्चन्द्र नहीं है, अपितु एक अभिनेता मात्र है और वह प्रेक्षागृह में है, श्मशान में नहीं। किन्तु अभिनय समाप्त होने तक के लिए वह अपने अविश्वास को जान-बूझकर त्याग देता है और यह विश्वास कर लेता है कि उसके समक्ष राजा हरिश्चन्द्र श्मशान में अपनी ही पत्नी से कफ़न माँग रहा है। ऐसा करना मानव-स्वभाव की ही एक विशेषता है और इसी के कारण पाठक असम्भव घटनाओं एवं पात्रों को भी अभिनय काल में तथा कविता पढ़ते समय तक वास्तविक समझकर काव्यानन्द प्राप्त करता है यद्यपि उसके जीवन-काल का अनुभव उसे बतलाता है कि ऐसी घटनाओं का घटित होना सम्भव नहीं है। कवि भी पाठकों से यह आशा नहीं करता कि वे बौद्धिक विश्लेषण करके काव्य में चित्रित घटनाओं को सच एवं वास्तविक स्वीकार कर लें। वह तो केवल इतना चाहता है कि वे खुली हुई आँखों से एक स्वप्न देख लें और उस पर अविश्वास न करें। इसी कारण यद्यपि पाठक यह जानते हैं कि उनके सामने घटित होनेवाली घटनाएँ अवास्तविक है पर वे उस समय ऐसा महसूस नहीं करते कि वे अवास्तविक हैं। वे थोड़ी देर के लिए जान-बूझकर अपने आपको इस भ्रम में डाल देते हैं कि वे घटनाएँ वास्तविक हैं जिससे वे काव्यानन्द प्राप्त कर सकें। अतः काव्य पाठकों को न तो पूर्णतः भ्रम में फँसा देता है और न उनकी चिन्तन शक्ति को सक्रिय रखता है। जब पाठक इस चिन्तन शक्ति को थोड़ी देर के लिए सुला देता है बस उस समय यह उसको कुछ देर तक भ्रमित कर देता है।

कॉलरिज का यह मत शंकुक के 'चित्र-तुरंगादि न्याय' से कुछ साम्य रखता है। शंकुक का मत है कि जैसे चित्र के घोड़े को देखकर कोई बालक उसे वास्तविक घोड़ा ही समझ लेता है उसी प्रकार हरिश्चन्द्र का अभिनय करनेवाले अभिनेता को भी दर्शक वास्तविक हरिश्चन्द्र ही समझता है। इससे स्पष्ट है कि शंकुक के मतानुसार 'भ्रम' ही काव्यानन्द का आधार है। कॉलरिज के मतानुसार नाटक को दखते समय दर्शक पूर्णरूपेण भ्रमित नहीं होता अपितु जान-बूझकर अपने अविश्वास को त्याग देता है।

मूल्यांकन-

अंग्रेज़ी कवि बेन जॉनसन ने कहा था कि कवियों की आलोचना करने की सामर्थ्य उसी व्यक्ति में होती है जो स्वयं कवि हो और जो व्यक्ति कविता सृजन नहीं करता उसे कविता के विषय में निर्णय देने का कोई अधिकार नहीं। कॉलरिज ने इस मत को नहीं स्वीकारा और कहा कि पाठक को साहित्य के विषय में निर्णय देने का अधिकार निश्चित रूप से प्राप्त है। किन्तु साथ में यह भी कहा कि पाठक को साहित्यिक कृति का अध्ययन साहित्यकार के उद्देश्य एवं भावनाओं को ध्यान में रखकर करना चाहिए। उसे यह आशा नहीं करनी चाहिए कि साहित्यकार उसकी इच्छानुसार साहित्य-सृजन करेगा और उसी के विचारों को अपनी कृतियों में स्थान देगा। इसके लिए यह समझना आवश्यक है कि कविता की रचना कैसे होती है। अतः कॉलरिज ने कविता-सृजन-विषयक विवेचन की ओर ही मुख्य रूप से ध्यान किया, सृष्ट साहित्य की समीक्षा की ओर नहीं। उन्होंने दार्शनिक एवं मनोवैज्ञानिक विधि से कल्पना शक्ति के कार्य का विवेचन किया और यह बतलाया कि इस शक्ति का क्या स्वरूप है और कवि इसकी सहायता से कैसे काव्य-सृजन करता है। यह एक महत्त्वपूर्ण कार्य था जो अब तक तिरस्कृत पड़ा था। इस दृष्टि से कॉलरिज स्पष्ट रूप से अपने सभी पूर्वगामी अंग्रेज़ी समीक्षकों से भिन्न दिखलायी पड़ते हैं। उन्होंने दर्शन-शास्त्र का गहन अध्ययन किया था। उसी से लाभान्वित होकर उन्होंने सृजन-प्रक्रिया का मनोवैज्ञानिक विवेचन किया। किसी भी अन्य समीक्षक ने कल्पना-शक्ति एवं बिम्बनिर्मात्री शक्ति का इतनी मनोवैज्ञानिक सूक्ष्मता के साथ विश्लेषण नहीं किया था। काव्याध्ययन करते समय जो भी दार्शनिक समस्यायें हमारे समक्ष आती हैं, उन सबकी गम्भीरता की ओर कॉलरिज विद्वज्जनों का ध्यान आकर्षित किया और उनका समाधान किया। उनकी रुचि किसी विशेष नाटक अथवा कविता की समीक्षा की ओर नहीं थी। उनका ध्यान तो इस ओर था कि कविता अथवा नाटक में सौन्दर्य एवं आकर्षण क्यों एवं कैसे आता है। इसी कारण काव्य-विषयक विश्लेषण करते-करते वे

कल्पना-शक्ति के विश्लेषण तक पहुँचे क्योंकि कल्पना-शक्ति ही कविता को जन्म देती है।

अब तक के अधिकतर समीक्षक किसी-न-किसी रूप में यह मान लेते थे? कि काव्य में बाह्य जगत् की अनुकृति होती है। किन्तु कॉलरिज ने घोषणा की कि काव्य में कवि आत्माभिव्यक्ति करता है क्योंकि बाह्य जगत् तो कवि के मनोभावों के अनुसार ही उसे शोकमग्न अथवा आह्लाद-प्रफुल्लित लगता है। अतः अपने हृदय के भावों से रंजित करके ही वह जगत् का चित्रण करता है। तब साहित्य को जगत् की अनुकृति कैसे कहा जा सकता है? इस प्रकार 'अनुकृति' सिद्धान्त का कॉलरिज ने अत्यन्त सबल रूप से खण्डन किया।

नाटक एवं दैवी शक्तियों के चित्रण से पाठक, यह जानकर भी कि वह सारा चित्रण अवास्तविक है, कैसे आनन्द प्राप्त कर लेता है, इस सम्बन्ध में कॉलरिज का मत कि वह कविता पढ़ते समय अथवा नाटक देखते समय जान बूझकर अपने अविश्वास को त्याग देता है, काफी मूल्यवान् है। यह एक प्रकार से उन दो परस्पर विरोधी मतों के बीच में समझौता कराने वाला मार्ग है जिनमें से एक के अनुसार नाटक को देखते समय दर्शक आत्मविस्मृति की अवस्था में पहुँच जाता है और सारे अभिनय को वास्तविक समझता है और दूसरे के अनुसार वह पूर्ण रूप से जागरूक रहता है कि वह रंगमंच पर घटनाओं का केवल अभिनय देख रहा है और कोई भी घटना वास्तविक नहीं है। मनोवैज्ञानिक दृष्टि से कॉलरिज का मत ही सत्य के अधिक निकट है।

नव्य-शास्त्रवाद की 'नियमों की दासता' का विरोध करने के साथ-साथ कॉलरिज ने वर्ड्सवर्थ के काव्यभाषा सम्बन्धी विचारों का भी विरोध किया। उन्होंने बतलाया कि नियमों का अन्धानुकरण करने मात्र से श्रेष्ठ साहित्य का सृजन नहीं किया जा सकता और न अकेली योग्यता ही किसी व्यक्ति को कवि बना सकती है। कविता करने के लिए प्रतिभा शक्ति सबसे पहली आवश्यकता है और यह जन्मजात होती है। दूसरी ओर उन्होंने वर्ड्सवर्थ के मत को भी अमान्य बताते हुए कहा कि कविता की भाषा बोलचाल की भाषा से भिन्न होती है। इसी प्रकार गद्य जिस भाषा में लिखा जाता है, वह कविता की भाषा नहीं हो सकती। इन दोनों विधाओं की भाषाओं में भिन्नता होती है एवं होनी चाहिए। यह मत कॉलरिज के संयत एवं सन्तुलित दृष्टिकोण का परिचायक है। अब तक केवल दो समीक्षकों—अरस्तू एवं लॉन्जाइनस—ने ही साहित्य की समीक्षा इतनी गम्भीरता एवं सफलतापूर्वक की थी। अतः कहा जा सकता है कि उन्नीसवीं शताब्दी तक के पाश्चात्य जगत् के तीन सबसे महान् आलोचकों की कतार में कॉलरिज का स्थान निश्चित रूप से सुरक्षित है।

किन्तु कॉलरिज के समीक्षा-सिद्धान्तों को दोषमुक्त नहीं कहा जा सकता। उनके विवेचन को काव्यात्मक तथा कलात्मक नहीं कहा जा सकता क्योंकि उन्होंने तो मुख्य रूप से कलाकार या कवि के मस्तिष्क में होनेवाले प्रक्रिया का विवेचन किया, साहित्य के सौन्दर्य का नहीं। ऐसा विवेचन तो दार्शनिक या मनोवैज्ञानिक को करना चाहिए, साहित्यालोचक को नहीं। समीक्षक से तो हम साहित्य-सम्बन्धी विवेचन की अपेक्षा करते हैं। हो सकता है कुछ व्यक्ति ऐसे हों जिन्हें इस प्रकार की दार्शनिक खोजों में ही दिलचस्पी हो, किन्तु इन खोजों से बहुधा एक कमी होती हैः कोई भी दार्शनिक खोज ऐसी नहीं होती जिसमें विवाद की गुंजाइश न हो और जिसे सर्वमान्य कह दिया जाये। कई ऐसी खोजों में आंशिक सत्य ही रहता है और कुछ थोड़े समय पश्चात् पूर्णतः असत्य एवं निराधार सिद्ध हो जाती हैं। हो सकता है कोई विचारक कॉलरिज के कल्पना शक्ति विषयक सारे विवेचन को ही 'असत्य की नींव पर खड़ी हुई इमारत' बतला दे। इसकी अपेक्षा तो कला का महल कहीं अधिक मजबूत नींव पर टिका होता है। अपने समय के समाज के लिए तो कोई कलाकृति श्रेष्ठतम हो ही सकती है और हो सकता है उसका चमत्कार भावी पीढ़ियों को भी आनन्दित करता रहे। प्रत्येक कलाकृति अपने प्रकार की अनोखी रचना होती है और अपने सीमित क्षेत्र में सर्वश्रेष्ठ होती है। दार्शनिक सिद्धान्तों के विषय में ऐसी बात नहीं कही जा सकती। नये सिद्धान्त आने पर पुराने दार्शनिक सिद्धान्त फीके पड़ जाते हैं और कई बार चल ही बसते हैं। पर साहित्य के विषय में यह बात लागू नहीं होती। चाहे कितना ही श्रेष्ठ साहित्य सृजित क्यों न होता चला जाय, पुराना साहित्य अपने स्थान पर जगमगाता रहेगा। बिहारी अपने स्थान पर देदीप्यमान् रहेंगे, कबीर अपने स्थान पर, तुलसी अपने स्थान पर और 'निराला' अपने स्थान पर। उनके चल बसने का प्रश्न ही नहीं उठता क्योंकि वे सब अपने-अपने क्षेत्र में अनुपमेय हैं। साथ ही, दर्शनशास्त्र हमें आकाश की ऊँचाइयों में ले जाता है जबकि कला के क्षेत्र में हम अपनी जानी-पहचानी धरती पर रहते हैं क्योंकि इसमें मानव जीवन का चित्रण किया जाता है जबकि दर्शनशास्त्र में आत्मा, अस्तित्व, सृष्टि एवं परमसत्ता के विषय में अटकलें लगायी जाती हैं। अतः कला-समीक्षक को भी जानी पहचानी धरती पर ही रहना चाहिए एवं प्रत्यक्ष अनुभवों को नहीं त्यागना चाहिए क्योंकि कलाकार अपने जीवनगत अनुभवों का ही तो चित्रण कला में करता है। किन्तु कॉलरिज ने ऐसा नहीं किया। उन्होंने अपने आपको कला की जानी-पहचानी धरती तक सीमित न रखकर दर्शनशास्त्र के आकाश में उड़ जाने दिया और आत्मा के अध्ययन के बादलों में विचरने दिया। उन्होंने कला के माध्यम के विषय में बहुत थोड़ी बातें कहीं और न इस बारे में अधिक कुछ कहा कि कलाकार को मानव-जीवन को निकटता से

देखना चाहिए और उसका चित्रण इस प्रकार करना चाहिए कि उसका सम्प्रेषण उचित रूप से हो जाये।

कॉलरिज का कल्पना सम्बन्धी मत भी इस प्रकार का है कि वह रोमाण्टिक कविता की श्रेष्ठता की खुली घोषणा करता है। इस मत के आधार पर गैर-रोमाण्टिक कविता को श्रेष्ठता के आसन पर नहीं बिठाया जा सकता क्योंकि बाह्य जगत् एवं अन्तर्जगत का तादात्म्यीकरण तो रोमाण्टिक कविता में ही होता है। अतः कॉलरिज के इस मत को पक्षपातपूर्ण भी कहा जा सकता है। किन्तु पाश्चात्य समीक्षा जगत् में कॉलरिज ने अत्यन्त महत्त्वपूर्ण कार्य किया, इसमें कोई सन्देह नहीं है। नव्यशास्त्रवादी तो पुराने नियमों को तोते की भाँति रट लेने में ही अपने कर्त्तव्य की इतिश्री समझते थे। कॉलरिज ने समीक्षकों को कम-से-कम मौलिक चिन्तन करने को बाध्य तो किया जिससे वे लकीर के फकीर बनाने वाले सम्प्रदाय के घेरे से बाहर आये।

अध्याय-9

मैथ्यू आर्नल्ड

मैथ्यू आर्नल्ड (1822-88) विक्टोरियन युग के प्रमुख कवि तथा विचारक थे। इंग्लैण्ड को विश्व में एक सुसंस्कृत देश के रूप में मान्यता दिलाने में उनकी विशेष भूमिका थी। इंग्लैण्ड के प्रथम मौलिक (original) आलोचक होने के कारण उन्हें आधुनिक अंग्रेज़ी आलोचना का पिता भी माना जाता है। आर्नल्ड के लिए नैतिकता (morality) एवं संस्कृति (culture) में एक विशेष सम्बन्ध था तथा साहित्य इन दोनों के बीच में एक सेतु। अतः आर्नल्ड उन्नीसवीं शताब्दी के 'कला केवल कला के लिए' आन्दोलन से विरत ही रहे।

समीक्षा के क्षेत्र में आने से पहले आर्नल्ड ने कविताओं की रचना की थी। इस कारण आर्नल्ड की समीक्षा एक ऐसे व्यक्ति की समीक्षा है जिसे यह भी पता था कि कविता कैसे लिखी जाती है। सन् 1853 के अपने कविता संग्रह का जो प्राक्कथन उन्होंने लिखा उसमें वे हमारे समक्ष पहली बार समीक्षक के रूप में आते हैं। इस प्राक्कथन में उन्होंने अपनी काव्य-कला को ग्राह्य बताने का प्रयत्न किया। जब 1857 में वे ऑक्सफोर्ड विश्वविद्यालय में कविता के आचार्य नियुक्त होकर पहुँचे तो उन्हें अपने समीक्षा-कौशल को विकसित करने का अवसर मिला। इस विश्वविद्यालय में उन्होंने जो सम्भाषण दिये उनको उन्होंने दो पुस्तकों के रूप में प्रकाशित कराया। वे दो पुस्तकें थीं-

1. होमर की रचनाओं का अनुवाद करने के सम्बन्ध में,
2. केल्टिक साहित्य का अध्ययन

इनके अतिरिक्त आर्नल्ड ने *समीक्षा सम्बन्धी निबन्ध* (Essays in Criticism) नाम से तीन पुस्तकें प्रकाशित कीं।

इस 'प्राक्कथन' तथा इन पाँच पुस्तकों में आर्नल्ड के कविता एवं समीक्षा सम्बन्धी विचार शब्दबद्ध हैं।

कविता की समीक्षा-

रानी-विक्टोरिया-युग में इंग्लैण्ड में कुछ कवि थे जिन्हें स्पास्मॉडिक कवि कहा जाता था। उनमें प्रमुख थे पी.जे. बेली, सिडनी डोबेल तथा अलग्जेन्द्र स्मिथ। उनका मत था कि कविता में कवि स्वयं अपनी मनःस्थिति को उल्लेखनीय भाषा में अभिव्यक्त करता है और अपनी कविताओं में भी वे ऐसा ही करते थे। इस कारण से उनकी कविताओं में भावनाओं का अतिरेक होता था, साथ ही रूपक अलंकार का भी। उनका प्रभाव अन्य कवियों पर भी पड़ा। एल्फ्रेड टैनीसन की कविता 'मॉड' पर उनका प्रभाव स्पष्ट रूप से देखा जा सकता है। इसी प्रकार आर्नल्ड की कविता 'एम्पीडोक्लीज ऑन एटना' पर भी।

पर आर्नल्ड ने शीघ्र ही इस सम्प्रदाय से अपने आप को अलग कर लिया और इसके सिद्धान्तों का खण्डन करते हुए 'सन् 1853 की कविताएँ' नामक कविता-संग्रह का 'प्राक्कथन' लिखा। 'प्राक्कथन' में आर्नल्ड ने लिखा कि कला हर्ष के प्रति समर्पित होती है और त्रासदी भी हर्ष प्रदान करती है यद्यपि उसमें शोक देने वाली घटनाओं को सम्मिलित किया जाता है। आर्नल्ड का मत है कि कविता में केवल विचार ही नहीं होने चाहिए अपितु कार्य की प्रधानता होनी चाहिए। उन्होंने यह भी कहा कि कविता की विषय-वस्तु ही उसे हर्षदायक बनाती है।

अब प्रश्न आता है कि वे वर्ण्य-विषय कौन से हैं जिनके विषय में लिखी हुई कविता महान होती है और सर्वोच्च कोटि का हर्ष प्रदान करती है। आर्नल्ड के पूर्वगामी बेली जैसे कवियों का मत था कि पुरातन वर्ण्य-विषयों के दिन लद गये और नये युग के कवियों को अपने ही युग में वर्ण्य विषय खोजने होंगे। किन्तु आर्नल्ड का विचार उनसे भिन्न था। आर्नल्ड इस बात के प्रति जागरूक थे कि विज्ञान तथा औद्योगिक क्रांति ने रानी विक्टोरिया युग में भारी उलटफेर कर दिया था। आर्नल्ड का मत था कि कवि का कार्य अपने युग की प्रशंसा करना नही है अपितु अपने समकालीन युग के पाठकों को सर्वोच्च कोटि का हर्ष प्रदान करना है और यदि कवि को अपने युग से लिये गये वर्ण्य-विषय को लेकर ऐसा करना हो और लोग पूंछे कि इस युग में ऐसा क्या है जो ऐसे वर्ण्य-विषय प्रदान करता है तो उत्तर है कि यह प्रगति का युग है तथा ऐसा युग है जिसमें औद्योगिक विकास एवं सामाजिक उन्नयन के महान विचार विद्यमान हैं।

आर्नल्ड के मतानुसार कविता के लिये उपयुक्त वर्ण्य-विषय वे विषय हैं जो सब व्यक्तियों को सदा-सदा आनन्द प्रदान करते हैं। दूसरे शब्दों में वे विषय जो मानव की उन मूल भावनाओं को भाते हैं जो किसी कालखण्ड तक सीमित नहीं होती कविता के लिये सर्वोपयुक्त वर्ण्य-विषय हैं। आर्नल्ड के मतानुसार ये विषय वर्तमान काल के भी हो सकते हैं, और भूतकाल के भी परन्तु जिस युग में नैतिक उत्कृष्टता होगी उस युग में ऐसे वर्ण्य विषयों का विद्यमान होना आसान नहीं है।

आर्नल्ड का यह भी मत है कि यदि वर्ण्य विषय में उदात्तता नहीं है तो चाहे कितनी ही उत्कृष्ट भाषा का उपयोग कर लो कविता में उदात्तता नहीं आ सकती। सुन्दरीकरण कुरूपता को बहुत अधिक देर तक नहीं छिपा सकता। आर्नल्ड का मत है कि यूनानी साहित्यकार इस तथ्य को भली प्रकार जानते थे और वह सबसे पहले यह देखने का प्रयत्न करते थे कि वर्ण्य विषय में काव्यात्मकता है कि नहीं। उन्होंने अपने देश के कवियों के विषय में कहा कि वे कविता में आने वाले विभिन्न विचारों और बिम्बों के मूल्य की ओर ध्यान देते हैं। आर्नल्ड ने कहा कि यूनानी साहित्यकार सम्पूर्ण पर ध्यान केन्द्रित करते थे जबकि अंग्रेजी साहित्यकार अपना ध्यान अंगों पर केन्द्रित करते हैं; यूनानी साहित्यकार वर्ण्य विषय को प्राथमिकता देते थे जबकि अंग्रेजी साहित्यकार अभिव्यक्ति को प्राथमिकता देते हैं। आर्नल्ड ने यह भी कहा कि यूनानी साहित्यकारों की अभिव्यक्ति में भी कोई कमी नहीं है अपितु वह अनुकरणीय है और यूनानी साहित्यकारों की रचना शैली उदात्त है। आर्नल्ड के मतानुसार यूनानी साहित्यकारों की रचना-शैली की उत्कृष्टता का कारण यह है कि वह वर्ण्य-विषय के अनुरूप है, उसमें सरलता है और वर्ण्य-विषय की उत्कृष्टता से अपनी प्रभावशीलता प्राप्त करती है। आर्नल्ड का मत है कि यदि वर्ण्य-विषय में उत्कृष्टता नहीं है तो अभिव्यक्ति के पास खड़े होने के लिए टांगे ही नहीं रह जायेगी। यदि कविता में थोड़ा सा लालित्य एक स्थान और थोड़ा सा लालित्य किसी दूसरे स्थान पर दिख रहा है तो वह कविता, कविता कहलाने योग्य नहीं है। आर्नल्ड का मत है कि सम्पूर्ण कविता एक इकाई है जिसमें सारे अंश परस्पर मिले हुए होते है तथा अभिव्यक्ति पूरे वर्ण्य-विषय की प्रभावोत्पादकता में सहायक होती है।

इस प्रकार अपने युग के कवियों की रचनाओं से आर्नल्ड सन्तुष्ट नहीं थे और उन्होंने अपना ध्यान इस प्रश्न की ओर दौड़ाया कि किन रचनाओं को अनुकरणीय नमूना माना जाए। वे शेक्सपीयर का बहुत सम्मान करते थे। उनका मत था कि शेक्सपीयर के वर्ण्य विषय उत्कृष्ट हैं, शेक्सपीयर ने अपने वर्ण्य विषय भूतकालों से

चयनित किये पर उनका सम्बन्ध समकालीन प्रश्नों से था। शेक्सपीयर भली-भाँति समझते थे कि काव्य के लिए किस प्रकार के वर्ण्य विषय उपयुक्त रहते हैं। परन्तु आर्नल्ड ने शेक्सपीयर में एक कमी भी पायी : शेक्सपीयर की अभिव्यक्ति इतनी निर्बाध है कि वे किसी बात को सरल भाषा में नहीं कहते – उस समय भी नहीं जबकि वर्ण्य विषय नितान्त दो टूक भाषा चाहता है।

अतः आर्नल्ड का मत है कि उनके समकालीन कवियों को अपना आदर्श शेक्सपीयर को न मानकर अरस्तू युग के यूनानी कवियों को मानना चाहिए। आर्नल्ड के मतानुसार उन यूनानी कवियों की रचनाओं में महान वर्ण्य विषय लिये गये हैं और सरल किन्तु उपयुक्त भाषा का उपयोग किया गया है। आर्नल्ड चाहते हैं कि कवियों को कविता के स्वस्थ नियमों का पालन करना चाहिए। आर्नल्ड के अनुसार महान काव्य उस समय भी हर्ष प्रदान करता है जबकि उसमें शोक-सन्तप्त घटनाओं का चित्रण होता है। उन्होंने कहा कि कविता सक्रियता को अपना विषय बनाये, कोरे विचारों को नहीं और वह पाठकों को अपनी सम्पूर्णता से हर्षित करें, केवल अंश मात्र से नहीं।

उदात्त शैली-

अपनी 1853 ई0 में प्रकाशित 'भूमिका' में आर्नल्ड ने यूनानी कवियों की उत्कृष्ट शैली को अंग्रेजी कवियों की रंगीन शैली से श्रेष्ठतर बतलाया था। अपनी पुस्तक 'होमर का अनुवाद करने के सम्बन्ध में' में उन्होंने अमरीकियत नामक दोष को लिया और कहा कि इस दोष से बचने का उपाय है यूनानी कवियों की उदात्त शैली को अपने लिये आदर्श मानकर काव्य-रचना करना। अमरीकियत से उनका अभिप्राय था ओछापन। उनका मत था कि यह ओछापन प्रजातंत्र के प्रति दीवानगी से आता है जो इस समय काफी प्रचलन में है। उनका विचार था कि प्रजातंत्र में महान गुण पद-दलित हो जाते हैं और संगठित ओछापन दुर्दमनीय हो जाता है, जिससे कि आम जीवन उत्कृष्टता से वंचित हो जाता है। ऐसी स्थिति में आर्नल्ड का मत है, मात्र साहित्य ही उत्कृष्टता के झंडे को ऊँचा रख सकता है। यह उत्कृष्टता उन्हें होमर के साहित्य में मिली। इसी कारण वे कहते हैं कि होमर का साहित्य इस समय के कवियों को अपने लिए आदर्श मानना चाहिए। आर्नल्ड का विचार है कि होमर को उदात्त शैली पर पूरा अधिकार है। जब आर्नल्ड ने होमर की रचनाओं को पढ़ा तो उन्हें ऐसा लगा मानो उनका कद बहुत बड़ा हो गया हो और दुनियादारी की बातें बिलकुल फीकी पड़ गयीं। आर्नल्ड के मतानुसार उदात्त शैली का भी प्रभाव इसी प्रकार का होता है : उदात्त शैली कविता को श्रेष्ठ बना देती है और जीवन को भी।

अब प्रश्न खड़ा होता है कि होमर के काव्य में यह उदात्त शैली कहाँ से आयी है। आर्नल्ड ने होमर की शैली की उदात्तता के निम्न स्रोत बताए हैं : उनकी गति की तीव्रता, उनकी भाषा का सरल एवं दो टूक होना, उनके स्वभाव की श्रेष्ठता और उनके मस्तिष्क की सरल स्पष्टता। इसका अर्थ हुआ कि काव्य में उदात्त शैली तब आती है जबकि एक श्रेष्ठ स्वभाव तथा काव्यत्व की प्रतिभा से सम्पन्न व्यक्ति किसी गम्भीर विषय को सरल भाषा में प्रस्तुत करें। इस प्रकार उदात्त शैली के लिए पहली आवश्यकता तो यह है कि कवि के विचार उदात्त हों। आर्नल्ड का मत है कि महान शब्द महान मस्तिष्क से ही निकलते हैं। साथ ही उनका यह भी विचार है कि कवि जिस वर्ण्य विषय को चयनित करे वह विषय भी गम्भीर होना चाहिए जिससे कि वह उदात्त शैली का उपयोग उसके निर्वहण में उपयुक्त लगे। आर्नल्ड केवल इस बात से ही सन्तुष्ट नहीं होते कि वर्ण्य विषय वर्तमान प्रश्नों से सम्बद्ध है, अपितु ऐसा होना चाहिए जो प्रत्येक युग में प्रासंगिक रहे। आर्नल्ड दोनों प्रकार की शैली को स्वीकारते हैं : यह होमर की शैली की भाँति सरल भी हो सकती है और मिल्टन की शैली की भाँति संयमित उत्कृष्टतापूर्ण भी।

जीवन की समीक्षा-

आर्नल्ड के अनुसार 'कला कला के लिये' वाला सिद्धान्त सही नहीं हैं; वे काव्य को जीवन के साथ जोड़े रहना चाहते थे। उनके मतानुसार काव्य में जीवन जीने की कला पर गम्भीरता से विचार किया जाता है। इसका अर्थ हुआ कि उनके मतानुसार कथ्य को कहने का ढंग ही महत्त्वपूर्ण नहीं है अपितु यह भी महत्त्वपूर्ण है कि क्या कहा जा रहा है। अपने देश की कविताओं में यह पाकर उन्हें दुःख हुआ कि उनमें जोर इस बात पर है कि कथ्य कैसे कहा जा रहा है, इस बात पर नहीं कि वह कथ्य क्या है। वर्ड्सवर्थ को छोड़कर अन्य अंग्रेजी कवियों की रचनाओं में आर्नल्ड को यह कमी दिखाई दी। आर्नल्ड का मत था कि आधुनिक कविता तभी जीवित बनी रह सकती है जबकि वह जीवन-निदेशन कर सके और धैर्य को अपने अन्दर समाहित कर ले। आर्नल्ड इस बात के प्रति जागरूक थे कि रानी-विक्टोरिया-युग में विज्ञान ने ईसाई धर्म की अनेक मान्यताओं को चुनौती दी थी जिसके कारण लोगों का ईसाई धर्म पर से विश्वास उठ रहा था और उसका स्थान ओछापन पाखंड तथा संस्कार हीनता ले रहे थे। आर्नल्ड ने ओछेपन को अमरीकियत का नाम दिया, छद्मज्ञान या पाखंड को शार्लेटिनिज्म का नाम दिया और संस्कारहीनता को फिलिस्टीनिज़्म की संज्ञा दी।

कविता की परिभाषा देते समय आर्नल्ड ने कहा कि "कविता में काव्यगत-सत्य और काव्यगत सौन्दर्य के नियमों के अन्तर्गत बनी शर्तों के तहत जीवन की समीक्षा होती है। आर्नल्ड का विश्वास है कि अंग्रेज जाति के लोग अपनी कविता से ही उस समय भी सांत्वना एवं सहारा प्राप्त करेंगे जबकि अन्य सारे आधार ऐसा कराने में असफल रहेंगे।"

आर्नल्ड ने कविता की अपनी परिभाषा को स्पष्ट भी किया। उन्होंने बताया कि "जीवन की समीक्षा" से उनका तात्पर्य है 'विचारों का जीवन पर श्रेष्ठ एवं उत्कृष्ट क्रियान्वयन' तथा 'काव्यात्मक सत्य और काव्यात्मक सौन्दर्य के नियमों' से उनका तात्पर्य है 'वर्ण्य विषय की सचाई एवं गम्भीरता' तथा 'शब्द-चयन और शैली की पूर्णता एवं रवानगी'। इसका अर्थ हुआ कि अरस्तू की भाँति आर्नल्ड का भी यही विचार है कि कविता में जीवन को यथातथ्य रूप में नहीं प्रस्तुत किया जाता अपितु कवि को इसमें कुछ जोड़ना भी होता है जिससे यह पता चल जाए कि कवि जीवन को क्या समझ रहा है और क्योंकि कवि को जीवन में कुछ जोड़कर काव्य-रचना करनी होती है इसलिए कविता जीवन का यथातथ्य रूप नहीं रह जाती अपितु जीवन से भिन्न हो जाती है। इस प्रकार कविता रचकर कवि जीवन को और अधिक समृद्ध करता है। इस प्रकार का काव्य-सृजन कवि द्वारा की गयी जीवन की समीक्षा है और जीवन से कुछ अधिक होने के कारण यह पाठक को शिक्षा प्रदान करती है। आर्नल्ड का मानना है कि कविता जो शिक्षा देती है वह शिक्षा विज्ञान या नीतिशास्त्र द्वारा दी गयी शिक्षा से भिन्न होती है। विज्ञान की शिक्षा तर्कशक्ति को ग्राह्य होती है और नीतिशास्त्र की शिक्षा व्यक्ति की समझदारी को ग्राह्य होती हैं, परन्तु कविता की शिक्षा मानव मन की सारी क्षमतायें ग्रहण करती हैं अतः वे मानव की सम्पूर्णता को प्रभावित करती हैं। आर्नल्ड के मतानुसार कविता इस प्रकार सम्पूर्णता को प्रभावित इस कारण कर पाती है कि वह काव्यात्मक सत्य तथा काव्यात्मक सौन्दर्य के नियमों का पालन करती है। प्रथमतः तो कविता कवि की आत्मा से निकलकर आती है क्योंकि कवि बहुत गम्भीर होकर वह बात कहता है; दूसरे, यहाँ कथ्य बहुत सुन्दर रूप में प्रस्तुत किया जाता है जिससे कि कविता सदा आनन्द प्रदान करने की क्षमता प्राप्त कर लेती है। इस प्रकार कविता पाठक को यह सिखाती है कि जीवन कैसे जिया जाये और इस कारण कविता जीवन को और अधिक समृद्ध तथा और अधिक पूर्ण बनाती है। अन्य किसी भी रचना की अपेक्षा कविता में रूपायित करने की, बनाये रखने की तथा आनंदित करने की क्षमता अधिक होती है। इसलिए कविता पाठक को नैतिक शिक्षा देती है क्योंकि यह शिक्षा सत्य, शिव और सौन्दर्य के उच्चतम आदर्शों से मेल खाती है।

समीक्षा-विषयक विचार-

आर्नल्ड यह स्वीकार करते हैं कि समीक्षण की क्षमता का स्थान सृजनात्मक क्षमता से नीचा है क्योंकि सृजनात्मक क्षमता का उपयोग, चाहे वह साहित्य के क्षेत्र में हो या किसी अन्य क्षेत्र में, मानव का सर्वोच्च कर्म होता है और सृजन करते समय व्यक्ति को सच्चा सुख मिलता है। पर आर्नल्ड यह भी कहते हैं कि साहित्य-सृजन के क्षेत्र में अकेली सृजनात्मकता बहुत अधिक काम की नहीं होती। सृजनात्मकता के पूरी तरह पुष्पित होने के लिए सौभाग्यशाली काल खंड की उपस्थिति भी आवश्यक है। आर्नल्ड के मत के अनुसार सौभाग्यशाली काल खण्ड वह काल खण्ड होता है जिसमें वर्ण्य विषय से सम्बन्धित सर्वश्रेष्ठ विचार - जिन्हें काव्य में स्थान प्राप्त होता है—न केवल उपलब्ध हों अपितु खूब प्रचारित एवं प्रसारित हो चुके हों। आर्नल्ड का मत है कि इन विचारों को ही कवि सुन्दर कविताओं का रूप देता है। आर्नल्ड के मतानुसार इन विचारों को खोजने का कार्य दार्शनिकों का है, कवियों का नहीं और यदि ये विचार प्रसारित नहीं हो पायें हैं तो कवि अपनी रचनाओं में क्या लिपीबद्ध करेगा। आर्नल्ड अंग्रेजी के दो कवियों टामस ग्रे तथा बटलर का उदाहरण देते हुए कहते हैं कि ये ऐसे काल खण्डों में अवतरित हुए जिनमें काव्योपयुक्त विचार ही उपलब्ध नहीं थे जिसके कारण प्रतिभाशाली होते हुए भी ये कवि पुष्पित नहीं हो पाये। इस प्रकार आर्नल्ड का मत है कि महान साहित्यिक कृति की रचना तभी हो सकती है जब प्रतिभाशाली कवि और श्रेष्ठ विचारों की दृष्टि से समृद्ध काल खण्ड दोनों उपस्थित हों। आर्नल्ड का मत है कि सारी श्रेष्ठ कविताएँ तभी सृजित हुई हैं जबकि वे दोनों उपस्थित रहे हैं।

अब प्रश्न खड़ा होता है कि 'यदि कोई काल-खण्ड सृजन के लिये उपयुक्त नहीं है क्योंकि उसमें काव्यात्मक वर्ण्य विषयों से सम्बद्ध सर्वोच्च विचार उपलब्ध नहीं हैं तो क्या किया जाए?' आर्नल्ड का उत्तर है कि ऐसी स्थिति में ऐसे विचारों के आगमन की प्रतीक्षा करनी पड़ेगी और ऐसे विचारों को उपलब्ध कराने का दायित्व समीक्षा का है। आर्नल्ड के मतानुसार समीक्षा का अर्थ केवल यह नहीं है कि काव्य-कृतियों के गुण-दोष चिह्नित करके न्यायाधीश की भांति उन पर अंक दे दिये जाएं; अपितु जगत् में सर्वश्रेष्ठ ज्ञान एवं चिन्तन को, जानने और जानकर उनको प्रचारित करने एवं इस प्रकार सद्य एवं सत्य विचारों को संस्थापित करने के अनासक्त भाव से किये गये प्रयत्न का नाम है समीक्षा। इस प्रकार आर्नल्ड के मतानुसार समीक्षा एक त्रिमुखी प्रयास है : प्रथमतः तो यह समीक्षक का निजी परिमार्जन है क्योंकि उसे जगत में उपलब्ध सर्वोत्कृष्ट ज्ञान और चिन्तन को

आत्मसात करना होगा; दूसरे, यह समाज की सेवा है क्योंकि समीक्षक उपलब्ध सर्वोत्कृष्ट ज्ञान एवं चिन्तन को समाज में प्रसारित करेगा; तथा तीसरे यह साहित्य की भी सेवा है क्योंकि समीक्षक सद्य एवं सत्य विचारों की धारा को संस्थापित भी करेगा। इनमें से पहले दो कार्यों को करने हेतु समीक्षक के लिए यह आवश्यक है कि वह सद्य ज्ञान को प्राप्त करता रहे और उस ज्ञान एवं चिन्तन का सम्प्रेषण करके वह अपने पाठकों का भी हित करेगा। पर यह सर्वोत्कृष्ट ज्ञान एवं चिन्तन अपने सम्पूर्ण रूपों में किसी एक भाषा/देश के साहित्य में उपलब्ध नहीं हो सकता, अतः समीक्षक के लिये यह आवश्यक है कि अपने साहित्य के साथ-साथ कम से कम एक अन्य देश/भाषा के साहित्य का भी ज्ञान प्राप्त करे और यह साहित्य उसके अपने देश/भाषा के साहित्य से जितना कम मेल का साहित्य हो उतना ही अच्छा। इतना ज्ञान तो समीक्षक की न्यूनतम आवश्यकता है। वैसे जो समीक्षक अपने व्यवसाय के साथ न्याय करना चाहते हों उन्हें यह प्रयत्न करना चाहिए कि वे यूनानी, रोम के तथा पूर्वी (चीन, भारत आदि) देशों के प्राचीन साहित्यों तथा पूरे योरुप के देशों के साहित्यों के ज्ञान से प्राप्त करें और अपने आपको संस्कृतियों के ऐसे संघ का एक सदस्य मानें जो संयुक्त होकर कार्य करने को वचनबद्ध हैं और एक साझा परिणाम को प्राप्त करने की दिशा में चल रहे हैं।

अब हम आर्नल्ड द्वारा बताये तीसरे समीक्षा-कर्म पर आते हैं। क्योंकि समीक्षक सर्वोत्कृष्ट विचारों का प्रचार-प्रसार करता है वह एक ऐसी बौद्धिक स्थिति का निर्माण करता है जिसका सृजनात्मक साहित्यकार उपयोग करके लाभान्वित हो सकता है। समीक्षक द्वारा फैलाये गये ये सर्वोत्कृष्ट विचार समाज में पहुँचते हैं जिससे सर्वत्र हलचल मचती है और बढ़ोत्तरी होती है जिससे कि ऐसे काल-खण्ड की नींव पड़ती है जिसमें सृजनात्मक कार्य किये जा सकें। आर्नल्ड के मतानुसार ऐसा एक कालखण्ड यूनान के इतिहास में उस समय आया जब यहाँ पिंडार और सफोक्लीज नामक सहित्यकार साहित्य-रचना कर रहे थे तथा इंग्लैण्ड में ऐसा कालखण्ड उस समय आया जब वहाँ रानी एलिजाबेथ का शासन था और शेक्सपीयर अपने नाटकों और कविताओं का सृजन कर रहे थे। आर्नल्ड ने इन दो काल-खण्डों को कविता के दो स्वर्णिम काल खण्ड बताया। इन दो काल खण्डों में कवि वृन्द पुस्तकों की अधिक सहायता लिये बिना ही महान साहित्यिक कृतियों की रचना इस कारण कर पाये कि उन काल-खण्डों में उत्कृष्ट विचारों की धारायें प्रवाहित हो रही थीं और सृजनात्मक क्षमता को उच्चतम श्रेणी की जीवन्तता और पोषण प्रदान कर रही थीं और समाज पूर्णरूपेण सद्य चिन्तन युक्त, बुद्धिमान एवं जीवन्त था। यदि किसी कालखण्ड में सर्वत्र प्रसारित जीवन्तता और चिन्तन

विद्यमान नहीं है तो वहाँ, आर्नल्ड के मतानुसार, समीक्षक का यह कर्त्तव्य हो जाता है कि विश्व में उपलब्ध सर्वोत्कृष्ट ज्ञान एवं चिन्तन को समाज में प्रचारित-प्रसारित करे। जब जर्मनी में गेटे के समय में इस प्रकार के राष्ट्रीय चिन्तन की कोई चमक नहीं थी तब गेटे के लिये उपयुक्त वातावरण जर्मनी की बहुआयामी विद्वता और विस्तृत समीक्षात्मक प्रयत्नों ने तैयार किया और गेटे महान् साहित्यिक कृतियों की रचना कर पाये। आर्नल्ड यह मानते हैं कि ऐसा वातावरण बनाने में बहुत समय लगता है और समीक्षकों की कई पीढ़ियाँ इस कार्य में खप जाती हैं परन्तु साहित्यिक कृतियों के सृजन के लिये उपयुक्त वातावरण बनाने के लिए इसके अतिरिक्त और कोई मार्ग नहीं है। इस अर्थ में, आर्नल्ड का मत है कि, समीक्षा की इतनी ही सृजनात्मक विधा है जितनी साहित्यिक कृतियों की रचना करना और ऊसर कालखण्डों में समीक्षा ही साहित्य का स्थान ले लेती है।

अब हम आते हैं इस प्रश्न पर कि आर्नल्ड ने समीक्षा को 'अनासक्त प्रयास' क्यों बतलाया। यह तो स्पष्ट है कि आर्नल्ड 'समीक्षा केवल समीक्षा के लिये' वाली मान्यता को स्वीकार नहीं करते। जब आर्नल्ड ने समीक्षा को त्रिमुखी प्रयास मान लिया और कहा कि यह समीक्षक, समाज तथा साहित्य तीनों को सांस्कृतिक समृद्धि प्रदान करती है तो उन्होंने यह तो मान ही लिया कि समीक्षा केवल 'समीक्षा के लिये' नहीं है। उन्होंने समीक्षा को 'अनासक्त प्रयास' इस कारण बतलाया कि इसका उपयोग राजनैतिक हित, धार्मिक हित तथा व्यावहारिक हितों को प्राप्त करने के लिए नहीं किया जाना चाहिए। आर्नल्ड के युग में विग तथा टोरी नाम के दो राजनीतिक दल इंग्लैण्ड में विद्यमान थे और साहित्यिक कृतियों की भी समीक्षा विग या टोरी दलों के हितों के संरक्षण की दृष्टि से या ईसाई धर्म के विभिन्न पंथों के हितों के संरक्षण की दृष्टि से की जा रही थी। आर्नल्ड इस प्रकार की दृष्टि से समीक्षा को बचाना चाहते थे। इस कारण उन्होंने समीक्षा को 'अनासक्त प्रयास' कहा। 'अनासक्त प्रयास' से उनका तात्पर्य था 'पक्षपात-रहित प्रयास'। आर्नल्ड चाहते थे कि समीक्षक साहित्यिक कृति की उत्कृष्टता, सौन्दर्य एवं उपयुक्तता को प्रकाश में लाये। उनके मतानुसार ऐसा करना ही सही समीक्षा करना है।

निकष विधि-

आर्नल्ड ने साहित्य के मूल्यांकन के प्रश्न पर भी विचार किया। युगों से यह माना जाता रहा है कि साहित्यिक कृतियों का मूल्यांकन करना भी समीक्षकों का ही कार्य है पर आर्नल्ड ने मूल्यांकन के कोई सुपरिभाषित नियम नहीं बताये जिनके आधार पर साहित्यिक कृतियों की परीक्षा की जा सके। उन्होंने साहित्यिक

कृतियों की परीक्षा लेने का अपना एक निजी तरीका बतलाया जो सम्भवतः उन्होंने यूनानी समीक्षक लॉन्जाइनस से प्राप्त किया था। उन्होंने कहा, "यदि कोई व्यक्ति यह जानना चाहता हो कि उसमें साहित्यिक कृतियों के मूल्यांकन करने की क्षमता है या नहीं तो उसे उन प्राचीन साहित्यिक कृतियों को पढ़ना चाहिए जिनकी प्रशंसा युगों से अनेक देशों में हो रही है अथवा आधुनिक समय की साहित्यिक कृतियों में से उन कृतियों को पढ़ना चाहिए जिनकी प्रशंसा वर्तमान समय के सुसंस्कृत लोग कर रहे हैं। यदि ऐसी कृतियों को पढ़ने पर उसे असामान्य प्रकार का आनन्द न मिले या इन लेखकों की कृतियों में आये जिन अंशों की सुसंस्कृत लोगों ने प्रशंसा की है उनको पढ़कर उसके विचारों में उपेक्षा का भाव ही रहे तो उसे इस निष्कर्ष पर आ जाना चाहिए कि उसके पास साहित्य की श्रेष्ठता को परखने की क्षमता नहीं है।" यूनानी समीक्षक लॉन्जाइनस ने भी साहित्यिक कृतियों में उदात्त तत्त्व को परखने के लिये इसी प्रकार की कसौटी बताई थी और इस सम्बन्ध में जो कहा था उसका हिन्दी अनुवाद इस प्रकार है : "सामान्य रूप से जिन कृतियों में उदात्त तत्त्व होता है उन्हें पढ़कर सब पाठक आनन्दित होते हैं और हर काल में आनन्दित होते हैं। ऐसी कृतियाँ ही सही अर्थ में सुन्दर और उदात्त हैं। जिन व्यक्तियों की आदतें अलग-अलग हैं, रुचियाँ अलग-अलग हैं, शौक अलग-अलग हैं, आकांक्षाएँ अलग-अलग हैं और जो अलग-अलग काल-खण्डों में जन्में हैं वे सब यदि साहित्यिक कृतियों की उदात्तता के विषय में समान विचार अभिव्यक्त करें तब तो यह मानना ही पड़ेगा कि इन साहित्यिक कृतियों में उदात्तता है।"

आर्नल्ड ने साहित्यिक कृतियों की श्रेष्ठता की परख के लिये लॉन्जाइनस की परीक्षण विधि में थोड़ा सा परिवर्तन करके जो विधि बतायी वह इस प्रकार है : "यह जानने के लिए कि कौन-सी साहित्यिक कृति उत्कृष्ट कृतियों की कोटि में वास्तव में रखे जाने योग्य है और इस कारण पाठकों का हित कर सकती है सर्वोत्तम तरीका यह है कि व्यक्ति महान साहित्यकारों की पंक्तियों और शब्दों को अपने ध्यान में रखे और उन्हें अन्य साहित्यिक रचनाओं की परख करते समय कसौटी के रूप में उपयोग में लाये। यह बात तो सही है कि अन्य साहित्यिक कृतियाँ महान साहित्यकारों की रचनाओं से पूरी तरह मेल नहीं खायेंगी, वे बेमेल भी हो सकती हैं। पर यदि हमारे पास परखने की सामर्थ्य है और हमने महान साहित्यकारों की रचनाओं को भली प्रकार पढ़ लिया है तो ये रचनायें हमारे पास त्रुटिहीन कसौटी बन जायेंगी जिसकी सहायता से हम यह जाँच लेंगे कि प्रस्तुत रचना में उच्च काव्यात्मकता है या नहीं और यदि है तो वह कितनी मात्रा में है।"

इसके पश्चात् आर्नल्ड ने होमर, दांते, शेक्सपीयर तथा मिल्टन द्वारा लिखित कुछ परस्पर अत्यन्त भिन्न अवतरण चुने हैं और कहा है कि परस्पर भिन्न होते हुए भी अपनी काव्यात्मकता के कारण वे सभी प्रभावोत्पादक हैं और इस कारण वे वास्तविक उत्कृष्टता-सम्पन्न साहित्यिक अवतरणों की कोटि में आते हैं। निष्कर्षतः उन्होंने कहा है "बहुधा समीक्षक बड़ा परिश्रम करके उच्च काव्यात्मकता के अमूर्त लक्षण खोजते हैं। पर अधिक अच्छा यह रहेगा कि वे केवल ठोस उदाहरण प्रस्तुत कर दें और उत्कृष्टतम काव्यात्मकता-सम्पन्न कविताओं के नमूने दिखाकर कहें कि इन अवतरणों में उच्च काव्यात्मकता ने अभिव्यक्ति पायी है। श्रेष्ठ कवियों की रचनाओं में अभिव्यक्त हुई काव्यात्मकता को पाठक स्वयं हृदयंगम कर लेंगे, समीक्षक के गद्य को पढ़कर वे श्रेष्ठ काव्यात्मकता का इतनी अच्छी प्रकार हृदयंगम नहीं कर पायेंगे।"

आर्नल्ड ने उच्च काव्यत्मकता का कोई लक्षण स्पष्ट रूप से नहीं बताया। उन्होंने तो केवल यह कह दिया कि यदि पाठक में परखने की सामर्थ्य है तो वह काव्यात्मकता खोज लेगा। सम्भवतः परखने की सामर्थ्य से उनका तात्पर्य रुचि से है। परन्तु उनके मन में इस बात में कोई सन्देह नहीं है कि काव्यत्व कविता के कथ्य तथा भाषा-शैली दोनों में होता है। उनका मत है कि सर्वोत्कृष्ट कोटि की कविता के कथ्य में सत्य और गम्भीरता दोनो प्रचुर मात्रा में होते हैं। उनका मत है कि कवि जीवन के तथ्य मात्र ही कविता में नहीं रखता और स्वयं अनासक्त दर्शक ही नहीं बना रहता, अपितु जीवन की अपनी ऐसी समीक्षा प्रस्तुत करता है जो उसकी पूर्ण निष्ठा से जन्मी है और उसका पूरा विश्वास होता है कि वह समीक्षा बिलकुल उचित है। आर्नल्ड के मतानुसार वर्ण्य विषय से ही कथन विधि एवं शैली को बल प्राप्त होता है। क्योंकि जब कथ्य वजनदार है तो शब्द चयन भी उसी के अनुरूप किया जाएगा। इस प्रकार आर्नल्ड के मत में कथ्य और कथन-शैली का पारस्परिक सम्बन्ध है और उनमें आनुपातिक बल होता है। कहने का तात्पर्य यह है कि आर्नल्ड के मतानुसार यदि कथ्य में उच्च काव्यात्मकता दुर्बल है तो कथन-विधि और शैली में भी दुर्बलता होगी और यदि कथ्य में सबल काव्यात्मकता है तो कृति के अभिव्यक्ति पक्ष में भी सबलता होगी।

परखने के अनुचित मानदण्ड-

साहित्यिक कृतियों को परखने के दो मानदण्डों को आर्नल्ड ने अनुचित मानदण्ड बतलाया है। वे मानदण्ड हैं, आत्म केन्द्रित मानदण्ड तथा काल-केन्द्रित मान दण्ड। साहित्यिक कृतियों की परख करते समय यदि समीक्षक अपने व्यक्तिगत प्रेम या घृणा के कारण अथवा अपनी व्यक्तिगत विचारधारा के कारण कृति को

काव्यत्व-सम्पन्न अथवा काव्यत्वहीन बताये तो वह मानदण्ड आत्मपरक मानदण्ड कहलायेगा। आर्नल्ड ने इस सम्बन्ध में जो कहा इसका हिन्दी अनुवाद इस प्रकार है : "समीक्षक के व्यक्तिगत सम्बन्ध, प्रेम और परिस्थितियाँ कई बार उसके कवियों और कृतियों के आंकलन को प्रभावित कर देती हैं जिससे कि वह किसी कृति को इतनी महत्त्वपूर्ण बता देते हैं जितनी वह नहीं है। उदाहरणार्थ रॉबर्ट बर्न्स की स्कॉटिश भाषा में लिखी रचनाओं की स्कॉटलैंडके निवासी बहुत प्रशंसा करते हैं क्योंकि उनमें स्कॉटलैंड की मदिरा, स्कॉटलैंड के लोगों के धर्म तथा स्कॉटलैंड के लोगों के व्यवहार चित्रित किये गये हैं। पर स्कॉटलैण्ड के लोगों द्वारा पी जाने वाली मदिरा, उनके धर्म, तथा उनके व्यवहार की यह दुनिया कवि की दुर्बलता है, सबलता नहीं और निष्पक्ष पाठक उन्हें कवि की दुर्बलता मानेगा क्योंकि यह दुनिया सौन्दर्यपूर्ण दुनिया नहीं है और इस बात में कोई सन्देह नहीं है कि कवि सौन्दर्ययुक्त दुनिया का चित्रण करता है।" आर्नल्ड का मत है कि समीक्षक को अपने प्रेम और पूर्वाग्रहों को त्याग कर साहित्यिक कृति की परख करनी चाहिए और इस कारण आत्मपरक मानदण्ड को आर्नल्ड अनुचित मानदण्ड मानते हैं।

काल-केन्द्रित मानदण्ड का सहारा लेने पर समीक्षक साहित्यिक कृति पर इतना जोर नहीं देता जितना जोर वह उन परिस्थितियों पर देता है जिनमें साहित्यकार ने कृति की रचना की। अर्थात् समीक्षक का ध्यान विशेषतः इन बातों पर रहता है कि साहित्यकार के समय का जीवन कैसा था, उस समय कैसा साहित्य लिखा जा रहा था, उसको क्या-क्या अवसर प्राप्त थे, किन सीमाओं में रहकर उसने कार्य किया, कृति की रचना करने में साहित्यकार को कितना श्रम करना पड़ा आदि। ऐसा करने से भी समीक्षक किसी कृति को इतनी काव्यात्मक बता सकता है जितनी वह है नही, या इस सारी सूचना को इकट्ठा करने में समीक्षक को जितना श्रम करना पड़ा उसके अनुपात में ही वह कृति का अधिक मूल्य आँक सकता है। इतना ही नहीं जिस समय का उपयोग समीक्षक को कृति के सौन्दर्य को समझने और प्रकाशित करने के ऊपर खर्च करना चाहिए था उसका उपयोग वह अपेक्षाकृत कम महत्त्व की जानकारी इकट्ठा करने में खर्च करता है। इसलिये काल-केन्द्रित आकलन भी त्रुटिपूर्ण है।

यहाँ एक बात जो उल्लेखनीय है वह यह है कि आर्नल्ड कवि के जीवन की ओर ध्यान देने को अनुचित मानदण्ड नहीं मानते और कई कवियों के ऊपर लिखे अपने निबन्धों में कवियों के व्यक्तिगत जीवन की घटनाओं का भी खूब उल्लेख करते हैं।

ऐसेज इन क्रिटिसिज्म-प्रथम सीरीज (1865) नामक आर्नल्ड की पुस्तक का प्रथम अध्याय 'द फंक्शन ऑफ क्रिटिसिज्म एट द प्रेजेण्ट टाइम' एक महत्त्वपूर्ण लेख है जिसमें आलोचना-सम्बन्धी उनकी कई अवधारणाएँ मिलती हैं। इस लेख में आर्नल्ड की उन लेखकों पर टिप्पणियाँ भी महत्त्वपूर्ण हैं जो राजनीतिक तथा धार्मिक पक्षधरता का साहित्य रचते हैं। अपने निबन्ध के प्रारम्भ में आर्नल्ड फ्रान्स व जर्मनी के साहित्य की चर्चा करते हैं। उनके अनुसार इन देशों के साहित्य में ज्ञान के सभी क्षेत्रों तथा धर्मशास्त्र, दर्शनशास्त्र, इतिहास, कला, विज्ञान आदि में आलोचनात्मक अध्ययन मौजूद है लेकिन इसमें अधिकतर साहित्य झूठ एवं दुर्भावना से प्रेरित है। उनके मतानुसार एक आलोचक को किसी भी कलावस्तु को वैसे ही देखना आना चाहिए, जैसी वह है अर्थात् उसे रचना का अर्थ स्पष्ट करने के लिए अन्य किसी की रचना/पाठ की सहायता नहीं लेनी चाहिए। आर्नल्ड पक्षपाती तथा झूठी आलोचना के बेहद विरोधी हैं आर्नल्ड रचनाकार को आलोचक से बेहतर बताते हैं क्योंकि रचना मनुष्य का मूल कार्य/स्वरूप है जबकि आलोचक का कार्य केवल रचना के अर्थ को स्पष्ट करना है। आर्नल्ड मानते हैं कि किसी भी महान् रचना के लिए 'मानवीय शक्ति' तथा 'समय की शक्ति' का मिलन आवश्यक है—यदि एक भी किसी कारण से अनुपस्थित हुआ तो महान् रचना नहीं बन पायेगी। अपनी बात को स्पष्ट करने के लिए आर्नल्ड गोएते, बायरन तथा शेक्सपियर का उदाहरण देते हैं। उनका मानना है कि गोएते तथा बायरन दोनों के पास महान् उत्पादक शक्ति थी परन्तु बायरन की अपेक्षा, गोएते अधिक उत्पादक हैं क्योंकि उनके पास एक समृद्ध सांस्कृतिक पृष्ठभूमि थी जो बायरन के पास नहीं थी। शेक्सपियर अधिक पढ़े-लिखे नहीं थे परन्तु उन्होंने इसलिए नाम कमाया कि उनका युग महान् विचारों की उर्वरा भूमि था। फ्रान्सीसी क्रान्ति तथा अंग्रेज़ी (पुनर्जागरण के महान् विचार) की तुलना करते हुए वे कहते हैं कि फ्रान्सीसी क्रान्ति अधिक महान् है क्योंकि उसने रूसो और वाल्तेयर जैसे लेखक पैदा किये जबकि अंग्रेज़ी क्रान्ति, फ्रान्सीसी क्रान्ति से बेहतर इसलिए है कि इसने ऐसे विचारों की शृंखला तैयार की जो सार्वभौमिक तथा स्थायी है। फ्रान्सीसी क्रान्ति ने बौद्धिक क्षेत्र को छोड़कर राजनीतिक दिशा पकड़ ली जिससे उसकी सार्वभौमिक उपयोगिता समाप्त हो गयी। फ्रान्सीसी क्रान्ति के पश्चात् एकाग्रता का युग (epoch of concentration) अधिक दिन नहीं चला तथा विस्तार के युग (epoch of expansion) में परिवर्तित हो गया। फ्रान्सीसी क्रान्ति पर लिखी गयी रचनाएँ (यथा एडमण्ड बर्क की पुस्तक) यद्यपि महान् एवं प्रशंसनीय हैं फिर भी वे पक्षपाती हैं क्योंकि उनमें राजनीति और विचार का मिश्रण है।

आर्नल्ड के अनुसार आलोचना एक अनासक्त कर्म (disinterested act) है। अतः आलोचक को बिना व्यावहारिक दृष्टिकोण अपनाये यह देखने का प्रयास करना चाहिए कि विश्व में सबसे उत्तम तथा सर्वाधिक लोकप्रिय विचार कौन-से हैं तथा उन विचारों को कैसे फैलाया जाये जिससे कि वे ताजा एवं सामयिक बने रहें। आलोचक को आर्नल्ड तीन प्रकार की जिम्मेवारी सौंपते हैं : सर्वप्रथम किसी भी आलोचक को कुछ भी लिखने से पूर्व जीवन और दुनिया के विषय में जानना चाहिए और चीजों को वैसा ही देखना चाहिए जैसी कि वे हैं। दूसरे, उसे विश्व में जो भी सर्वश्रेष्ठ विचार हैं, उन्हें पूरे विश्व में फैलाना चाहिए तथा अपने विचार दूसरों तक पहुँचाने चाहिए। तीसरे महान्, ईमानदार व सत्य विचारों को बढ़ावा देकर उसे भविष्य की प्रतिभाओं के निर्माण की उर्वरा भूमि तैयार करनी चाहिए। आर्नल्ड अंग्रेज़ी आलोचना को लेकर काफी निराश है क्योंकि इसने समाज तथा बुद्धिजीवियों को छोटे-छोटे राजनीतिक तथा धार्मिक समूहों में बाँट दिया है जिसके कारण वह वास्तविकताओं को देख/समझ ही नहीं पाते। उन्हें इस बात का काफी रंज है कि उनके देश में फ्रान्स की *दो दुनियाओं की समीक्षा (रेव्यु दे दु मॉद़ज)* सरीखी पत्रिका नहीं है, जिसका मुख्य उद्देश्य संसार को समझना तथा जो कुछ भी सर्वोत्तम विचार हैं उनका प्रचार-प्रसार करना है। वे कहते हैं कि *एडिनबरा रिव्यू* विग्ज़ (नामक राजनीतिक पार्टी) की, *क्वार्टर्ली रिव्यू* टोरीज की, *ब्रिटिश क्वार्टर्ली रिव्यू* डिसेंर्टज (राजनीतिक भिन्न मतावलम्बी) की तथा *टाईम्ज* खाते-पीते अंग्रेज़ों की पत्रिका है। इन सब पत्रिकाओं के सोचने के अपने खाँचे हैं और वे वही कहते हैं जो उनके आका चाहते हैं। आर्नल्ड को इस बात का दुःख है कि *होम एण्ड फोरेन रिव्यू* जैसी बौद्धिक पत्रिका गायब हो गयी जबकि *डब्लिन रिव्यू* सरीखी पत्रिका जो अंग्रेजों तथा आयरिश कैथोलिक लोगों के हितों को बढ़ावा देती है, फल-फूल रही हैं। आर्नल्ड इन उदाहरणों से यह स्पष्ट करने का प्रयास करते हैं कि धार्मिक समूह तथा राजनीतिक पार्टियों को अपने-अपने मतों को प्रचारित-प्रसारित करने के लिए पत्र-पत्रिकाओं की आवश्यकता रहती है परन्तु वह चाहते हैं कि कोई पत्रिका ऐसी भी होनी चाहिए जो निरपेक्ष भाव से इन पत्रिकाओं की आलोचना कर सके। उनका मानना है कि वही आलोचना अन्त तक टिकेगी तथा मानी जायेगी जो सत्य व नये विचारों को आगे बढ़ाएगी। आर्नल्ड न तो राष्ट्रवादी खेमे के और न ही धार्मिक खेमे के आलोचकों को बख्शते हैं—दोनों को दर किनार करके वह कहते हैं कि आलोचना को अपनी स्वतन्त्रता बनाये रखने के लिए व्यावहारिकता एवं उनके उद्देश्यों से निश्चित दूरी बनाए रखना चाहिए। यदि आदर्श में व्यावहारिकता आड़े आती है तो व्यावहारिकता की भरपूर आलोचना होनी चाहिए। आलोचना को धैर्य

एवं संयम रखना आना चाहिए तथा उद्देश्य प्राप्ति में कोई हड़बड़ी नहीं करनी चाहिए। इसे पता होना चाहिए कि कब इंतजार करना है, कब संलग्न होना है तथा कब पीछे हटना है।

उन्नीसवीं शताब्दी में अंग्रेज़ी शासन का विस्तार हो रहा था। इस विस्तार में उपनिवेशों को अधिकृत करने के राजनीतिक एवं नैतिक पक्ष थे। जहाँ एक ओर इन उपनिवेशों को गोरों का बोझ (white man's burden) मानकर उनके राजनीतिक, सामाजिक, धार्मिक एवं सांस्कृतिक उत्थान की जिम्मेवारी इंग्लैण्ड के साम्राज्य ने अपने ऊपर ओढ़ी थी वहीं स्वयं इंग्लैण्ड की सामाजिक, धार्मिक एवं सांस्कृतिक प्रतिष्ठा स्थापित करने का प्रश्न भी उस समय इंग्लैण्ड के समक्ष मुँह बाये खड़ा था। आर्नल्ड के कार्य को इसी प्ररिप्रेक्ष्य में देखा जा सकता है। आक्सफोर्ड प्रोफेसर (1857-67) के रूप में लैटिन के बजाय अंग्रेज़ी में भाषण करना, अंग्रेज़ी को प्रतिष्ठित करने के लिए आवश्यक था। यदि ऐसा नहीं होता तो उपनिवेशों में अंग्रेज़ी का प्रभुत्व स्थापित नहीं हो पाता—जिसके निम्न परिणाम होते—

1. अंग्रेज़ों/अंग्रेज़ी की महत्ता स्थापित नहीं हो पाती।
2. लैटिन आदि सिखाने में अधिक धन खर्च करना पड़ता।
3. अन्य औपनिवेशक शक्तियों को पराजित करने में कठिनाई आती।
4. चर्च के धार्मिक वर्चस्व (चर्च की मुख्य भाषा लैटिन ही थी) से अलग से लोहा लेना पड़ता।

यहाँ यह भी महत्त्वपूर्ण है कि इंग्लैण्ड ने अपना ऐंग्लीकन चर्च, रोमन कैथोलिक चर्च के विरोध में वर्ष 1530 में ही (हेनरी अष्टम द्वारा) खड़ा कर लिया था। वर्ष 1867 में इंग्लैण्ड के चर्च को पुनः संगठित करने के लिए ऐंग्लीकन कम्यूनियन की भी स्थापना की गयी थी।

उपनिवेशों को सांस्कृतिक रूप से पराजित करने के लिए अंग्रेज़ी सभ्यता को मानक के रूप में स्थापित करना था जिसके लिए स्वयं के मानदण्ड आवश्यक थे। अतः आर्नल्ड ने केवल संस्कृति (culture) पर ही विचार नहीं किया अपितु अराजकता (anarchy) पर भी। साथ उन्होंने अंग्रेज़ी साहित्य के महत्त्वपूर्ण लेखकों का विशेषकर कवियों का मूल्यांकन अथवा पुनर्मूल्यांकन भी ईसाईयत, नैतिकता और संस्कृति के परिप्रेक्ष्य में किया। औपनिवेशिक अध्ययन की प्रशाखा के रूप में हाल ही में आए 'कल्चरल स्टडीज़' नामक नये विषय ने आर्नल्ड के विमर्श को पुनः मुख्यधारा में ला खड़ा किया है। आर्नल्ड के अंग्रेज़ी कवियों के मूल्यांकन ने अंग्रेज़ी साहित्य पाठ्यक्रमों को व्यवस्थित करने में तथा एक साहित्यिक अभिरुचि (literary canon) निर्धारित करने में बड़ा योगदान किया। प्रसंगवश यहाँ यह इंगित करना

भी समीचीन होगा कि अंग्रेज़ी साहित्य की पढ़ाई भारत में इंग्लैण्ड से पहले प्रारम्भ की गयी थी।

आर्नल्ड की *कल्चर एण्ड एनार्की* नामक पुस्तक *कार्नहिल मैगजीन* में 1867-68 के बीच छपे छह लेखों का संग्रह है जिसकी प्रस्तावना 1875 में लिखी गयी। इस पुस्तक को शिक्षा-जगत् की एक युगान्तकारी घटना माना जाता है। इस पुस्तक का प्रथम अध्याय 'माधुर्य एवं प्रकाश' ('Sweetness and Light') है। आर्नल्ड ने यह वाक्य पद जोनाथन स्विफ्ट से लिया है। स्विफ्ट ने सन् 1704 के लेख में 'सुन्दरता एवं बुद्धिमत्ता' को 'माधुर्य और प्रकाश' के रूप में परिभाषित किया था। आर्नल्ड ने इसी वाक्यांश को विक्टोरियन संवदेनशीलता का स्पर्शक बनाकर प्रस्तुत किया। उनका मानना था कि संस्कृति मशीनरी से परे देखती है तथा घृणा से घृणा करती है। संस्कृति में सरसता एवं प्रकाश के लिए एक प्रकार का जुनून (passion) होता है तथा इससे भी अधिक जुनून इस बात का होता है कि मधुरता एवं प्रकाश खूब फैले। यह तब तक सन्तुष्ट नहीं होती है जब तक कि हम एक पूर्ण/दोषहीन (perfect) व्यक्ति नहीं तैयार कर देते। इसे यह भी पता होता है कि कुछ लोगों में माधुर्य एवं प्रकाश की कमी तब तक रहती है जब तक कि अपरिपक्व एवं अदीप्त जनता का माधुर्य एवं प्रकाश से साबका नहीं पड़ता। अतः आर्नल्ड अपने और दूसरों के लिए यह उद्‌देश्य निर्धारित करते हैं कि उन्हें अन्यों तक, जहाँ तक संभव हो सके, माधुर्य एवं रोशनी को पहुँचाना है। यहाँ ईसाइयत के प्रचार-प्रसार करनेवाले पादरियों के तथा आर्नल्ड के उद्‌देश्य एवं उनकी भाषा एक-सी ही प्रतीत होती है। साथ ही उपनिवेशों में रहनेवाले लोगों पर राजनीतिक निशाना भी साधा जा रहा है— उन्हें परोक्ष रूप से जंगली बताकर। आर्नल्ड कहते नहीं थकते कि वह दिन साहित्य मानवता के लिए कितना स्वर्णिम होगा जब जीवन और विचार की राष्ट्रीय चमक होगी, जब सम्पूर्ण समाज में विचारशीलता, सौन्दर्य की समझदारी, जिन्दादिली व बुद्धिमत्ता व्याप्त हो जायेगी। शर्त केवल इतनी-सी है कि यह असली विचार, माधुर्य एवं रोशनी होनी चाहिए। तमाम लोग जनता को वह ज्ञानरूपी भोजन देने की कोशिश करेंगे जो वह उनके लिए उचित समझते हैं। साधारण लोकप्रिय साहित्य इसी मनोवृत्ति का एक उदाहरण है। बहुत-से लोग अपने पन्थ अथवा राजनीतिक पार्टियों के विचारानुसार जनता को अपने मतानुसार प्रेरित (indoctrinate) करेंगे। आर्नल्ड कहते है कि वे इस कार्य की निन्दा नहीं करते लेकिन संस्कृति इससे अलग ढंग से कार्य करती है। संस्कृति निचले पायदान पर खड़े लोगों को पढ़ाने की बात नहीं करती तथा न ही इस अथवा उस पक्ष की ओर मोड़ने की बल्कि यह तो वर्गभेद को तोड़ने का कार्य करती है; जो कुछ भी संसार में अच्छा हुआ है उसको सब जगह

पहुँचाने का कार्य करती है; सब व्यक्तियों को माधुर्य एवं प्रकाश में रखना चाहती है जिससे कि वे श्रेष्ठ विचारों का स्वतन्त्रता पूर्वक उपयोग तृप्त होने के लिए कर सके न कि उनमें बँधने के लिए। आर्नल्ड के अनुसार यह एक सामाजिक विचार है और सांस्कृतिक लोग समानता के सच्चे प्रचारक/देवदूत (apostles) हैं। संस्कृति के सच्चे साधक वे लोग हैं जिनमें अपने समय के श्रेष्ठ विचारों को समाज के एक छोर से दूसरे छोर तक ले जाने का जुनून है।

इसी पुस्तक के तृतीय अध्याय 'बारबेरियन्स, फिलिस्टीन्स, पाप्युलेस' में आर्नल्ड विश्व समाज को तीन वर्गों में बाँटते हैं। यहाँ यह ध्यान देने योग्य है कि कम्युनिस्ट पार्टी का घोषणा-पत्र 1848 में छप चुका था तथा मार्क्स की *दास कैपिटल* (1867) लगभग इसी समय आई थी। कम्युनिज़्म में समाज दो ही वर्गों में बाँटा जाता है– वे जिनके पास सम्पत्ति है और दूसरे वे जिनके पास नहीं है। आर्नल्ड का कहना है कि भौतिकवाद संस्कृति का गला घोटने को तैयार रहता है। वे अपने समय के आभिजात्य वर्ग को बारबेरियन्स, मध्यम वर्ग को फिलस्तीन तथा मजदूर वर्ग को पाप्युलेस नामित करते हैं। आर्नल्ड का मानना है कि आभिजात्य वर्ग में प्रतिरोध के लिए पर्याप्त साहस का अभाव होता है। चूँकि यह वर्ग व्यक्तिवाद, अपनी स्वतन्त्रता तथा अपने मनमर्जी के कार्यकलापों में विश्वास करता है, उनके खेल भी इसी प्रकार के मैदानी खेल (field sports) हैं। आभिजात्य वर्ग ने अपने शारीरिक सौष्ठव ताकत और रूप के अनुरूप के खेल भी ईजाद किये हैं। उनकी विनम्रता, बारबेरियन्स की शिष्टता एवं शौर्य (Chivalry) से मिलती-जुलती है तथा शिष्टाचार, दक्षता तथा शक्तियों की बाह्य शैली उन्हें बारबेरियनों से विरासत में मिली है। उनके अनुसार मध्य वर्ग/फिलिस्टाईन की पहचान सांसारिक ज्ञान व औद्योगिक विशेषता के कारण है तथा वे सदा औद्योगिकीकरण एवं व्यापार में संलग्न रहते हैं। उनका शाश्वत झुकाव शहरों व रेलमार्गों के निर्माण की ओर रहता है जिससे देश प्रगति और समृद्धि के रास्ते पर बढ़े। इसी वर्ग के कारण सबसे बड़ी व्यापारिक नौसेना बन पायी अतः आर्नल्ड इस वर्ग को साम्राज्य निर्माता बताते हैं। इस कार्य में श्रमिक उनका साथ देते हैं अतः प्रगति की सभी कुंजियाँ उनके हाथ में होती हैं। गरीबी तथा अन्य सम्बन्धित बीमारियों के कारण यह वर्ग कच्चा तथा अर्द्ध-विकसित रहता है तथा शेष दोनों वर्ग इसका शोषण करते हैं। इस वर्ग में राजनीतिक चेतना का उदय होने के कारण वे अब बाहर निकल रहे हैं तथा ईश्वर प्रदत्त अधिकारों यथा मनमर्जी से रहना, मिलना, तोड़ना, क्रन्दन करने आदि की और अधिक माँग कर रहे हैं। इस प्रकार आर्नल्ड मानव समाज का वर्गीकरण कर उनमें समानता पर आते हैं। 'माधुर्य व प्रकाश' की आवश्यकता तीनों वर्गों को है। आर्नल्ड स्वयं अपना उदाहरण देते हुए

कहते हैं कि वे 'फिलिस्टाईन' वर्ग से होने के बावजूद उससे ऊपर उठकर 'माधुर्य व प्रकाश' की खोज उत्तम (perfect) बनने के लिए कर रहे हैं। आर्नल्ड का यह भी कहना है कि अपने-अपने सामाजिक स्तरों के अनुसार तीनों वर्गों के मनोरंजन के अलग-अलग प्रक्रिया/साधन भी हैं। लेकिन इन तीनों वर्गों में कुछ लोग ऐसे भी होते हैं जो सर्वश्रेष्ठ को जानने अथवा देखने की इच्छा करते हैं तथा जो तर्क के सहारे आगे बढ़ने के साथ-साथ 'ईश्वर इच्छा बलीयसी' को मानते हैं। अतः आर्नल्ड का मानना है कि उत्कृष्टता की खोज का भार केवल प्रतिभाशाली व्यक्तियों पर ही नहीं अपितु सभी वर्गों पर है। यहाँ तक कि सामान्य जन भी उत्कृष्टता को प्रेम कर सकते हैं तथा उसकी खोज में योगदान कर सकते हैं। आर्नल्ड के मतानुसार सांस्कृतिक व्यक्ति ही प्रेम और माधुर्य को पल्लवित करते हैं। आर्नल्ड का मानना है कि सही/उपयुक्त विवेक तथा निज व्यक्तित्व ही इस सन्दर्भ में सही प्रमाण होता है। आर्नल्ड मानते हैं साहित्य, धर्म व राजनीति के सन्दर्भ में उत्कृष्टता की बात करना बहुत दुरूह है क्योंकि साहित्यकारों, धार्मिक नेताओं तथा राजनेताओं को मजबूरन अपने चारों ओर के लोगों की प्रशंसा करनी होती है चाहे उनका स्तर कुछ भी हो। अपने समकालीन कवि टेनीसन के सन्दर्भ में वे कहते हैं कि वे 'फिलस्टाईन' लोगों की प्रशंसा इसलिए कर रहे हैं कि वे देश की प्रगति में रीढ़ का कार्य करते है। टेनीसन अपनी कविताओं में मजबूत कन्धेवाले तथा प्रतिभाशाली अंग्रेजों का जश्न बड़े नियमपूर्वक तथा श्रद्धावनत होकर मनाते हैं। सभी वर्गों में इस प्रकार की तारीफ उनकी अपनी वाहवाही लूटने की इच्छा का परिणाम होती है जिससे सामान्य लोग राष्ट्र की हानि करते हैं लेकिन शासकों और प्रतिनिधियों को लाभ पहुँचता है। इस प्रकार की अनावश्यक तारीफ को आर्नल्ड 'बैथोस' नाम देते हैं। उनका मानना है कि बैथोस से मुक्ति, केवल उचित तर्क के आधार पर ही हो सकती है क्योंकि वे उचित तर्क को उत्तम अस्मिता के लिए आवश्यक मानते हैं। यदि सभी वर्ग उचित तर्क की महत्ता को स्वीकार कर लें तो देश को अराजकता से बचाया जा सकता है। आर्नल्ड शिक्षा के क्षेत्र में बैथोस की पैठ को शिक्षाविदों में बौद्धिक लचीलेपन की कमी का परिणाम बताते हैं। उनका मानना है कि यदि पब्लिक स्कूल सरकार के अधीन आ जाए तो वहाँ सुधार किया जा सकता है। वे शिक्षा में परिवर्तन की बात अनियन्त्रित अधिकार के आधार पर नहीं अपितु सर्वश्रेष्ठ स्व के आधार पर करने के पक्षधर हैं। वे चाहते हैं प्रत्येक व्यक्ति अपने सर्वश्रेष्ठ के लिए कार्य कर परिपूर्ण हो जबकि कुछ चुनिन्दा व्यक्ति उत्कृष्टता की खोज में लगे। कुल मिलाकर आर्नल्ड मध्यवर्ग (फिलिस्टींज़) को शिक्षित करने तथा उनके मानवीकरण पर अत्यधिक बल देते हैं—उनके लिए कोई विशेष वर्ग "उत्तम स्व" का प्रतिनिधित्व नहीं अपितु राष्ट्र

ही "उत्तम स्व" का प्रतिनिधित्व करेगा। आर्नल्ड की इस पुस्तक से यह आसानी से समझ में आ जाता है कि समाज का विश्लेषण किस प्रकार से शान्त मन एवं निर्मल तटस्थता के साथ किया जा सकता है। इसके साथ कवि तथा आलोचकों के कार्य-दिशा भी स्वयं स्पष्ट हो जाती है।

उनकी आलोचनात्मक कृतियों के आधार पर आर्नल्ड को 'आलोचकों का आलोचक' बताया जा सकता है। उनके लिए आलोचना का उद्देश्य विश्व में जो कुछ भी ज्ञात और विचारा गया है उसमें सर्वश्रेष्ठ को जानना है जिससे कि नये विचारों की एक शृंखला तैयार की जा सके। आर्नल्ड को आलोचना के समाजशास्त्रीय अध्ययन का पितामह माना जाता है। बीसवीं शताब्दी के प्रमुख आलोचक यथा टी. एस. ईलियट, एफ.आर. लीविस तथा एलेन टेट जैसे आलोचकों ने उनसे प्रेरणा ग्रहण की। ईलियट उनके वस्तुपरक तुलनात्मक दृष्टिकोण तथा विश्लेषण के कायल थे। एलेन टेट ने भी अपने 'टेन्शन इन पोइट्री' नामक निबन्ध में आर्नल्ड के 'कसौटी के सिद्धान्त' (touchtone method) की तर्ज पर ही अपने निष्कर्ष निकाले हैं।

'कविता का अध्ययन' (The Study of Poetry) आर्नल्ड का एक अन्य महत्त्वपूर्ण आलेख है। मूल रूप में यह आलेख टॉमस हम्फरी वार्ड की *दि इंग्लिश पोइट्स* (1880) की भूमिका के रूप में छपा था तथा पुनः *ऐसेज़ इन क्रिटिसिज्म,* सीरीज-II (1888) में प्रकाशित हुआ। अपने इस आलेख में आर्नल्ड कविता की श्रेष्ठता और उसकी पहचान पर विस्तार से विचार करते हैं। आर्नल्ड कविता में उत्कृष्टता के प्रश्न पर संत बव द्वारा नेपोलियन को दिए गये उत्तर को अनुमोदित करते हुए उद्धृत करते हैं। उनका मानना है संसार में केवल कविता ही कपटहीन होती है क्योंकि कविता में पुष्ट, अपुष्ट अथवा अर्द्धपुष्ट सत्य व असत्य, सर्वश्रेष्ठ व निकृष्ट के बीच का अन्तर बहुत मायने रखता है। आर्नल्ड के लिए कविता जीवन की वह आलोचना है जो काव्यगत सत्य तथा काव्य-सौन्दर्य के प्रतिमानों के अनुसार चलती है। प्लेटो के प्रतिमानों के विरुद्ध आर्नल्ड का मानना है कि ज्ञान सृजन तथा मानव-मात्र की प्रगति में कविता की अपनी महत्ता है क्योंकि यह संघर्ष और अस्तित्व के प्रश्नों से कलात्मक रूप में जूझते हुए विचार तथा टिप्पणी करती है। धर्मशास्त्र तथा विज्ञान के मूल्यांकन में भी इसकी महती भूमिका है। आनेवाली पीढ़ियों को भी उनके उद्देश्य और शान्ति प्राप्त करने हेतु कविता की आवश्यकता होगी। आर्नल्ड के मतानुसार कविता का केन्द्रीय चिन्तन कविता में किसी भी अन्य चीज से अधिक मायने रखता है। इस चिन्तन के कारण ही कविता पाठकों से जुड़ती है। आर्नल्ड तीन अलग-अलग प्रकार के तरीके बताते हैं जिनसे लोग कविता तथा कवि का मूल्यांकन करते हैं। वास्तविक आकलन : ऐतिहासिक और व्यक्तिगत नवीनताओं

और नवेन्मेषों के बीच सन्तुलन बिठाकर जब किसी कवि का मूल्यांकन किया जाता है तो उसे वास्तविक मूल्यांकन कहा जाता है। जब नवोन्मेष तथा सृजनशीलता की अपेक्षा ऐतिहासिक पृष्ठभूमि अधिक महत्त्वपूर्ण हो जाती है तो इसे ऐतिहासिक आकलन कहा जाता है। जब व्यक्तिगत तथा संज्ञानात्मक पूर्वाग्रह किसी पाठक के मूल्यांकन की प्राथमिकताएँ हो जायें तो यह मूल्यांकन व्यक्तिगत आकलन हो जाता है। आर्नल्ड ऐतिहासिक तथा व्यक्तिगत अनुमान को मनमाना तथा कम विश्वसनीय मानते हैं लेकिन ऐसे आकलन संख्या में वास्तविक अनुमान से अधिक होते हैं। आर्नल्ड इसे मानवीय पसन्द का स्वाभाविक परिणाम बताते हैं। कभी-कभी रचना का सन्दर्भ पाठकों पर हावी हो जाता है जिसके कारण वह रचना की स्पष्ट कमियों को भी अनदेखा कर देते हैं। जब किसी रचना का स्तर क्लासिक तथा अनुप्रतीकात्मक (iconic) तक पहुँचाना होता है, तो ऐतिहासिक आकलन कुछ कमियों को उपेक्षित भी करता है।

आर्नल्ड के मतानुसार किसी भी अन्य कविता के मूल्यांकन हेतु प्रतिष्ठित कविता एक बैरोमीटर की तरह कार्य करती है। इस तुलना के आधार पर ही कविता का वास्तविक मूल्यांकन संभव होता है। आर्नल्ड का लोगों से आग्रह है कि वे महान् रचनाओं को घोटकर पी लें जिससे उनकी समझ निखर जाये तथा उनमें नीर-क्षीर विवेक पैदा हो सके। अक्सर ऐसा भी होता है कि कवि अपने आदर्श शास्त्रीय काव्य से इतने प्रभावित हो जाये कि उनकी नकल ही करने लगे अथवा उनके विचारों को अपना विचार बनाकर प्रस्तुत कर दें। ऐसी गलती विशेषकर उन कवियों से होती है जो अपने-आपको पसन्दीदा कवियों अथवा काव्य से विलग करके नहीं देख पाते। पुराने कवियों को ऐतिहासिक मूल्यांकन तथा समकालीन रचनाकारों को व्यक्तिगत मूल्यांकन से विलग कर समुचित मूल्यांकन कर पाना एक कठिन कार्य है।

आर्नल्ड ने लॉञ्जाइनस के उदात्त के सिद्धान्त को स्वीकार कर, उसे निकष के रूप में प्रतिष्ठित किया है। उनका मानना है कि समय-सिद्ध क्लासिक कसौटी की तरह कार्य करती हैं तथा उनके परिप्रेक्ष्य में ही अन्य रचनाओं का मूल्यांकन होना चाहिए। आर्नल्ड की दृष्टि में होमर, मिल्टन, शेक्सपियर तथा दान्ते जैसे कवि ही निकष/कसौटी का काम कर सकते हैं क्योंकि इन्होंने अपने विषय तथा शैली के माध्यम से पाठकों के अनुभवों को समृद्ध किया है। आर्नल्ड का मानना है कि सर्वश्रेष्ठ कविताओं में सच्चाई का तत्त्व निहित रहता है तथा उसकी बनावट या तरीके में भी एक विशिष्टता रहती है। आलोचकों को कविता का मूल्यांकन करने हेतु इस तरीके को विवेकसहित तथा कड़ाई से पालन करना चाहिए। यदि पाठक को किसी उत्कृष्ट कृति (classic) में कोई उच्च आदर्श नहीं दिखलायी पड़ता तो

यह पाठक की कमी है न कि कृति की। आर्नल्ड ने फ्रेंच कवियों के अंग्रेज़ी कवियों पर प्रभाव की भी चर्चा विस्तार से की है। अंग्रेज़ी कवियों में वह चौसर की प्रंशसा करते हैं क्योंकि उनके मतानुसार चौसर ने अपनी विषयवस्तु तथा शैली के अनुरूप दैवीय तरल शब्दावली (divine liquidness diction) का प्रयोग किया है। आर्नल्ड के मतानुसार चौसर वास्तविक मूल्यांकन पर खरे उतरते हैं लेकिन दान्ते, शेक्सपियर अथवा मिल्टन सरीखे शास्त्रीय कवियों (classical poets) जैसी उच्च गम्भीरता उनमें नहीं है। अलेक्जेण्डर पोप तथा जॉन ड्राइडन को वे परावर्तन काल (Restoration Age) के शास्त्रीय गद्य लेखक तथा अच्छा तुकबन्दीकर्त्ता मानते हैं। टॉमस ग्रे को वे शास्त्रीय कवि मानते है परन्तु रॉबर्ट बर्नस को चौसर की तरह यथार्थवादी जिसमें गम्भीरता का अभाव है।

आर्नल्ड शास्त्रीय कविता और मनुष्यों में भी एक समानता को उजागर करते हैं। उनके अनुसार शास्त्रीय पुस्तकें समय की कसौटी पर खरी उतरकर अपनी जीवन्तता बनाये हुए हैं। इस प्रकार वे अपना आत्म संरक्षण मनुष्यों की स्थायी प्रकृति की भाँति कर पाती है। आर्नल्ड का यह भी मानना है कि मानव स्वभाव युग-निरपेक्ष रहा है। क्लासिक (शास्त्रीय) पस्तकें मानवीय पीड़ाओं, भावनाओं और प्रकृति पर प्रकाश डालती हैं अतः वे सभी युगों में पसन्द की जाती हैं और जब तक वे पाठकों में ऐसे विचारों तथा भावनाओं को उत्तेजित करती रहेंगी, तब तक वे जीवित बनी रहेंगी।

आर्नल्ड ने कवि के रूप में अपना जीवन आरम्भ किया था। *द स्ट्रेड रैवलर* नामक इनका काव्य-संग्रह वर्ष 1849 में प्रकाशित हुआ था। राजकवि वर्डसवर्थ से भी इनकी दोस्ती थी। अतः यह मानने में कोई संकोच नहीं होना चाहिए कि आलोचक आर्नल्ड को जिस विषय में वे लिख रहे थे उन्हें उसका व्यक्तिगत अनुभव था। ऑक्सफोर्ड प्रोफेसर के रूप में उन्हें और गम्भीर अध्ययन करने का समय भी मिला। समय-समय पर उन्होंने अपनी मान्यताएँ सुधारी भी। उदाहरणार्थ *ऐसेज़ इन क्रिटिसिज्म-तृतीय सीरीज* (1910) का प्रथम आलेख, 'ऑन द मॉडर्न ऐलीमेण्ट इन लिटेरिचर' उनका ऑक्सफोर्ड प्रोफेसर के रूप में दिया एक भाषण है। आर्नल्ड इसे पुस्तकाकार रूप में छापना चाहते थे परन्तु भाषण के बाद हुई प्रतिक्रियाओं ने उनका मन बदल दिया तथा उन्होंने स्वीकार किया कि आधुनिक कविता का उनका ज्ञान पुस्तक लिखने योग्य नहीं है। आज कितने ही समीक्षक एवं आलोचक आर्नल्ड के इस रूप से प्रेरणा ग्रहण कर सकते हैं। आर्नल्ड अपने विचार दूसरों के ऊपर थोपते नहीं अपितु दूसरों को उनसे सहमति अथवा असहमति व्यक्त करने के लिए आमन्त्रित करते हैं–जैसा कि 'कविता का अध्ययन' तथा 'साहित्य में आधुनिकता' नामक लेखों में उन्होंने किया है। असल में वे डॉ. जानसन की तरह लाठी लेकर

नहीं खड़े रहते अपितु एक बौद्धिक रसज्ञ की तरह अपनी बात रखते हैं। आचार्य का मुख्य कार्य कविता करना नहीं अपितु कविता की आलोचना करना होता है अतः आर्नल्ड के कवि रूप को एक भारी कीमत चुकानी पड़ी तथा उनका कवि रूप आलोचक रूप के आगे बौना हो गया।

आर्नल्ड का समीक्षक के रूप में मूल्यांकन

आज कई लोग यह भी मानते हैं कि आर्नल्ड को आवश्यकता से अधिक मान दिया गया है। टी.एस. ईलियट ने तो उन्हें आलोचक मानने से ही इन्कार दिया था। लेकिन इस बात को कौन अस्वीकृत कर सकता है कि आर्नल्ड का अध्ययन बहुत व्यापक था। उन पर यह आरोप भी लगता है कि वे आलोचना कर्म करते समय स्वयं अनासक्त नहीं थे– उन्होंने धर्माचार/नैतिकता (morality) पर आवश्यकता से अधिक बल दिया। परन्तु नैतिकता तो हर युग की पहली आवश्यकता होती है—यदि कोई आवश्यकता समय-सापेक्ष नहीं है तो वह केवल नैतिकता ही है। उनके 'कसौटी के सिद्धान्त' (Touchstone method) की भी आलोचना होती है। कविता मूलतः मानवीय मन से सरोकार रखती है। अधिकांशतः मन के अधिकतर विचारों को मूर्त रूप नहीं दिया जा सकता। उनकी कल्पना को साकार केवल तुलनात्मक अध्ययन से ही किया जा सकता है। उदाहरणार्थ, 'ईमानदारी' नामक विचार का मूर्त रूप असम्भव है। इसे केवल तुलनात्मक ज्ञान से समझा जा सकता है। किसी भी आलोचक के समक्ष सबसे बड़ा प्रश्न समकालीन साहित्य के मूल्यांकन का होता है। इस साहित्य को समझने में न तो ऐतिहासिक दृष्टिकोण काम आता है और न ही वैयक्तिक। आर्नल्ड का तुलनात्मक दृष्टिकोण ही एकमात्र वस्तुपरक मूल्यांकन कर सकता है। जहाँ तक आर्नल्ड के औपनिवेशिक तथा ईसाई मत के मानदण्डों का प्रश्न है तो वे खुलकर न तो ईसाईयत की बात करते हैं और न ही राजतन्त्र का समर्थन। यहाँ यह बात भी समझ लेने की है कि आज प्रजातन्त्र के युग में जब हम सब व्यक्तियों को एक-सा मान बैठे हैं—सबसे अधिक प्रभावित 'संस्कृति' ही हुई है तथा अक्सर लोग इसके ह्रास की चर्चा किया करते हैं। कविता का एक कार्य भाषा व विषयवस्तु के माध्यम से संस्कृति के परिष्कार का भी है। अतः या तो हमें यह स्वीकार कर लेना होगा कि संस्कृति में कोई ह्रास कभी नहीं होता तथा संस्कृति में मूल्यहीनता स्वीकार कर लेना चाहिए अथवा मूल्य एवं संस्कृति के विमर्श को आर्नल्ड की तरह ही तरजीह देनी होगी।

आर्नल्ड का समीक्षक के रूप में मूल्यांकन-

आर्नल्ड की समीक्षा में मौलिकता अधिक नहीं है और उन्होंने अरस्तू और लॉन्जाइनस से बहुत कुछ उधार लिया है। उदाहरणार्थ उन्होंने कविता की जो परिभाषा

दी कि "कविता जीवन की समीक्षा है" वह अरस्तू की इस मान्यता का पुनर्कथन है कि कविता में मानव-कार्यों का चित्रण होता है, मात्र विचारों का नहीं। इसी प्रकार समीक्षा के सन्दर्भ में उन्होंने जिस 'निकष विधि' को संस्थापित करने का प्रयत्न किया वह भी लॉन्जाइनस से ली गयी है। लॉन्जाइनस ने उत्कृष्ट कृतियों को कसौटी के रूप में उपयोग में लाने की वकालत की थी, आर्नल्ड ने कृतियों के स्थान पर कृतियों के अंशों को ही कसौटी के रूप में उपयोग में लाने की वकालत की।

आर्नल्ड की काल-खण्ड केन्द्रित समीक्षा सम्बन्धी मान्यताओं में भी अन्तर्विरोध है। एक ओर तो वे कहते हैं कि उत्कृष्ट काव्यात्मकता-सम्पन्न काव्य का सृजन कुछ विशेष काल-खण्डों में ही हो सकता है और दूसरी वे कहते हैं कि काल-खण्ड केन्द्रित समीक्षा का मापदण्ड अनुचित मापदण्ड है। यदि कालखण्ड की परिस्थितियों का साहित्यिक रचनाओं के सृजन से सम्बन्ध है तो उनका अध्ययन भी कृति की समीक्षा के लिये महत्त्वपूर्ण माना जाना चाहिए।

एक और तो वे समीक्षा को अनासक्त कर्म बनाना चाहते हैं परन्तु वे स्वयं समीक्षा के माध्यम से समाज तथा साहित्य को इच्छित दिशाओं में परिवर्तित करना चाहते हैं। यह अन्तर्विरोध भी उनकी समीक्षा सम्बन्धी धारणा में है।

फिर भी हमें मैथ्यू आर्नल्ड के योगदान को नहीं भूलना चाहिए। आर्नल्ड की यह धारणा कि 'कविता जीवन की समीक्षा है' काफी प्रसिद्ध हुई और उनकी इस मान्यता ने अंग्रेजी कविता को समसामयिक जीवन से जोड़े रखने में महत्त्वपूर्ण योगदान किया।

आर्नल्ड की मान्यता कि काव्य में उत्कृष्ट ज्ञान और चिन्तन को स्थान मिलता हैं ने भी कवियों को सही दिशा-निर्देश किया और उत्कृष्ट विचारों से सम्पन्न कविता-सृजन की प्रेरणा दी। ऐसा दिशा-निर्देशन आर्नल्ड के युग में आवश्यक हो गया था क्योंकि अनेक कवि मात्र अभिव्यक्ति के वैचित्र्य को ही कविता का प्रमुख लक्षण मानने लगे थे।

आर्नल्ड की इस धारणा ने कि 'समीक्षक को कविता के सौन्दर्यों को उद्घाटित करने की ओर ध्यान देना चाहिए और कवि के समय की परिस्थितियों के अध्ययन में समय को व्यर्थ नहीं खोना चाहिए' नई समीक्षा (New Criticism) के सम्प्रदाय के जन्म के लिये भूमि तैयार कर दी और उनके थोड़े ही दिन बाद क्लिंथ ब्रुक्स, रॉबर्ट पेन वारेन आदि समीक्षकों ने साहित्यिक कृतियों के गहन अध्ययन करने आरम्भ कर दिये।

खण्ड-ङ : अद्यतन युग

अध्याय-10

बेनेदितो क्रोचे

अद्यतन युग के साहित्य तथा समीक्षा को वर्गीकृत करना तथा निष्पक्ष होकर गुणों तथा दोषों का विवेचन करके सही मूल्यांकन करना सरल कार्य नहीं है। ऐसा करने के लिए विवेचक को अत्यन्त प्रतिभाशाली तथा अनुभवी होना आवश्यक है। साधारण प्रतिभा का व्यक्ति इस कार्य को सम्पन्न नहीं कर सकता। जरा देखिये तो सही कितनी साहित्यिक विधाएँ प्रचलित हैं, कितनी टैक्नीक, कितनी रुचियों को सन्तुष्ट करनेवाली रचनाएँ और कितने-कितने विभिन्न स्वभावों की उपज! साथ-ही-साथ इस पर अन्य कलाओं, दर्शन, मनोविज्ञान, राजनीति तथा विज्ञान आदि का अत्यन्त महत्त्वपूर्ण प्रभाव पड़ रहा है। यह एक प्रकार की अराजकता सी मालूम पड़ती है। इसका सूत्रपात 19वीं शताब्दी के अन्तिम चरण में ही हो गया था जबकि मनोवैज्ञानिक, रोमाण्टिक, यथार्थवादी, आंचलिक तथा प्रकृति-चित्रक आदि उपन्यास लिखे जाने लगे थे, नैतिकतावादी, सौन्दर्यवादी, प्रभाववादी, प्रतीकवादी, रहस्यवादी, भौतिकतावादी, आदर्शवादी आदि बिचारधाराएँ प्रचलित थीं, और साहित्य एवं समीक्षा के कोने-कोने को प्रभावित कर रही थीं। बीसवीं शताब्दी के आरम्भ से ही इस अराजकता के राज्य का विस्तार होना आरम्भ हो गया और प्रभाववादोत्तर विचारधारा, भविष्यवाद, अभिव्यंजनावाद, बिम्बवाद, नयी कला, सूक्ष्म कलावाद आदि साहित्यिक सम्प्रदायों का जोरदार प्रचलन हुआ। इस सबको वर्गीकृत करना और अराजकता के पीछे विधान तथा व्यवस्था को ज्ञात कर लेना सरल नहीं। कुछ समीक्षकों ने वर्गीकरण करने के नाम पर इस समस्या को और भी अधिक उलझा दिया। शायद एक ही ऐसा लक्षण मिलता है जो समस्त विधाओं, रचनाओं और मतों को एक सूत्र में बाँध देता है। यह लक्षण है– नवीनता का आग्रह। नवीनता की प्रशंसा करना और परम्परा को घृणा करना इस युग में एक फैशन-सा हो गया है। प्रयोगों के लिए प्रयोग करने की

प्रवृत्ति की ओर आज के साहित्यकारों का विशेष रुझान है और उसकी प्रशंसा न करनेवाले पाठकों और दर्शकों को इन साहित्यकारों के शब्द-वाणों के तीक्ष्ण आघातों को सहन करना पड़ता है।

इतना होने पर भी यदि सूक्ष्म दृष्टि से देखें तो इस युग की पाश्चात्य समीक्षा को वर्गीकृत करने में अधिक कठिनाई नहीं होगी। आज के कुछ समीक्षक साहित्यकार को साहित्य का केन्द्र मानते हैं और कुछ पाठकों तथा समाज को, कुछ मनोविज्ञान पर अधिक जोर देते हैं और कुछ समाजशास्त्र पर, कुछ साहित्य को सोद्‌देश्य मानते हैं, कुछ निरुद्‌देश्य तथा कुछ परम्परावाद का समर्थन करते हैं और कुछ स्वच्छन्दतावाद का। इस सबको मोटे रूप में चार वर्गों में स्थान दे सकते हैं—

1. प्रथम वर्ग में हम उस व्यक्तिवादी समीक्षा को ले सकते हैं जो साहित्य को साहित्यकार तक केन्द्रित कर देती है और साहित्य को सोद्‌देश्य न मानकर केवल साहित्यकार की अनुभूति की अभिव्यंजना मात्र मानती है। इटालवी समीक्षक क्रोचे का अभिव्यंजनावाद, नव्य-रोमाण्टिकवाद तथा कलावाद आदि को इसी के अन्तर्गत स्थान दिया जाना चाहिए।

2. द्वितीय वर्ग में परम्परा का महत्त्व स्वीकार करनेवाले नवीन प्रयोगों का आग्रह करनेवाले और स्वच्छन्दतावाद को हेय समझने वाले साहित्यिक सम्प्रदाय आते हैं। ईलियट का अव्यक्तिवाद इसी श्रेणी में आता है।

3. तृतीय श्रेणी के अन्तर्गत मनोविज्ञान पर आधारित समीक्षा को स्थान दिया जाता है। इसके अन्तर्गत फ्रायडवादी समीक्षक आते है। रिचर्ड्स के मत की गणना भी इसी के अन्तर्गत की जायेगी।

4. चतुर्थ श्रेणी में वे समीक्षक आते हैं जो साहित्य को समाज के लिए उपयोगी मानते हैं। टॉल्सटॉय तथा कॉडवैल आदि को इस श्रेणी में स्थान प्राप्त होता है। वैसे कॉडवैल आदि मार्क्सवादी समीक्षकों को अलग श्रेणी में भी रखा जा सकता है क्योंकि वे यथार्थवादी हैं जबकि टॉल्सटॉय आदर्शवादी।[68]

परम्पराओं को तोड़ना अथवा उनके आगे प्रश्नवाचक चिह्न लगा देना तथा किसी भी बात की बौद्धिकता की कसौटी पर जाँच करना इस युग की प्रमुख प्रथा है। इसी कारण पुरातन मूल्यों का विघटन तो चुका है और आदर्शों की पुनः परीक्षा की जा रही है। बौद्धिकता ने आज की समीक्षा को कला नहीं छोड़ा अपितु विज्ञान बना दिया है। आज का समीक्षक केवल पाठक का सहायक नहीं है जो उसे बतलाये कि अमुक कृति को पढ़ना आवश्यक है, अमुक को वांछनीय और अमुक को अवांछनीय। आज तो वह विशेषज्ञ हो गया है और विशेषज्ञों के लिए ही लिखता है।

पिछले आठ दशकों में परम्पराग्रसित तथा रीतिबद्ध विचारधाराओं का घोर विरोध हुआ है। इस विरोध का सूत्रपात तो बड़े स्वस्थ रूप में हुआ था क्योंकि उस समय परम्पराओं और रीतियों ने मस्तिष्कों को बुरी तरह जकड़ा हुआ था जिससे प्रतिभाशाली व्यक्तियों को कुण्ठित रह जाना पड़ता था और अपनी पूरी उड़ान भरने का अवसर नहीं मिल सकता था। इस स्थिति को अवांछनीय समझा गया और व्यक्तिगत तथा मौलिक रचनाओं की प्रशंसा की ओर दृष्टि फेरी गयी। यह परम्परा का विरोध और मौलिकता की प्रशंसा कभी एक ओर से सुनायी दी और कभी दूसरी ओर से। कभी वाल्ट विटमन ने व्यक्तिवाद को प्रशंसित किया, कभी इब्सन ने कुछ लेखकों की इसलिए निन्दा की कि वे अपने व्यक्तित्व को अपनी रचनाओं में प्रस्तुत नहीं करते थे, बर्नर्ड शॉ तथा गॉल्सवर्दी ने सामाजिक संगठन की आलोचना की तथा लॉरेन्स ने प्रेमियों को स्वच्छन्द विचरण करने देने की हिमायत की। परन्तु बौद्धिक तथा नैतिक नियमों के विरोध में उठी हुई यह आवाज यहीं तक न रुकी। यह और भी आगे बढ़ी और सभी बन्धनों को चुनौती देने लगी। यह एक अतिवाद से दूसरे अतिवाद की ओर लपकी। कलावादी विचारकों ने न केवल नैतिकता के बन्धनों का विरोध किया अपितु अनैतिकता के चित्रण में ही वे श्रेष्ठ कला के दर्शन करने लगे। साहित्यकारों ने सम्प्रेषण को पूर्णतया विस्मृत कर दिया और साहित्य-रचना जनता के लिए न होकर स्वयं साहित्यकार के लिए होने लगी। हिन्दी के 'नये' कवि इसी अस्वस्थ परम्परा का अन्धानुकरण कर रहे हैं यद्यपि वे अपने-आपको मौलिकता का अवतार मानते हैं। हम तो जानते नहीं कि अन्धानुकरण तथा मौलिकता साथ-साथ कैसे चल सकते हैं। मध्याह्न और मध्य-निशा को कैसे एक कहा जा सकता है? अस्तु, इन यूरोपीय साहित्यकारों ने अनेक दर्शनों का सहारा लेकर (अनेक व्यक्ति अपनी कमियों को छिपाने के लिए दर्शन का ऐसा आवरण चढ़ाते हैं कि साधारण व्यक्ति उसकी चकाचौंध में उन कमियों को ही आदर्श समझने लगता है) अपने मत का औचित्य सिद्ध किया। आज के हिन्दी के साहित्यकार भी ऐसा ही कर रहे हैं। समीक्षकों को वे दकियानूसी कहते हैं, पाठकों को नासमझ। कभी वे समीक्षकों की दृष्टि को 'अध्यापकीय' कहते हैं, कभी 'पाँचवें' या 'छठे' पाठक की माँग करते हैं। खैर, उनको अधिक लांछित नहीं करना चाहिए - जिन्हें नाचना नहीं आता वे आंगन को टेढ़ा बताया ही करते हैं।

यूरोप के इस प्रकार के अनेक साहित्यकारों ने अपने-आपको इटली के दार्शनिक क्रोचे का अनुयायी घोषित किया। उन्होंने नियम तथा प्रशिक्षण की हीनता सिद्ध करके आत्माभिव्यक्ति को ही अपना एकमात्र उद्देश्य बतलाकर

अभिव्यंजनावाद का खूब प्रचार किया। वे यह भूल गये कि क्रोचे के मतानुसार तो सारी कला ही अभिव्यंजना है जिससे यह भी अर्थ निकलता है कि सारे कलाकार ही अभिव्यंजनावादी हैं। इसको स्वीकार कर लेने पर तो शेक्सपियर, मिल्टन, सूर, प्रेमचन्द, जयशंकर प्रसाद सभी साहित्यकारों के साहित्य में अभिव्यंजना है और वे सभी अभिव्यंजनावादी कहे जा सकते हैं। किन्तु इन नये साहित्यकारों ने क्रोचे के दर्शन को स्वार्थानुकूल मोड़ देकर पाठकों के सम्मुख प्रस्तुत किया। अब हमें यह देखना है कि क्रोचे का अभिव्यंजना से क्या तात्पर्य है और साहित्य से उसका क्या सम्बन्ध है।

क्रोचे का जन्म इटली के पेस्कसरौली नामक स्थान पर 25 फरवरी सन् 1866 में हुआ था। वहीं के एक कैथलिक स्कूल में उन्होंने आरम्भिक शिक्षा पायी। सन् 1883 में इटली में एक भारी भूचाल आया और उसमें उनके माता-पिता काल कवलित हो गये। विपत्ति के इस पहाड़ के टूट पड़ने पर क्रोचे रोम में अपने फूफा के पास जाकर रहे। वहाँ उन्हें विश्वविद्यालय में प्रवेश दिला दिया गया परन्तु सन् 1886 में वे विश्वविद्यालय छोड़कर नेपिल्स वापस चले गये। वहाँ उन्होंने कई वर्ष स्थानीय इतिहास एवं पुरातत्त्व सम्बन्धी खोज करने में लगाये। वे प्रधानतः दार्शनिक थे और सन् 1893 में दो निबन्ध लिखकर उन्होंने दर्शनशास्त्र को अपनी पहली भेंट समर्पित की। ये निबन्ध इतिहास का स्वरूप तथा साहित्य समीक्षा की पद्धति के विषय में लिखे गये थे। सन् 1896 और सन् 1900 के बीच में उन्होंने मार्क्सवादी आर्थिक सिद्धान्त से सम्बन्धित कई लेख लिखे। सन् 1903 में उन्होंने एक पत्रिका प्रकाशित करनी आरम्भ की जो समीक्षा से सम्बन्धित थी। इसमें उन्होंने इटली के लगभग सारे साहित्य की समीक्षा की। सन् 1926 में उनकी रचनाएँ लगभग 20 जिल्दों में छपीं। यद्यपि उनका विशेष रुझान शिक्षा-सम्बन्धी प्रशासन की ओर था परन्तु उन्होंने विश्वविद्यालय में प्रशासकीय पद प्राप्त करने का न कभी प्रयत्न किया और न प्राप्त किया। सन् 1910 में उन्हें देश की सीनेट के लिए मनोनीत किया गया। उन्होंने जून 1920 से लेकर जुलाई 1921 तक देश के शिक्षा मन्त्री पद को भी सुशोभित किया।

क्रोचे का दर्शन मार्क्सवादी दर्शन की प्रतिक्रिया का परिणाम कहा जाता है। मार्क्स के मतानुसार वस्तु जगत् ही सत्य है और उसी के अनुसार मनोजगत् में धारणाएँ बनती हैं। विभिन्न युगों में जिस प्रकार का आर्थिक ढाँचा रहा है, उसी के अनुसार समाज के रीति-रिवाज और यौन सम्बन्धी धारणाएँ रही हैं। परन्तु क्रोचे ने इस मत को अस्वीकार किया और कहा कि समस्त सत्य का अस्तित्व मनोजगत् में है। वस्तुजगत् में जिस किसी भी वस्तु का अस्तित्व है, वह मनोजगत् से बाहर नहीं

है। क्रोचे के मतानुसार मानव क्रियाएँ दो प्रकार की होती हैं—व्यावहारिक क्रियाएँ और वैचारिक क्रियाएँ। व्यवहार में मनुष्य जो कुछ क्रियाएँ करता है, वे सब व्यावहारिक क्रियाओं के अन्तर्गत आती हैं और वह विचार क्षेत्र में जो कुछ क्रियाएँ करता है वे वैचारिक क्रियाओं के अन्तर्गत आती हैं। कला वैचारिक क्रिया है, व्यावहारिक नहीं। व्यावहारिक क्रियाओं को भी दो वर्गों में विभाजित किया गया है—अर्थ से सम्बद्ध क्रियाएँ और अर्थ से असम्बद्ध क्रियाएँ। इसी प्रकार वैचारिक क्रियाएँ दो प्रकार की होती हैं—धारणा बनानेवाली क्रिया तथा बिम्बनिर्मात्री क्रिया। कला का सम्बन्ध इस बिम्बनिर्मात्री क्रिया से है। इसको ज्यामितीय रूप में इस प्रकार प्रस्तुत किया जा सकता है—

मानव क्रियाएँ

व्यावहारिक	बौद्धिक या वैचारिक
लाभानुरूपिणी	मंगलाभिमुखी
धारणा निर्मात्री	बिम्बनिर्मात्री (कला सृजक क्रिया)

धारणानिर्मात्री क्रिया का सम्बन्ध बुद्धि से है। जब हम किसी वस्तु को देखकर उसको अच्छी कहने लगते हैं या बुरी समझने लगते हैं अथवा शोभनीय, अशोभनीय, लुभावनी या घृणास्पद मान लेते हैं या इसके विषय में कोई अन्य धारणा बना लेते हैं तब हम धारणानिर्मात्री क्रिया करने में संलग्न होते हैं। बिम्बनिर्मात्री क्रिया का सम्बन्ध सहजानुभूति तथा कल्पना से है। जब हम किसी वस्तु को देख अथवा सुनकर अपने मन में उसका बिम्ब बताते हैं और हमारे मन में उसका चित्र सा अंकित हो जाता है, तब हमारी क्रिया बिम्बनिर्मात्री क्रिया कहलायेगी। उदाहरणार्थ जब हमने सोचा, 'भिक्षुक की दशा दयनीय है।' तो हमारा मस्तिष्क प्रथम अर्थात् धारणा निर्माण करनेवाली क्रिया कर रहा है और यदि हमारे मन में किसी भिक्षुक का जो फटे कपड़े पहने हुए है, जिसकी पीठ और पेट मिलकर एक हो गये हैं, जिसके बच्चे कुत्तों के साथ जूठी पत्तल चाट रहे हैं बिम्ब अंकित हो जाता है, उस समय हमारा मस्तिष्क बिम्बनिर्मात्री क्रिया में संलग्न होता है।

मानव-मन पर विभिन्न 'छाप' (इम्प्रेशन) पड़ती रहती हैं और विभिन्न व्यक्तियों; वस्तुओं और दृश्यों के क्षणस्थायी चित्र बनते रहते हैं जो तुरन्त मिटते चलते हैं। इसके लिए व्यक्ति कोई आयास नहीं करता। ये क्रोचे के अनुसार संवेदन (सेन्सेशन) कहे जा सकते हैं। परन्तु ये सहजानुभूति से भिन्न होते हैं। जब ये 'छाप' मन में पूर्णरूपेण अभिव्यंजित हो जाती हैं—या कहना चाहिए केवल अभिव्यंजित ही जाते हैं क्योंकि अभिव्यक्ति या तो पूर्णरूपेण होगी अथवा होगी ही नहीं-तो वे 'सहज ज्ञान' या सहजानुभूति (इण्ट्यूशन) कहलाती हैं। इसके लिए व्यक्ति आयास करता है) इस प्रकार जो बिम्ब मानव-मन पर बिना किसी आयास किये अंकित होता है और केवल क्षणस्थायी होता है, उसे केवल 'छाप' कहेंगे और जब व्यक्ति अपने मन में आयास करके इसे अभिव्यंजित करता है, तो इसे 'सहजानुभूति' कहेंगे। यह सहजानुभूति और अभिव्यंजना दोनों एक ही हैं।[69] सहजानुभूति और 'छाप' का अन्तर समझने के लिए एक उदाहरण लिया जा सकता है। एक सड़क पर पत्थर तोड़ती हुई स्त्री को एक व्यक्ति ने देखा। वह बिम्ब उसके मन पर अंकित हुआ और शीघ्र ही वह मिट गया। उसके पश्चात् कोई अन्य दृश्य का उसके मन पर अंकित होता रहा। यह बिम्ब केवल 'छाप' कहलायेगा। पर यदि यह व्यक्ति इस पत्थर तोड़ती हुई स्त्री सम्बन्धी दृश्य की अभिव्यंजना अपने मन में करता है अर्थात् विस्तृत रूप में उस दृश्य, स्त्री, स्त्री के अंगों की गति, उसके रोम-रोम से बहता हुआ पसीना आदि का चित्र मानस-पटल पर अंकित कर लेता है तो वह 'सहजानुभूति' कहलायेगी। इस प्रकार की आकृति की सृजन-प्रक्रिया में ही सौन्दर्य तत्त्व निहित है। यह क्रिया मन में ही होती है, बाहर नहीं। अर्थात् 'छाप' की अभिव्यंजना होकर मानव मन में जो आकृति बनती है वही कलाकृति है तथा 'सहजानुभूति' या 'सहज प्रज्ञा' ही इस अभिव्यंजना की प्रक्रिया है। इस प्रक्रिया के परिणामस्वरूप अर्थात् मन में दृश्य की अभिव्यंजना हो जाने के पश्चात् व्यक्ति को भावनाओं और आवेगों के ज्वार से मुक्ति प्राप्त होती है। दूसरे शब्दों में कह सकते हैं कि जब मन पर पड़ी हुई 'छाप' अभिव्यंजित हो जाती है तो व्यक्ति मन में अब तक जो अनेक आवेग और भावनाएँ संघर्ष कर रही थीं उनसे उसे मुक्ति मिल जाती है। यह मुक्ति आनन्द प्रदान करती है। अतः कला-सृजन में कलाकार को आनन्द प्राप्त होता है।

इस विवेचन से स्पष्ट है कि क्रोचे के मतानुसार 'कला' का अर्थ 'सहजानुभूति' या "मन पर पड़ी 'छापों' की मन में अभिव्यक्ति" के अतिरिक्त और कुछ नहीं है। मानव-मन पर निरन्तर 'छाप' पड़ती रहती हैं और मन उनमें से कुछ को 'छाप' स्तर पर ही छोड़ देता है, और कुछ के अनुसार वस्तुओं एवं व्यक्तियों के विषय में धारणा में बना लेता है। अतः इनमें से किसी की कल्पना के साँचे में ढालकर उसे मन में

अभिव्यक्त कर दिया जाता है, तभी कला का सृजन होता है। अतः कला पूर्णतः मन की आन्तरिक क्रिया है, बाह्य नहीं।

अब एक प्रश्न उठता है कि क्या कुछ विशेष 'छाप' ऐसी हैं जो कला के लिए उपयुक्त हैं, शेष नहीं अर्थात् क्या जीवन की सारी अनुभूतियाँ कला की उपयुक्त सामग्री हैं अथवा उनमें से कुछ ही। क्रोचे के मतानुसार जीवन की अनुभूतियाँ और कला में अभिव्यक्त अनुभूतियों में कोई अन्तर नहीं है। प्रत्येक 'छाप' जीवन का एक अंश ही तो है। यदि मन में इसकी अभिव्यंजना हो जाती है तो वही कला है। यह 'छाप' कैसे ही व्यक्ति अथवा दृश्य को देखकर पड़ सकती है। श्लील दृश्य को देखकर भी मन में ऐसी ही छाप अंकित होगी जैसी अश्लील दृश्य को देखकर। मन में श्लील दृश्य की 'छाप' की भी अभिव्यक्ति हो सकती है और अश्लील दृश्य की छाप की भी। अतः जीवन का प्रत्येक अंश कला के लिए उपयुक्त सामग्री है और जीवन का ऐसा कोई अंश नहीं है जिसे कला के लिए अनुपयुक्त अथवा अवांछित कहा जा सके। कला की दृष्टि से कोई अनुभव अन्य से श्रेष्ठतर नहीं है। श्रेष्ठता तो अभिव्यक्ति में है, विषयवस्तु में नहीं। संस्कृत के आचार्य कुन्तक ने भी विषयवस्तु में काव्यत्व न मानकर वक्र उक्ति में काव्यत्व माना है। इसी साम्य को देखकर आचार्य रामचन्द्र शुक्ल ने क्रोचे के अभिव्यंजनावाद को कुन्तक के वक्रोक्तिवाद का विलायती उत्थान कहा। किन्तु हम शुक्ल जी से सहमत नहीं हैं क्योंकि इस एक साम्य के आधार दोनों सिद्धान्तों को एक नहीं कहा जा सकता। इन दोनों में काफी भिन्नताएँ हैं। इस विषय की चर्चा हम बाद में करेंगे।

क्रोचे ने कहा कि यदि आलोचक लोग किसी विषयवस्तु को कला के लिए अनुपयुक्त बतलायें तो उनसे कह देना चाहिए कि कलाकार को अपना कार्य शान्तिपूर्वक करने दें क्योंकि कलाकार अपनी जीवनानुभूति को त्याग कर और कहाँ से प्रेरणा ग्रहण करेंगे। जब तक जगत् में कुरूपता और अवांछनीय तत्त्व हैं और कलाकार उन्हें देखता है, तब तक उनकी अभिव्यक्ति रोकी नहीं जा सकती।[70] कला की श्रेष्ठता का मापदण्ड विषयवस्तु तो हो नहीं सकती। प्रत्येक विषय कला के लिए उपयुक्त है। कला की श्रेष्ठता तो अभिव्यक्ति की श्रेष्ठता पर निर्भर है, विषयवस्तु पर नहीं।

हम ऊपर बतला चुके हैं कि क्रोचे ने कला को पूर्णतया मानसिक व्यापार माना। हाँ, ऐसी स्थिति भी आती है जबकि कलाकार अपने मन में हुई अभिव्यक्ति को बाह्य रूप भी दे सकता है, यद्यपि यह आवश्यक नहीं है कि वह ऐसा करे। परन्तु अभिव्यक्ति को बाह्य रूप देना कला की प्रक्रिया से सम्बद्ध नहीं है। कलाकार तभी तक कलाकार रहता है जब तक वह स्वतन्त्र प्रेरणा के क्षणों में है

अर्थात् जब किसी 'छाप' की अभिव्यक्ति उसके मन में होती है। जब वह चित्र बनाने के लिए तूलिका उठाता है, अथवा गाने के लिए प्रस्तुत होता है अथवा लिखने के लिए कलम हाथ में लेता है और जो कुछ अपने-आपसे कह चुका है, उसे दूसरों से कहना चाहता है, उस समय वह कलाकार नहीं रहता और यह आगे की क्रिया पूर्व की क्रिया से भिन्न नियमों पर आधारित होती है। यह क्रिया वैचारिक क्रिया न रहकर व्यावहारिक क्रिया होती है।[72] अतः यह कला के अन्तर्गत नहीं आती।

अब प्रश्न उठता है कि यदि कला पूर्णतया मन की क्रिया है, तो कविता, चित्र, संगीत, शिल्प आदि क्या हैं। यदि व्यक्ति ने अपने मन में किसी दृश्य की अभिव्यक्ति की, तब तो वह कला-सृजन हुआ और जब उसने उस दृश्य का चित्र बनाया तो यह क्या कहा जायेगा? कविता तथा चित्र आदि बाह्य कार्यों को क्रोचे ने 'स्मरण रखने के सहायक तत्त्व' (aids to memory) कहा। इनकी सहायता से लेखक अथवा चित्रकार अपने मन में पहले कभी अभिव्यक्त हुई 'छापों' को पुनः स्मरण कर लेता है। पहले रची हुई कविताओं को पढ़कर कवि के मन में वही सहजानुभूति फिर आ जाती है और उसकी मानसिक अवस्था वैसी ही हो जाती है जैसी उस 'छाप' के मन में अभिव्यक्त होने पर हुई थी। व्यक्ति यह नहीं चाहता कि अपनी इन अभिव्यक्तियों या सहजानुभूतियों को खो दे। इनके पुनः स्मरण आने पर उसको वैसा ही आनन्द मिलता है जैसा अभिव्यक्ति होते समय मिला था। इसीलिए उन्हें 'सौन्दर्यपूर्ण' भी कहा जाता है।

कला में सौन्दर्य किसी भी प्रकार अभिव्यक्ति से भिन्न नहीं है। सफल अभिव्यक्ति ही या कहना चहिए अभिव्यक्ति ही सौन्दर्य है क्योंकि यदि अभिव्यक्ति सफल नहीं है, तो वह अभिव्यक्ति ही नहीं है। इस अभिव्यक्ति के होने पर कलाकार को आत्ममुक्ति प्राप्त होती है जिससे उसे आनन्द प्राप्त होता है। इसी कारण कलाकार के लिए कला आनन्ददायिनी होती है। अब प्रश्न उठता है कि किसी चित्र को देखकर अथवा काव्य-रचना को पढ़कर दर्शक या पाठक को क्यों आनन्द प्राप्त होता है। चित्र को देखकर अथवा काव्य-रचना को पढ़कर किसी पुराने देखे दृश्य की स्मृति तो उसे होने का कोई प्रश्न ही नहीं उठता क्योंकि कलाकार के मन पर पड़ी हुई 'छाप' की अभिव्यक्ति पाठक अथवा दर्शक के मन में कभी नहीं हुई। इस सम्बन्ध में क्रोचे की मान्यता यह है कि मानव कल्पना एक एवं पूर्ण है जिसके कारण प्रत्येक बिम्ब के परिणामस्वरूप सभी मस्तिष्कों में एक जैसी ही सहजानुभूतियाँ जाग्रत होती हैं। यदि मानव कल्पना को पूर्ण न माना गया तो आध्यात्मिक जीवन सम्बन्धी सारा ढाँचा ही गिर पड़ेगा। किन्तु केवल

इतनी बात कहने से समस्या का समाधान नहीं होता क्योंकि कलाकार के मन में अभिव्यक्ति किसी दृश्य अथवा वस्तु को देखकर हुई। परन्तु पाठक या दर्शक के सामने तो वह दृश्य नहीं है। उसके समक्ष तो केवल वह कृति है जिसकी रचना कलाकार कर चुका है। फिर पाठक या दर्शक के मन में उस कृति को पढ़ अथवा देखकर वैसी ही सहजानुभूति कैसे हो जायेगी जैसी कलाकार के मन में उस दृश्य को देखकर हुई थी? उदाहरणार्थ हम विद्यापति की निम्नलिखित रचना को ले सकते हैं—

सैसव जौवन दरसन भेल।
दुह दल-बले दंद परिगेल।।
कबहुँ बांधत कच कबहुं बिधारि।
कबहुँ झाँपय अंग कबहुं उधारि।।
अति थिर नयन अधिर किछु भेल।
उरज-उदय-थल लालिम देल।।
चंचल चरन चंचल चित भान।
जागल मनसिज मुदित नयान।।
विद्यापति कह सुनु बर काम।
धैरज धरह मिलायब आन।।

वयःसन्धि प्राप्त नायिका को देखकर कवि के मन में जो अभिव्यक्ति हुई उसको उसने उपर्युक्त रचना का रूप दिया। परन्तु पाठक के सामने तो वह वयः सन्धि प्राप्त नायिका है नहीं जिसके शरीर में शैशव और यौवन आमने-सामने खड़े हैं। उसके सामने तो यह कविता है। इसको पढ़कर विद्यापति को तो पूर्वानुभूति का स्मरण हो जायेगा पर पाठक के मन में वैसी ही अभिव्यक्ति कैसे हो जायेगी जैसी कवि के मन में हुई थी? कवि ने तो उस नायिका को देखा था जबकि पाठक ने उसे नहीं देखा। यह बात शायद क्रोचे के मस्तिष्क में भी थी। इसीलिए तो उन्होंने कहा कि सफल पाठक अथवा समीक्षक के पास विशद ज्ञान, प्रशिक्षित कल्पना शक्ति तथा सहृदयता होनी चाहिए तभी वह अपने-आपको कलाकार की स्थिति में डालकर कृति को समझ सकता है। पूर्व सृजित साहित्य-सम्बन्धी अध्ययन तथा शोध करने पर उसके लिए यह जानना सरल हो जायेगा कि कृति की रचना करते समय कलाकार किस दशा में था और उसके मन में कैसी अभिव्यक्ति हुई।

ऊपर हम बता चुके हैं कि क्रोचे के मतानुसार जीवन का प्रत्येक अंश चाहे वह श्लील हो या अश्लील कला के लिए उपयुक्त है। किन्तु इसका यह अर्थ नहीं है

कि कवि अपनी रचनाओं में अश्लील चित्रण करने के लिए स्वतन्त्र है और चित्रकार अश्लील दृश्यों के चित्र बनाने के लिए स्वतन्त्र है। ऐसा क्यों? क्योंकि क्रोचे के मतानुसार एक व्यक्ति तभी तक कलाकार है जब तक अभिव्यक्ति उसके मन में है और तभी तक उसे पूर्ण स्वतन्त्रता प्राप्त है। पर जब वह इस अभिव्यक्ति को बाह्य रूप देने लगता है तब वह कलाकार न रहकर व्यावहारिक क्रिया में संलग्न हो जाता है और उसकी स्वतन्त्रता छिन जाती है। उस पर इस संसार के सारे बन्धन—चाहे वे राजनीतिक हों या आर्थिक या नैतिक—लद जाते हैं। अब वह नैतिक नियमों को नहीं तोड़ सकता अर्थात् अश्लील चित्रण नहीं कर सकता। दूसरे शब्दों में कहा जा सकता है कि कलाकार अपने मन में किसी भी वस्तु की अभिव्यक्ति करने के लिए स्वतन्त्र है किन्तु चाहे जिस बात को कह देने के लिए स्वतन्त्र नहीं है। अपने मन में कला-सृजन करने के लिए वह वायु की भाँति स्वच्छन्द है पर बाह्य कलाकृतियों—जिन्हें हम कला कहते हैं, क्रोचे नहीं—की रचना करते समय उसकी स्वच्छन्दता का अपहरण हो जाता है। उस समय उसे समस्त बन्धनों को स्वीकार करना पड़ेगा। इन बन्धनों के अन्तर्गत केवल साहित्य-समीक्षकों द्वारा लगाये हुए बन्धन ही नहीं, राजनीतिक शक्तियों और आचारशास्त्रियों द्वारा लगाये गये बन्धन भी आ जाते हैं।

समीक्षा-

क्रोचे के सिद्धान्तों में हमें अनेक मूल्यवान् बातें प्राप्त होती हैं। सर्वप्रथम तो उन्होंने इस सत्य का अत्यन्त स्पष्ट विवेचन किया है कि कला में कलाकार आत्माभिव्यक्ति ही करता है। कला में अभिव्यक्त बातें कहीं स्वर्ग से नहीं आतीं और न दैवी प्रेरणा से प्राप्त होती हैं। वे सारी बातें वही होती हैं जिनकी अनुभूति कलाकार अपने जीवन में प्राप्त कर चुका है। अतः कला के अन्तर्गत आये हुए विचार उन विचारों से किसी भाँति भी भिन्न नहीं होते तो जीवन में आते हैं। जीवन से प्राप्त संवेदन तथा अनुभूतियाँ ही कला बन जाती हैं यदि व्यक्ति उन्हें स्पष्टता के साथ अपने मन में अभिव्यक्त कर चुका है। दूसरे, संवेदन और सहज ज्ञान का अन्तर बतलाकर क्रोचे ने यह भी स्पष्ट कर दिया कि जीवन से प्राप्त प्रत्येक अनुभव कला नहीं है। जब तक कलाकार निरासक्त भाव से उस अनुभव को नहीं देखता और मनन करके उसका पुनर्सृजन नहीं करता, तब तक वह अनुभव 'कला' नहीं बन सकता। तीसरे, उन्होंने यह भी स्पष्ट किया कि कला-सृजन से कलाकार को भी आनन्द प्राप्त होता है। अपनी अनुभूति को अभिव्यक्त करके उसे एक प्रकार की मुक्ति प्राप्त होती है जो आनन्द प्रदान करती है। चौथे, क्रोचे के इस मत ने कि अभिव्यक्ति में तो सौन्दर्य होता ही है, अनावश्यक अलंकरण की प्रवृत्ति को

हतोत्साहित किया। पाश्चात्य जगत् में अनेक कलाकार अपनी रचनाओं में इसी प्रकार अलंकारों से लाद देते थे जैसे हिन्दी के केशव तथा उनके साथी रीतिकालीन कवि अलंकारों की भरमार करने को ही अपने कर्त्तव्य की इतिश्री मानते थे। इस प्रवृत्ति को हतोत्साहित करने में क्रोचे के इस मत ने काफी सहायता की। वस्तुतः जैसे सौन्दर्य नारी के अंगो में ही होता है आभूषणों से वह सुन्दर नहीं बन सकती, उसी प्रकार सौदर्य तो अभिव्यक्ति में ही होता है, बाहरी साधनों से उसमें सौन्दर्य नहीं आ सकता।

किन्तु क्रोचे के प्रत्येक कथन और विचार से सहमत होना हमारे लिए सम्भव नहीं है। कई स्थलों पर उन्होंने हिमालय जैसी भूलें की हैं। सर्वप्रथम तो उन्होंने 'कला' शब्द का अर्थ ही बदल दिया। उनके अतिरिक्त सभी समीक्षकों ने कविता, चित्र, संगीत, नृत्य आदि को कला माना है किन्तु क्रोचे के मतानुसार कविता, चित्र अथवा संगीत की रचना करने से पहले कलाकार अपने मस्तिष्क में जो कुछ क्रिया करता है, वह कला है। लेखनी, तूलिका अथवा छैनी उठा लेने के पश्चात् वह जो मूर्त रचना करता है वह क्रोचे के मतानुसार कला नहीं है। इसी प्रकार उन्होंने 'अभिव्यक्ति' का अर्थ बदल दिया। अन्य समीक्षक बाह्याभिव्यक्ति अर्थात् 'अपनी अनुभूतियों को कविता अथवा चित्र का रूप दे देना' के अर्थ में 'अभिव्यक्ति' शब्द का प्रयोग करते हैं पर क्रोचे के मतानुसार कलाकार ऐसा करने से पहले आपसे जो कुछ कहता है, वह अभिव्यक्ति है। सारा संसार जिसे कलाकृति कहता है, क्रोचे महोदय उसे 'कलाकृति' नहीं कहते। इस प्रकार शब्दों के अर्थों में हेर-फेर करने से गड़बड़ ही फैलती है और कुछ नहीं होता। इस गड़बड़ के शिकार केवल अन्य लोग ही नहीं होते, स्वयं क्रोचे भी हो जाते हैं। कई बार वे 'कला' शब्द का प्रयोग उसी अर्थ में कर जाते हैं जो जगत् में प्रचलित है। उदाहरणार्थ वे कहते हैं कि 'जब कोई आलोचक कहे कि अमुक कलाकृति का कथ्य उपयुक्त नहीं है तो कलाकार को कह देना चाहिए कि मेरे मन पर तो इसी अनुभव की छाप पड़ी है। मैं अपने अनुभव के अतिरिक्त अन्य किस वस्तु का प्रदर्शन कला में कर सकता हूँ?' यहाँ पर कला शब्द का प्रचलित अर्थ में ही प्रयोग किया गया है क्योंकि मन के भीतर की अभिव्यक्ति को तो समीक्षक देख ही नहीं सकता है, उसकी विषयवस्तु का विरोध वह कैसे करेगा? वह तो बाह्याभिव्यक्ति की विषयवस्तु का ही विरोध कर सकता है। मन के भीतर की सहजानुभूतियों की विषयवस्तु का विरोध करने की तो न किसी में सामर्थ्य है और न किसी को ऐसा करने का अधिकार प्राप्त है।

कला का मुख्य कार्य 'सम्प्रेषण' अर्थात् कलाकार की अनुभूतियों को पाठक तक पहुँचाना है। किन्तु क्रोचे की कला का सम्प्रेषण से कोई सरोकार नहीं है। उनका

कलाकार तो स्वगत भाषण करता है और जब कुछ कहना आरम्भ कर देता है, उस समय वह कलाकार नहीं रहता। अन्य जितने विद्वानों ने कला का विवेचन किया है, उन सबने इस बात की ओर विशेष ध्यान दिया है कि उसका मानव पर क्या प्रभाव पड़ता है। कुछ विचारकों के मतानुसार कला मानव को शिक्षा देती है, कुछ के अनुसार आनन्द प्रदान करती है तथा कुछ के अनुसार उसका उन्नयन करती है। सभी ने मानव पर पड़नेवाले कला के किसी-न-किसी प्रकार के प्रभाव का विवेचन किया। प्रत्येक युग के विचारकों ने स्वीकार किया है कि कला का सृजन करके कलाकार उसे जगत् को सौंप देता है। इस विषय में उनमें मतभेद रहा है कि कला-सृजन दैवी प्रेरणा का परिणाम होता है या कलाकार के परिश्रम का परन्तु सम्प्रेषण को उन्होंने अस्वीकार नहीं किया। परन्तु क्रोचे का कलाकार तो मन में ही बुदबुदाता रहता है। क्रोचे ने कला के विषय में वे बातें कहीं जिन्हें स्वयं कलाकार ही नहीं स्वीकारते। हमारे विचार से एक दार्शनिक को कला का विवेचन करने से पहले कलाकारों के दृष्टिकोण को भी समझ लेना चाहिए।

कला शब्दों, रंगों अथवा स्वरों के माध्यम से पाठकों से कुछ कहती है। इस कथ्य को उचित शब्दों में रखने का कार्य सरल नहीं होता। इटली के कवि दान्ते ने भी ऐसा स्वीकार किया है।[72] इसी कारण कवि अथवा अन्य किसी कलाकार का कार्य काफी कठिन कार्य है और उसका कौशल इस बात में देखा जाता है कि वह अपने कथ्य को कितनी कुशलता से प्रस्तुत करता है साधारण व्यक्ति उसे साधारण ढंग से कहेगा और उसकी उक्ति स्वभावोक्ति कहलायेगी जबकि कलाकार उसे चमत्कारपूर्ण ढंग से प्रस्तुत करेगा और कुन्तक के शब्दों में उसे वक्रोक्ति कहेंगे। परन्तु क्रोचे के अनुसार तो जब व्यक्ति अभिव्यक्ति को बाह्य रूप देता है तब वह कलाकार ही नहीं रहता। फिर उसके कथनों में चमत्कार कैसे आ जाता है? उसके कथन और साधारण व्यक्ति के कथन में भिन्नता क्यों होती है?

क्रोचे के अनुसार जीवन की प्रत्येक 'छाप' जो व्यक्ति के मन पर पड़ती है, कला के लिए उपयुक्त है। किन्तु हम इससे सहमत नहीं हैं। मानव मन पर तो प्रतिदिन हज़ारों छाप बनती और मिटती रहती हैं। प्रतिदिन के कार्य—सो कर उठना, शौच जाना, स्नान करना, भोजन करना, समाचार-पत्र पढ़ना, टेलिफोन की घण्टी की पुकार सुनना आदि। क्या सभी को कला के लिए उपयुक्त विषय मान लिया जायेगा? यदि ऐसा हो गया तो कला का मूल्य निश्चित रूप से गिर जायेगा। वस्तुतः प्रत्येक 'छाप' कला के लिए उपयुक्त विषय-सामग्री नहीं है। जीवन की कुछ मूल्यवान् अनुभूतियों को ही कला के उपयुक्त विषय-सामग्री स्वीकार किया जा सकता है सभी को नहीं। 'छापों' को ज्यों-का-त्यों अभिव्यक्त कर देने को

कला-सृजन नहीं का जा सकता। उनमें से चयन करना तथा उनको इस प्रकार क्रमबद्ध करना कि वे जीवित होकर बोलने लगें और कलाकार के जीवन के प्रति दृष्टिकोण को स्पष्ट कर दें—यह कला-सृजन की प्रथम आवश्यकता है। कलाकार यह नहीं कहता कि 'जीवन इस प्रकार का है', अपितु यह कहता है कि 'मुझे जीवन इस प्रकार का लगता है।'

क्रोचे ने सौन्दर्य को भी भुला दिया और कहा कि प्रत्येक अभिव्यक्ति निश्चित रूपेण सुन्दर होगी। उन्होंने सौन्दर्य में श्रेणियाँ भी नहीं मानी। परन्तु क्रोचे का यह मत मान्य नहीं है। किसी 'छाप' के अभिव्यक्त होने मात्र से उसमें सौन्दर्य नहीं आ जाता और किसी बात को कम सुन्दर तथा अधिक सुन्दर—दोनों विधियों से कहा जा सकता है। उदाहरणार्थ बिहारी के अनेक दोहे पूर्व रचित काव्यांशों पर आधारित हैं परन्तु बिहारी ने अपने कौशल से उनमें और अधिक सौन्दर्य का संचार कर दिया है। इससे स्पष्ट है कि प्रयास से काव्य में सौन्दर्य की वृद्धि की जा सकती है।

अभिव्यंजनावाद और वक्रोक्तिवाद-

आचार्य रामचन्द्र शुक्ल ने, जैसा कि हम ऊपर बता चुके हैं, क्रोचे के अभिव्यंजनावाद को आचार्य कुन्तक के वक्रोक्तिवाद का विलायती उत्थान बतलाया है। अब हमें यह देखना है कि यह मत कहाँ तक सही है और कहाँ तक नहीं। क्रोचे के मतानुसार जीवन की सारी अनुभूतियाँ कला के लिए उपयुक्त सामग्री हैं। ऐसा नहीं है कि कुछ विशिष्ट अनुभूतियों को ही कला के लिए उपयुक्त विषयवस्तु माना जाये, शेष को नहीं। प्रत्येक अनुभूति कला के लिए उपयुक्त है। सौन्दर्य तो अभिव्यक्ति में होता है, विषयवस्तु में नहीं क्योंकि 'छाप' में सौन्दर्य नहीं होता और न उसे कला कह सकते हैं। उसी प्रकार कुन्तक ने कहा था कि विषयवस्तु के आधार पर काव्य को श्रेष्ठ अथवा हीन नहीं कहा जा सकता अपितु उक्ति की वक्रता ही काव्य का प्राण है। यदि उक्ति विदग्ध चारुता के साथ कही गयी है, तभी उसमें काव्यत्व है अन्यथा नहीं। क्रोचे तथा कुन्तक दोनों ने ही विषयवस्तु को महत्त्वपूर्ण न मानकर अभिव्यक्ति या कहने के ढंग को महत्त्पूर्ण माना है। जैसे वक्रोक्ति का आधार कल्पना है उसी प्रकार क्रोचे की सौन्दर्यानुभूति भी निश्चय ही कल्पनात्मक क्रिया है। दोनों सिद्धान्तों में उक्ति को अपने आपमें अखण्ड इकाई माना गया है और किसी में भी सफल अभिव्यंजना की उच्च अथवा निम्न श्रेणियाँ नहीं मानी गयीं।

किन्तु इतने से साम्य के आधार पर दो विभिन्न सिद्धान्तों को एक बतला देना उचित नहीं है क्योंकि इन दोनों में वैषम्य भी कम नहीं है। क्रोचे के अनुसार तो उक्ति केवल उक्ति होतीं है। उनके अनुसार सरल तथा वक्र-दो प्रकार की उक्तियाँ नहीं

होती। किन्तु आचार्य कुन्तक ने साधारण उक्ति को स्वभावोक्ति कहा जिसमें काव्यत्व नहीं होता और कवित्वपूर्ण उक्ति को वक्रोक्ति कहा। क्रोचे के अनुसार 'सहजानुभूति' काव्य की आत्मा है जबकि कुन्तक के अनुसार कवि-व्यापार ही काव्य की आत्मा है। क्रोचे का मत है अभिव्यंजना में सौन्दर्य होता ही है और अभिव्यंजना का उद्देश्य अन्य कुछ न होकर अभिव्यंजना ही होता है जबकि कुन्तक ने आनन्द को सौन्दर्य की सिद्धि और कारण दोनों स्वीकार किया। क्रोचे की छापों का अभिव्यंजना के बिना काव्य में कोई अस्तित्व नहीं है जिससे यह स्पष्ट है कि अभिव्यंजनावाद में विषयवस्तु का महत्त्व न होकर अभिव्यंजना का ही महत्त्व है जबकि कुन्तक ने प्रबन्ध वक्रता के विवेचन में विषयवस्तु के महत्त्व को भी कुछ सीमा तक स्वीकार कर लिया है।

अध्याय-11

आई. ए. रिचर्ड्स

पाश्चात्य जगत् में ऐसे अनेक अवसर आये हैं जबकि कविता को हेय घोषित किया गया और समीक्षकों को कविता का औचित्य सिद्ध करने का कार्यभार अपने ऊपर लेना पड़ा। हम देख चुके हैं कि सर्वप्रथम प्लेटो ने कविता को हेय बताया था और उसके उत्तर में अरस्तू ने इसको समाज के लिए मूल्यवान् सिद्ध किया था। उसके पश्चात् पुनर्जागरण काल में सिडनी ने कविता के महत्त्व की वकालत की। आधुनिक युग में जब विज्ञान के चमत्कारों ने जनता को चकाचौंध में फंसा दिया और वे कविता को मूल्यहीन, निरर्थक एवं 'कोरी बकवास' कहने लगे तो इस युग के अरस्तू तथा सिडनी के रूप में श्री रिचर्ड्स ने कविता को मनोविज्ञान की सहायता से मूल्यवान् सिद्ध किया।

रिचर्ड्स का जन्म सन् 1893 ई. में हुआ था। उन्होंने पहले मैग्डलिन कॉलेज और बाद में कैम्ब्रिज विश्वविद्यालय में शिक्षा प्राप्त की। बाद में वे हार्वर्ड विश्वविद्यालय चले गये और वहीं से उन्होंने डी.लिट. की उपाधि प्राप्त की। उनकी धर्मपत्नी का नाम डोरोथी इलीनर था। वे भी प्रसिद्ध लेखिका थीं। रिचर्ड्स ने पहले मनोविज्ञान और अर्थशास्त्र के क्षेत्रों में कार्य किया और बाद में वे साहित्य में उतरे। अतः उनके विवेचन में मनोविज्ञान का स्पष्टतः विशद प्रभाव लक्षित होता है और उन्होंने साहित्यिक समीक्षक के लिए मनोविज्ञान का अध्ययन आवश्यक माना है। उन्होंने पाँच ग्रन्थ लिखे जिनमें से तीन अकेले उन्होंने लिखे और दो कुछ सहयोगियों के साथ। अकेले उनके द्वारा रचित ग्रन्थ हैं– 'साहित्यिक आलोचना के सिद्धान्त' (Principles of Literary Criticism), 'प्रक्रियात्मक आलोचना' (Practical Criticism) तथा 'कॉलरिज का कल्पना सम्बन्धी विवेचन' (Coleridge on Imagination), 'सौन्दर्यशास्त्र का आधार' (The Foundation of Aesthetics) तथा 'अर्थ' का अर्थ'

(The Meaning of Meaning) नामक ग्रन्थों की रचना उन्होंने कुछ अन्य समीक्षकों के सहयोग से की।

सन् 1926 में रिचर्डस ने टॉमस लव पीकॉक के शब्दों की उद्धृत किया क्योंकि उन्हें लगा कि लव पीकॉक के मत से अधिकतर व्यक्ति सहमत थे और उसकी असत्यता को सिद्ध करना आवश्यक था। लव पीकॉक ने कहा कि कवि को 'सभ्य समाज में निवास करनेवाला अर्द्ध बर्बर' कहा जाना चाहिए क्योंकि आधुनिक वैज्ञानिक युग में दार्शनिक तथा वैज्ञानिक तो विधिपूर्वक सत्यान्वेषण में लगे हुए हैं और किसी को भी मिथकों पर विश्वास नहीं है परन्तु कवि अभी भी भूतकाल की ओर देखता है और मिथकों में ही जीता है। कविता सृजन करने तथा पढ़ने में जो कुछ समय व्यतीत होता है, वह समय का दुरुपयोग ही है और इस समय में कुछ लाभदायक एवं उपयोगी बातों का अध्ययन करना चाहिए। जो मस्तिष्क अच्छा कार्य कर सकते हैं, उनको काव्याध्ययन में समय व्यतीत करते देख दुःख होता है क्योंकि काव्य तो बौद्धिक व्यायाम का कोरा उपहास है। जब मानव सभ्यता अपनी आदिम अवस्था में थी, तब काव्य की ओर लोगों की रुचि थी परन्तु सभ्यता की परिपक्वावस्था में भी व्यक्तियों का इस शैशवावस्था के खेल की ओर आकर्षित होना ऐसा ही है जैसा कि कोई बड़ा आदमी बच्चों के खेल खेलने लगे।[73] इस प्रकार की धारणा का मैथ्यू आर्नल्ड ने भी खण्डन किया था और कहा था कि विज्ञान के होते हुए भी भविष्य में मानव जाति को कविता का और अधिक महत्त्व ज्ञात होता जायेगा और उसे जीवन की व्याख्या तथा मानव के लिए सान्त्वना प्राप्त करने के लिए कविता की ओर और अधिक मुड़ना होगा। बिना काव्य के विज्ञान अधूरा है। धर्म तथा दर्शनशास्त्र तो ज्ञान के झूठे दिखावे मात्र हैं। उनमें सच्चा ज्ञान नहीं है। अतः भविष्य में मानव जाति को आश्चर्य होगा कि उसने इनका इतना अधिक विश्वास क्यों किया और तब वह कविता के मूल्य को और अधिक समझेगी।

परन्तु आर्नल्ड ने कोई ठोस तर्क नहीं दिया। वे काव्य की प्रशंसा मात्र करते रहे और यह न बता सके कि आखिर काव्य का क्या मूल्य है और मानव जाति उसकी ओर क्यों आकर्षित होगी। उन्होंने विज्ञान और काव्य का सम्बन्ध तथा काव्यात्मक एवं अन्य प्रकार के कथनों का अन्तर बताते समय केवल सामान्य-सी बातें कहीं। हाँ, उन्हें इस दृष्टि से रिचर्ड्स का पूर्वगामी अवश्य कहा जा सकता है। रिचर्ड्स का विशेष ध्यान इस ओर है कि काव्य का ऐसा कौन-सा कार्य है जिसे भाषा का और कोई रूप नहीं कर पाता। कविता का स्वरूप विश्लेषण करते समय तथा विज्ञान से उसका वैभिन्य बताते समय उन्होंने आधुनिक विज्ञान का ही उपयोग किया। इस बात से रिचर्ड्स के विवेचन का महत्त्व और भी अधिक बढ़ जाता है कि कविता को

विज्ञान के युग में मूल्यवान् सिद्ध करने के लिए उन्होंने साहित्यिक तथा काव्यात्मक साधनों का सहारा न लेकर विज्ञान की एक शाखा मनोविज्ञान का सहारा लिया। कविता क्या है, इसका क्या कर्त्तव्य है, इसका पाठक पर क्या प्रभाव पड़ता है और यह क्यों और कैसे मूल्यवान् है—आदि प्रश्नों की ओर उन्होंने विशेष ध्यानं देते हुए अपने सिद्धान्तों का विवेचन किया और बड़े व्यापक, सूक्ष्म और तर्कसंगत ढंग से आज के युग के लिए कविता की अनिवार्यता सिद्ध करने की चेष्टा की। इतना ही नहीं, उन्होंने समीक्षा-जगत् में एक आन्दोलन का ही प्रवर्तन कर दिया, उनसे पहले समीक्षक मनोविज्ञान का अध्ययन अपने लिए आवश्यक नहीं मानते थे। वे, जैसा कि रिचर्ड्स ने स्वयं कहा, या तो समीक्षा के नाम पर कविता लिखते थे, या कुछ वादों और लेखकों के प्रति अपने दुराग्रहों का प्रदर्शन करते थे, या कुछ अनुमान लगाते थे, या शब्दों से खिलवाड़ करते थे या साहित्यकारों को कुछ सलाह दिया करते थे।[74] समीक्षा का कर्त्तव्य है यह जानना कि कविता का क्या स्वरूप है, यह कैसी क्रिया है और इसका क्या मूल्य है। किन्तु इस प्रश्न को उन समीक्षकों ने स्पर्श भी नहीं किया। इस प्रश्न का उत्तर देने के लिए मनोविज्ञान का अध्ययन आवश्यक है क्योंकि कविता की उपज मानव-मस्तिष्क से होती है और बिना मानव मस्तिष्क का अध्ययन किये कविता के स्वरूप का सही ज्ञान नहीं हो सकता। इस मत के आधार पर अनेक समीक्षकों ने मनोविज्ञान की सहायता से साहित्य की समीक्षा करना आरम्भ कर दिया है। रिचर्ड्स से पहले ऐसा न था क्योंकि मनोवैज्ञानिकों को जैसा कि बहुधा होता है—कविता से बहुत अधिक लगाव न था और साहित्यकार इतना मनोविज्ञान नहीं जानते थे कि उसको अपनी समीक्षा का आधार बना लेते। मनोविज्ञान और कविता को परस्पर निकट लाने का युगप्रवर्तक कार्य रिचर्ड्स ने ही सम्पादित किया।

कविता का स्वरूप-

कविता का मूल्य तथा उपयोग बताने से पूर्व रिचर्ड्स ने कविता के स्वरूप का विवेचन किया। ऐसा करने के लिए उन्होंने मानव-मस्तिष्क की कार्य-प्रणाली की व्याख्या की। मानव मस्तिष्क में अत्यन्त नाजुक सन्तुलन रहता है और प्रत्येक नयी परिस्थिति इस सन्तुलन में विकृति उत्पन्न कर देती है। इस विकृति के होने पर हमारे मस्तिष्क में अनेक वृत्तियाँ (इम्पल्सिज़) आती हैं जिन्हें किसी परिस्थिति के फलस्वरूप मन में उठनेवाली प्रतिक्रियाएँ कहा जा सकता है। उनमें हम पुनः नये रूप में सन्तुलन स्थापित करते हैं, तत्पश्चात् कार्य की ओर प्रवृत्त होते हैं। कार्य की ओर प्रवृत्त होने से पूर्व ये वृत्तियाँ हमें विभिन्न दिशाओं में खींचती हैं और प्रत्येक वृत्ति अपने लिए उपयुक्त मार्ग की ओर ही अन्य वृत्तियों को लाने का प्रयत्न करती है। जब इन सबमें समझौता हो जाता है, तभी मानसिक सन्तुलन प्राप्त होता है।

प्रत्येक नवीन परिस्थिति तथा अनुभव के समय हमारा मस्तिष्क इसी भाँति प्रतिक्रिया करता है, वृत्तियों का सन्तुलन बिगड़ता है, उनमें समझौता होता है और नवीन सन्तुलन स्थापित होता है। कुछ ऐसे भी अनुभव होते हैं जिनमें वृत्तियाँ जाग्रत हो जाती हैं पर वे आवश्यक सन्तुलन प्राप्त नहीं कर पाती। इसका परिणाम यह होता है कि मस्तिष्क विकृत रहा आता है। नयी परिस्थिति आने पर सन्तुलन तभी स्थापित हो सकता है जबकि कुछ वृत्तियाँ पीछे हट जायें अर्थात् अन्य वृत्तियों को ही सन्तुष्टि प्राप्त कर लेने दें और अपनी सन्तुष्टि के लिए जिद न करें। यदि ऐसा नहीं होता तो मस्तिष्क अपना सन्तुलन प्राप्त नहीं कर पायेगा। आदर्श स्थिति तो वह होती है जबकि नवीन परिस्थिति आने पर जितनी भी प्रतिक्रियाएँ मस्तिष्क में हुई हैं वे सब प्रतिक्रियाएँ या वृत्तियाँ सन्तुष्ट हो जाएं। किन्तु ऐसा तो बहुत कम अवसरों पर होता है। अतः अधिकतम वृत्तियों की अधिकतम सन्तुष्टि की ही आशा की जा सकती है।

इसको समझाने के लिए रिचर्ड्स ने चुम्बकीय सुइयों का उदाहरण लिया है। यदि हम अनेक चुम्बकीय सुइयों को लें जिनमें से कुछ छोटी हों, कुछ बड़ी; कुछ ऊपर-नीचे गति करनेवाली, कुछ क्षितिज के समानान्तर गति कर सकनेवाली और कुछ स्वतन्त्र तो वृत्तियों का सन्तुलन सम्बन्धी सिद्धान्त स्पष्ट हो जायेगा। यह सब सुइयाँ काफी हलचल करने के पश्चात् सन्तुलित अवस्था में आयेंगी। उसके बाद किसी एक को भी इधर-उधर हिलाने से समस्त सन्तुलन बिगड़ जायेगा, सारी सुइयाँ गति करने लगेंगी और किसी नयी सन्तुलित अवस्था में जाकर स्थिरता प्राप्त करेंगी। इस अवस्था में किसी भी सुई को इधर से उधर हटा देने पर फिर उसी प्रकार की प्रतिक्रिया होगी और नया सन्तुलन प्राप्त होगा। हमारे मस्तिष्क की दशा भी बहुत-कुछ ऐसी ही है और इसकी गतियाँ इसी प्रकार उलझनपूर्ण हैं। चुम्बकीय सुईयों के स्थान पर यहाँ हमारी रुचियाँ हैं जिनमें सब समान महत्त्व की नहीं हैं और एक के इधर से उधर हटने पर सभी में हलचल मच जाती है। प्रत्येक नवीन स्थिति में ऐसा ही होता है। सामान्यतः मस्तिष्क में इस हलचल के बाद शीघ्र ही सन्तुलन स्थापित हो जाता है। परन्तु ऐसी भी परिस्थितियाँ हो सकती हैं जबकि वर्षों तक यह सन्तुलन स्थापित न हो पाये।[75]

मानव-जीवन में कुछ क्षण ऐसे भी आते हैं जबकि वृत्तियाँ किसी परिस्थिति में इस प्रकार से सन्तुलित होती हैं कि मस्तिष्क में तमाम जीवन का अनुभव आ जाता है। इस प्रकार की अनुपमेय मानसिक अवस्था ही कविता में मूर्त होती है। 'कविता' शब्द के अन्तर्गत केवल 'पद्य' ही नहीं कल्पना पर आधारित सारा साहित्य आ जाता है। इससे स्पष्ट है कि कविता में कवि किसी प्रकार के चिन्तन अथवा दर्शन को

शब्दबद्ध नहीं करता। वह तो केवल इतना करता है कि एक अवसर विशेष पर वृत्तियों में जो सामंजस्य हुआ है, उसे शब्दबद्ध कर देता है। अतः कविता में कवि के चिन्तन की खोज करना व्यर्थ है। पाठक को ऐसा करने का प्रयत्न नहीं करना चाहिए। सच्चा पाठक तो कवि की अनुभूति–वृत्तियों के सामंजस्य–को अनुभूत करता है और उसी में भागीदार होने की चेष्टा करता है। 'वृत्तियों' के सुसामंजस्य का शब्दबद्ध रूप ही कविता है, इससे अधिक कुछ नहीं। अतः मन की अन्य प्रक्रियाओं से कविता किसी प्रकार भी भिन्न नहीं है। इसको दैवी प्रेरणा पर आधारित बतलाना अथवा ऐसी ही अन्य कोई ऊटपटाँग बात कहना पूर्णतया अनुचित है। जो व्यक्ति कविता को हेय कहते हैं, वे उसके अन्तर्गत वैचारिक तथा दार्शनिक ज्ञान देखना चाहते हैं। यह अनुचित है। कविता में क्या कहा गया है– यह बात महत्त्वपूर्ण नहीं है अपितु कविता क्या है–यह बात महत्त्वपूर्ण है। कविता में जिन शब्दों का प्रयोग किया जाता है वे कवि के चिन्तन का सम्प्रेषण करने के लिए प्रयुक्त नहीं किये जाते क्योंकि कवि वैज्ञानिक नहीं होता। किसी भी परिस्थिति में कवि के मन में जो रुचियाँ जाग्रत होती हैं उन्हीं के परिणामस्वरूप ये शब्द प्रयुक्त किये जाते हैं और वे कवि की अनुभूति को उपयुक्त क्रम और रूप देते हैं। इनमें न कवि का चिन्तन छिपा रहता है और न उसका सांसारिक ज्ञान, यद्यपि पाठक को कई बार ऐसा लगता है कि विभिन्न वस्तुओं के विषय में कवि के विचारों को ही कविता के रूप में प्रस्तुत किया गया है। इसी से कविता का अध्ययन करने पर पाठक के मन में वैसी ही रुचियाँ जाग्रत होती हैं जैसी कवि के मन में थीं, पाठक कुछ देर के लिए वैसी ही स्थिति में पहुँच जायेगा जैसी स्थिति में कवि था, और अन्त में उसी प्रकार के सन्तुलन को प्राप्त कर लेगा जैसा कि कवि के साथ हुआ था।

काव्य-सृजन करते समय कवि के मस्तिष्क में वृत्तियों के सामंजस्य के अतिरिक्त क्या बातें चलती रहती हैं, यह निश्चित रूप से नहीं बताया जा सकता क्योंकि हमें कवि के अवचेतन मन के विषय में कुछ भी ज्ञात नहीं है। काव्य-सृजन के लिए जो बातें उत्तरदायी हैं उनमें अवचेतन मन का महत्त्व बहुत अधिक है। शायद चेतन मन से भी अधिक इस अवचेतन का महत्त्व है। इसी कारण मानव मन की प्रक्रिया के विषय में और अधिक ज्ञान हो जाने पर भी कविता की सहायता से कवि के मन की आन्तरिक अवस्था का अध्ययन करना खतरे से खाली नहीं है।[76]

कविता और विज्ञान का अन्तर बताते हुए रिचर्ड्स ने कहा कि इन दोनों के ध्येय भिन्न-भिन्न हैं। विज्ञान का ध्येय पाठक को कुछ बातों की जानकारी करा देना होता है जबकि कविता का ध्येय मूल्यवान् मनोवैज्ञानिक सन्तुलन को शब्दबद्ध करके सुरक्षित रखना तथा पाठक तक सम्प्रेषित करना होता है। अर्थात् कविता हमको

किसी नयी बात की जानकारी नहीं कराती और कविता पढ़ने के पश्चात् हमारे ज्ञान में किसी प्रकार की वृद्धि नहीं होती। कविता का कर्त्तव्य तो उन दृष्टिकोणों को प्रकट करना है जिनके पीछे उत्तम मानसिक सन्तुलन छिपा हुआ है।[77] कभी-कभी कविता एक ऐसे प्रभाव का कार्य करती है जो हमारी वृत्तियों में हलचल उत्पन्न कर दे और कभी-कभी पहले से विद्यमान हलचल को शान्त करके सन्तुलन स्थापित करनेवाला साधन होती है। बहुधा यह प्रभाव और साधन दोनों होती है।

सम्प्रेषण-

सम्प्रेषण का अर्थ है कवि के भावों और विचारों का पाठक तक पहुँच जाना। साधारणतया समझा जाता है कि कविता के माध्यम से कवि अपने भावों का सम्प्रेषण करने की चेष्टा करता है। यदि यह सम्प्रेषण नहीं हो पाता तो कविता को सफल नहीं कहा जा सकता। अतः कविता में कवि अपनी अनुभूति को इस प्रकार से चित्रित करता है कि पाठक भी इस कविता को पढ़कर उसे अनुभूत कर ले अर्थात् कविता का सृजन करते समय यदि कवि शोक में डूबा हुआ हो, तो कविता पढ़कर पाठक भी उसी प्रकार शोक में डूब जाये और यदि कवि प्रसन्नता के सागर में डुबकी लगा रहा हो तो पाठक भी वैसा ही अनुभव करने लगे।

रिचर्ड्स के मतानुसार कवि सम्प्रेषण के लिए कोई प्रयास नहीं करता और अपनी अनुभूति का सम्प्रेषण करना उसका आवश्यक कर्त्तव्य नहीं है। कवि के लिए यह बहुत कम महत्त्व की बात है। वह तो ऐसी कविता का सृजन करता है जो अपने-आप में सुन्दर है, स्वयं उसको सन्तुष्टि देनेवाली है और उसके मनोवेगों को अभिव्यक्त करती है। वह उसे अपना व्यक्तिगत मामला समझता है। दूसरे व्यक्ति भी कविता को पढ़ेंगे और उसमें चित्रित अनुभूति को प्राप्त करेंगे—यह बात उसकी दृष्टि में अधिक महत्त्व की बात नहीं है। परन्तु कवि द्वारा सम्प्रेषण की ओर उपेक्षापूर्ण दृष्टि रखने का यह अर्थ नहीं है कि अनुभूति का सम्प्रेषण होता ही नहीं है। सम्प्रेषण तो हमारे जीवन का आवश्यक अंग है ही। हम सब जो कुछ परस्पर कहते और सुनते हैं, वह सब-कुछ सम्प्रेषण के उद्देश्य से ही किया जाता है। अतः सम्प्रेषण करने की तो हमको बचपन से ही आदत पड़ गयी है और अनजाने ही हम अनुभूतियों को ऐसा रूप दे देते हैं कि उनका सम्प्रेषण हो जाये। काव्य-सृजन की क्रिया भी मानव की अन्य क्रियाओं की भाँति ही है। अतः जैसे अन्य स्थलों पर हम अनुभूतियों का सम्प्रेषण करते हैं वैसा ही कविता के क्षेत्र में होता है। अतः सम्प्रेषण को कविता से पृथक् नहीं किया जा सकता।

फिर भी रिचर्ड्स ने अर्थविज्ञान (सीमांटिक्स) की सहायता से इस बात को स्पष्ट किया है कि कविता के शब्द पाठक तक कवि के दृष्टिकोणों (एटीट्यूड्स)[78] को कैसे

सम्प्रेषित कर देते हैं जिससे पाठक मूल्यवान् मनोवैज्ञानिक स्थिति में पहुँच जाता है क्योंकि कविता लेखक के मनोवैज्ञानिक सन्तुलन का मूर्त रूप होता है और यदि पाठक उचित रूप से कविता का अध्ययन करना जानता है तो कविता पढ़कर इस मनोवैज्ञानिक सन्तुलन का सम्प्रेषण उस तक हो जाता है। इसके लिए रिचर्ड्स ने इस बात पर विचार किया कि कविता में किस प्रकार की भाषा का प्रयोग किया जाता है। उनके मतानुसार भाषा के दो प्रयोग होते हैं—वैज्ञानिक (साइण्टिफिक) तथा भावात्मक (इमोटिव) अर्थात् शब्दों का प्रयोग या तो वस्तु-ज्ञान कराने के लिए किया जाता है अथवा किसी मनोवेग या भावना का सम्प्रेषण करने के लिए। पहले प्रकार का प्रयोग वैज्ञानिक प्रयोग है, दूसरे प्रकार का भावात्मक। उदाहरण के लिए 'फूंस में आग लग रही है' इस वाक्य में 'आग' शब्द का वही अर्थ है जो शब्दकोश में दिया रहता है और यह वस्तु ज्ञान कराने के लिए प्रयुक्त हुआ है। अतः यह 'आग' शब्द का वैज्ञानिक प्रयोग है। परन्तु 'उसे देखकर मेरे हृदय में आग लग जाती है' इस वाक्य में 'आग' शब्द को एक नये अर्थ में प्रयुक्त किया गया है। यहाँ 'आग' शब्द से उस वस्तु का ज्ञान नहीं होता जिसका पहले वाक्य में होता है। यहाँ इसका प्रयोग 'क्रोध' नामक भाव को अभिव्यक्त करने के लिए किया गया है। अतः यह 'आग' शब्द का भावात्मक प्रयोग है। कविता में शब्दों का ऐसा ही प्रयोग किया जाता है जबकि विज्ञान में शब्दों का प्रयोग वस्तुज्ञान कराने के लिए किया जाता है। कवि शब्दों का साधारण अर्थ में प्रयोग नहीं करता। उसका उद्देश्य मनोवेग या मानसिक दृष्टिकोण (एटीट्यूड) को जाग्रत करता है क्योंकि वह उन्हें मूल्यवान् समझता है। परन्तु मनोवेगों को अभिव्यक्त करने के लिए उपयुक्त शब्द उपलब्ध नहीं है। अतः वह उपलब्ध शब्दों का भावात्मक प्रयोग करता है, शब्दों की तर्कसंगत व्यवस्था तथा उनके सामान्य अर्थ को त्याग देता है और अपनी अनुभूति को पाठक में जगाने के लिए तथा अपने दृष्टिकोण को पाठक तक सम्प्रेषित करने के लिए शब्दों को नये अर्थ दे देता है।

इसी प्रकार की बात काफी समय पहले हमारे देश के आचार्य आनन्दवर्द्धन ने कही थी। उन्होंने शब्द के दो अर्थ माने-अभिधेयार्थ तथा ध्वन्यार्थ। किसी शब्द का जो अर्थ सामान्यतः प्रचलित है वह अभिधेयार्थ कहलाता है। किन्तु कई बार सामान्य अर्थ संगत नहीं मालूम होता और शब्द से जो ध्वनि निकलती है वही उसका संगत अर्थ होता है। उसे उस शब्द का ध्वन्यार्थ कहते हैं। इन दोनों को हम निम्नलिखित उदाहरण देकर समझा सकते हैं। 'शाम हो गयी' इस वाक्य का अर्थ सामान्यतः इतना ही होगा कि 'सूर्य अस्त होनेवाला है, दिन समाप्त होने को है और रात होनेवाली है।' किन्तु यदि दूती जाकर नायिका से कहे, 'शाम हो गयी।' तो उसका अर्थ होगा

'अपने नायक से शाम के समय मिलने का वचन दिया था। अब चलिए वह संकेत स्थल पर आपकी बाट जोह रहा होगा।' इन दोनों अर्थों में पहला अभिधेयार्थ है और दूसरा ध्वन्यार्थ। ये दोनों अर्थ रिचर्ड्स के वैज्ञानिक अर्थ और भावात्मक अर्थ से काफी साम्य रखते हैं।

पाठक को शब्द के भावात्मक अर्थ का ज्ञान कैसे हो जाता है—इसका विवेचन रिचर्ड्स ने 'प्रक्रियात्मक समीक्षा' नामक पुस्तक में किया है। उन्होंने बताया है कि यह भावात्मक अर्थ निम्नलिखित चार बातों पर निर्भर है—आशय, भावना, लहज़ा तथा तात्पर्य। शब्द का साधारण अर्थ, उसके पीछे कहनेवाले की भावना, कहने का लहजा और कथन के उद्देश्य को जाने बिना भावात्मक अर्थ को नहीं जाना जा सकता। पाठक द्वारा कविता का अर्थ ग्रहण करने की प्रक्रिया में निम्नलिखित 6 श्रेणियाँ होती हैं—

1. शब्दों का इन्द्रिय-संवेदन,
2. सम्बन्धित बिम्बों का ग्रहण,
3. स्वतन्त्र बिम्बों का सृजन,
4. वस्तु ज्ञान,
5. मानसिक प्रतिक्रिया की अनुभूति तथा
6. दृष्टिकोण (एटीट्यूड) के साथ समरसता।

पहले कविता को पढ़कर पाठक को अर्थ का ज्ञान होता है, फिर वह सम्बन्धित बिम्बों को ग्रहण करता है तत्पश्चात् स्वतन्त्र बिम्बों का सृजन करके वस्तु-ज्ञान प्राप्त करता है। और जिस मानसिक सन्तुलन में कवि ने उस कविता का सृजन किया था, उसे ग्रहण करके कवि के दृष्टिकोण के साथ समरसता की स्थिति में पहुँच जाता है। इस श्रेणी में आकर सम्प्रेषण की प्रक्रिया पूर्ण हो जाती है।

कविता का मूल्य-

रिचर्ड्स का ध्यान मुख्यतः टॉमस लव पीकॉक के आक्षेपों का निराकरण करने और कविता का सही मूल्य बतलाने की ओर था। वे न तो उन व्यक्तियों से सहमत थे जो कविता का उद्देश्य कविता के अतिरिक्त अन्य कुछ नहीं मानते हैं और कहते हैं कि कला केवल कला के लिए है और कविता कविता के लिए। रिचर्ड्स ने कविता को इन व्यक्तियों की भाँति निरुद्देश्य नहीं माना। उनके मतानुसार कविता मूल्यवान् है किन्तु मूल्य शब्द को उन्होंने नीतिवादियों के संकुचित अर्थ में ग्रहण नहीं किया। नीतिवादी तो कविता को मूल्यवान् इस कारण से मानते हैं कि यह नैतिक शिक्षा देकर व्यक्तियों के चरित्र में सुधार करती है और उनको श्रेष्ठतर नागरिक बनाती है। रिचर्ड्स ने ऐसा नहीं माना। उन्होंने तो मानसिक प्रक्रिया की मनोवैज्ञानिक व्याख्या

देकर वैज्ञानिक विधि से कविता को मूल्यवान् सिद्ध किया। जैसे शेली नामक कवि ने प्लेटो के आक्षेपों का उत्तर प्लेटोवाद के आधार पर दिया उसी प्रकार रिचर्ड्स ने कविता के प्रति वैज्ञानिकों के आक्षेपों का उत्तर देने के लिए विज्ञान का ही उपयोग किया। उन्होंने इस प्रकार की थोथी बातों को स्वीकार नहीं किया कि कविता का जन्म दैवी प्रेरणा से होता है या काव्यात्मक अनुभूति अलौकिक होती है। उनके मतानुसार कला-सृजन पूर्णतः मानवीय क्रिया है और कला का मानव-जीवन पर प्रभाव भी पड़ता है। अतः इसका विश्लेषण ऐसा प्रत्येक व्यक्ति कर सकता है जिसे मानव-जाति तथा मानव-व्यवहार का सही ज्ञान हो। सही समीक्षा पद्धति वह है जो सृजन करते समय की कवि की तथा कविता का रस-ग्रहण करते समय की पाठक की मानसिक प्रक्रियाओं का विवेचन करे। इस आधार पर काव्य- सम्बन्धी विवेचन के विकास की सीमाहीन सम्भावनाएँ हैं। यदि इसी आधार पर विवेचन किया जाये तो शायद सन् 3000 ई. में काव्य सौन्दर्यशास्त्र इतना विकास कर लेगा कि उसके समक्ष हमारी आज तक की उपलब्धियाँ नगण्य सिद्ध हो जायेंगी। इस प्रकार रिचर्ड्स ने समीक्षाशास्त्र को मनोविज्ञान से सम्बन्धित कर दिया और यह दावा किया कि मनोविज्ञान के क्षेत्र में जितनी भी खोज होंगी उन सबसे समीक्षा का महान् हित होगा और यह विकास के पथ पर अग्रसर होती जायेगी। आवश्यकता केवल इस बात की है कि समीक्षा-पद्धति वैज्ञानिक हो और साधारण कोटि की समीक्षा का भी मनोविज्ञान के सिद्धान्तों से सम्बन्ध हो।

कविता का मूल्य स्पष्ट करते हुए उन्होंने कहा कि कविता में शब्दबद्ध मानसिक समरसता जीवन की अन्य मानसिक समरसताओं से अभिन्न है। यह समरसता या सन्तुलन जैसा कि ऊपर बताया जा चुका है, विभिन्न प्रवृत्तियों (ऐपिटन्सीज) के सामंजस्य का परिणाम होता है। प्रवृत्तियों को सन्तुष्ट करनेवाली प्रत्येक वस्तु मूल्यवान् है तथा जो मानसिक अवस्था सर्वाधिक प्रवृत्तियों को सन्तुष्टि प्रदान करे और थोड़ी से थोड़ी प्रवृत्तियों को निराश करे वही सबसे अधिक मूल्यवान् है। वृत्तियों का उत्तम रूप से सन्तुलित सामंजस्य ही आदर्श स्थिति है। कविता ऐसी ही स्थिति की उपज है तथा पाठक को ऐसी ही स्थिति में ले जाती है, अतः यह निश्चित रूप से मूल्यवान् है।

रिचर्ड्स ने इसका सम्बन्ध नीतिशास्त्र से भी स्थापित कर दिया है। हाँ नीतिशास्त्र को भी मनोविज्ञान की सहायता से सुधार अवश्य दिया है। उन्होंने कहा कि वृत्तियों का सामंजस्य करते समय मस्तिष्क अनजाने ही यह ध्यान रखता है कि जो वृत्तियाँ सबसे अधिक महत्त्वपूर्ण हैं, उनकी सन्तुष्टि अवश्य हो और उनका किसी भी दशा में दमन न किया जाये। ये वृत्तियाँ (इम्पल्सिज़) दो प्रकार की होती हैं—

प्रवृत्तियाँ (ऐपिटन्सीज़) तथा निवृत्तियाँ (अवर्शन्ज़)। प्रवृत्तियाँ व्यक्ति को कार्य की ओर प्रेरित करती है, निवृत्तियाँ नहीं। स्वभावतः ही मानव-मस्तिष्क प्रवृत्तियों को पहले सन्तुष्ट करता है, निवृत्तियों को बाद में। प्रवृत्तियों में भी जो प्रवृत्तियाँ अधिक महत्त्वपूर्ण होती हैं, उनको वह शेष की अपेक्षा प्राथमिकता देता है। इसी प्रकार वह उत्थान की ओर ले जानेवाली प्रवृत्तियों को पतन की ओर ले जानेवाली प्रवृत्तियों की अपेक्षा पहले सन्तुष्ट करने का प्रयत्न करता है। उन्नायक प्रवृत्तियों की सन्तुष्टि के परिणामस्वरूप सुखपूर्ण सन्तुलन होता है, अन्यथा नहीं। इस प्रकार वृत्तियों के सामान्य सामंजस्य में ही जीवन का हित निहित रहता है। नीतिशास्त्र भी मानव का हित ही चाहती है। अतः कविता नैतिक दृष्टि से भी मूल्यवान् है। परन्तु यह हितकारक तत्त्व तो मस्तिष्क की सामान्य प्रक्रिया का ही परिणाम होता है, इसके लिए कवि नीतिशास्त्र के सिद्धान्तों को आधार मानकर काव्य-सृजन नहीं करता। मस्तिष्क तो केवल वृत्तियों का सामंजस्य करता है और वह सामंजस्य ऐसा स्वभावतः होता ही है कि मानव का उन्नयन करे। अतः यह सामंजस्य न केवल कवि के लिए अपितु सारे समाज के लिए जो उसकी रचनाओं को पढ़ता है, हितकारक है।

इस प्रकार रिचर्ड्स ने एक नया मूल्य-सम्बन्धी सिद्धान्त बनाया जो मानव की सभी क्रियाओं पर लागू होता है। जैसे अन्य मानवीय क्रियाएँ मूल्यवान् हैं वैसे ही कविता भी और इसके विषय में निर्णय देने के लिए भी वही मापदण्ड होना चाहिए जो अन्य के विषय में।[79] जो अनुभूति मस्तिष्क को सन्तुलन प्राप्त कराने में जितनी सहायता करती है, वह उतनी ही मूल्यवान् होती है। कविता तथा अन्य सारी मानवीय अनुभूतियों के मूल्य को इसी मापदण्ड पर नापा जा सकता है। उन्होंने बतलाया कि जीवन का उपयोग करने के लिए प्रवृत्तियों अर्थात् सकारात्मक रुचियों को सन्तुष्ट करना आवश्यक है और निवृत्तियों अर्थात् नकारात्मक रुचियों को छोड़ देना होगा। परन्तु इन प्रवृत्तियों में भी आपस में खींचातानी होती है। प्राचीन काल में तो परम्परा तथा नीतिशास्त्र काफी बलवान् थे और इन प्रवृत्तियों को वश में रखते थे। किन्तु आज के युग में ये काफी शक्तिहीन हो गये हैं। अतः आज किसी नयी शक्ति की आवश्यकता है जो इन प्रवृत्तियों को श्रेष्ठ सामंजस्य प्रदान कर सके। यह श्रेष्ठ सामंजस्य सन्धि पर आधारित हो, दमन पर नहीं। बहुत थोड़े से व्यक्तियों के मस्तिष्क में प्रवृत्तियों में इस प्रकार की श्रेष्ठ सामंजस्य हो पाता है कुछ व्यक्तियों के मस्तिष्कों में यह श्रेष्ठ सामंजस्य बहुत थोड़ी देर के लिएं तथा किसी विशेष परिस्थिति में ही होता है। किन्हीं विशेष परिस्थितियों में प्राप्त इस श्रेष्ठ सामंजस्य को कुछ व्यक्ति शब्दबद्ध भी कर लेते हैं। 'किन्ही विशेष परिस्थितियों में प्राप्त इसी प्रकार के श्रेष्ठ सामंजस्य के शब्दबद्ध रूप को ही कविता कहा जाता है।'[80]

इस विवेचन में रिचर्ड्स ने एक नये ढंग से सिद्ध कर दिया है कि कविता सर्वोत्तम एवं श्रेष्ठतम क्षणों एवं मानसिक स्थितियों का संग्रह होती है। अंग्रेज़ी कवि शैली ने भी ऐसा ही कहा था यद्यपि 'क्षण' और 'मानसिक स्थिति' से उसका आशय रिचर्ड्स के आशय से भिन्न था।[81] इसके साथ-ही-साथ मैथ्यू आर्नल्ड की भाँति, रिचर्ड्स ने भी स्वीकार किया कि कविता सभ्यता की रक्षा करने की सामर्थ्य रखती है। हो सकता है भविष्य में परम्पराएँ पूर्णतः विघटित हो जायें और मानसिक संत्रास उपस्थित हो जाये। तब कविता ही इस प्रकार के संत्रास से हमारी रक्षा कर सकेगी।[82]

रिचर्ड्स ने साहित्य समीक्षा को भी मूल्यवान् बतलाया। उनके मतानुसार जैसे चिकित्सक हमारे शारीरिक स्वास्थ्य से सम्बन्धित है, वैसे ही समीक्षक हमारे मानसिक स्वास्थ्य से। एक सफल समीक्षक में निम्नलिखित तीन गुण होने चाहिए-

1. वह कृति में निबद्ध अनुभूति के मर्म को आत्मसात् करने की क्षमता रखता हो,
2. बहुविध अनुभूतियों को पृथक्-पृथक् देख सके, तथा
3. मूल्यों को ठीक-ठीक पहचान सके।

साथ-ही-साथ वह काव्य के सम्प्रेषण और मूल्य पक्षों को अलग-अलग देख सके अन्यथा उसकी समीक्षा एकांगी रहेगी और सन्तुलित एवं संगत नहीं हो पायेगी।

मूल्यांकन-

उपर्युक्त विवेचन से निष्कर्ष निकलता है कि रिचर्ड्स ने साहित्य-समीक्षा को एक विज्ञान बना दिया। उन्होंने उन थोथी एवं असंगत धारणाओं को अस्वीकार किया जिनके अनुसार काव्य-सृजन किसी दैवी प्रेरणा के कारणवश होता है तथा काव्य से प्राप्त आनन्द अलौकिक होता है। कुछ भारतीय विद्वानों ने भी काव्यानन्द को ब्रह्मानन्द सहोदर बताया जिसे प्राप्त करते समय सहृदय पाठक योग की मधुमती भूमिका में पहुँचता बताया जाता है। ऐसी असंगत बातें स्वीकार्य नहीं हैं। हम इस पचड़े में नहीं पड़ते कि कोई आध्यात्मिक शक्ति अथवा परम सत्ता कहीं विद्यमान है अथवा नहीं। किन्तु यदि वह है भी तो इतना तो निश्चित है ही कि न तो वह किसी व्यक्ति के पास प्रेरणा भेजती है, न किसी के पास इलहाम, न किसी को अपना सगा समझती है और न गैर। समस्त मानवीय क्रियाएँ मानवों द्वारा ही सम्पन्न होती हैं। वह युग जब देवताओं को अपने प्रिय वीर योद्धाओं की सहायता के लिए, युद्ध करता हुआ दिखलाया जाता था, जैसा कि होमर ने किया है, अन्धविश्वासपूर्ण युग था और आज जब मानव की चिन्तन एवं तर्क शक्ति इतनी बढ़ गयी है तथा प्राचीन युग में रहस्यमय समझी जानेवाली बातें हस्तामलकवत हो गयी हैं, वे बे सिर पैर की बातें किसी के गले नहीं उतर सकतीं। आज तो रिचर्ड्स का यही मत स्वीकार्य है

कि काव्य सृजन की क्रिया अन्य मानवीय क्रियाओं से अभिन्न है और वैज्ञानिक विधि से इसका विश्लेषण करना भी सम्भव है। यह मत स्वीकार नहीं किया जा सकता कि अन्य मानवीय क्रियाओं का तो विश्लेषण हो सकता है, काव्य सृजन का नहीं। साहित्य के प्रत्येक पक्ष का निश्चित एवं स्पष्ट कारण ज्ञात किया जा सकता है और जैसा कि रिचर्ड्स ने कहा, मानव मस्तिष्क की कार्य-प्रणाली के विषय में हमारा ज्ञान जितना बढ़ता जायेगा साहित्य-जगत् के 'रहस्य' रहस्य नहीं रह जायेंगे। ऐसा मनोविज्ञान के विकास के परिणामस्वरूप होगा।

रिचर्ड्स से पूर्व के समीक्षकों द्वारा की गयी समीक्षा बिना मनोविज्ञान की सहायता लिए की गयी थी। कई लोगों ने तो समीक्षा के नाम पर स्वतन्त्र सृजन ही किया था और कुछ ने कवि-कृतियों को अपने सिद्धान्तों के चौखटों में फिट करने का प्रयत्न किया था। परन्तु रिचर्ड्स ने इस बात पर उचित ही जोर दिया कि समीक्षक को कवि की उस समय की मानसिक प्रक्रिया का जबकि उसने काव्य-सृजन किया था और पाठक की उस समय की मानसिक प्रक्रिया का जबकि उसने इसका अध्ययन किया, अध्ययन करना चाहिए। आधुनिक युग में मनोविज्ञान ने इतना विकास नहीं किया है कि उसकी सहायता से हम अचेतन मन का ज्ञान प्राप्त कर सकें। कविता के सही अध्ययन के लिए यह आवश्यक है कि हम अचेतन मन की प्रक्रिया को समझें क्योंकि काव्य-सृजन के पीछे अचेतन मन का बहुत बड़ा हाथ रहता है। जब तक मनोविज्ञान इतनी विकसित नहीं होती समीक्षा निश्चित रूप से अपूर्ण रहेगी। रिचर्ड्स का कार्य इस दिशा में एक आरम्भिक प्रयास मात्र ही समझना चाहिए। उनका मत सही है कि कवि के मस्तिष्क का बिना अध्ययन किये किसी कृति की समीक्षा करना कोरी अटकलबाजी होगी, इसके अतिरिक्त कुछ नहीं। अतः समीक्षक को मनोविज्ञान का ज्ञान बहुत आवश्यक है। पाश्चात्य जगत् में रिचर्ड्स के इन विचारों का अनेक विद्वानों ने बहुत स्वागत किया और काफी समीक्षक उनके अनुयायी हो गये। इन अनुयायियों में विलियम एम्पसन का नाम बहुत प्रसिद्ध है। इन्होंने इंग्लैण्ड और अमेरिका में समीक्षा को एक नया मोड़ दे दिया है।

रिचर्ड्स ने अपने मूल्य-सम्बन्धी सिद्धान्त द्वारा, जो मनोवैज्ञानिक कार्य-प्रणाली पर आधारित है, कविता की केवल आक्षेपों से ही रक्षा नहीं की अपितु मानव के कल्याण के लिए भी इसे मूल्यवान् सिद्ध किया। उन्होंने अर्थविज्ञान को साहित्यिक विश्लेषण का साधन बनाया और यह दिखलाने की चेष्टा की कि कवि मूल्यवान् मानसिक स्थितियों को कैसे शब्दबद्ध करता है और उन शब्दों की पाठक पर क्या प्रतिक्रिया होती है जिससे अनुभूति का सम्प्रेषण हो जाता है। इस सारे विवेचन में विज्ञान और कविता का अन्तर स्पष्ट करने के लिए वैज्ञानिक विधि का सहारा लिया

गया है। रिचर्ड्स सदैव शान्ति-चित्त वैज्ञानिक विश्लेषणकर्त्ता के रूप में हमारे समक्ष आते हैं। काव्य-सृजन करते समय कवि के मस्तिष्क में और काव्याध्ययन करते समय पाठक के मस्तिष्क में क्या प्रक्रिया होती है—उस सबका उन्होंने अन्वेषक बनकर विवेचन किया है। उनसे पूर्व किसी भी समीक्षक ने मनोविज्ञान को आधार मानकर साहित्य की समीक्षा नहीं की थी। इस बात को दृष्टि में रखकर हम कह सकते हैं कि रिचर्ड्स का पाश्चात्य समीक्षा जगत् में अनुपमेय स्थान है। अनेक ऐसे समीक्षक हैं जिन्होंने रिचर्ड्स के मत को मान्य स्वीकार नहीं किया है किन्तु रिचर्ड्स की वैज्ञानिक विवेचन-पद्धति की उन्होंने भी प्रशंसा की है।

सोलहवीं शताब्दी में 'प्यूरिटन' कहे जानेवाले शुद्धतावादी आचारशास्त्रियों ने कविता पर अनेक आक्षेप किये थे। तब श्री सिडनी ने आचारशास्त्र का ही आधार लेकर कविता की महत्ता सिद्ध की और स्पष्ट किया कि कविता से समाज का नैतिक उत्थान होता है। उसी प्रकार विज्ञान की प्रशंसा करके कविता को हेय बतलानेवाले व्यक्तियों को रिचर्ड्स ने यथायोग्य उत्तर देने के लिए विज्ञान की ही सहायता लेकर कविता को मूल्यवान् ठहराया। इसके लिए भी वे प्रशंसा के पात्र हैं। अन्य किसी विधि से कविता को मूल्यवान् ठहराना इतना प्रभावोत्पादक नहीं हो सकता था।

किन्तु इस संसार में प्रशंसा और लांछन साथ-साथ चलते हैं। श्वेत चन्द्रमा में काले धब्बे भी हैं और काले बादल मे भी श्वेत रेखा होती है। ऐसा ही रिचर्ड्स के साथ है। उनके सिद्धान्तों की भी बहुविध आलोचना की गयी है। सर्वप्रथम तो यह कहा जाता है कि उन्होंने समीक्षक के कार्य को बहुत कठिन बना दिया और जब तक कोई व्यक्ति मनोविज्ञान का विशेषज्ञ न हो, तब तक, रिचर्ड्स के मतानुसार, वह समीक्षक नहीं हो सकता। अब तक जितने भी मत प्रचलित थे उनमें से किसी ने भी समीक्षक के कार्य को इतना दुष्कर नहीं बनाया था। अब तक तो समीक्षक को आदर्श पाठक मात्र माना जाता था क्योंकि ऐसा समझा जाता था कि उसने विशद मात्रा में साहित्य का अध्ययन किया था और उसकी रुचि अधिक प्रशिक्षित होती है। किन्तु रिचर्ड्स ने समीक्षक के कार्य को मनोविज्ञान के विशेषज्ञं का कार्य बना दिया। साहित्य के समीक्षक से मनोविज्ञान का विशेषज्ञ होने की आशा करना उचित-सा नहीं लगता।

दूसरे, मानव मस्तिष्क की प्रक्रिया का जो विवेचन उन्होंने दिया, उसे कोई भी प्रसिद्ध मनोवैज्ञानिक सही नही मानता। इन मनोवैज्ञानिकों का कहना है कि कविता पढ़ते समय हमारे मस्तिष्क में सम्बन्धित बिम्ब ग्रहण, स्वतन्त्र बिम्ब ग्रहण, दृष्टिकोण का अधिग्रहण आदि बातें बिलकुल नहीं आती और रिचर्ड्स ने सम्प्रेषण

की जो प्रक्रिया बतलायी है वह सही नहीं है। अतः यदि इन मनोवैज्ञानिकों की बात सही है तब तो रिचर्ड्स ने समीक्षा का जो महल बनाया, वह क्षणमात्र में ढह गया।

तीसरे, अनेक समीक्षकों ने यह भी कहा है कि कविता के मूल्य के विषय में रिचर्ड्स ने जिन सिद्धान्तों का प्रतिपादन किया है उनका उपयोग स्वयं उन्होंने भी प्रक्रियात्मक समीक्षा करते समय नहीं किया। जब वे स्वयं ही अपने सिद्धान्तों को कविताओं की समीक्षा करते समय उपयोग में नहीं ला सकते तो अन्य किसी समीक्षक को ऐसा करने के लिए उपदेश देने का उन्हें क्या अधिकार है? अतः ये सिद्धान्त या तो निरर्थक माने जाने चाहिए या अवांछनीय।

अध्याय-12

टॉमस स्टर्न्स ईलियट

श्री ईलियट का जन्म अमेरिका में सन् 1888 में सेण्ट लुई मिसोरी में हुआ था। उनके पिता का नाम हेनरी वारे ईलियट तथा माता का नाम शारलट चौन्सी स्टर्न्स था। वे अपने माता-पिता की सातवीं सन्तान थे। उनकी शिक्षा अमेरिका, इंग्लैण्ड तथा फ्रान्स तीन देशों में हुई। वे पेरिस सन् 1910 में गये थे जहाँ कि उन्होंने फ्रान्सीसी साहित्य तथा दर्शनशास्त्र का गहन अध्ययन किया। वे फिर हार्वर्ड लौटे और उन्होंने तर्कशास्त्र, संस्कृत तथा पाली का अध्ययन आरम्भ किया। भारतीय शास्त्रों में से उन्होंने वेदान्त तथा पतंजली की रचनाओं का विशेष रूप से गहन अध्ययन किया था। वे बैंक में नौकरी करते थे। उनके इस पेशे में रहने से शायद पाश्चात्य साहित्य-जगत् को भारी क्षति उठानी पड़ी है। ईलियट जैसे प्रतिभाशाली साहित्यकार का बैंक में नौकरी करना सम्भवतः इस युग की सबसे बड़ी भूल है। उन्होंने कविता, नाटक, तथा समीक्षा जगत् में युगप्रवर्तक का कार्य किया। उन्हें बीसवीं शताब्दी का पाश्चात्य जगत् का सर्वोत्तम साहित्यकार मानने में कोई हिचक नहीं होनी चाहिए। ईलियट ने कविता, समीक्षा तथा नाटक–तीनों क्षेत्रों में अपनी स्थायी छाप छोड़ी है। उनका देहावसान सन् 1965 में हुआ। उनके प्रमुख आलोचना ग्रन्थों के नाम इस प्रकार हैं–'पवित्र वन' (द सेक्रेड वुड), 'जॉन ड्राइडन का सम्मान' (होमेज टु जॉन ड्राइडन), 'लान्सलट ऐन्ड्रयूज़ के लिए' (फॉर लान्सलट ऐण्ड्रूज़), 'चुने हुए निबन्ध' (सिलेक्टेड ऐसेज), कविता का उपयोग तथा समीक्षा का उपयोग' (द यूज़ ऑफ पोइट्री एण्ड द यूज़ ऑफ क्रिटिसिज़्म), 'एलिज़ाबिथकालीन निबन्ध' (ऐलिज़ाबेथन एसेज़) तथा 'प्राचीन और अर्वाचीन निबन्ध' (ऐसेज़ ऐन्शियण्ट एण्ड मॉड्रन)।

शास्त्रवाद-

ईलियट ने बताया कि राजनीतिक क्षेत्र में वे राजतन्त्र के समर्थक थे, धर्म के क्षेत्र में कैथोलिक धर्म के और साहित्य के क्षेत्र में शास्त्रवाद के। वैसे तो यह कथन आश्चर्यजनक लगता है क्योंकि जिस व्यक्ति ने साहित्य की अनेक परम्पराओं को तोड़ा वह अपने-आपको शास्त्रवादी कैसे कह सकता है परन्तु ईलियट का शास्त्रवाद मैथ्यू आर्नल्ड के शास्त्रवाद में काफी भिन्न है। फिर से इसमें कोई अन्तर्विरोध नहीं है क्योंकि जैसे अन्य शास्त्रवादी समीक्षक वैयक्तिक स्वच्छन्दता को हेय बतलाते हैं और किसी बाह्य मापदण्ड से काव्य की जाँच करने के पक्षपाती होते हैं, वैयक्तिक रुचि के आधार पर नहीं वैसी ही मान्यता ईलियट की भी है। उन्होंने कला तथा समीक्षा दोनों के लिय क्रमबद्धता एवं व्यवस्था को आवश्यक बतलाया। कला तथा समीक्षा दोनों व्यवस्था एवं क्रमबद्धता खोजती हैं– कला जीवन में तथा समीक्षा कला में। वैसे तो जीवन में घटनाएँ विश्रृंखलित तथा बिखरी हुई होती हैं। कलाकार उनको अपने उद्देश्य के अनुसार एक विशेष क्रम तथा विधान से व्यवस्थित एवं श्रृंखलित कर देता है। इसी प्रकार समीक्षा भी कला के अन्तर्गत विधान एवं क्रमबद्धता खोजती है। इस कारण यह भी आवश्यक है कि कला तथा समीक्षा दोनों स्वयं भी विधान शून्य न हों।

अंग्रेज़ी समीक्षा-जगत् में शास्त्रवाद तथा स्वच्छन्दतावाद बारी-बारी से स्वीकृत होते रहे हैं। एक युग में यदि स्वच्छन्दतावाद को स्वीकृत किया गया है तो उससे अगले युग में निश्चित रूप से शास्त्रवाद का बोलबाला रहा है। उदाहरणार्थ सोलहवीं शताब्दी में स्वच्छन्दतावाद की श्रेष्ठता घोषित की गयी तो अठारहवीं शताब्दी में शास्त्रवाद की तूती बोली। इसकी प्रतिक्रिया हुई और उन्नीसवीं शताब्दी में स्वच्छन्दतावाद का जागरण बड़े जोर-शोर से हुआ। बीसवीं शताब्दी में स्वच्छन्दतावाद को पछाड़कर शास्त्रवाद ने अपनी श्रेष्ठता घोषित की और इसकी दुन्दुभी फिर बजने लगी। इस प्रकार समीक्षा जगत् में इन दो विचारधाराओं के मध्य संघर्ष होता रहा है। शास्त्रवाद परम्परा द्वारा निर्धारित मान्यताओं के प्रति अन्धश्रद्धावान् है परन्तु स्वच्छन्दतावाद किसी भी मान्यता का भक्त नहीं है और लेखक को पूर्ण स्वतन्त्रता प्रदान कर देता है। शास्त्रवाद शास्त्रीय नियमों को ईश्वर द्वारा रचित नियमों के समान अनुल्लंघनीय मानता है जबकि स्वच्छन्दतावाद किसी भी प्रकार के नियमों की जंजीरें स्वीकार नहीं करता। स्वतन्त्रता प्रेमी अंग्रेज जाति का रुझान स्वभावतः ही स्वच्छन्दतावाद की ओर अधिक रहा है और शास्त्रवाद को स्वीकार करना उन्हें कुछ कष्टकारक-सा लगा है। शास्त्रवाद और स्वच्छन्दतावाद की ऐसी संघर्षपूर्ण स्थिति को देखकर ईलियट ने कहा कि अंग्रेज़ी समीक्षा तो उस रविवारीय वाद-विवाद के समान है जिसमें परस्पर विरोधी

विचार वाले वक्ताओं द्वारा भाषण दिये हुए हों तथा अन्त तक वे कोई सर्वमान्य निर्णय न कर पाये हों। ऐसी स्थिति वांछनीय नहीं है। समीक्षा का उद्देश्य तो कलाकृतियों का विवेचन करना तथा पाठकों की अभिरुचि का परिष्करण करना है। समीक्षक को चाहिए कि वह कृति में छिपी बातों तथा तथ्यों को खोजे और उनका ज्ञान पाठकों को कराये। साथ-ही-साथ जो पाठक निम्नस्तर की रचनाओं को ही पसन्द करते हों और श्रेष्ठ रचनाओं की श्रेष्ठता को हृदयंगम न कर पाते हों उनकी अभिरुचि का परिष्करण करे और उन्हें इस योग्य बनाये कि वे श्रेष्ठ रचनाओं में रुचि लेने लगें। समीक्षा कोई अखाड़ा नहीं है जहाँ समीक्षक परस्पर कुश्ती लड़ें। उन्हें तो सहयोगी बनकर साहित्यसागर में से गोताखोरों की भाँति गोते लगाकर रत्न खोजने चाहिए। उन्हें तो साहित्यिक कृतियों के विषय में सही निर्णय देना है और उनका सही मूल्यांकन करना है। सही मूल्यांकन के प्रयास में संघर्ष का कोई प्रश्न ही नहीं उठता। जब सभी समीक्षक सत्यान्वेषण में संलग्न हैं तब तो उन्हें सहयोग के साथ कार्य करना चाहिए। समीक्षक का कार्य तो वैज्ञानिक के कार्य के समान है। अरस्तू ने वैज्ञानिक की दृष्टि को ही अपनाकर साहित्य का विवेचन किया था। अतः ईलियट ने अरस्तू को आदर्श समीक्षक माना। अरस्तू ने अपने व्यक्तिगत चिन्तन, जीवन-दर्शन अथवा मान्यताओं को एक ओर रखकर साहित्य का विवेचन किया। उनकी दृष्टि अपनी इच्छाओं की ओर न रहकर पूर्णतः विवेच्य विषय पर रहती थी जिससे वे निर्वैयक्तिक होकर विवेच्य विषय की परिभाषा देते थे और सही विश्लेषण करते थे। उनका मस्तिष्क विज्ञान की रीति से विश्लेषण करता था और एकाग्र होकर विवेचन करता था। जहाँ जिस बात को कहने की आवश्यकता थी, उन्होंने वह बात वही पर कही है। समीक्षक को इसी वैज्ञानिक विधि से कार्य करना चाहिए। पाश्चात्य जगत् में ऐसे कम समीक्षक हुए हैं जिन्होंने ऐसा किया है। वैज्ञानिक विधि के अनुसार समीक्षा में कृति में जो कुछ है, उसके विवेचन के अतिरिक्त और कुछ नहीं आना चाहिए। देखा जाता है कि कई बार समीक्षक कृति को अपनी भावना का दर्पण ही बना देता है। हम हिन्दी से एक उदाहरण लेकर यह बात स्पष्ट करेंगे। श्री मुक्तिबोध ने 'कामायनी' की समीक्षा करते समय कामायनी को एक 'फैण्टेसी' तथा मनु को पूंजीपति वर्ग का प्रतीक बतलाया है। यहाँ समीक्षक ने 'कामायनी' रूपी दर्पण में अपने ही विचारों को देखने की चेष्टा की है, इसके अतिरिक्त कुछ नहीं। ईलियट ऐसी स्थिति को अवांछनीय समझते हैं। उनके अनुसार समीक्षा में समीक्षक को अपने भावों और विचारों का समावेश नहीं होने देना चाहिए। समीक्षा में किसी के व्यक्तित्व से सम्बन्धित बातों के लिए कोई स्थान नहीं है। जब तक वैज्ञानिक विधि से समीक्षा नहीं की जायेगी तब तक ऐसा नहीं हो सकता।

जहाँ तक शास्त्रवाद और स्वच्छन्दतावाद के द्वन्द्व का सम्बन्ध है, इसका हल खोजने के लिए इस बात को देखने से काम नहीं चलेगा कि हमारी रुचि किस ओर है अथवा कौन-सा मत हमारी जाति के स्वभाव के अनुकूल है। इसके लिए तो हमें यही देखना होगा कि कौन सा मत सही है। ईलियट ने शास्त्रवाद को सही बतलाया। उन्होंने कहा कि जब तक कोई सर्वमान्य आधार नहीं होगा, तब तक किसी वस्तु के औचित्य की परख कैसे हो सकती है। जैसे नागरिक को सरकार की आज्ञाओं का पालन करना पड़ता है और धार्मिक व्यक्ति को चर्च की आज्ञाओं का, उसी प्रकार समीक्षा-जगत् में भी औचित्य की कोई सर्वमान्य कसौटी होनी चाहिए। परन्तु स्वच्दंदतावाद कलाकार को पूर्ण निरंकुश बना देता है और स्वच्छन्दतावादी साहित्यकार अपने अन्तर की आज्ञा के अतिरिक्त और किसी आज्ञा का पालन नहीं करता। इसी प्रकार स्वच्छन्दतावादी समीक्षक भी परम्परा से स्वीकृत किसी मानदण्ड को स्वीकार नहीं करता और अपने अन्तर की आवाज़ को ही अपना पथ प्रदर्शक मानकर कवि अथवा कृति की व्याख्या करने लगता है। ऐसी स्थिति में यह जानना कैसे सम्भव है कि वह जो कुछ कह रहा है, वह सही है? इसकी सत्यता अथवा असत्यता सिद्ध करने के लिए कोई बाह्य मापदण्ड तो है नहीं। परिणाम यह होता है कि व्याख्या करते समय समीक्षक कृति में से तथ्य निकालकर पाठक के समक्ष नहीं रखता अपितु कृति के विषय में स्वयं उसके जो कुछ विचार हैं उन्हीं को समीक्षा में स्थान देता है। किन्तु ऐसी समीक्षा उचित समीक्षा नहीं है। क्योंकि समीक्षा में तो पाठक को कृति में से खोजे गये तथ्य मिलने चाहिए जिससे वह कृति को स्पष्टतापूर्वक समझ सके जबकि स्वच्छन्दतावादी समीक्षा में हमें समीक्षकों के विचारों के दर्शन होते हैं, कृति विषयक तथ्य नहीं। समीक्षा तो सृजनात्मक साहित्य की व्याख्या है न कि स्वतन्त्र सृजन। समीक्षक कृति में से तथ्य तभी अच्छी तरह से निकाल सकता है जबकि कोई बाह्य मानदण्ड उसे प्राप्त हो और उसका पथ प्रदर्शन करे। यदि श्रेष्ठ साहित्य का परम्परा से स्वीकृत अथवा युगों से संचित ज्ञान द्वारा निर्धारित स्तर उसे उपलब्ध है तभी वह कृति का सही मूल्यांकन कर पायेगा। ऐसा शास्त्रवादी समीक्षा में ही होता है। स्वच्छन्दतावाद तो परम्परा द्वारा निर्धारित स्तर को स्वीकार ही नहीं करता।

समीक्षक को पूर्णतया निर्वैयक्तिक होकर समीक्षा करनी चाहिए और अपने व्यक्तिगत विचारों को उसमें कोई स्थान नहीं देना चाहिए। उसे तो कृति में से तथ्यों को खोजना है। अतः उसे तथ्यों को तुरन्त ग्रहण करने की क्षमता प्राप्त होनी चाहिए। यदि उसमें ऐसी क्षमता नहीं है तब वह कृति में से तथ्यों को तो खोज नहीं पायेगा और अपनी व्यक्तिगत भावनाओं और विचारों को ही समीक्षा के रूप में प्रस्तुत करेगा। तथ्यों को तुरन्त पहचान लेने की क्षमता समीक्षक का आवश्यक गुण है।

दूसरे उसे 'तुलना' तथा 'विश्लेषण' करने की ऐसी क्षमता प्राप्त हो कि वह इन दोनों को अपने मन्त्रों की भाँति प्रयोग कर सके। 'तुलना' के यन्त्र से वह यह देख सकता है कि परम्परा से प्राप्त कौन-कौन सी बातों का कलाकृति में समावेश किया गया है और उस कृति ने परम्परा को किस भाँति परिवर्तित किया और सुधारा है तथा उसे क्या नवीन बातें प्रदान की हैं। 'विश्लेषण के यन्त्र की सहायता से वह कृति की वास्तविकता को जान सकेगा और उसमें से तथ्य निकालकर पाठकों के सम्मुख प्रस्तुत करेगा। यदि समीक्षक ने कृति में से कोई अत्यन्त साधारण तथ्य भी निकालकर प्रस्तुत कर दिया तो वह कार्य अत्यन्त मूल्यवान् होगा और जब समीक्षक साहित्यिक कृति के विषय में कोई नया तथ्य न दे पाये तब तो वह चाहे कितनी भी पोथियाँ क्यों न रंग दे, उसका कार्य मूल्यवान् नहीं कहलायेगा।[84] हिन्दी से एक उदाहरण देकर हम उसे स्पष्ट करेंगे। सूरदास जी के विषय एक लेखक का कथन है–

"सूरदास जी हिन्दी काव्य-सागर के रत्न हैं। उनकी कान्ति के सम्मुख अन्य कांतियाँ फीकी पड़ जाती हैं। उनकी उक्तियाँ बेजोड़ हैं जो हृदय में गहरी पैठती हैं और सुनने वाला उन्हें सुनकर अपनी सुध-बुध खो बैठता है। हमारा अहोभाग्य है कि हमें ऐसा कवि प्राप्त हुआ। संसार में प्रचलित भाषाओं में से बहुत थोड़ी भाषाओं को उन जैसे कवियों को जन्म देने का गौरव प्राप्त है। जब तक सूर्य और चन्द्रमा रहेंगे, सूरदास जी की कीर्त्ति-पताका फहराती रहेगी उनका यश-सौरभ जगत् को महकाता रहेगा और प्रशंसा-दुन्दुमी बजती रहेगी।"

इस समीक्षांश में सूरदास जी के विषय में कोई भी तथ्य प्रस्तुत नहीं किया है और न कोई ठोस बात बतलायी गयी है। इस प्रकार की खोखली बातों को ईलियट ने समीक्षा को दृष्टि से मूल्यवान् नहीं माना।

समीक्षा तो कृति के विषय में कुछ बातें बतलाती है, स्वयं कोई स्वतन्त्र सृजन नहीं है। अतः समीक्षक को समीक्षा में अपने व्यक्तिगत विचारों का समावेश नहीं होने देना चाहिए। उसका कर्त्तव्य तो केवल यही है कि विवेच्य कृति में जो कुछ कहा गया है, उसका खुलासा करे न कि अपने व्यक्तित्व की ही अभिव्यक्ति करने लगे। हिन्दी से हम निम्नलिखित पंक्तियों को लेकर इसे स्पष्ट कर सकते हैं– "प्रगतिवादी लेखक स्प्रिंगदार मखमली सोफों पर बैठकर, बिजली के पंखे के नीचे, खस की टट्टी की ओट में पारकर पेन से मजदूरों पर कविता लिखता है।" यहाँ पर समीक्षक महोदय ने प्रगतिवादी कविता का विवेचन करने की ओर तो शायद ध्यान भी नहीं दिया। हाँ, प्रगतिवादी साहित्यकारों के प्रति अपने क्रोध को अवश्य अभिव्यक्त कर दिया है। ऐसी समीक्षा को भी ईलियट ने स्वीकार्य नहीं माना। प्रभाववादी समीक्षा भी इसी

प्रकार की समीक्षा है जिसमें कैमरा-प्लेट की भाँति संवेदनशील मस्तिष्क को किसी कृति का प्रभाव ग्रहण करने के लिए रख दिया जाता है। प्रभाववादी समीक्षा में समीक्षक यह नहीं बतलाया कि कृति में क्या-क्या बातें हैं। कृति ने उसके ऊपर क्या प्रभाव डाला उस बात को वह बतलाने का प्रयास करता है। इसका परिणाम यह होता है कि प्रभाववादी समीक्षा में हमें कृति से प्रेरणा प्राप्त करके रची हुई एक स्वतन्त्र कृति प्राप्त होती है, मूल साहित्यिक कृति का विश्लेषण नहीं। प्रभाव ग्रहण करने से पहले ही अनेक पूर्व प्राप्त प्रभावों के कारण हमारा मस्तिष्क भी एक विशेष प्रकार का रूप धारण कर चुका होता है और अनेक धारणाएँ बना लेता है। इससे उसके ऊपर कृति का निर्वैयक्तिक प्रभाव नहीं पड़ता। परिणामतः प्रभाववादी समीक्षान्तर्गत समीक्षक के कृति विषयक विचार मिलते हैं, कृति का निर्वैयक्तिक विश्लेषण नहीं।

यद्यपि ईलियट ने शास्त्रवाद का समर्थन किया किन्तु वे पोप आदि शास्त्रवादी समीक्षकों से कई बातों में मतवैभिन्य रखते थे। पोप ने समीक्षा को पूर्णतः शास्त्रीय नियमों पर आधारित कर दिया था। उन्होंने कहा था कि शास्त्रकारों ने जिन नियमों को खोजा है, उनका पालन करना आवश्यक है। उनके पालन करने से ही कवि मानव-प्रकृति का विधिपूर्वक चित्रण कर सकेगा। साथ-ही-साथ पोप का विचार था कि कविता में नैतिक शिक्षा दी जाये। पोप तथा उनके मत-समर्थक होरेस को आदर्श समीक्षक मानते थे। ईलियट ने इन शास्त्रवादियों की इस बात को तो स्वीकार किया कि समीक्षा का कोई सुनिश्चित विधान हो किन्तु उनकी नियमबद्धता और नैतिक शिक्षा सम्बन्धी काव्योद्देश्य को अस्वीकृत कर दिया। उन्होंने होरेस को, जिन्होंने समीक्षा को केवल नियमों की एंक सूची बना दिया था, आदर्श समीक्षक नहीं माना। आदर्श समीक्षक तो अरस्तू है जिन्होंने वैज्ञानिक विधि से साहित्य का विश्लेषण किया और साहित्यिक विधाओं के विषय में कुछ सत्य ज्ञात किये। बाद के अनेक समीक्षक इन्हीं सत्यों को नियम समझने लगे। प्राचीन काल के समीक्षकों द्वारा निर्धारित नियमों के आधार पर नवीन साहित्यिक कृतियों की परख करना और नियमोल्लंघन करने पर उनको हेय बता देना ठीक नहीं क्योंकि यदि नयी कृतियाँ पूर्णतः पुरानी लकीर को ही पीटती रहेंगी तो उनमें कोई मौलिकता नहीं होगी और मौलिकता के अभाव में उन्हें कलाकृति की संज्ञा ही कैसे दी जा सकती है? प्रत्येक कलाकृति परम्परा से अनेक बातें प्राप्त करती है किन्तु साथ-ही-साथ परम्परा को नया मोड़ भी देती है और कुछ नवीन बातों का भी उसमें समावेश करती है। परम्परा से कुछ प्राप्त करना और उसको कुछ प्रदान करना—ये दोनों बातें साथ-साथ चलती हैं।

ईलियट के मतानुसार यह भी स्वीकार्य नहीं है कि कविता का उद्देश्य नैतिक शिक्षा देना अथवा आवश्यक रूप से ऐसा कोई अन्य कार्य करना है। वैसे तो कविता के अनेक उपयोग हैं किन्तु किसी एक उपयोग को कविता के लिए आवश्यक बता देना अनुचित है क्योंकि कविता की परिभाषा उसके उपयोगों पर आधारित नहीं की जा सकती। यदि कोई कविता किसी उत्सव को मनाने में उपयोगी होती है अथवा किसी भीड़ का मनोरंजन कर देती है अथवा किसी धार्मिक अनुष्ठान के उपयोग में आ जाती है तो बहुत अच्छी बात है। किन्तु ये उपयोग कविता के लिए गौण है। इनमें से किसी को भी कविता का आवश्यक कर्त्तव्य घोषित नहीं किया जा सकता। यदि कविता अपने कर्त्तव्य की ओर, चाहे वह कुछ भी हो, उपेक्षापूर्ण भाव से देखे तब वह उस कर्त्तव्य को अधिक भली प्रकार सम्पन्न कर देती है।

इससे ऐसा लगता है कि ईलियट ने कविता के कर्त्तव्य का स्पष्टतः निर्धारण नहीं किया। किन्तु ऐसा नहीं हैं। यद्यपि इतना तो सही है कि उन्होंने इस सम्बन्ध में दो-टूक कोई बात नहीं कही किन्तु उनके विवेचन से यह स्पष्ट हो जाता है कि अरस्तू की भाँति उन्होंने भी काव्य को मनोरंजक माना है। यह मनोरंजन श्रेष्ठ कोटि का होना चाहिए। इस सम्बन्ध में मनोरंजन शब्द ही उन्हें अधिक उपयुक्त जँचा क्योंकि किसी और शब्द का प्रयोग करने से सच्ची बात इतनी भी स्पष्ट न होती जितनी इस शब्द से हो गयी है।[84] जितने भी साहित्यकारों ने साहित्य के प्रारम्भ में पदार्पण किया है हो सकता है उनमें से कई ने अपना प्रमुख उद्देश्य नैतिक शिक्षा देना माना हो, किन्तु अधिकांश की दृष्टि पाठक को आनन्द प्रदान करने की ओर ही रही है और जितने अधिक एवं विभिन्न रुचियों वाले पाठकों को उनकी कृतियों ने आनन्दित किया है, अपने कार्य को उन्होंने उतना ही अधिक सफल माना है।

इस प्रकार ईलियट के मतानुसार कलाकृति का वैज्ञानिक विश्लेषण करना तथा उसकी वास्तविकता को ज्ञात करना ही सही समीक्षा है। समीक्षक को निरासक्त भाव से कृति का अध्ययन करना है। उसके व्यक्तिगत विचार काव्यगत विचारों से मेल खाते हों या नहीं उसका जीवन दर्शन काव्यगत जीवन-दर्शन के अनुकूल हो या प्रतिकूल तथा काव्यगत भावनाओं से उसे सहानुभूति हो या नहीं, उसे तो कलाकृति का इस प्रकार से विश्लेषण करना है कि वह रचना के पीछे निहित सिद्धान्त को खोज ले। अरस्तू ने ऐसा ही किया था। उन्होंने उपलब्ध त्रासदियों का विश्लेषण करके उनमें निहित सिद्धान्तों को खोजा और तब बतलाया कि त्रासदी करुणा और त्रास के संवेगों का विरेचन करती है, इसमें जगत् में उपलब्ध व्यक्तियों की अपेक्षा श्रेष्ठतर पात्र होते हैं, इसका नायक वैसे तो श्रेष्ठ आचरण वाला होता है किन्तु अपनी भूल के कारण सम्पत्ति-से-विपत्ति की ओर पतनोन्मुख होता है आदि। साहित्यिक

कृतियों का विश्लेषण करके ऐसे ही तथ्य आज के समीक्षकों को भी खोजने चाहिए। वास्तव में समीक्षा निरासक्त बौद्धिक व्यायाम है। जैसे वनस्पतिविज्ञानवेत्ता अथवा जीवविज्ञानवेत्ता किसी पादप अथवा जीवधारी का अध्ययन करते समय इस बात को विस्मृत कर देता है कि वह पादप अथवा जीवधारी उसे अच्छा लगता है अथवा बुरा, उसके विषय में तथ्यों को खोजने का प्रयत्न करता है, और यदि पादप के प्रति उसके मन में घृणा है, तब भी उसके अंगों की संख्या इतनी ही बताता है जितनी पादप के प्रति प्रेम होने पर बताता, उसी प्रकार समीक्षक को कृति पर खोजपूर्ण दृष्टि रखकर उसमें निहित सिद्धान्तों और तथ्यों को बाहर निकालना चाहिए और इस बात की ओर ध्यान नहीं देना चाहिए कि उसमें निहित दर्शन उसको रुचता है या नहीं। इसके अतिरिक्त जो कोई भी चीज़ समीक्षा के नाम पर लिखी जायेगी वह समीक्षक की किसी ऐसी उत्कट इच्छा को सन्तुष्ट करने के लिए होगी जो अन्य किसी विधि से सन्तुष्ट नहीं हो सकी और निरासक्त तथ्यान्वेषण न कर सकने के कारण 'समीक्षा' कहलाने की अधिकारी नहीं होगी। ऐसी समीक्षा 'स्वतन्त्र सृजन' के अन्तर्गत आयेगी जो अपने आप में ही आकर्षक होगी, किसी और के ऊपर निर्भर रहकर नहीं।

वैसे स्वयं स्रष्टा या कलाकार को अच्छा समीक्षक भी स्वीकार किया जा सकता है क्योंकि उसकी समीक्षा निश्चित रूप से समीक्षा होगी, किसी दबी हुई सिसृक्षा की सन्तुष्टि का साधन नहीं। अन्य व्यक्तियों के साथ ऐसा भी होना सम्भव है और दमन की हुई सिसृक्षा की सन्तुष्टि के लिए लिखी हुई वस्तु अन्य कोई चीज़ हो सकती है, समीक्षा नहीं। दूसरा कारण यह है कि कृति का सृजन करते समय लेखक को काफी समीक्षात्मक कार्य करना पड़ता है। उसे अपनी सामग्री में से आवश्यक बातों को चुनना पड़ता है, उन सबको उपयुक्त रूप में संगठित करना पड़ता है, रचना का रूप देना होता है, उसमें संशोधन करना होता है, अनावश्यक तत्त्व को त्यागना होता है और अन्त में उसकी जाँच करनी पड़ती है। यह सारा कार्य सृजनात्मक होते हुए समीक्षात्मक भी है। कुशल एवं प्रशिक्षित साहित्यकार अपनी कृति की जो समीक्षा करता है वह सर्वोत्तम कोटि की समीक्षा होती है। जो साहित्यकार अन्य साहित्यकारों से श्रेष्ठतर रचनाओं का सृजन कर लेते हैं उसका कारण केवल यही है कि वे श्रेष्ठतर समीक्षक होते हैं। कुछ लोग कह सकते हैं कि अनेक साहित्यकार ऐसे हैं जो समीक्षा के विषय में अनभिज्ञ हैं अथवा अनजाने में ही कला-सृजन कर गये हैं। उनके सम्बन्ध में ईलियट का मत है कि वे अनजाने में ही समीक्षा करते हैं क्योंकि यदि किसी लेखक ने अपनी कृतियों का सृजन स्पष्टतः समीक्षा किये बिना किया है तो इसका यह अर्थ नहीं है कि सृजन से पहले समीक्षा हुई ही नहीं है। सृजन से पहले साहित्यकार को उपयुक्त का चयन करना, अनुपयुक्त को त्यागना आदि प्रक्रियाओं

में होकर गुजरना ही पड़ता है और यही समीक्षा है। इसी कारण किसी भी कृति का सर्वोत्तम समीक्षक स्वयं स्रष्टा ही है।

अव्यक्तिवाद-

पाश्चात्य समीक्षा को ईलियट की सर्वप्रमुख देन उनका अव्यक्तिवाद है। उन्होंने अपने 'परम्परा तथा व्यक्तिगत प्रतिभा' (ट्रेडिशन एण्ड इन्डिविज्चल टेलण्ट) नामक निबन्ध में इस सिद्धान्त का प्रतिपादन किया था। इस सिद्धान्त के अनुसार कवि अपनी कविता में अपने व्यक्तित्व की अभिव्यंजना नहीं करना। उसके पास तो केवल एंक माध्यम होता है जिसमें अनुभूतियाँ तथा प्रभाव एक विशिष्ट तथा अप्रत्याशित रूप से समिश्रित हो जाते हैं। जो अनुभूतियाँ एवं प्रभाव व्यक्ति के लिए महत्त्वपूर्ण हैं, हो सकता है वे कविता में कोई स्थान न पा सकें और जो अनुभूतियाँ तथा प्रभाव कविता में शब्दबद्ध हो गयी हैं, हो सकता है उनका कवि के व्यक्तित्व से नगण्य सम्बन्ध हो।[85] कवि तथा कविता दो अलग चीजें है और कविता जिन भावावेगों, भावनाओं तथा जीवन-दर्शन को उत्तेजित करती है वे कवि भावावेगों, भावनाओं एवं जीवन दर्शन से भिन्न होते हैं। इसका विश्लेषण ईलियट ने निम्नलिखित दो आधारों पर किया है—

1. कवि का भूतकाल से सम्बन्ध तथा,
2. कविता का रचयिता से सम्बन्ध।

कवि का भूतकाल से सम्बन्ध बताते हुए उन्होंने कहा कि भूतकाल मरता नहीं है अपितु वर्तमान में जीवित रहता है। इस भूतकाल अथवा परम्परा से कवि अनेक बातें प्राप्त करता है और उन्हीं को अपनी रचनाओं में स्थान प्रदान करता है। यह बात उस समय अधिक स्पष्ट हो जायेगी जबकि हम खुले मस्तिष्क से किसी साहित्यकार की कृतियों का अध्ययन करें। ऐसा करने पर हमें ज्ञात होगा कि उनमें सर्वोत्तम अंशो में ही नहीं अपितु सर्वाधिक व्यक्तिगत अंशों में भी परम्परा झाँकती मिलेगी और उनमें महान् भूतकालीन कवियों का अमरत्व स्पष्ट झलक रहा होगा।

हिन्दी से उदाहरण लेकर हम इसे स्पष्ट करेंगे। मैथिलीशरण गुप्त का 'साकेत' डॉ. नगेन्द्र के अनुसार हिन्दी के आँचल का रत्न है। इसमें गुप्त जी की व्यक्तिगत देन उर्मिला-विरह वर्णन को बताया जा सकता है। किन्तु एक तो, विरह वर्णन को करना हिन्दी साहित्य में ही नहीं उससे पूर्व अपभ्रंश तथा संस्कृत साहित्यों में भी बहुत अधिक प्रचलित था। इस प्रकार 'विरह वर्णन' के विषय को गुप्त जी ने परम्परा से प्राप्त किया। दूसरे, विरह वर्णन करते समय उर्मिला को जो कुछ कहते हुए, करते हुए, प्रकृति के साथ अपनी दशा की तुलना करते हुए जो वर्णन किया गया है वह सब परम्परा से लिया गया है। विरह की चिन्ता, अभिलाषा, स्मरण, गुण कथन आदि

जो दशाएँ चित्रित की हैं वह सब-कुछ परम्परा से गृहीत हैं। डॉ. नगेन्द्र ने उस वर्णन की बहुत प्रशंसा की है जब उर्मिला लक्ष्मण को वन से अवधि समाप्त होने के पहले ही लौटा हुआ मानकर उसे धिक्कारने लगती है और फिर अपने आपको लक्ष्मण मानकर उर्मिला से बातें करने लगती है। किन्तु क्या यह परम्परा से चली आती हुई प्रथा नहीं है जिसके अनुसार कभी विरहिणी प्रेमी बनकर प्रेमिका के लिए तड़पती है और कभी प्रेमिका बनकर प्रेमी के लिए? ऐसा वर्णन विद्यापति ने भी किया है—

अनुखन माधव-माधव सुमरइत सुन्दरि भेलि मधाई।
ओ निज भाव सुभावहि बिसरल अपने गुन लुबधाई।।
माधव अपरूब तोहर सिनेह।
अपने बिरह अपन तनु जरजर जिबइत भेलि सन्देह।।
भोर हि सहचरि कातर दिठि हेरि छल-छल लोचन पानि।
अनुखन राधा-राधा रटइत आधा-आधा बानि।।
राधा सयँ जब पुनतहि माधव-माधव सयं जब राधा।
दारुन पेम तबहि नहिं टूटत बाढ़त बिरहक बाधा।।
दुहु दिसि दारू-दहन जैसे दगधइ आकुल कीट परान।
ऐसन बल्लभ हेरि सुधामुखि कबि विद्यापति भान।।

इस सबसे यह स्पष्ट है कि अनेक बार कृति में जो भावनाएँ तथा बातें कवि की व्यक्तिगत उद्‌भावनाएँ लगती हैं वे भी परम्परा से गृहीत होती हैं।

किन्तु दूसरी ओर यह भी सत्य है कि उत्कृष्ट कोटि का कवि परम्परा को कुछ नवीन बातें प्रदान करके उसमें कुछ परिवर्तन भी कर देता है और उसे एक नया मोड़ दे देता है। इस प्रकार से यदि एक ओर वह परम्परा से कुछ बातें प्राप्त करता है तो दूसरी ओर उसे कुछ देता भी है। कवि और परम्परा के बीच इस प्रकार का आदान-प्रदान सदैव चलता रहता है। जब कवि परम्परा को कुछ प्रदान करता है, तब वह अपने व्यक्तित्व को स्पष्ट लक्षित करता है पर जब वह परम्परा से कुछ ग्रहण करता है तो अपने व्यक्तित्व का दमन करता है और क्योंकि, जैसा कि हम पहले देख चुके हैं, उसे भूतकाल से लगातार अनेक बातें ग्रहण करनी पड़ती हैं, इसलिए उसे उसी समय अधिक मूल्यवान् के समक्ष समर्पण करना पड़ता है और अपने व्यक्तित्व का दमन करना पड़ता है जिसे एक प्रकार का आत्मबलिदान भी कहा जा सकता है। अतः यह कहना ठीक नहीं है कि साहित्य व्यक्तित्व की अभिव्यक्ति है। साहित्य में तो भूत और वर्तमान मिलकर एक नया यौगिक बन जाते हैं।

सामान्यतः पाठक यह देखने का प्रयत्न करते हैं कि अमुक काव्य-रचना में कौन-कौन सी बातें ऐसी हैं जो पूर्ववर्ती साहित्यकारों की कृतियों में नहीं आ पायीं।

ऐसा करने के कारण ही यह प्रतीत होता है कि साहित्य व्यक्तित्व की अभिव्यक्ति है। पर यदि हम बिना किसी पूर्वाग्रह के किसी कृति का अध्ययन करें तो स्पष्ट हो जायेगा कि कवि के पूर्ण परिपक्व काल की रचनाओं के सर्वश्रेष्ठ तथा सबसे अधिक व्यक्तिगत अंशों में भी भूतकाल कितना अधिक सशक्त है। किन्तु परम्परानुसरण का अर्थ यह नहीं है कि पूर्वगामी लेखकों का अन्धानुकरण किया जाए। ऐसा करना तो निश्चित रूप से हेय है और पुनरावृत्ति की अपेक्षा नवीनता सदैव ग्राह्य है। परम्परा पालन का अर्थ पुराने कवियों के कथ्यों की पुनरावृत्ति करना नहीं है। इसका तो बड़ा व्यापक अर्थ है और इसे ग्रहण करने के लिए महान् श्रम की आवश्यकता है। इसके लिए सर्वप्रथम आवश्यकता है इतिहास को उचित रूपेण देख सकने वाली दृष्टि की जिसका अर्थ है भूतकाल के भूतकालीन एवं वर्तमान कालीन तत्त्वों को पृथक्-पृथक् पहचानने की सामर्थ्य। इसी के आधार पर साहित्यकार अपने देश की साहित्यिक परम्परा को पहचान सकता है और सामयिक एवं शाश्वत अंशों को पृथक्-पृथक् तथा एक साथ दोनों प्रकार से देख सकता है। इसी से उसका सम्बन्ध परम्परा से जुड़ता है और वह यह भी जान सकता है कि उसका अपने देश के साहित्य में क्या स्थान है। परम्परा से अलग करके किसी भी साहित्यकार के सही महत्त्व एवं मूल्य को समझना सम्भव नहीं है। उसका सही मूल्य जानने के लिए तो यह आवश्यक है कि उसे भूतकालीन कवियों के बीच से रखकर देखा जाये। उदाहरणार्थ हम जयशंकर प्रसाद का सही मूल्यांकन तब तक नहीं कर सकते जब तक उन्हें भक्तिकालीन, रीतिकालीन, गद्यकालीन हिन्दी कवियों और साथ-ही-साथ संस्कृत के कवियों के बीच में रखकर न देखें। प्रत्येक नवीन साहित्यिक रचना का प्रभाव भूतकालीन रचनाओं पर पड़ता है क्योंकि ये रचनाएँ पहले एक व्यवस्थित क्रम में बँधी हुई रहती हैं और प्रत्येक नवीन रचना के आने पर उस क्रम में कुछ-न-कुछ उलट-फेर अवश्य होता है और उन्हें नये क्रम से व्यवस्थित होना पड़ता है। इस प्रकार वर्तमान भूत को इतना प्रभावित करता भी है जितना उससे प्रभावित होता है। अतः यह पूर्णतः स्वाभाविक है कि प्रत्येक कृति का मूल्यांकन करते समय पूर्वगामी कृतियों से उसकी तुलना की जाये। मूल्यांकन करने का अर्थ यह नहीं है कि हम इसे कुछ कृतियों से श्रेष्ठतर तथा कुछ अन्य कृतियों से हीनतर बतलाने का प्रयास करें। इसका मूल्य तो केवल इस बात से जाना जा सकेगा कि यह परम्परा में कहाँ तक फिट बैठती है। किन्तु इस सम्बन्ध में निर्णय देने में बड़ी सावधानी बरतनी चाहिए क्योंकि हममे से कोई भी व्यक्ति ऐसा नहीं है जो कभी न कभी भूल न कर बैठता हो।

कवि को साहित्य की मुख्य धारा का अवश्य ध्यान रखना चाहिए तथा इस बात को भी नहीं भूलना चाहिए कि कला विकसित नहीं होती परन्तु कला-सामग्री सदैव

एक जैसी नहीं रहती। विज्ञान के क्षेत्र में निरन्तर विकास होता है और प्रत्येक नया वैज्ञानिक अपने पूर्वगामी वैज्ञानिक के द्वारा किये गये कार्य से आगे का कार्य करता है, जितना पहला वैज्ञानिक कर चुका है, उसकी पुनरावृत्ति नहीं करता। यदि पहले वैज्ञानिक ने भाप की शक्ति का आविष्कार करने के पश्चात् एक-एक छोटा-सा इंजिन बना दिया है तो अगला वैज्ञानिक उससे आगे के कार्य करेगा तथा और अधिक शक्तिमान् इंजिन बनाने का प्रयत्न करेगा, यह नहीं कि पुनः भाप की शक्ति का आविष्कार करें। किन्तु कला जगत् में ऐसा नहीं होता। यहाँ तो प्रत्येक कलाकार धरातल से ही अपना कार्य आरम्भ करता है और अपने पूर्वगामी कलाकार की ऊँचाई से अधिक ऊँचा भी जा सकता है और ऐसा भी हो सकता है कि उससे बहुत नीचे रह जाये। अतः आवश्यकता इस बात की है कि कलाकार पूर्वरचित साहित्य की ओर अवश्य ध्यान दे और यह ध्यान निरन्तर विकसित होता रहे। उसे परम्परा के सम्मुख आत्मसमर्पण करना पड़ता है। ऐसा करने में उसे अपने व्यक्तित्व का हनन और सतत आत्मबलिदान करना पड़ता है।

इसके पश्चात् ईलियट ने इस प्रश्न को लिया कि कवि के साथ कविता का क्या सम्बन्ध है क्योंकि उचित समीक्षा वही होती है जो कविता पर केन्द्रित हो, कवि पर नहीं। कवि की महानता का कारण यह नहीं है कि वह अपने व्यक्तित्व की अभिव्यक्ति कविता में करता है अथवा किसी नौसिखिये कवि की अपेक्षा अधिक मनोरंजक बातें उसके पास कहने को हैं। वह तो केवल इस कारण से महान् है कि उसके पास एक ऐसा मस्तिष्क है जिसमें विभिन्न भावनाएँ मिलकर एक नवीन रूप धारण कर लेती हैं। यह आवश्यक नहीं है कि ये भावनाएँ उसकी अपनी ही हों। दूसरों की भावनाओं का भी वह खूब अच्छी प्रकार उपयोग कर सकता है। उसका मस्तिष्क तो उन भावनाओं को मिश्रित करके नया रूप देनेवाला साधनमात्र है। वह उनसे प्रभावित कतई नहीं होता। ऐसा भी हो सकता है कि मस्तिष्क स्वयं कवि की अनुभूतियों का भी आंशिक इस्तेमाल कर ले। परन्तु कलाकार जितना अधिक सफल होगा, उसके व्यक्तित्व और सृजनात्मक मस्तिष्क उतने ही अधिक पृथक् होंगे और तभी मस्तिष्क भावावेगों को अपने अन्दर पचाकर नया रूप देने में अधिक समर्थ होगा।[86] कवि तो एक ऐसे पदार्थ की भाँति है जो अन्य पदार्थों में रासायनिक परिवर्तन कर देता है किन्तु स्वयं बिलकुल भी प्रभावित नहीं होता। वह जिन अनुभूतियों को नया रूप देकर काव्य सृजन करता है वे दो प्रकार की होती हैं—भावनाएँ तथा मनोवेग। कवि का मस्तिष्क एक पात्र की भाँति होता है जो विभिन्न मनोवेगों, भावनाओं, बिम्बों और वाक्यांशों को ग्रहण करके संजोता रहता है और ये सब वहाँ तब तक रहे आते हैं जब तक कि वे परस्पर मिलकर एक नया

रूप पा सकने योग्य न हो जायें। यह मिश्रण करने की प्रक्रिया ही सृजनात्मक प्रक्रिया कहलाती है। कला की महानता इस बात पर निर्भर नहीं होती कि उसमें चित्रित मनोवेग कितने प्रबल हैं अपितु इस बात पर निर्भर करती है कि सृजनात्मक प्रक्रिया (अर्थात् विभिन्न मनोवेगों और भावनाओं का समन्वय करनेवाला दबाव) कितनी प्रबल है। उदाहरणार्थ जयशंकर प्रसाद का 'चन्द्रगुप्त' नाटक इस कारण महान् नहीं है कि उसमें चित्रित ऐतिहासिक घटनाएँ प्रबल मनोवेगों पर आधारित हैं। इसकी महानता का कारण यही है कि विभिन्न भावनाओं एवं मनोवेगों का समुचित समन्वय करके उन्हें इसमें शब्दबद्ध किया गया है।

कवि की महत्ता उसके व्यक्तिगत मनोवगों अथवा उसके जीवन की किन्हीं घटनाओं से जाग्रत मनोवेगों के कारण नहीं है। उसके अपने मनोवेग तो चाहे महत्त्वहीन और भौंड़े भी हों परन्तु उसकी रचनाओं में शब्दबद्ध मनोवेगों के आधार पर ही उसकी श्रेष्ठता की जाँच की जायेगी। कवि को नये मनोवेगों की खोज में संलग्न नहीं रहना चाहिए अपितु सामान्य मनोवेगों को ही उपयोग में लाना चाहिए। जो भावनाएँ उसके हृदय में कभी नहीं आयीं तथा जिन मनोवेगों का उसके व्यक्तित्व से बिलकुल भी सम्बन्ध नहीं है उनको भी वह काव्यसृजन में इसी प्रकार उपयोग में ला सकता है, जैसे स्वयं अपने मनोवेगों और भावनाओं को। कविता में व्यक्तित्व तथा व्यक्तिगत मनोवेगों की अभिव्यक्ति नहीं होती अपितु उनसे पलायन होता है। किन्तु जिनके पास मनोवेग तथा व्यक्तित्व हैं वे ही उचित रूपेण समझ सकते हैं कि इनसे पलायन करने का क्या अर्थ है।[87] अतः कलागत मनोवेग व्यक्तिगत मनोवेगों से भिन्न हैं और वे कविता में ही जीवित रहते हैं, कवि के जीवन में नहीं। अतः सही समीक्षा वही होगी जो कविता का अध्ययन एवं विश्लेषण करे, कवि का नहीं।

वस्तुगत समीकरण का सिद्धान्त-

इस सिद्धान्त का प्रतिपादन श्री ईलियट ने अपने '*हेमलिट* तथा उसकी समस्यायें' नामक निबन्ध में इस प्रश्न पर विचार करते समय किया कि मनोवेग को कविता में किस भाँति सर्वश्रेष्ठ रूप से अभिव्यक्त किया जाता है। मनोवेग तो अमूर्त होता है और इसे कवि के मस्तिष्क से पाठक के मस्तिष्क तक बिना मूर्त रूप दिये नहीं पहुँचाया जा सकता। इसे मूर्त रूप देने के लिए कवि इसे किसी ऐसे व्यक्ति, पदार्थ या घटनाक्रम का रूप दे देता है जो उस मनोवेग को पाठक के मन में भी जाग्रत कर दें। इस प्रकार अमूर्त संवेग का वस्तुगत रूप ही वस्तुगत समीकरण कहलाता है।[88] उदाहरणार्थ जयशंकर प्रसाद जी अपने 'स्कन्दगुप्त' नाम नाटक में रामा की विक्षिप्तावस्था (जब उसके पुत्र हूणों द्वारा मार दिये जाते हैं) दिखलाने के लिए उसके

द्वारा आत्मीय जनों से भी कहलवाते हैं, "तू क्या लेगा? मेरी सूखी हड्डियाँ?" इसी नाटक में रामा की रानी-भक्ति दिखलाने के लिए प्रसाद जी उसके द्वारा शर्वनाग को 'गोबर-गणेश' 'पिशाच' आदि शब्दों से सम्बोधित करवाते हैं और देवकी की रक्षा के लिए उसे अनेक चेष्टायें एवं प्रयत्न करते हुए दिखलाते हैं। महाकवि बिहारी ने भी गोपियों के कृष्ण प्रेम को मूर्त रूप देने के लिए एक परिस्थिति चित्रित की है जिसमें अनेक चेष्टाओं का वर्णन किया गया है—

बतरस लालच लाल की मुरली धरी लुकाय।
सौंह कहें, भौंहन हँसें, दैन कहें, नटि जायें।।

इन तीनों उदाहरणों में मनोवेग को ऐसा वस्तु रूप दे दिया गया है कि उसे आँखों से देखा भी जा सकता है और परिस्थिति, पदार्थ तथा घटनाक्रम में बाँधकर उसका पाठक तक सम्प्रेषण किया गया है।

यह 'वस्तुगत समीकरण' सिद्धान्त पाश्चात्य जगत् में इतना अधिक प्रचलित हुआ जितनी शायद ईलियट को कभी आशा भी नहीं थी। यह सिद्धान्त कृति की महत्ता को बढ़ा देता है क्योंकि कवि मनोवेग का सम्प्रेषण करने के लिए उसे किसी वस्तु, परिस्थिति अथवा घटनाक्रम का रूप दे देता है और यही रूप कविता होती है। काव्यगत मनोवेग तो सामान्य ही होते हैं, कवि के व्यक्तित्व से सम्बन्धित नहीं होते। अतः कविता की श्रेष्ठता कवि के मनोवेग की प्रबलता पर निर्भर न होकर उसके इस कौशल पर निर्भर होती है कि वह उस मनोवेग को कैसा वस्तुगत रूप देता है। अतः समीक्षक का सम्बन्ध तो इस वस्तुगत रूप से है। पाठक के मन में भी जो कुछ प्रतिक्रिया होती है वह भी इसी वस्तुगत रूप के कारण होती है और इसी के आधार पर हम यह निष्कर्ष निकाल सकते हैं कि कवि क्या कहना चाहता है। इस सिद्धान्त को और अच्छी प्रकार समझने के लिए कहा जा सकता है कि काव्य सृजन चीनी भाषा के समान है जिसमें ध्वनि सूचक अक्षर नहीं लिखे जाते अपितु बात को मूर्त रूप दे दिया जाता है। उदाहरणार्थ 'आदमी घोड़े को देखता है' ऐसा लिखने के लिए पहले आदमी का चित्र सा चिह्न बनाया जायेगा, 'देखने' के भाव को लिखने के लिए आँख का चित्र बनाया जायेगा और आगे 'घोड़े' के चित्र जैसा चिह्न अंकित कर दिया जायेगा अर्थात् वहाँ कथ्य को मूर्तरूप दे दिया जाता है। उसी प्रकार ईलियट के अनुसार कविता में मनोवेग को घटनाक्रम अथवा वस्तु के द्वारा मनोभाव को ऐसा मूर्त रूप दे दिया जाता है कि उससे वह मनोभाव व्यंजित हो जाय।

यह सिद्धान्त ईलियट ने 'प्रतीकवाद' से लिया था। प्रतीकवादियों ने भी यह प्रतिपादित किया था कि मनोवेगों को सीधे तरीके से कविता में अभिव्यक्त नहीं

किया जा सकता, उन्हें तो रंग, बिम्ब, दृश्य, घटना आदि का एक विशेष प्रकार का वर्णन करके व्यंजित किया जा सकता है। मलार्मे ने कहा था कि कविता शब्दों से बनी होती है, विचारों से नहीं। उन्होंने इस बात का अध्ययन किया कि शब्दों में मनोवेगों को व्यंजित करने की क्या शक्ति होती है। एजरा पाउण्ड नामक समीक्षक ने भी प्रतीकवादियों के इस सिद्धान्त को स्वीकार करके यह माना कि किसी बात को सीधे न कहकर उसे व्यंजित करना चाहिए।

आचार्य आनन्दवर्द्धन तथा ध्वनि सिद्धान्त के अन्य समर्थकों ने ईलियट से बहुत पहले इस सिद्धान्त का प्रतिपादन किया था कि कविता में वर्णित घटनाओं से रस, अलंकार तथा वस्तु ध्वनित होती हैं। आचार्य अभिनवगुप्त के अनुसार विभाव, अनुभाव तथा संचारी भावों से रस व्यंजित ही होता है। उदाहरणार्थ बिहारी के-

मैं मिसिहा सोयो समुझि मुँह चूम्यौ ढिग जाय।
हंस्यों, खिसानी, कर गह्यौ, रही गरे लपटाय।।

में रूठी हुई नायिका नायक को सोया समझकर उसके पास जाती है और उसके मुख को चूम लेती है। इस पर सोने का बहाना किये हुए लेटा हुआ नायक हँसता है, नायिका झैंप जाती है और नायक उसे आलिंगन पाश में बाँध लेता है। इस सारे वर्णन से शृंगार रस ध्वनित होता है। यहाँ रति भाव को नायक और नायिका के व्यापारों एवं चेष्टाओं का वस्तुगत रूप दे दिया गया है (अतः हो सकता है पाश्चात्य जगत् में यह सिद्धान्त भारत से ही गया हो)।

ईलियट के इस सिद्धान्त में कवि-कौशल तथा शिल्पपक्ष को अधिक महत्त्व दिया गया है। इस दृष्टि से भी ईलियट को रोमांसवाद का विरोधी कहा जा सकता है क्योंकि रोमाण्टिक साहित्यकार शिल्प पक्ष को महत्त्वपूर्ण नहीं मानते। दूसरी ओर वे रोमाण्टिकता के भी काफी निकट आ जाते हैं क्योंकि उनकी यह मान्यता है कि कविता का अपना अलग जीवन होता है और यह जिन मनोवेगों को पाठक के मन में जाग्रत करती है वे कवि के मनोवेगों से भिन्न होते हैं।[89] इस आधार पर कवि एक ऐसा व्यक्ति हो गया जो मशीन की भाँति अपने संवेगों और बौद्धिक प्रतिक्रियाओं की ओर उदासीन होकर कार्य करता है या अपने दिमाग को इस्तेमाल नहीं कर पाता। ऐसा ही रोमाण्टिक कवि करता है जो दैवी प्रेरणा का यंत्र मात्र होता है और प्रेरणा ही उससे काव्य-सृजन कराती है।

एक समीक्षक ने ईलियट के इस मत में दो और दोष भी खोजे हैं। ईलियट के अनुसार पहले कवि के पास कोई मनोवेग होता है और फिर वह उसे वस्तुगत रूप देता है। किन्तु ये समीक्षक महोदय इस बात से सहमत नहीं हैं। इनके अनुसार कवि

तो कृति की रचना करते समय सृजन-प्रक्रिया में उस मनोवेग को खोजता है अर्थात् जब वह उस मनोवेग को शब्दों का रूप देता है, तब उसे उस मनोवेग का सही ज्ञान होता है पहले से नहीं। उदाहरणार्थ, एक भिक्षुक को देखकर व्यक्ति के मन में बेचैनी सी होती है। उस समय उसे यह सही रूप से ज्ञात नहीं होता कि यह किस प्रकार की बेचैनी है। किन्तु जब वह इसे शब्द-रूप दे देता है तब उसे ज्ञात होता है कि यह करुणा का मनोवेग उसके मन में है। दूसरे, ईलियट के इस विवेचन में यह भी निहित है कि मनोवेग का पाठक तक सम्प्रेषण हो जाता है। इन समीक्षक महोदय के अनुसार यह भी सही नहीं है। पाठक किसी भी संवेग को उसी रूप में कभी भी भावित नहीं कर सकता जिस रूप में उसे कवि ने भावित किया है। कविता में वह मनोवेग पूरा-का-पूरा अभिव्यक्त नहीं हो पाता और साथ-ही-साथ उस मनोवेग के अतिरिक्त भी अनेक बातें कविता में शब्दबद्ध होती हैं। पाठक इन अन्य बातों में भी रुचि लेता है। अतः जब कोई मनोवेग कविता में पूर्णरूपेण अभिव्यक्त नहीं हो सका, क्योंकि शब्द मनोवेग को पूर्णरूपेण अभिव्यक्त करने में सदैव अक्षम रहते हैं, और उस मनोवेग के अतिरिक्त कविता में चित्रित अन्य बातें भी पाठक का ध्यान आकर्षित करती हैं तो यह कैसे स्वीकार किया जाये कि कवि के मनोवेग का पाठक तक सम्प्रेषण हो जाता है?

बौद्धिक एवं भावनात्मक तत्त्वों का एकीकरण-

अपने 'आत्मज्ञान विषयक कविगण' (मैटाफ़िजीकल पोइट्स) नामक निबन्ध में ईलियट ने एक और वाक्यांश का प्रयोग किया है। यह वाक्यांश है—'बौद्धिक एवं भावनात्मक तत्त्वों का पृथकत्व'। इसको ईलियट ने कविता का एक दोष माना है। श्रेष्ठ कविता में बौद्धिक एवं भावनात्मक तत्त्वों का एकीकरण किया जाता है, पृथकीकरण नहीं। इस सिद्धान्त के अनुसार कवि बौद्धिकतत्त्व का इन्द्रिय-संवेदन कर लेता है और उसे पुनर्सृजन करके भावना का रूप दे देता है।[90]

जब कवि ऐसा करने में सफल हो जाता है तब श्रेष्ठ कविता का सृजन होता है। बौद्धिक विचारों को, ऐसी कविता में, भावनाओं का रूप दे दिया जाता है जिससे कि वे पाठक के हृदय में प्रवेश कर जाते हैं। कवि का कार्य केवल इतना ही नहीं है कि वह विचारों का पद्यीकरण कर दे। उसका कार्य तो विचारों को भावनाओं अथवा संवेदनों में परिवर्तित कर देना है। हो सकता है कवि के पास अत्यन्त महान् विचार हो परन्तु जब तक वह उन्हें भावनाओं का रूप देकर प्रकट नहीं कर पाता, तब तक वह श्रेष्ठ कविता का सृजन नहीं कर सकता। जब कवि विचारों को भावनाओं का रूप नहीं दे पाता तो उसका परिणाम यह होता है कि कविता निम्न कोटि की होती है।

हिन्दी से कबीर का उदाहरण लेकर इसे स्पष्ट किया जा सकता है। कबीर के चिन्तन के अनुसार जीवात्मा परमात्मा का एक अंश है और पुनः परमात्मा में ही मिलने के लिए आकुल रहती है। इस दर्शन को कबीर ने हृदयरूपी क्रूसिबिल में डालकर भावना का रूप दे दिया है और परमात्मा एवं आत्मा को प्रेमी एवं प्रेमिका का रूप दे दिया है–

आँखड़ियाँ झाँईं पड़ी पंथ निहार निहार।
जीहड़िया छाला पड़्या नाम पुकार पुकार।।

ऐसा करने से यह अत्यन्त श्रेष्ठ रचना हो गयी है। यदि यहाँ बौद्धिक चिन्तन को यथावत रख दिया जाता तो वह अत्यन्त हीन कोटि की रचना होती। इसी प्रकार जयशंकर प्रसाद ने अपने बौद्धिक चिन्तन को भावनाओं में परिवर्तित करके 'कामायनी' में स्थान दिया है। इसी कारण वह श्रेष्ठ काव्यान्तर्गत स्थान पा सकी है।

मूल्यांकन-

उपर्युक्त विवेचन से स्पष्ट है कि ईलियट ने शास्त्रवाद को स्वीकार किया किन्तु उसके दोषों से अपने-आपको अछूता रखा। बहुधा शास्त्रवादी समीक्षक नियमों को अनुल्लंघनीय मानते हैं और उन्हीं को निश्चित फार्मूला मानकर सारे साहित्य का मूल्यांकन करने लगते हैं किन्तु ईलियट ने शास्त्रवादी होते हुए भी कहा कि 'मृत' नियमों के आधार पर किसी कृति का मूल्यांकन करना वांछनीय नहीं है। समीक्षक को उन्होंने अरस्तू जैसा वैज्ञानिक विश्लेषक देखना चाहा जो कृति में से तथ्य ढूँढें। इस दृष्टि से वे अरस्तू के अधिक निकट हैं, अरस्तू के समर्थकों के नहीं जिन्होंने अरस्तू के कथनों को ईश्वरीय आज्ञा में परिवर्तित कर दिया था।

काव्य के कर्त्तव्य के विषय में भी ईलियट ने बड़ी समुचित बातें कही हैं। वास्तव में काव्य का कर्त्तव्य उच्चतर मनोरंजन प्रदान करना है। यह उच्चतर मनोरंजन भारतीय 'रस' के काफी निकट है। उन्होंने काव्य का कर्त्तव्य साधारण स्तर का मनोरंजन नहीं माना, वरन फिर तो मसखरों और भाड़ों की उछल-कूद और भौंड़ी मज़ाक ही काव्य कहलाने लगती। 'उच्चतर मनोरंजन' का प्रयोग करते हुए भी उन्होंने कहा था कि उन्हें अपनी बात को अभिव्यक्त करने के लिए इससे और अच्छे शब्द नहीं मिल पा रहे थे। इससे यह और भी स्पष्ट हो जाता है कि उनका अभिप्राय शायद 'रस' से बहुत अधिक दूर के किसी भाव से नहीं था। इसी प्रकार उनका वस्तुगत समीकरण का सिद्धान्त भारतीय ध्वनि सिद्धान्त के कितना निकट है यह हम पहले बता ही चुके हैं।

इलियट ने 'परम्परा' को मूल्यवान् सिद्ध करने के लिए एक मौलिक चिन्तन प्रदान किया। बहुधा 'परम्परागत' विशेषण का प्रयोग किसी बात को हेय घोषित करने के लिए किया जाता है। किन्तु ईलियट ने सिद्ध कर दिखाया कि 'परम्परा' मृत नहीं जीवित होती है और प्रत्येक नयी कला-कृति इससे प्रभावित होती है तथा इसे प्रभावित भी करती है। कृति के सर्वाधिक व्यक्तिगत अंशों में भी परम्परा के स्पष्ट दर्शन किये जा सकते हैं। इस 'अव्यक्तिवाद' के अतिरिक्त 'व्यक्तिगत समीकरण' तथा 'चिन्तन एवं भावनाओं का एकीकरण' भी ईलियट की मौलिक देन हैं। उन्होंने कविता एवं समीक्षा को प्रभाववाद के चंगुल से छुड़ाया और उन्हें सुदृढ़ चिन्तन की भित्ति पर आधारित किया।

किन्तु इस मत को पूर्णतः समीचीन मानना सम्भव नहीं है। यह कैसे स्वीकार किया जा सकता है कि कविता में व्यक्तित्व की अभिव्यक्ति नहीं होती? क्या 'निराला' की निम्नलिखित पंक्तियों में व्यक्तित्व की अभिव्यक्ति नहीं है?

"मैं अकेला,
देखता हूँ आ रही मेरे दिवस की सान्ध्य बेला।
पके आधे बाल मेरे,
हुए निष्प्रभ गाल मेरे,
हट रहा मेला।

क्या तुलसीदास के रामचरितमानस में कवि का व्यक्तित्व बिलकुल अभिव्यक्त नहीं हुआ? हाँ, इतना अवश्य स्वीकार किया जा सकता है कि कलाकृति में कोरे व्यक्तित्व की ही अभिव्यक्ति नहीं होती, 'परम्परा' का भी अत्यन्त महत्त्वपूर्ण स्थान होता है। अतः जैसे कविता को पूर्णतया व्यक्तित्व की अभिव्यक्ति मानना एक अतिवाद है उसी प्रकार कृति में व्यक्तित्व की अभिव्यक्ति कतई न मानना दूसरा अतिवाद है। बाद में स्वयं ईलियट ने अपने इस सिद्धान्त में संशोधन किया था। यदि हम ईलियट की कविताओं का अध्ययन करें तो ज्ञात होगा कि प्रारम्भ में उनमें व्यक्ति-निरपेक्षता के दर्शन होते हैं तथा बाद में व्यक्ति सापेक्षता बढ़ती चली गयी है।

इसके अतिरिक्त कहा जाता है कि ईलियट पूर्णरूपेण शास्त्रवादी या परम्परावादी नहीं थे। उन्होंने कविता को स्वतंत्र जीवन प्रदान करके कवि को ऐसी मशीन बना दिया जो कविता रूपी पक्का माल का निर्माण करते समय अपनी भावनाओं और संवेगों को उसमें कोई स्थान प्रदान नहीं कर पाता।[91] ऐसा मान लेने पर कवि अपनी कविताओं के लिए स्वयं उत्तरदायी नहीं रहता। ऐसा विचार कविता के लिए हानिकारक है। कविता तभी श्रेष्ठ होगी जबकि उस पर कवि का पूर्ण वश होगा और

कवि उसके प्रत्येक शब्द के लिए स्वयं को उत्तरदायी मानेगा। मनोवेगों और भावनाओं को मूर्त रूप दे देना ही काफी नहीं है, काव्य-सृजन का कोई उद्‌देश्य भी होना चाहिए। यदि कविता में केवल मनोवेगों और भावनाओं को मूर्त रूप ही दे दिया गया हो और कविता उद्‌देश्यहीन हो तो वह निरर्थक होगी। ईलियट ने इतना तो स्वीकार कर भी लिया कि कविता किसी उद्‌देश्य की पूर्ति करे किन्तु कवि को जान-बूझकर किसी उद्‌देश्य को कविता में स्थान नहीं देना चाहिए।[92]

टिप्पणियाँ एवं सन्दर्भ

1. "I am bound by my own definition of criticism: a disinterested endeavour to learn and propagate the best that is known and thought in the world." —M. Arnold.
2. "That critics are like brushers of nobleman's clothes." Sir Henry Wotton.
3. "Ill writers are usually the Sharpest Censors... the corruption of a Poet is the Generation of a Critic: I mean of a Critic in the general acceptation of this Age; for formerly they were quite another Species of Men. They were de fenders of Poets and commentators on their works: to Illustrate obscure beauties; to place some passages in a better light; to redeem others from malicious interpretations; to help out an Author's Modesty, who is not ostentatious of his wit; and in short, to shield him from the Ill-nature of those Fellows, who... now take upon themselves the Venerable name of Censors."—John Dryden, 1697.
4. "A man must serve his time of every trade
   Save censure... critics all are ready made."—Byron.
5. "Reviewers are usually people who would have been poets, historians, biographers and c. if they could; they have tried their talents at one or the other, and have failed; therefore they turn critics."—Coleriddtge.
   "You know who the critics are? The men who have failed in literature and art."
   Benjamin Disraeli
6. "The good critic is he who relates the adventures of his soul among masterpieces." —Anatole France.
7. "We must grant the artist his subject, his idea, his donne': our criticism is applied only to what he makes of it." Henry James.
8. Poetry in not the thing said but a way of saying it.
9. "He was not of an age but for all time." Ben Jonson.
10. "If Pope be not a poet, where is poetry to be found?" S. Johnson.
11. "....all things flow and nothing abides." Heraclitus

12. "Pray, tell me on what particular ground a poet should claim admiration." 'Frogs' – Aristophanes
13. "If his art is true, and his counsel sound; and if he brings help to the nation By making men better in some respect." 'Frogs'-Aristophanes.
14. "I put things on the stage that come from daily life and business."
15. "Oh, let us at least use the language of men."
16. "And now we may fairly take him and place him by the side of the painter, for he is like him in two ways: first in as much as his creations have an inferior degree of truth in this, I say, he is like him; and he is also like him in being concerned with an inferior part of the soul; and therefore we shall be right in refusing to admit him into a well-ordered State, because he awakens and nourishes and strengthens the feelings and impairs the reason. As in a city when the evil are permitted to have authority and the good are put out of the way, so in the soul of man as we maintain, the imitative poet implants an evil constitution, for he indulges the irrational nature which has no discernment of greater and less, but thinks the same thing at one time great and at another small—he is a manufacturer of images and is very far removed from the truth." – *Republic* Book X
17. "We are ready to acknowledge that Homer is the greatest of poets and first of tragedy writers; but we must remain firm in our conviction that hymns to the gods and praises of famous men are the only poetry which ought to be admitted into our state. For if you go beyond this and allow the honeyed muse to enter, either in epic or lyric verse, nor law and the reason of mankind, which by common consent have been deemed best, but pleasure and pain will be the rulers in our State."— Ibid.
18. "The third kind is the madness of those who are possessed by the Muses; this enters into a delicate and virgin soul, and there inspiring frenzy, awakens lyrical and other numbers; with these adorning the myriad actions of ancient heroes for the instruction of posterity." —Phaedrus
19. "The Muse first of all, inspires men herself... for all good poets, epic as well as lyric, compose their beautiful poems not by art but because they are inspired and possessed. And as the Corybantian revellers when they dance are not in their right mind, so the lyric poets are not in their right mind when they are composing their beautiful strains... For the poet is a light and winged and holy thing, and there is no invention in him until he has been inspired and is out of his senses, and the mind is no longer in him; when he has not attained to this state, he is powerless and is unable to utter his oracles."—Ion.
20. "Few persons ever reflect, as I should imagine, that from the evil of other men something of evil is communicated to themselves. And so the feeling of sorrow which has gathered strength at the sight of the misfortunes of others

is with difficulty repressed in our own... And does not the same hold also of the ridiculous?"—*Republic* Book X

21. "And the same may be be said of lust and anger and all the other affections, of desire and pain and pleasure, which are held to be inseparable from every action—in all of them poetry feeds and waters the pasions instead of drying them up; she lets them rule, although they ought to be controlled if mankind are ever to increase in happiness and virtue."—Ibid.
22. "...Hey give us to understand that many evil livers are happy and many righteous people unhappy; and that wrong-doing, if it be undetected, is profitable, while honest dealing is beneficial to one's neighbour and damaging to one's self ." —Ibid
23. "We must look for artis's who are able out of the goodness of their own natures to trace the nature of beauty and perfection, so that our young men, like persons who live in a healthy place, may be perpetually influenced for good."—Ibid.
24. "There are jests which you would be ashamed to make yourself, and yet on the comic stage, or indeed in private, when you hear them, you are greatly amused by them, and are not at all disgusted at their unseemliness;... there is a principle in human nature which is disposed to raise a laugh, and this which you once restrained by reason, because you were afraid of being thought a buffoon, is now let out again; and having stimulated the visible faculty at the theatre, you are betrayed unconsciously to yourself into playing the comic poet at home."—*Republic* Book X
25. The poet's eye, in a fine frenzy rolling,
    Doth glance from heaven to earth, from earth to heaven;
    And as imagination bodies forth
    The forms of things unknown, the poet's pen
    Turns them to shape and gives to airy nothing
    A local habitation and a name."—*A Mid Summer Night's Dream.*
26. "It is not enough that Aristotle has said so, for Aristotle drew his models of tragedy from Sophocles and Euripides: and if he had seen ours, he might have changed his mind."—Dryden
27. "Of comedy we will speak hereafter."—*Poetics*
28. "We will explain it (catharsis) more clearly in our Treatise on Poetry." Ibid
29. "There is no common term we could apply to the mimes of Sophron and Xenarchus and the Socratic dialogues on the one hand; and, on the other, to poetic imitations in iambic, elegioc, or any similar meter. People do, indeed, add the word 'maker' or 'poet' to the name of the metre, and speak of elegiac poets, or epic poets, as if it were not the imitation that makes the poet, but the verse that entitles them all indiscriminately to the name. Even when a

treatise on medicine or natural science is brought out in verse, the author is usually called a poet; and yet Homer and Empedocles have nothing in common but the metre, so that it would be right to call the one poet, the other physicist rather than poet."—'Poetics'

30. "It is not the function of the poet to relate what has happened, but what may happen, - what is possible according to the law of probability or necessity. The poet and the historian differ not by writing in prose or verse... The true difference is that one relates what has happened, the other what may happen. Poetry, therefore, is more philosophical and a higher thing than history: for poetry tends to express the universal, history the particular. By the universal I mean how a person of a certain type will on occasion speak or act according to the law of probability or necessity."— 'Poetics'

31. "... each art ought to produce, not any chance pleasure, but the pleasure proper to it."—'Poetics'

32. "The graver spirits imitated noble actions and the actions of good men. The more trivial sort imitated the actions of meaner persons, at first composing satires, as the former did hymns to the gods and the praises of famous men."
—'Poetics'

33. "Tragedy is an imitation of an action that is serious, complete, and of a certain magnitude; in language embellished with each kind of artistic ornament, the several kinds being found in separate parts of the play; in the form of action, not of narrative; through pity and fear effecting the proper purgation of these emotions."—'Poetics'

34. The most important of the six is the combination of the incidents of the story. Tragedy is essentially an imitation not of persons but of action and life, of happiness and misery. All human happiness or misery takes the form of action; the end for which we live is a certain kind of activity, not a quality. Character gives us qualities, but it is in our actions—what we do—that we are happy or the reverse. In a play accordingly they do not act in order to portray the charactrs. They include the characters for the sake of action. So that it is the action in it i.e. its Fable or Plot, that is the end and purpose of the tragedy; and the end is everywhere the chief thing. Besides this, a tragedy is impossible without action, but there may be one without character."
—'Poetics'

35. "We maintain, therefore, that the first essential, the life and soul, so to speak, of tagedy is the plot; and that the characters come second ...We maintain that tragedy is primarily an imitation of action, and that it is mainly for the sake of the action that it imitates the personal agents."—Ibid

36. "Third comes the element of Thought i.e. the power of saying whatever can be said, or what is appropriate to the occation ...Thought, on the other hand,

is shown in all they say when proving or disproving some particular point, or enunciating some universal proposition." —Ibid.

37. "The tragic effect is quite possible without a public performance and actors; and besides, the getting up of the spectacle is more a matter for the costumier than the poet."—Ibid.

38. "The unity of plot does not consist, as some suppose, in its having one man as its subject. An infinity of things befall that one man, some which it is impossible to reduce to unity; and in like manner there are many actions of one man which cannot be made to form one action...,The truth is that, just as in the other imitative arts one imitation is always of one thing, so in poetry the story, as an imitation of action, must represent one action, a complete whole, with its several incidents so closely connected that the transposal or withdrawal of any one of them will disjoin and dislocate the whole. For that which makes no perceptible difference by its presence or absence is not real part of the whole."—Ibid.

39. "Tragedy endeavours, as far as possible, to confine itself to a single revolution of the sun, or but slightly to exceed this limit whereas the epic action has no limits of time."—Ibid.

40. "The tragic fear and pity may be aroused by the Spectacle; but they may also be aroused by the very structure and incidents of the play which is the better way and shows the better poet. The plot in fact should be so framed that even without seeing the things take place, he who simply hears the account of them shall be filled with horror and pity at the incidents; which is just the effect that the mere recital of the story in 'Oedipus' would have on one. To produce this same effect by means of the spectacle is less artistic and requires extraneous aid."—Ibid.

41. "There remains, then, the intermediate kind of personage, a man not pre-eminently virtuous and just, whose misfortune, however, is brought upon him not by vice and depravity but by some error of judgement, of the number of those in the enjoyment of great reputation and prosperity e.g. Oedipus, Thyestes and the men of great note of similar families. The perfect plot, accordingly, must have a single and not a double issue; the change in the hero's fortunes must be not from misery to happiness, but on the contrary from happiness to misery; and the casue of it must lie not in any depravity, but in some great error on his part; the man himself being either such as we have described, or better, not worse, than that." — 'Poetics'

42. "The critics, therefore, are wrong who blame. Euripides for taking this line in his tragedies and giving many of them an unhappy ending, It is, as we have said, the right line to take." —Ibid.

43. "But in epic poetry, owing to the narrative form, many events simultaneously transacted can be presented; and these, if relevant to the subject, add mass and dignity to the poem. The epic has here an advantage, and one that conduces to grandeur of effect, to diverting the mind of the hearer, and relieving the story with varying episodes. For sameness of incident soon produces satiety, and makes tragedies fail on the stage."—'Poetics'

44. "It was no mean or low-born creature which Nature chose. When she brought man into the mighty assemblage of life and all the order of the Universe, and ordained us to be spectators of the cosmic show and most eager competitors; from the first she poured into our souls a deathless longing for all that is great and diviner than ourselves."—'On the Sublime.'

45. "Sublimity consists in a certain distinction and consummate excellence in expression and it is from this and no other source, that the greatest poets and prose-writers have gained their eminence and immortal fame. The effect of a lofty passage is not to convince the reason of a reader but to transport him out of himself. InvUriably an admirable speech casts a spell over us and eclipses that which merely aims at persuasion and pleasure."—Ibid

46. "In general those examples of sublimity which always please and please all are truly beautiful and sublime. For, when men, who differ in their habits and have different tastes, pursuits and aspirations and are of different ages, hold the same view about the same writing, then this unanimous verdict of such discordant judges, gives irresistible authority to their favourable verdict." —Ibid

47. "For a work of genius does not aim at persuasion, but ecstasy-or lifting the reader out of himself. The wonder of it, wherever and whenever it appears, startles us; it prevails where the persuasive or agreeable may fail; for persuasion depends mainly on ourslves, but there is no fighting against the sovereignty of genius. It imposes its irresistible will upon us all. Where there is only skill in invention and laborious arrangement of matter a whole treatise, let alone a sentence or two, will scarcely avail to throw light on a subject. But the sublime at the critical moment shoots forth and tears the whole thing to pieces like a thunderbolt and in a flash reveals all the author's power." —Ibid.

48. "...art is perfect when it seems to be nature and nature hits the mark when she contains art hideen within her." —'On the Sublime'

49. "Sublimity is the echo of greatness of soul... It is impossible for those whose whole lives are full of mean and servile ideas and habits, to produce anything that is admirable and worthy of an immortal life. It is only natural that great accents should fall from the lips of those whose thoughts have always been deep and full of majesty."—Ibid

50. "He who would not be frustrated of his hope to write well... ought himself to be a true poem; that is, a composition and pattern of the best and honorablest things." —Milton – 'Apology for Smectymnuus.'

51. "I would confidently lay it down that there is nothing so stirring as noble inevitable passion, its rapture induced by a kind of madness or divine influence and flowing forth in phrases that are inspired." 'On the Sublime.'

52. "For all those writers who are ambitious of a lofty style, through dread of being convicted of feebleness and poverty of language, slide by a natural gradation into the opposite extreme."—'On the Sublime'

53. "Mere grandeur is exposed to danger when left without the control of reason and the ballast of scientific method. For the greatest passions need the curb of spur."—Ibid.

54. "Correctness escapes censure; but sublimity commands positive reverence. Each of these supreme authors often redeems all his mistakes by one sublime and happy touch."—Ibid.

55. "...a just and lively image of human nature, representing its passions and humours and the changes of fortune to which it is subject, for the delight and instruction of mankind." 'An Essay of Dramatic Poesy.'

56. Delight is the chief, if not the only, end of poesy; instruction can be admitted but in the second place; for poesy only instructs as it delights. 'Tis true, that to imitate well is a poet's work; but to effect the soul, and excite the passions, and above all to move admiration, a bare imitation will not serve... but to take so much only as will make a beautiful resemblance of the whole and, with an ingenious flattery of Nature, to highten the beauties of some parts, and hide the deformities of the rest."—'An Essay of Dramatic Poesy.'

57. "...an imitation of one, entire, great and probable action; not told but represented; which by moving in us fear and pity is conducive to the purging of those two emotions in our minds."

58. "To raise and afterwards to calm the passions—to purge the soul from pride, by examples of human miseries, which befall the greatest – in few words, to expel arrogance, and introduce compassion, are the great affects of tragedy."
—'Dedication of Aeneas'

59. " 'Tis not enough that Aristotle has said so; for Aristotle drew his models of tragedy from Sophocles and Euripides; and, if he had seen ours, might have changed his mind. And chiefly we have to say that the punishment of vice and reward of virtue are the most adequate ends of tragedy, because most conducing to good example of life. If this be true, then not only pity and terror are to be moved, as the only means to bring us to virtue, but generally love to virtue and hatred to vice; by shewing the rewards of one and punishments of the other; at least by rendering virtue always amiable, tho' it

be shewn unfortunate; and vice detestable though it be shewn triumphant.

60. I dare establish it for a rule of practice on the stage, that we are bound to please those whom we pretend to entertain; and that at any price, religion and good manners only excepted... yet the climate, the age, the disposition of the people, to whom a poet writes, may be so different that what pleased the Greeks would not satisfy an English audience."

61. "Comedy is not so much obliged to the punishment of faults which it represents as tragedy. For the persons in comedy are of a lower quality the action is little, and the faults and vices are but the sallies of youth and the frailties of human nature, and not premeditated crimes."

62. "My chief endeavours are to delight the age in which I live."

63. "The imagination then, I consider either as primary, or secondary. The primary imagination I hold to be the living Power and prime Agent of all human Perception and as a repetition in the finite mind of the eternal act of creation in the etrnal I AM. The secondary imagination I consider as an echo of the former, co-existing with the conscious will, yet still as identical with the primary in the kind of its agency, and differing only in degree, and in the mode of its operation. It dissolves, diffuses, dissipates, in order to recreate; or where this process is rendered impossible, yet still at all events it struggles to idealize and to unify. It is essentially vital, even as all objects (as objects) are essentially fixed and dead."— 'Biographia Literaria', XIII.

64. Fancy, on the contrary, has no other counters to play with, but fixities and definities. The Fancy is in deed no other than a mode of Memory emancipated from the order of time and space; while it is blended with, and modified by that empirical phenomenon of the will, which we express by the word 'Choice'. But equally with the ordinary memory the Fancy must receive all its materials ready-made from the law of association."— Ibid.

65. Art is 'the balance or reconciliation of opposite or discordant qualities: of sameness with difference; of the general with the concrete; the idea with the image; the individual with the representative; the sense of novelty and of freshness with old and familiar objects; a more than usual state of emotion with more than usual order; judgement ever awake and steady self-possession, with enthusiasm and feeling profound or vehement."
'Biographic Literaria,' Vol. II, Chap. XIV, p.12

66. "I write in metre, because I am about to use a language different from that of prose."—'Biographia Literaria,' p. 57.

67. "No man was ever yet a great poet, without being at the same time a profound philosopher."

68. "...the psychological and sociological are probably the two best advertised varieties of modern criticism; but the number of ways in which the problems

of criticism are approached was never before so great or so confusing... Criticism seems to have separated into several diverse kinds." T.S. Eliot-Introduction to 'The Use of Poetry anf Use of Criticism.'

69. "Every true intuition or representation is, also, expression. That which does not objectify itself in expression is not intuition or representation, but sensation and naturality. The spirit does not obtain intuitions otherwise than by making, forming, expressing."—Croce.

70. "When critics rebel against the theme or the content as being unworthy of art and blameworthy, in respect to works which they claim to be artistically perfect; if these expressions really are perfect, there is nothing to be done but to advise the critics to leave the artist in peace, for they cannot get inspiration save from what has made an impression upon them... So long as ugliness and turpitude exist in nature and impose themselves on the artist, it is not possible to prevent the expression of these things also. —Croce

71. If after this we should open our mouths and will to open them, to speak, or our throats to sing, and declare in a loud voice and with extended throat what we have completely said or sung to ourselves; or if we should stretch out or will to stretch out our hands to touch the notes of the piano, or to take up the brushes and the chisel, making thus in detail those movements which we have already done rapidly and doing so in such a way as to leave more or less durable traces; this is all an addition, a fact which obeys quite different laws from the first... This second movement is a production of things, a practical fact, or a fact of will... The work of art is always internal; and that which is called external is no longer a work of art." — Croce.

72. "Poetry and the language proper for it are an elaborate and painful toil."

—Dante

73. "In whatever degree poetry is cultivated it must necessarily be to the neglect of some branch of useful study: and it is a lamentable thing to see minds, capable of better things, running to seed in the specious indolence of these empty aimless mockeries of intellectual exertion. Poetry was the metntal rattle that awakened the attention of intellect in the infancy of civil society: but for the maturity of mind to make a serious business of the playthings of its childhood, is as absurd as for a grown man to rub his gums with coral and cry to be charmed asleep by the jingle of silver bells."—Thomas Love Peacock

74. "A few conjectures, a supply of admonitions, many acute isolated observations, some brilliant guesses, much oratory and applied poetry, inexhaustible confusion, a sufficiency of dogma, no small stock of prejudices, whimsies and crochets, a profusion of mysticism, a little genuine speculation, sundry stray inspirations, pregnant hints and random apercus; of such as these is extant critical theory composed." —'Principles of Literary Criticism,' p.6

75. "The mind is not unlike such a system if we imagine it to be incredibly complex. The needles are our interests, varying in their importance, that is in the degree to which any movement they make involves movement in the other needles. Each new disequilibrium, which a shift of position, a fresh situation, entails, corresponds to a need and the wagglings which ensue as the system rearranges itself are our responses, the impulses through which we seek to meet the need. Often the new poise is not found until long after the original disturbance. Thus states of strain can arise which last for years."

—'Richards'

76. "Much that goes on to produce a poem is, of course, unconscious very likely the unconscious processes are more important that the conscious, but even if we knew far more than we do about how the mind works, the attempt to display the inner working of the artist's mind by the evidence of his work alone must be subject to the gravest dangers." 'Principles of Criticism.' p.29.

77. "A poem... has no concern with limited and directed reference. It tells us, or should tell us, nothing. It has different, though an equally important and for more vital function—to use an evocative term in connection with an evocative matter. What it does, or should do, is to induce a fitting attitude to experience."

—'The Meaning of Meaning.'

78. रिचर्ड्स के अनुसार 'एटीट्यूड' शब्द का अर्थ है 'कार्य की ओर प्रवृत्ति' अर्थात् वृत्तियो का ऐसा सामंजस्य कि व्यक्ति किसी दिशा में कार्य करने की ओर उन्मुख हो जाये।

79. "The first point to be made is that poetic experiences are valuable (when they are) in the same way as any other experiences. They are to be judged by the same standards." 'Science and Poetry'

80. "Only the rarest individuals hitherto have achieved this new order and never yet perhaps completely. But many have achieved it for a brief while, for a particular phase of experience, and many have recorded it for these phases. Of these records poetry consists." —Ibid.

81. "Poetry is the record-of the best and happiest moments of the happiest and best minds." Shelley.

82. "It is very probable that the Hindenburg line to which the defence of our traditions retired as a result of the onslaughts of the last century will be blown up in the near future. If this should happen, a mental chaos such as man has never experienced may be expected. We shall then be thrown back, as Matthew Arnold foresaw, upon poetry. It is capable of saving us; it is a perfectly possible means of overcoming chaos."—'Science and Poetry'- Richards.

83. "And any book, any essay, any note... which produces a fact even of the lowest order about a work of art is a better piece of work than nine-tenths of the most pretentious critical journalism, in journals or in books." T.S. Eliot

84. I call it an amusement not because that is a true definition but becasue if you call it anything else you are likely to call it something still more false."

—Sacred Wood', pp. VIII-IV

85. "...the poet has, not a 'personality' to express, but a particular medium, which is only a medium and not a personality, in which impressions and experiences combine in a peculiar and unexpected way. Impressions and experiences which are important for the man may take no place in the poetry, and those which become important in the poetry may play quite a neigligible part in the man, the personality." —'The Sacred Wood', p. 56.

86. "And I hinted, by an analogy, that the mind of the mature poet differs from that of the immature one not precisely in any valuation of "personality", not being necessarily more interesting or having "more to say" but rather by being a more finely perfected medium in which special, or very varied, feelings are at liberty to enter into new combinations... but, the more perfect the artist, the more completely separate in him will be the man who suffers and the mind which creates; the more perfectly will the mind digest and transmute the passions which are its material."—'The Sacred Wood' p. 53,54.

87. "Poetry is not a turning loose of emotion, but an escape from emotion; it is not the expression of personality, but an escape from personality. But, of course, only those who have personality and emotions know what it means to want to escape from these things."—'The Sacred Wood'. p. 58.

88. "The only way of expressing emotion in the form of art is by finding an 'objective correlative', in other words, a set of objects, a situation, a chain of events which shall be the formula of that particular emotion, such that when the external facts, which must terminate in sensory experience, are given, the emotion is immediatly evoked."— The Sacred Wood, p.100.

89. "We can only say that a poem, in some sense, has its own life; that its parts form something quite different from a body of neatly ordered biographical data; that the feeling, or emotion, or vision, resulting from the poem is something different from the feeling or emotion or vision in the mind of the poet." —'The Sacred Wood', p.X

90. "...a direct sensuous apprehension of thought, or a recreation of thought into feeling."—'Selected Essays', p. 246.

91. "This is very nearly a doctrine of poetic automatism."

— Ransom-'The New Criticism', p.-152.

92. I do not deny that art may be affirmed to serve ends beyond itself; but art is not required to be aware of these ends.

"The Function of Criticism" *Selected Essays p.-13.*

●●●

सन्दर्भ ग्रन्थ

प्राथमिक स्रोत (Primary Sources)

अग्निपुराण

अभिनव गुप्त : अभिनव भारती

अभिनवगुप्त : ईश्वर प्रत्याभिग्यानिवृत्तिविमर्शणी

अभिनवगुप्त : लोचन

आनंदवर्धन : धवन्यालोक

कुन्तक : वक्रोक्तिजिवितम

जगन्नाथ : रस गंगाधर

दंडी : काव्यादर्श

धनञ्जय : दशरूपक

भरतमुनि : नाट्यशास्त्र

भामह : काव्यालंकार

भर्तृहरि : वाक्यपदीय

भोजराज : श्रृंगारप्रकाश

मम्मट : काव्यप्रकाश

महिम भट्ट : व्यक्ति विवेक

राजशेखर : काव्य मीमांसा

रुद्रट : काव्यालंकार

रुय्यक : अलंकार सर्वस्व

वामन : काव्यालंकार सूत्रवृत्ति

विश्वनाथ : साहित्य दर्पण

क्षेमराज : प्रत्यभिज्ञानहृदयम

क्षेमेन्द्र : औचित्य विचारचर्चा

क्षेमेन्द्र : कविकंठाभरण

Bibliography

Primary Sources

Arnold, Matthew. *Essays in Criticism: First Series.* London: Macmillan, 1902.

—. *Essays in Criticism: Second Series*. London: Macmillan, 1913.

—. *Essays in Criticism: Third Series*, with an Introduction by Edward J O'Brien. Boston: The Ball Publishing Company, 1910.

—. *Culture and Anarchy.* Ed. J. Dover Wilson. Cambridge: At the University Press, 1932.

Aristotle. *Poetics*. Translated by Ingram Bywater. *Aristotle on the Art of Poetry* with a Preface by Gilbert Murray. Oxford: The Clarendon Press, 1920.

Butcher, S H. *Aristotle's Theory of Poetry and Fine Art with a Critical Text Translation of the Poetics.* General Introduction by Gunter Ralfs. New Delhi: Kalyani Publishers, 1978.

Coleridge, Samuel Taylor. *Biographia Literaria.* Vol. I & II. (Ed.) John Shawcross. Oxford: The Clarendon Press, 1907.

Dorsch, T S (Tr.). *Classical Literary Criticism: Aristotle: On the Art of Poetry, Horace: On the Art of Poetry, Longinus: On the Sublime*. London: Penguin Books, 1965.

Dryden, John. *Dryden: Essay of Dramatic Poesy*. (Ed.) Thomas Arnold, London: The Clarendon Press, 1918.

Enright, D J and Ernst De Chickera. *English Critical Texts.* New Delhi: Oxford University Press, 1997.

Eliot, Thomas Stearns. *Sacred Wood: Essays on Poetry and Criticism.* London: Methuen & Co.,1957 [1920].

—. *Selected Essays*. London: Faber & Faber, 1932.

Havell, H L (Tr.). Longinus, *On the Sublime*. Introduction by Andrew Lang. London: Macmillan, 1890.

Jones, Edmund D. (Ed.). *English Critical Essays: Nineteenth Century*. London: Oxford University Press, 1940 [1916].

Moxon, T A (Ed.). *Classical: Poetics of Aristotle, On Style by Demetrius and Selections from Aristotle's Poetics with Hobbes' Digest and Ars Poetica by Horace.* London: J M Dent & Sons Ltd,1934.

The Norton Anthology of Theory and Criticism, Vincent B. Leitch *et al.* (eds.), New York: W. W. Norton & Company, Second edition, 2010.

Richards, I A. *Practical Criticism: A Study of Literary Judgment*. London: Kegan Paul, Trench, Trubner Amp Co.,1930.

Richards, I A. *Principles of Literary Criticism.* London: Kegan Paul, 1930.

Steadman, Geoffrey D. *Plato's Symposium: Greek Text with Facing Vocabulary and Commentary.* 2009.

Wordsworth, William. *Preface to Lyrical Ballads. 1800, 1802, 1815 editions.*

—. *Poetry as a Study*. (Appendix to volume I of 1815 edition of *The Lyrical Ballads*)

Secondary Sources

Abrams, M H. *A Glossary of Literary Terms.* Boston: Heinle & Heinle & Thomson Learning, Inc, 1999.

Baldick, Chris. *The Concise Oxford Dictionary of Literary Terms.* Oxford: Oxford University Press, 2001.

Blamires, Harry. *A History of Literary Criticism.* London: Palgrave Macmillan, 1991.

Cowl, R P. *The Theory of Poetry in England: Its Development in Doctrines and Ideas from the Sixteenth Century to the Nineteenth Century.* London: Macmillan, 1914.

The Cambridge History of Literary Criticism (Nine volumes). Cambridge: Cambridge University Press.

Childs, Peter and Roger Fowler. *The Routledge Dictionary of Literary Terms.* Oxon: Routledge & Kegan Paul, 1987.

Day, Gary. *Literary Criticism: A New History.* Edinburgh: Edinburgh University Press, 2009.

Habib, M. A. R. *Literary Criticism and Theory: A History.* Oxford (USA): Blackwell Publishing (2008)

Hall, Vernan. *A Short History of Literary Criticism.* London: The Merlin Press, 1963.

Richards, I.A. *Principles of Literary Criticism.* London: Routledge & Kegan Paul, 2003[1924].

Saintsbury, George. *A History of English Criticism.* Edinburgh & London: William Blackwood & Sons, 1955.

Scott-James, R A. *The Making of Literature.* London: Martin Secker, 1946.

Thomson, J A K. *The Classical Background of English Literature*. London: George Allen & Unwin Ltd, 1948.

Wimsatt, Jr. William K. & Cleanth Brooks. *Literary Criticism: A Short History.* Calcutta: Oxford & IBH Publishing Co, 1957.

●●●